抗日战争
专题研究

张宪文 | 主
朱庆葆 | 编

第一辑
日本侵略者
研究

日本航空部队
侵华研究

冯钰麟　著

江苏人民出版社

图书在版编目(CIP)数据

日本航空部队侵华研究 / 冯钰麟著. — 南京 :江
苏人民出版社, 2023.4(2025.8重印)
(抗日战争专题研究 / 张宪文,朱庆葆主编)
ISBN 978 - 7 - 214 - 27714 - 5

Ⅰ. ①日… Ⅱ. ①冯… Ⅲ. ①侵华日军—航空兵—研
究 Ⅳ. ①K265.607

中国版本图书馆 CIP 数据核字(2022)第 224078 号

书　　　　名	日本航空部队侵华研究
著　　　者	冯钰麟
责 任 编 辑	陆诗濛
装 帧 设 计	刘葶葶
责 任 监 制	王　娟
出 版 发 行	江苏人民出版社
地　　　址	南京市湖南路 1 号 A 楼,邮编:210009
照　　　排	江苏凤凰制版有限公司
印　　　刷	南京爱德印刷有限公司
开　　　本	652 毫米×960 毫米　1/16
印　　　张	24.25　插页 4
字　　　数	281 千字
版　　　次	2023 年 4 月第 1 版
印　　　次	2025 年 8 月第 2 次印刷
标 准 书 号	ISBN 978 - 7 - 214 - 27714 - 5
定　　　价	98.00 元

(江苏人民出版社图书凡印装错误可向承印厂调换)

教育部哲学社会科学研究重大委托项目
2021年度国家出版基金资助项目
南京大学"双一流"建设卓越计划项目
"十四五"国家重点出版物出版专项规划项目

合作单位

南京大学　北京大学　南开大学　武汉大学
复旦大学　浙江大学　山东大学
台湾中国近代史学会

学术顾问

金冲及　章开沅　魏宏运　张玉法　张海鹏
姜义华　杨冬权　胡德坤　吕芳上　王建朗

总　序

张宪文　朱庆葆

　　日本侵华与中国抗日战争是近代中国最重大的历史事件。中国人民经过 14 年艰苦卓绝的英勇奋战，付出惨重的生命和财产的代价，终于取得伟大的胜利。

　　自 1945 年抗日战争结束至 2015 年，度过了漫长的 70 年。对这一影响中国和世界历史进程的重大事件，国内外历史学界已经做过大量的学术研究，出版了许多论著。2015 年 7 月 30 日，在抗日战争胜利 70 周年前夕，中共中央政治局就中国人民抗日战争的回顾和思考进行集体学习，习近平总书记发表重要讲话，指示学术界应该广为搜集整理历史资料，大力加强对抗日战争历史的研究。半个月后，中共中央宣传部迅速制定抗日战争研究的专项规划。8 月下旬，时任中共中央宣传部部长刘奇葆召开中央各有关部委、国家科研机构和部分高校代表出席的专题会议，动员全面贯彻习总书记的讲话精神，武汉大学和南京大学的代表出席该会。

　　在这一形势下，教育部部领导和社会科学司决定推动全国高校积极投入抗战历史研究，积极支持南京大学联合有关高校建立抗战研究协同创新中心，并于南京中央饭店召开了由数十所高校的百余位教授、学者参加的抗战历史研讨会。台湾也有吕芳上、陈立文等十多位教授出席会议,共同协商在新时代深入开展抗战历史研究的具体方案。台湾著名资深教授蒋永敬在会议上发表了热情洋溢的讲话。经过几个月的酝酿和准备,南京大学决定牵头联合我国在抗战历史研究方面有深厚学术基础的北京大学、南开大学、武汉大学、复旦大学、浙江大学、山东大学及台湾学者共同组建编纂委员会,深入开展抗日战争专题研究。中央档案馆和中国第二历史档案馆也积极支持。在南京中央饭店学术会议基础上,编纂委员会初步筛选出 130 个备选课题。

南京大学多次举行党政联席会议和校学术委员会会议,专门研究支持这一重大学术工程。学校两届领导班子均提出具体措施支持本项工作,还派出时任校党委副书记朱庆葆教授直接领导,校社科处也做了大量工作。南京大学将本项目纳入学校"双一流"建设卓越计划,并陆续提供大量经费支持。

江苏省委、省政府以及江苏省委宣传部,均曾批示支持抗战历史研究项目。国家教育部社科司将本项研究列为哲学社会科学研究重大委托项目,并要求项目完成和出版后,努力成为高等学校代表性、标志性的优秀成果。

本项目编纂委员会考察了抗战历史研究的学术史和已有的成果状况,坚持把学术创新放在第一位,坚持填补以往学术研究的空白,不做重复性、整体性的发展史研究,以此推动抗战历史研究在已有基础上不断向前发展。

本项目坚持学术创新,扩大研究方向和范围。从以往十分关注的九一八事变向前延伸至日本国内,研究日本为什么发动侵华战争,日本在早期做了哪些战争准备,其中包括思想、政治、物质、军事、人力等方面的准备。而在战争进入中国南方之后,日本开始逐步将战争引出中国国境,即引向广大亚太地区,对东南亚各国及东南亚地区的西方盟国势力发动残酷战争。研究亚太地区的抗日战争，有利于进一步揭露日本妄图占领中国、侵占亚洲、独霸世界的阴谋。

本项目以民族战争、全民抗战、敌后和正面战场相互支持相互依靠的抗战整体，来分析和认识中国抗日战争全局。课题以国共两党合作为基础，运用大量史实，明确两党在抗日战争中的地位和作用，正确认识各民族、各阶级对抗日战争的贡献。本项目内容涉及中日双方战争准备、战时军事斗争、战时政治外交、战时经济文化、战时社会变迁、中共抗战、敌后根据地建设以及日本在华统治和暴行等方面，从不同视角和不同层面，深入阐明抗日战争的曲折艰难历程，以深刻说明中国抗日战争的重大意义，进一步促进中华民族的伟大复兴。

对于学界已经研究得甚为完善的课题，本项目进一步开拓新的研究角度和深化研究内容。如对山西抗战的研究更加侧重于国共合作抗战；对武汉会战的研究将进一步厘清武汉会战前后中国政治、经济、社会的变迁及国共之间新的友好关系。抗战前期国民党军队丢失大片国土，而中国共产党在十分艰难的状况下，在敌后逐步收复失地，建立抗日根据地。本项目要求对各根据地相关研究课题，应在以往学界成果基础上，着力考察根据地在社会改造、经济、政治、人才培养等方面，如何探索和积累经验，为1949年后的新中国建设提供有益的借鉴。抗战时期文学艺术界以其特有的文化功能，在揭露日军罪行、动员广大民众投入抗战方面，发挥了重要作用。我们尝试与艺术界合作，动员南京艺术学院的教授撰写了与抗日战争相关的电影、美术、音乐等方面的著作。

本项目编纂委员会坚持鼓励各位作者努力挖掘、搜集第一手历史资料，为建立创新性的学术观点打下坚实基础。编纂委员会要求全体作者坚决贯彻严谨的治学作风,坚持严肃的学术道德,恪守学术规范,不得出现任何抄袭行为。对此,编纂委员会对全部书稿进行了两次"查重",以争取各个研究课题达到较高的学术水平,减少学术差错。同时,还聘请了数十位资深专家,对每部书稿从不同角度进行了五轮审稿。

本项目自2015年酝酿、启动,至2021年开始编辑出版,是一项巨大的学术工程,它是教育部重点研究基地南京大学中华民国史研究中心一直坚持的重大学术方向。百余位学者、教授,六年时间里付出了艰辛的劳动,对抗战历史研究做出了重要贡献! 编纂委员会向全体作者,向教育部、江苏省委省政府以及各学术合作院校,向江苏凤凰出版传媒集团暨江苏人民出版社,向全体编辑人员,表示最崇高的敬意和诚挚的感谢!

目　录

绪　论 001

一、选题缘由及意义 001

二、学术史回顾 006

三、研究方法与思路 015

四、史料运用 016

第一章　九一八事变前日本航空部队的形成与初步侵华
　　　　布局 018

第一节　近代日本航空部队的形成与对华扩张 018

一、近代日本航空部队的形成 018

二、日俄战争中日军气球部队的行动 025

三、一战中日本为抢夺德国在华地盘的航空作战 028

第二节　日本航空部队的初步侵华布局 047

一、日本军事航空的进一步发展 047

二、日军在本土之外建立与侵华相关的军用航空基地 062

三、日本军机于中国领空之飞行 074

四、日军在华搜集航空情报 099

第三节　"济南惨案"与日本陆军飞机侵华 ……… 107

一、1927 年列强空军侵华及对日本的影响 ……… 107

二、"济南惨案"中日本陆军飞行队的入侵 ……… 113

三、"济南惨案"后日军的进一步侵华航空布局 ……… 123

第二章　九一八事变后日军对东北、华北空域的侵略 ……… 135

第一节　日军对东北、华北空域的侵略 ……… 135

一、对东北空域的侵略 ……… 136

二、对华北空域的侵略 ……… 148

第二节　日军在对东北、华北航空作战中获得的经验 ……… 153

第三章　"一·二八"事变与日军对长江三角洲空域的侵略 ……… 159

第一节　日本对长三角地区空中侵略之准备 ……… 159

第二节　"一·二八"事变期间日本海军航空队的侵略暴行 ……… 167

一、九一八事变后日本海军的对华态度 ……… 167

二、日本海军航空队的作战部署 ……… 169

三、"一·二八"事变中日本海军航空队的作战行动 ……… 172

四、"一·二八"事变对日本海军航空用兵的影响 ……… 182

第四章　七七事变前日军加紧准备对华大举空袭 ……… 191

第一节　日军对中国空军的关注与搜集对华空战
所需情报 ……… 192

一、对中国航空救国运动的反应 ……… 192

二、对中国空军实力的观察 ……… 202

三、为在长江流域空战搜集所需情报 ……… 212

第二节　日军强化对中国的空中钳制 ……… 218

一、日军在东北的航空规划与航空基地的增设 ……… 218

二、日军在华北增设航空基地 ……… 228

三、在朝鲜及台湾地区增设航空基地 ……… 238

四、图谋在上海设立军机前进基地 ……… 242

第五章　日军在全面侵华战争中的航空侵略 ……… 249

　　第一节　日本陆军飞行团的侵华作战 ……… 250

　　　　一、七七事变爆发后的陆海军航空作战计划 ……… 250

　　　　二、陆军进犯中的空袭 ……… 252

　　　　三、陆军航空侵华的特点 ……… 269

　　第二节　日本海军航空队的侵华作战 ……… 272

　　　　一、海军航空队为夺取制空权而展开的作战 ……… 272

　　　　二、海军航空队的战略轰炸 ……… 291

　　　　三、海军航空队的协同作战 ……… 304

第六章　太平洋战争爆发后日军逐渐丧失制空权 ……… 313

　　第一节　第二次长沙会战期间日本航空部队的地空协同 ……… 314

　　第二节　中美航空合作的深入与中国空军掌握制空权 ……… 317

　　第三节　日本航空部队的垂死挣扎 ……… 329

结　语 ……… 336

参考文献 ……… 345

索　引 ……… 371

后　记 ……… 375

绪　论

一、选题缘由及意义

自热气球出现以来,人类的足迹便由地面和海洋延伸至天空。1903 年飞机的诞生使得空中战斗在技术上成为可能。恩格斯曾在《反杜林论》中指出"一旦技术上的进步可以用于军事目的并且已经用于军事目的,它们便立刻几乎强制地,而且往往是违反指挥官的意志而引起作战方式上的改变甚至变革"[①],这也证明飞机的诞生必然会带来军事技术和理论的深刻革命。1911 年的意土战争中,意大利飞行员驾机实现了人类历史上第一次将飞机用于战争的实践。在 1914 年至 1918 年的第一次世界大战期间,军事航空得到了迅速发展,仅在索姆河会战中双方参战的飞机就多达 400 余架,飞机在一战中的大规模应用也催生了"领空"和军事思想中"制空权"问题。1921 年,意大利军事学家杜黑在其著作《制空权》中提

---

① ［德］恩格斯:《反杜林论》,北京:人民出版社,1970 年,第 169 页。

出"制空权是赢得胜利的必要的和充分的条件"。① 这也证明空军在战争中越来越能发挥决定性作用,这种作用自然不会为企图征服中国的日本法西斯所忽视。

论及十四年抗战,"敌强我弱"是中日双方实力对比的基本事实。从整体层面看,"敌强"体现在日本是一个工业化的帝国主义国家,其经济实力与工业实力远在中国之上,从步枪子弹到航空母舰等一系列兵器均可自给自足。当时的中国作为一个半殖民地半封建国家,经济基础薄弱,缺乏重工业实力,仅能生产一些轻兵器及弹药,重型装备完全依赖进口。但是在具体的军事力量对比层面,我们对于"敌强我弱"的认识尚有诸多不足。特别是对于全面侵华战争中日本航空部队(由于直至第二次世界大战结束日军都未能组建起一支独立于陆海军之外的空军,而是以"陆军飞行团""海军航空队"等形式将军用飞机作为依附于陆海军的作战力量,这种编制与二战时期英、法、德、苏等国拥有独立空军的情况截然不同,因此,出于用词上准确性的考虑,本书将日本军事航空力量称为"日本航空部队")的运用及其作用,我国学界还了解不多,对其部署、运用、构成及战斗力的起源等问题也缺乏探讨。因此,全面考察日本军机航空侵华活动的实态,必须从其源头与侵华活动的发生及发展来进行探究。

全面侵华战争期间,日本陆军飞行团和海军航空队作为日军立体化武装力量的组成部分,在淞沪会战、徐州会战、武汉会战等战役中均发挥了举足轻重的作用。如淞沪会战中,日军在 1937 年

---

① [意]朱里奥·杜黑著,曹毅风、华人杰译:《制空权》,北京:解放军出版社,1986 年,第111 页。

8、9 月间集中空袭了从长江流域到东南沿海的各大机场①，中国空军在日军的狂轰滥炸下遭到了严重损伤，淞沪战场上的制空权遂为日军所掌握。在武汉会战爆发之前，日军为夺取制空权而对汉口、南昌等重要机场展开了多次空袭，特别是 1938 年 6 月至 10 月底，日本海军航空队对武汉及周边的中国空军基地进行了大小 40余次空袭，共击落炸毁中国飞机 200 多架。② 日军还以战略轰炸的形式对南京、重庆等中国政治中心展开空袭，仅在"重庆大轰炸"期间就造成 4 万多中国平民的伤亡。③ 此外，日本军机在全面侵华期间广泛执行了陆海空协同作战，对华北战场、淞沪会战、徐州会战、武汉会战等战役的战况变化都产生了重要影响。可见，日本军机在实战中发挥了举足轻重的作用，但是侵华日军航空部队的这种杀伤力从何而来这一问题却一直没有得到深入研究。

现代军队具备一套有机高效，各兵种、各装备之间协同严密的作战体系以及成熟的航空作战理念，如果不具备这种体系和理念，现代化的武器装备也无法成为决定战争走向的力量。如 1980 年至 1988 年的两伊战争被军事评论家称为"用现代化武器打的低水平战争"，其最重要的一个特点就是在空军运用方面，伊朗和伊拉克均没有全盘性的战略轰炸计划，而且空军只是孤立地参与作战，

① 日本海軍航空史編纂委員会『日本海軍航空史（4）戦史編』、時事通信社、1969 年、212 頁。

② 「支那事変に於ける帝国海軍の行動（其の2）（南京攻略後より漢口攻略まで）続（漢口攻略後より海南上陸まで）/（附表）支那事変海軍作戦経過一覧表（自昭和 12 年 12 月 18 日南京攻略後より至昭和 13 年 10 月 31 日漢口攻略まで）」、「JACAR（アジア歴史資料センター）Ref. C14120630900、支那事変に於ける帝国海軍の行動其の1. 其の2」。

③ 潘洵:《抗战时期重庆大轰炸人口伤亡数量再研究》,《四川师范大学学报（社会科学版）》2015 年第 5 期,第 17 页。

地空（海空）之间缺乏协同，大大降低了空中打击的效果。① 可见，具备一套成熟的航空作战理论及协同作战体系是一支现代化空军的重要标志。在这一点上，日本航空部队在全面侵华战争中所运用的夺取制空权、战略轰炸等战术战法以及陆海空立体协同的作战体系，充分体现了其作为一支现代化空军的杀伤力。

空军的现代化作战体系和思想绝非一朝一夕所能建立，除了理论建设，更需要不断累积实战经验，日军则是将中国大陆视为其建设航空部队的战略空间。早在日俄战争期间，日军便将气球部队投入战场以检验其实战能力。1914 年日德青岛战役期间，日本陆海军将刚组建的飞机部队投入对德作战并积累了大量实战经验。九一八事变期间，关东军飞行队通过对锦州的无差别轰炸，造成了事变的扩大化，又通过地空协同作战使东北抗日武装蒙受了巨大牺牲。"一·二八"事变期间，日本海军航空队通过轰炸笕桥航空基地，从根本上夺取了制空权，随后又在七丫口登陆战中通过地空、海空协同使日军第 11 师团顺利完成登陆。② 在 1933 年的热河事变期间，日本陆军投入了 60 架各型飞行器对中国正规军发动了大规模地空协同作战，特别是在兴隆县战役中，关东军飞行第 10 大队通过空投物资及轰炸中国军队等手段解救了陷入包围的岛村大队，避免该部队被中国军队全歼。③ 上述事实表明，日本航空部

① 李云龙：《现代化的低水平战争——两伊战争的特点与启示》，《军事历史》1990 年第 1 期，第 32 页。

② 「上海事変に於ける第 1 航空戦隊の行動に就て　第 1 航空戦隊司令部」、「JACAR（アジア歴史資料センター）Ref. C14120099100、昭和 7 年　上海事変関係綴　」。

③ 「飛行第 10 大隊第 1 中隊出動概況表（4 月分）自昭和 8 年 4 月 1 日　至昭和 8 年 4 月 30 日」、「JACAR（アジア歴史資料センター）Ref. C16120516200、飛行第 10 大隊第 1 中隊　錦州部隊行動詳報　昭 7. 10. 21～7. 10. 31　」。

队的实战练兵是一个漫长的过程，早在全面抗战前，日本就将中国作为航空新兵器、新战法的练兵场。通过一系列侵华实战，至七七事变爆发时，日军航空部队的实战经验，对比世界各国空军来看，已经积累得相当多了，在华作战经验也成为其在全面侵华战争期间空袭行动杀伤力的直接来源。

在对航空部队的作战能力进行现代化建设的同时，日本还积极在中国本土及朝鲜半岛、台湾岛等地构建航空基地，以保证其飞机部队可以在日军执行侵华行动时立即投入中国战场。为达成这一目的，日本从 1918 年开始即在台湾岛建设"警察航空班"，从而使其军用飞机入驻台湾岛。① 自 1921 年开始，日本又在朝鲜平壤驻扎陆军飞行第 6 大队，开启了朝鲜半岛的航空基地建设。② 可见，日军较早即开始了以侵华为目的的战略航空布局。在具体实施方面，日军利用殖民地优势，在台湾岛、朝鲜半岛、大连"关东州"等地建设了大规模的侵华航空基地，随后又在天津地区修建了东局子和八里台等航空基地，在华东地区则利用经济手段保住了其在上海的公大机场用地。至全面侵华前，日军在各殖民地及中国本土构筑的航空基地，从南到北犹如一条锁链钳制了中国领空。各个基地分工明确，具有各自的作战范围，如台湾岛和济州岛基地控制长江中下游等中国南方地区，朝鲜基地作为日机进入华北地区的战略跳板，周水子基地为控制东北地区及起降大型轰炸机的战略基地，天津基地掌控以平津为主的华北地区，公大基地则为海军在上海等长三角地区进行航空作战的重要战略依托。日军的航空基

---

① 「台湾総督府警察飛行班に関する件」、「JACAR（アジア歴史資料センター）Ref. C03011413100，永存書類乙輯第 3 類　大正 9 年 」。

② 「彙報／一／一／航空第六大隊本部並第一中隊移轉（陸軍省）/p254」、「官報　1921 年 11 月 11 日」。

地几乎覆盖了其在战略进攻阶段的各主要战场,在全面侵华初期日军航空部队能迅速入华、及时投入作战并立即造成巨大破坏,正是长期以来侵华航空基地建设的结果。

综上所述,全面侵华时期日军在各个战场航空作战的顺利进行离不开以下三个要素的支持:(1)战争爆发前完善的硬件设施,包括日军在朝鲜、台湾地区、大连"关东州"等殖民地或租借地建设的机场,通过战争手段于九一八事变后在东北地区设立的机场,利用条约协定和经济手段在天津、上海等地设立的机场,此外还包括日军利用一系列航空活动开辟的侵华航线;(2)丰富的实战经验,日军在1904年至1937年间于中国领空广泛地展开航空实战,这为其提升作战水平、检验新兵器性能、发展航空理论和战术战法提供了实战经验积累;(3)持续时间长且覆盖全面的情报工作。日军对中国空军各主要航空基地的针对性轰炸证明其在全面侵华前已经摸清了中国航空要地的分布情况,此外,在航空侵华作战中日军往往可以立即在战场附近获取机场建设用地并以此保证其地空协同作战的顺利展开,说明日军很早就掌握中国大陆可以为其所用的航空设施备选用地情报。

因此,本书也将以航空实战、基地建设、谍报工作为主线,还原近代以来日本航空部队侵华活动及其构建侵华航空体系的历史过程,借此回答其空中杀伤力从何而来的问题,并以上述体系为切入点,考察日军在全面侵华战争中对航空部队的运用。

二、学术史回顾

全面抗战期间,中日航空部队之间的巨大差距是长期以来日军航空建设、侵华航空布局及侵华行动等因素综合作用的结果,对这一历史过程进行研究有助于把握其航空部队发展的不同阶段,并纵向比较不同历史时期日本航空部队侵华准备工作的不同特征。

有关日本陆海军航空部队草创阶段的发展情况,可以参考德川好敏所编写的《日本航空事始》①及和田秀穗的《海军航空史话》②,德川与和田分别作为日本陆海军航空部队创设与发展的参与者及见证人,其著作具有较高的可信度。《日本航空事始》记载了1903年至1915年日本陆军航空部队草创时期的发展历程,特别是对于日本航空科研管理机构的创立过程、引进法制飞机及飞机部队参与1913年大演习的记载,有助于了解日军早期航空思想、航空武备的发展情形,以及其航空战斗力的形成过程。《海军航空史话》以海军航空队的发展为主轴,侧重于对海军军备发展的叙述。通过对该书的研究可以大致了解全面抗战爆发之前,航母、舰载机等日本海军主战航空兵器的诞生及发展历程。通过对书中记载的日军飞行员训练水平以及其在中国战场上的作战经过进行分析,也可以大致认识抗战初期中日两国空军在战斗力上的差距。

涉及日本军机高速发展期的著述可以参考仁村俊的《航空五十年史》③、战史丛书中的《海军航空概史》④、《日本海军航空史》以及《陆军航空的军备和运用》⑤等著作,《航空五十年史》对太平洋战争之前陆海军航空力量的发展进行了综合性论述,其将九一八事变及"一·二八"事变中日本军机的在华活动划入航空部队发展的

① 德川好敏『日本航空事始』、出版協同社、1964年。

② 和田秀穂『海軍航空史話』、明治書院、1944年。

③ 仁村俊『航空五十年史』、鱒書房、1943年。

④ 防衛庁防衛研修所戦史室『海軍航空概史』、朝雲新聞社、1976年。

⑤ 防衛庁防衛研修所戦史室『陸軍航空の軍備と運用〈1〉昭和十三年初期まで』、朝雲新聞社、1971年。

"跃进期",这表明作者认识到了在华作战经验对日本军事航空的发展具有重要意义。《海军航空概史》一书从不同阶段对海军航空队管理制度的确立、航空技术的进步、用兵思想的变化进行了详细介绍,对于全面侵华战争之前日本海军航空实力的演变、兵器装备水平的提升、航空训练水平的变动等内容也都有所记载。书中对于日本海军航空队在华作战的经验总结中提出:"开战之初就应该以海军航空队的强力空袭……给敌人造成重大损失……并一举决定战局。……为应对这种局面的出现,我军应先发制人展开空袭,以防患敌人攻击于未然。"这一作战思维正是日军偷袭珍珠港的思想源流,也证明了在华航空作战经验对日军在太平洋战场的航空作战也产生了深远影响。《日本海军航空史(1)用兵篇》①将研究重点放在了对于日本海军航空用兵思想发展历程的论述上,但是对于日军航空侵华作战对其用兵思想发展所带来的影响论述不足,如在"战斗机用兵思想变迁"一章中,仅在"中日战争爆发后战斗机无用论的消失"一节提及中国战场作战经验的影响,对于"一·二八"事变这一日本海军重要的航空作战对其整体用兵思想发展所造成的结果却没有论及。此外,《陆军航空的军备和运用》一书从编制装备、用兵思想、实战运用等三个方面出发,分阶段对日本明治末期至1938年的陆军航空发展历程进行了勾勒,对于这一阶段日军航空用兵思想在侵华作战中的实践也有所介绍,为我们分析日本航空部队的发展历程与其侵华行动之间的联系提供了重要参考。

目前中国学界对于近代以来日本航空部队杀伤力的形成等问题尚未予以充分重视。陈应明、廖新华主编的《浴血长空:中国空

---

① 日本海軍航空史編纂委員会『日本海軍航空史(1)用兵編』、時事通信社、1969年。

军抗日战史》①和高晓星的《民国空军的航迹》②等著作中,对于抗战期间中日航空部队的作战经过有比较详细的叙述,但是涉及日机战前准备的内容则集中在对其空军实力的描述上,对这种实力从何而来的问题却没能做出回答。类似的问题也出现在了唐学锋的《中国空军抗战史》③中,唐书较为详细地展示了全面抗战时期中日空战的经过,并揭示了日军有计划地利用飞机执行战争犯罪的历史事实,对于全面抗战前中国空军的发展历程也有概述,但是其也忽视了对于日本军机杀伤力形成历史过程的论述。赵宇在《全面抗战初期中国空军作用研究(1937.7—1937.11)》④一文中提及"淞沪抗战开战初上海地区并无日本海军地面机场,因此这一时期负责对华作战的日本海军飞机多来自台湾岛、济州岛及东海海面上的日本海军航空母舰"。这证明已有学者注意到了朝鲜、台湾地区均为日军航空力量侵华的重要基地且具备开战时立即进攻中国腹地的能力,但是对这些航空基地的建设过程以及这种远程进攻能力从何而来的问题却没有做出回答。

日本学者有关日军飞机在华军事行动问题的研究成果主要有战史丛书系列的《满洲方面陆军航空作战》⑤《中国方面海军作战》⑥和《中国方面陆军航空作战》⑦等,在《满洲方面陆军航空作

① 陈应明、廖新华:《浴血长空——中国空军抗日战史》,北京:航空工业出版社,2006年。
② 高晓星、时平:《民国空军的航迹》,北京:海潮出版社,1992年。
③ 唐学锋:《中国空军抗战史》,成都:四川大学出版社,2000年。
④ 赵宇:《全面抗战初期中国空军作用研究(1937.7—1937.11)》,硕士学位论文,东华大学2013年。
⑤ 防衛庁防衛研修所戦史室『満洲方面陸軍航空作戦』、朝雲新聞社、1972年。
⑥ 防衛庁防衛研修所戦史室『中国方面海軍作戦〈1〉昭和十三年三月まで』、朝雲新聞社、1974年;防衛庁防衛研修所戦史室『中国方面海軍作戦〈2〉昭和十三年四月以降』、朝雲新聞社、1975年。
⑦ 防衛庁防衛研修所戦史室『中国方面陸軍航空作戦』、朝雲新聞社、1974年。

战》一书中,作者对关东军飞行队在九一八事变及热河事变期间的
航空作战行动进行了还原,并列举不同阶段中关东军飞行队作战
计划的变动,为我们通过作战计划总结提炼日军在东北、华北的空
中侵略活动对其航空用兵思想发展所带来的影响,以及关东军在
东北地区侵华航空布局工作推进的历史过程提供了重要参考。
《中国方面海军作战》一书对"一·二八"事变期间的海军航空作战
的叙述并不充分,没有意识到海军航空队在夺取制空权及地空、海
空协同作战方面所发挥的作用,该书的大部分篇幅都集中在描述
七七事变爆发后日本海军航空队在华作战情况,书中虽然对日军
航空作战的历史过程及数据有详细记载,但是因为缺乏对全面侵
华前海军航空队在华实战经验的总结,无法回答其空中战斗力从
何而来的问题。涉及海军航空队侵华作战活动的著作还有《日本
海军航空史(4)战史篇》①一书,该书对于"一·二八"事变期间海军
作战的记述主要集中于航空作战方面,包括1月底至2月的中日空
战、七丫口陆海空协同登陆战、对中国航空基地的轰炸等内容,虽
然内容比较详细,但是仔细考察后可以发现,此书的内容主要是对
《航空研究会关系缀(其1)》《上海事变关系缀》《上海事变经过》等
日军档案的归纳总结,书中没有体现作者对于事变期间日军航空
用兵思想的分析,也没有提及这种思想的源流及其后的发展脉络。
此外,涉及日本航空部队在华作战内容的著作多为日本军部制作
的战史、作战日志等文献,如参谋本部编纂的《满洲事变中飞行队
的行动》一书除了介绍九一八事变期间关东军飞行队在东北的航
空作战之外,还介绍了"一·二八"事变期间关东军飞行队在上海
战场与海军航空队的协同作战,这些记录对分析全面侵华前日本

① 日本海軍航空史編纂委員会『日本海軍航空史(4)戦史編』、時事通信社、1969年。

陆海航空部队如何展开协同等问题具有重要意义。

　　由此可见,目前学界涉及日本航空部队侵华行动的学术成果仍然集中于对中日双方空中作战行动的描述等方面,为了探明日本军机这种战斗力从何而来,需要对其历次在华军事行动的特点及实战经验进行归纳总结,并搜集资料以论述这种实战经验对日本陆海军航空部队的发展分别产生了何种影响,这也是本书所要探讨的主要问题之一。

　　自 1914 年日德青岛战役开始,日军一直希望获得在华永久性航空基地,其目的在于中日爆发冲突时可以保证迅速投入航空部队以掌握制空权。日军构建侵华航空基地的历史过程是怎样的?其政治、经济、军事力量在这一过程中又发挥了怎样的作用? 这些问题也是目前学界研究日本军机侵华活动时容易被忽略的环节。

　　以日本占据的大连“关东州”周水子机场为例,该机场始建于1925 年,其作为朝鲜日军及关东军飞机部队入侵东北、支援淞沪和南下入关的中转基地,在日机的侵华行动发挥了举足轻重的作用。时至今日,周水子机场依旧是大连的主要机场,东北地区的四大机场之一。中国目前有众多学者都对日据大连时期的社会经济状况有所研究,但是学界有关周水子机场这一日本在中国东北重要航空据点的研究尚不充分,《大连周水子国际机场志 1973—2003》①一书仅在综述一节介绍了机场在全面抗战结束前的历史沿革,而且其表述多有错误,如周水子机场是关东军在 1925 年立案建设的,书中却将时间误记为 1924 年,故其内容较缺乏学术参考价值。李雪的《大连机场

----

① 高广文、胡志安:《大连周水子国际机场志 1973—2003》,北京:航空工业出版社,2003 年。

早期通航纪略(1924—1929)——以日本商业航空发展为中心的讨论》①一文从商用角度大致介绍了周水子机场的建立经过,但是论文涉及的时间范围较短,对于九一八事变等作战行动中日军对该机场的利用以及该机场后来进一步发展的历史过程缺乏论述。

　　日本早在20世纪20年代前后便已经在朝鲜和台湾地区展开了航空建设,但是目前学界尚没有详细介绍日军在朝鲜航空建设的学术成果,相关内容只能通过朝鲜总督府递信局及日本递信省发布的《朝鲜总督府递信年报》②《朝鲜的递信事业》③及《航空统计年报》④等官方资料来分析,其内容包括朝鲜地区航空事业的逐年

① 李雪:《大连机场早期通航纪略(1924—1929)——以日本商业航空发展为中心的讨论》,《大连近代史研究》2015年第00期。

② 朝鮮総督府逓信局『朝鮮総督府逓信年報. 昭和3年度』、朝鮮総督府逓信局、1930年;朝鮮総督府逓信局『朝鮮総督府逓信年報. 昭和4年度』、朝鮮総督府逓信局、1930年;朝鮮総督府逓信局『朝鮮総督府逓信年報. 昭和5年度』、朝鮮総督府逓信局、1931年。

③ 朝鮮総督府逓信局『朝鮮の逓信事業. 昭和6年』、朝鮮総督府逓信局、1931年;朝鮮総督府逓信局『朝鮮の逓信事業. 昭和7年』、朝鮮総督府逓信局、1932年;朝鮮総督府逓信局『朝鮮の逓信事業. 昭和8年』、朝鮮総督府逓信局、1933年;朝鮮総督府逓信局『朝鮮の逓信事業. 昭和9年』、朝鮮総督府逓信局、1934年;朝鮮総督府逓信局『朝鮮の逓信事業. 昭和10年』、朝鮮総督府逓信局、1935年;朝鮮総督府逓信局『朝鮮の逓信事業. 昭和11年』、朝鮮総督府逓信局、1936年;朝鮮総督府逓信局『朝鮮の逓信事業. 昭和12年』、朝鮮総督府逓信局、1937年。

④ 逓信省航空局『航空統計年報. 昭和4年度(第1回)』、逓信省航空局、1935年;逓信省航空局『航空統計年報. 昭和5・6年度(第2回)』、逓信省航空局、1935年;逓信省航空局『航空統計年報. 昭和7年度(第3回)』、逓信省航空局、1935年;逓信省航空局『航空統計年報. 昭和8年度(第4回)』、逓信省航空局、1935年;逓信省航空局『航空統計年報. 昭和9年度(第5回)』、逓信省航空局、1940年;逓信省航空局『航空統計年報. 昭和10年度(第6回)』、逓信省航空局、1940年;逓信省航空局『航空統計年報. 昭和11年度(第7回)』、逓信省航空局、1940年;逓信省航空局『航空統計年報. 昭和12年度(第8回)』、逓信省航空局、1940年。

发展历程以及朝鲜半岛机场的分布情况。这些文件证明七七事变
之前,日本在朝鲜半岛已经至少拥有京城、平壤、新义州和大邱等
四个航空枢纽,这也是驻朝鲜的日军飞机部队的侵华根据地。但
是上述资料侧重于民用航空的发展情况,对于这些机场的营建过
程却没有交代。为了隐藏日军的侵略野心,资料中也没有提及上
述机场在日军侵华行动中所发挥的作用。对于日据时期台湾地区
航空事业的发展,可以参考"台湾总督府"编纂的《华南南洋的交
通》①一书,书中提及应以台湾地区为核心,建设至上海、广东、香
港、新加坡、马尼拉等地的航线,虽然日方是以民用航空的名义开
拓上述航线,但是这也体现了日本以台湾地区为基地控制华南及
东南亚航空线路的野心,事实证明,全面抗战及太平洋战争爆发之
初,台湾地区确实已经成了日本海军战略轰炸机部队进攻中国东
南沿海及南洋地区的战略基地。

　　为了探索侵华航线并排挤欧美在华航空势力,日军也积极推
进所谓的"中日航空合作"和"合办航空公司"。有关这方面的著述
可以参考樋口秀实的《从日本海军看日中关系史研究》。② 樋口书
中指出,日本航空界及海军急于开辟福冈至上海航线以及谋求设
立合办航空公司的原因在于美、德两国在华航空事业的迅速发展
挤压了日本争夺中国航空利权的空间,同时美国的行动也有可能
导致中国变为其航空据点,从而威胁日本航空势力的扩张。其论
述过程将中日航空问题置于两国围绕防共协定、华北经济开发及
关税问题等诸多悬案进行讨论的大背景之下,从经济、军事等多个
角度分析了中日航空合作难以成行的原因。

① 台湾総督府熱帯産業調査会『南支南洋の交通』、交通局逓信部,出版时间不详。
② 樋口秀実『日本海軍から見た日中関係史研究』、芙蓉書房出版、2002 年。

　　除上述内容之外,日本航空部队的战争罪行也是中国学界的研究重点。目前学界对于这一问题的研究主要集中于重庆大轰炸及日机散布生化武器等方面,已经形成了《抗日战争时期重庆大轰炸研究》①《重庆大轰炸档案文献 财产损失》②《重庆大轰炸档案文献 轰炸经过与人员伤亡 区县部分》③《重庆大轰炸(含成都、乐山、自贡、松潘)受害史实鉴定书》④等众多成果,上述著作以历史档案及受害者口述为依据,揭露了日军有组织、有计划地利用航空兵器执行战争犯罪的历史事实,并以表格、统计数据等客观事实展示了日军无差别轰炸给中国人民造成的巨大灾难。此外,《1944 年龙(游)衢(县)、丽(水)温(州)战役期间日军对浙江实施细菌战探析》⑤《1940 年宁波鼠疫"敌机撒毒"考》⑥和《从中、俄、美、日史料看"常德细菌战"》⑦等论文也揭露了日军利用飞机播撒细菌武器并造成大批中国军民伤亡的历史经过,进一步证明了日本军机作为侵华日军战争罪行帮凶的事实。全面侵华时期日军利用飞机对中国人民展开了一系列战争犯罪,但是这种不人道作战思想的形成却并非一朝一夕。事实上,早在全面侵华之前的航空作战中,日军已经多次利用飞机展开过针对中国平民的无差别轰炸,目前对于日

---

① 潘洵:《抗日战争时期重庆大轰炸研究》,北京:商务印书馆,2013 年。
② 唐润明:《重庆大轰炸档案文献 财产损失》,重庆:重庆出版社,2011 年。
③ 唐润明:《重庆大轰炸档案文献 轰炸经过与人员伤亡 区县部分》,重庆:重庆出版社,2015 年。
④ 刘世龙:《重庆大轰炸(含成都、乐山、自贡、松潘)受害史实鉴定书》,北京:社会科学文献出版社,2017 年。
⑤ 杨沫红:《1944 年龙(游)衢(县)、丽(水)温(州)战役期间日军对浙江实施细菌战探析》,《军事史林》2020 年第 12 期。
⑥ 周东华:《1940 年宁波鼠疫"敌机撒毒"考》,《史林》2020 年第 6 期。
⑦ 陈致远:《从中、俄、美、日史料看"常德细菌战"》,《湖南社会科学》2016 年第 1 期。

军航空战争犯罪思想形成的过程尚缺乏研究,因此有必要从更长的时间跨度上去掌握日本航空部队不人道作战思想的历史渊源。

综上所述,中日学界在近代日本航空部队侵华研究方面已经积累了一定的成果,在还原相关历史过程及提出个别问题的同时,也存在很大不足之处。其一,对于问题的考察过于孤立,不论是日本军事航空发展的历史过程还是日机的侵华实战,都是目前学界的主要关注点所在,但是鲜有学者意识到侵华实战对日本航空部队发展的意义并将两者联系起来进行考察,使得对于两个问题的研究都陷入碎片化的处境。其二,知其然不知其所以然。日机具有较强的战斗力与杀伤力,以往的研究都关注于这一问题本身,反而忽视了这种战斗力与杀伤力从何而来的问题。可见,许多问题尚待厘清和考证,以获得进一步认识。

三、研究方法与思路

通过对日军档案、战史丛书、战报、官报,民国档案和报刊等文献进行搜集、整理和分析,对全面抗战前日本航空部队的侵华相关行动进行综合研究。将日本军事航空的发展的成果及形成的思想与二战前空军理论的权威著作《制空权》①进行比照,以此分析这种发展是否符合世界航空理论发展的主流历史趋势。

随着日本航空部队的发展壮大以及中国空军从分散发展逐渐走向统一,空军在两国军事体系中的地位越发重要。全面抗战爆发之后,中日航空部队之间的交锋以及日本军机执行的地空协同、战略轰炸等作战行动也成为中日学者共同的研究重点。目前中日学界有关这些问题的研究已经形成了不少成果,特别是日方学者

① [意]朱里奥·杜黑:《制空权》。

利用日军档案已经完成了对于作战基本情况和历史脉络的梳理。在论文选题方面如果继续执着于对航空作战本身的研究将很难实现新的突破。因此,本书选择目前学术界关注较少的问题进行研究,是为了回避研究成果已经陷入同质化的先行研究,也是为了对目前学术界尚存在空白的研究领域进行补充。

在具体的研究过程中主要使用两种基本思路。首先,全面抗战乃至太平洋战争之前,日本航空部队的发展壮大离不开其在中国领土上进行的航空实战以及实战中积累的经验,在取得发展之后,其最新型的装备及航空用兵思想又会在中国战场进行实战检验,因此,应该从将中国大陆视为"练兵场"和"试验场"这一视角出发来重新审视日本军机的侵华实战。其次,不仅是中国大陆,台湾岛及朝鲜半岛殖民地也是日本陆军飞行团和海军航空队进行航空建设的关键地区,可以说日军是将上述地域作为其航空部队发展的战略空间,因此应该将日本军机的航空侵华活动置于更广阔的地域视野下进行研究。同时,在更长的时间跨度上探讨日本在战略空间中的航空建设对其在全面侵华战争中的军事活动产生了怎样的影响。

四、史料运用

本书在资料的使用方面力求保证多样性。首先,重视对原始档案的搜集使用。日本航空部队的建设最早始于 1877 年的西南战争,自彼时起日本档案机关就开始制作军事航空相关的档案,目前有大批档案被保留在日本国立国会图书馆亚洲历史资料中心网站上,通过对这些档案的整理研究,可以实现对全面抗战前日本航空部队航空侵华的微观细致考察。其次,由于日方档案在保管过程中出现散佚,或是部分档案目前尚未公开,在对个别问题进行研究的过程中可能会出现档案缺失的现象，但是作为日本军机侵略活动的主要受害国，中国的报纸期刊资料，如《申报》《益世报》《飞报》《空军》等对日军在中国本土建设机场、日本飞机入华等史实均有报道，通过将中方报刊与日方档案进行比照研究，可以对缺失的部分关键史料进行补充。最后，笔者在本书中将会利用中日双方的著述以及相关论文对日本航空部队航空侵华的个别问题进行考证、辨析。在具体的写作过程，会通过各种史料的交叉使用，力求将宏观叙事与微观考证紧密结合起来，采用综合分析视角对相关问题进行系统性考察，以求探讨全面抗战前日本航空部队航空侵华中存在的深层次问题。

第一章　九一八事变前日本航空部队的形成与初步侵华布局

对于战场制高点的争夺是交战双方的重要作战任务之一，一旦取得制高点便可以俯视全局，进退有据。如果作战空间延伸至天空，在空中占领制高点即掌握制空权的一方将拥有不可比拟的作战优势。明治维新以来，日军也较早注意到了航空在军事方面的价值，但是因为航空兵器发展观念及资金的掣肘，导致在一段时间内其对飞机这种新型航空兵器的运用落后于欧美列强。在欧美航空技术突飞猛进及侵华实际需求的双重压力下，1909 年至 1914 年，日本军事航空取得了较快发展，并初步打造了一支具备实战能力的飞机部队。值得注意的是，无论日军的气球部队还是飞机部队，其首次实战均是在中国战场上完成的，证明日本航空部队自诞生之初就带有强烈的侵略性，侵华实战所获得的经验也进一步强化了其作为日军侵略工具的特性。

第一节　近代日本航空部队的形成与对华扩张

一、近代日本航空部队的形成

1877 年西南战争期间，日本政府军为了与熊本城内的守军取得联系,命令海军技术军官麻生武平等三人制作热气球。麻生等人于当年 5 月制成了日军首个热气球并进行了载人试飞。虽然该气球因为西南战争的提前结束而没有来得及应用于实战①,但这也是日军创建航空部队的首次尝试。

西南战争结束后,日本军事航空发展曾一度陷入停滞,1891 年从法国引进新型军用气球之后,其相关研究才得以再次启动。②1901 年,日军重新意识到航空兵器在作战层面的巨大作用。日本陆军省曾明确指出:"气球在战场上可以发挥巨大的效果,在野战及攻城、守城等方面均是不可或缺的……目前野战军的编制已经大体完成了……随着攻城炮及徒步炮兵队的设置,于此时设立气球队显得尤为必要。"③1904 年至 1905 年的日俄战争中,日本陆海军分别组织了陆军临时气球队和海军氢气球队并投入旅顺攻坚战④,这也是日本航空部队首次投入实战。但是热气球自身也存在难以自由移动、容易遭受敌军攻击、缺乏对地攻击能力等诸多缺陷。近代以来,随着航空技术的进步,特别是 1903 年莱特兄弟发明飞机并成功实现了升空飞行,以此为契机,欧美列强开始推进航空技术研究,各国也期待飞机可以在军事领域发挥巨大作用。1907 年 8 月,美国陆军创立了第一支航空分队,同时向莱特兄弟订购了一架飞机并展开军事飞行训练,这也是飞机在历史上首次应用于军事。法国于 1910 年 4 月建立了配备有气球和飞机的航空兵部队,1912 年 3 月更是将这支部队升格为与步兵、骑兵、炮兵等兵

---

① 仁村俊『航空五十年史』、64 頁。
② 仁村俊『航空五十年史』、78 頁。
③「軽気球基本隊設立案　明治 34 年 9 月 30 日」、「JACAR(アジア歴史資料センター)
　　Ref. C12121415100、軽気球隊編制書類　明治 34 年 9 月~35 年 9 月」。
④ 和田秀穂『海軍航空史話』、6 頁。

种并列的独立空军部队。英国于 1911 年 2 月建立了工兵航空营,1912 年 5 月建立了英国皇家飞行队。1912 年 10 月,德国也组建了独立的航空兵部队。①在各列强军队中独立空军出现之前,飞机就已经在 1911 年至 1912 年的意土战争中被成规模地投入于实战。战争期间,意大利派出了由 9 架飞机、2 艘飞艇和 11 名飞行员组成的作战部队,这批部队执行了对地轰炸、侦察拍照、投放传单等多种任务②,这些作战行动向世界各国展示了飞机部队在军事用途上的巨大潜力。

　　飞机技术的突飞猛进,特别是在军事上的日新月异也引起了日军部分人士的注意。1903 年飞机诞生之后,日军在飞机技术的发展应用方面开始逐渐落后于欧美列强。面对这种局面,1909 年日本海军少佐山本英辅(后担任日本海军航空本部首任部长)向海军省中央部门提交了发展军事航空的意见,其主要内容有以下几点:① 对航空器展开研究;② 对日本及周边地区的航空气象展开研究并绘制航空线路图;③ 对航空通信手段进行研究;④ 对飞行器的武器及对空、对地攻击手段进行研究。山本在意见中还特别强调未来日本海军的作战区域在"日本的西南方向",因此需要加强对该区域的航空气象观察③,日本的西南方向为包括中国东南沿海及东南亚各地在内的广阔区域,这一表述证明日本航空部队在诞生初期就具有较强的对外侵略扩张倾向。山本的意见受到了海军大臣斋藤实的重视,在陆海军协商之后于 1909 年 7 月经内阁总理大臣、陆军大臣、海军大臣和文部大臣的同意,日本天皇批准成

---

① 李树山:《世界空军史》,北京:军事科学出版社,1998 年,第 14—20 页。

② 李树山:《世界空军史》,第 8 页。

③ 和田秀穗『海軍航空史話』、13—17 页。

立了由陆军军务局局长长冈外史少将担任会长，由陆海军技术军官和各大学教授共同组成的"临时军用气球研究会"，日军声称，设立这一研究会主要是因为欧美各国目前有关军用气球和飞机的发展进展迅速，日方对于航空技术的研究绝非一朝一夕所能取得进展的，因此有必要设立一个专门研究机构从事这一工作。① 这是日军成立的第一个专门进行航空技术研究的机构，也证明日军已经意识到了其在军用航空技术方面与欧美的巨大差距。鉴于这一事实，在"临时军用气球研究会"成立的第二年即1910年4月，该会派遣会员日野熊藏和德川好敏两名陆军军官前往欧洲学习航空技术并引进航空装备。② 同年12月19日，德川和日野分别驾驶从法国及德国购入的法鲁曼式飞机和格拉德式飞机进行了日本军事史上的首次飞机飞行，这次试飞过程中，法鲁曼式飞机的表现远远优于格拉德式飞机③，这也使得日本在发展军事航空的初级阶段中更倾向于吸取法国经验。

在陆军飞机实现首飞之后，海军也于1910年底派遣金子养三和山下诚一两名军官前往法国学习航空知识。④ 金子养三驻法期间除了学习飞机驾驶知识，还对法军装备的法鲁曼式飞机、伯赞式水上飞机等装备的性能及法国航空管理制度进行了考察。1912年4月，金子提交的《对法军考察报告及新设海军飞行队的相关意见》一文对日本海军航空兵的发展产生了重要影响。金子在报告中指出，水上飞机将起落架改造为了浮筒，这使其有能力在水面起降，

---

① 「臨時軍用気球研究会官制制定の件」、「JACAR（アジア歴史資料センター）Ref. C06084765800、明治42年『貳大日記8月』」。

② 徳川好敏『日本航空事始』、52頁。

③ 徳川好敏『日本航空事始』、68—73頁。

④ 和田秀穂『海軍航空史話』、41頁。

只要将现有舰艇稍加改造即可满足携带水上飞机在海面执行航空作战的要求。此外,培养优秀的军事飞行家需要耗费大量时间而且过程较为困难,为了避免日本军事航空技术进一步落后于欧美,也为了发展水上飞机技术并形成战斗力,应尽快设立独立的"海军飞行队",其所设想的海军飞行队包括兵员、飞机、机场、制造修理厂等多种设施,具备实验与实战两种性质。同时,金子养三也列举了法军将"福德尔"号巡洋舰改造为水上飞机母舰的实例,证明了研究制造航空母舰的可行性。① 金子的意见证明,现有的日本军事航空体制已经限制了海军航空兵的发展,其设立"海军飞行队"的意见体现了海军独立发展航空部队的需求,其对于水上飞机及母舰可行性的论证则证明了飞机作为一支独立力量在海上执行作战任务的可行性,这也成为日本海军发展航母及舰载航空兵的思想萌芽。

金子的报告受到了日本海军的高度重视,尤其是海军需要独立发展飞机部队的论断更是与日本海军长久以来的想法不谋而合。"临时军用气球研究会"虽然是陆海军共同管理的机构,但是两军在航空发展理念方面存在较大分歧,而且该机构的主管人员一直是日本陆军军官(首任会长为陆军中将长冈外史,继任会长为陆军次官石本新六),这就使得海军发展航空技术的需求长期处于被打压的状态,海军曾直言:"临时军用气球研究会对于海军航空技术的发展没有任何裨益,而且陆军还在预算方面对海军航空技术的发展加以掣肘,对于航空技术的研究已经没有办法以陆海军

_____

① 「45 年 4 月 14 日　見学報告並に海軍飛行隊新設に関する所見提出の件」、「JACAR(アジア歴史資料センター)Ref. C10100756100、明治 44 年　外国駐在員報告　巻 5(日本防衛省防衛研修所)」。

共同参与的名义维持下去了。"①

　　"临时军用气球研究会"对于海军航空发展的消极作用,加之金子养三报告中对于建立独立海军航空兵必要性的论证,使得日本海军最终在航空兵器的发展理念及航空用兵思想方面走上了与陆军决裂的道路。在金子报告提出的两个月后,1912 年 6 月,海军以山路一善大佐为委员长,单独组织了"航空术研究委员会",其目的在于:(1) 研究飞机操纵法;(2) 研究符合海军军用标准的制式飞机;(3) 其他有关航空技术的研究事项。同年日本海军在追浜建设了机场,并向美国及法国派遣留学生以及购入包括水上飞机在内的各型飞机。② 由此开始,日本陆海军航空技术走上了两条不同的发展道路。

　　1912 年底,极力鼓吹水上飞机作战能力的金子养三携带两架70 马力的莫里斯·法鲁曼式水上飞机从法国返回日本。同年 11月,金子驾驶海军飞机参加了庆祝日本天皇登基的阅舰式,宣告了日本海军航空兵的正式成立。1913 年秋,日本海军以运输船"若宫"号搭载 3 架水上飞机参加了海军演习。演习期间,"若宫"所搭载的飞机演练了海面起降、对海侦察、通信联络等作战科目,其演习成果得到了海军高层的高度评价,飞机及航母在海军作战中的作用进一步得到重视。③

　　陆军方面,在海军脱离了"临时军用气球研究会"之后,陆军也按照自己的思路走上了独立发展航空兵的道路。1911 年 10 月,陆

---

① 「航空術研究委員報告（2）」、「JACAR（アジア歴史資料センター）Ref.
　　C08020758500、大正 5 年　公文備考　巻 21　学事 2」。
② 「航空術研究委員報告（1）」、「JACAR（アジア歴史資料センター）Ref.
　　C08020758400、大正 5 年　公文備考　巻 21　学事 2」。
③ 和田秀穂『海軍航空史話』、69—71 頁。

军牵头研制的日本第一架国产飞机"会"式飞机完成试飞,标志着日本军用飞机国产化的开始。同年 5 月,日本陆军开始自行培养航空人才,其教授的科目主要为飞机驾驶和空中侦察技术,首批 5 名参与培训的陆军军官中有 3 人于 1912 年 7 月顺利毕业,这些事实证明日本陆军在装备和人才方面都极力推动"国产化"。[①]

　　除了重视人才培养和装备发展,面对在飞机的实战应用方面已经落后于欧美列强的事实,日本陆军也需要创造机会以增强其飞机部队的实战能力。1912 年,日本陆军展开了秋季特别大演习,这也为陆军航空兵的实战化练兵提供了契机。在演习开始前,陆军可以使用的飞机仅有 3 架,驾驶员仅有 2 人,日军执意将实力如此弱小的飞机部队投入演习,也体现了其锻炼部队实战能力的急迫需求。在演习期间,陆军飞机主要执行了航空侦察任务,具体形式为飞机搭载驾驶员和侦察员飞至 400 米至 500 米高的空中,在完成侦察之后对地面指挥部进行口头汇报。虽然此时日军飞机部队的作战形式还十分幼稚,但是飞机部队在传统的骑兵、气球之外提供了新的侦察形式,特别是其具有的机动性及可以在目标上空盘旋侦察的特点,大大提高了陆军侦察的范围和准确度。演习期间飞机在侦察方面的巨大作用使日军高层进一步认识到了"在今后的作战中飞机不可或缺"。[②] 1912 年的大演习之后,陆军投入更大的财力、物力以发展航空部队,同年日本陆军引进法制莫里斯·法鲁曼式飞机并作为陆军的制式飞机。1913 年 11 月的特别大演习期间,日本陆军投入使用的飞机已经达到了 6 架(包括 2 架日本国产飞机),所培养的 3 名飞行员也参与了演习。这些事实都证明日

---

① 德川好敏『日本航空事始』、93—109 頁。

② 德川好敏『日本航空事始』、131 頁。

本陆军航空的"国产化"已经初具规模,其整体实力也在稳步增强。

以1914年的日德青岛战役为分界线,在此战役结束之前日本航空部队的发展阶段可以归为"形成期"。通过上述研究可以总结,这一阶段日本军事航空的建设虽然起步较早,但是1877年的西南战争之后其发展长期处于停滞状态,特别是在飞机诞生之后,欧美列强在短期之内就意识到了飞机在军事领域的巨大作用,迅速组建起了航空部队并开始初步将其应用于实战。与此相对,日本直到1909年才建立了自己的航空科研管理机关"临时军用气球研究会"。该机关由于陆海军航空发展理念的不同而走向了分裂,随着海军"航空术研究委员会"的成立,日军也形成了陆海军独立发展航空部队的格局。虽然起步较晚,但是其发展速度不容小觑,在诞生之后,日军积极学习欧美先进航空作战经验并引进军事航空技术。青岛战役之前,日本航空部队已经初步具备了独立培养人才和维修制造飞机的能力。海军少佐山本英辅的言论也显示,日本飞机部队在诞生之前就将作战目标设定在了日本本土之外的区域,这表明日本航空部队带有强烈的侵略、扩张属性,其必然要服务于日本对中国乃至太平洋地区的侵略行为。

二、日俄战争中日军气球部队的行动

1891年,日本陆军从法国引进容量350立方米的新型热气球并以此为契机重启了中断已久的军事航空科研工作。1894年的中日甲午战争期间,日本曾尝试将"国产"气球投入实战,但是因为材料不过关而作罢。在气球技术方面落后的事实迫使日军加快了研发进度。1900年,日军将山田猪三郎研制的大型热气球采纳为制式装备,随后在1903年,陆军研制了更加轻便的绢制热气球并在实战演习中取得了良好成绩。[1]　总体来看，日俄战争爆发前日本空中部队的发展并无值得注目之处，但是日俄战争期间的作战需求推动了陆海军航空部队的迅速发展，日本以气球部队为代表的航空部队也完成了在中国本土的首次实战。

　　日俄战争期间，陆海军曾分别组织了隶属陆军省和联合舰队的气球部队。海军气球部队于 1904 年 7 月到达旅顺，但是由于降雨频繁和器材不充足等原因最终未能参与作战，并于同年 9 月解散。[2]　战争期间主要执行实战任务的是陆军"临时气球队"。

　　1904 年 6 月 2 日，日本陆军大臣寺内正毅命令陆军电信教导队编制临时气球队，由河野长敏少佐担任队长，德永熊雄大尉担任技术主任，并于同日发布了《临时气球队编成要领》，要领中规定该部队的主要任务为侦察和通信联络，其物资装备等由陆军省统一调配，部队编制完成后需要向陆军大臣及陆军参谋总长汇报。这些规定证明该部队是直接接受陆军省指挥的特殊部队，也证明日本陆军对于该部队重视程度之高。在人员设备方面，该部队有各类兵员 186 人、各型运载车辆 62 辆、驮马 81 匹[3]，作为一支首次投入实战的空中部队其规模是比较可观的。

　　1904 年 8 月 3 日，临时气球队登陆大连并编入日军第 3 军。8 月 18 日，日军松冈大尉搭乘气球于茅道沟上空对俄军进行侦察，这也是日本航空部队在中国本土的首次升空作战。此后至 10 月 3 日，临时气球队共升空作战 14 次，比较有代表性的战例是 8 月 23 日，日军大村大尉搭乘气球升至 600 米高空对旅顺港内的俄军舰

---

[1] 仁村俊『航空五十年史』、78 頁。

[2] 和田秀穂『海軍航空史話』、7 頁。

[3]「臨時気球隊編成要領」、「JACAR（アジア歴史資料センター）Ref. C06040151100、『明治37 8 年戦役業務詳報 附録 軍務局軍事課』」。

艇状况、数量及旅顺市内情报和俄军炮台、要塞情报进行了详细侦察，为日军作战提供了重要参考。在 8 月 24 日，临时气球队又搭载海军参谋人员对旅顺港进行了两次侦察并演练了拍照侦察等新型航空侦察科目。①

在日俄战争结束后日军大本营发给临时气球队队长河野长敏少佐的嘉奖令中可以一窥该部队的大致作战经过以及日军对于航空部队军事价值的肯定："8 月 23 日，在我军进攻旅顺要塞的同时，临时气球队的侦察活动使我们掌握了俄军后方部队的行动。8 月 24 日，气球队探明了旅顺港内俄军军舰的虚实和所在位置，并掌握了旅顺市区内的俄军防线。10 月 2 日，气球队在海鼠山上空对我军的炮击进行观测，帮助我军完全掌握了躲在暗处的敌军舰艇。气球队的上述种种作战行动对我军作战产生了巨大帮助。"②这证明，通过气球部队的首次侵华实战，日军高层意识到了空中兵器在军事领域不可替代的重要作用。虽然此时其尚不具备直接进攻敌军的能力，但是气球升至数百米高空居高临下进行侦察的优势是以往传统地面侦察手段所不具备的。因此在日俄战争结束后，日军立即命令河野长敏总结作战经验并于 1906 年 10 月在陆军电信教导大队内成立常设气球班，1907 年 10 月日军将气球班扩编为气球队，并继续由河野长敏担任队长，同年 11 月该部队参加陆军特别大演习并取得了良好的成绩。③ 在此之后，随着 1909 年"临时军

①「自 8 月 13 日至 10 月 3 日临时气球队气球升腾に关する报告」、「JACAR（アジア历史资料センター）Ref. C13110535700，临时气球队气球升腾に关する报告　明治 37. 8.13～10.3」。

②「河野少佐 勲绩明细书・履历书」、「JACAR（アジア历史资料センター）Ref. C06041113000，『大本营将校同相当官高等文官勲绩明细书缀』」。

③ 仁村俊『航空五十年史』、83 页。

用气球研究会"的成立,日军对于军事航空技术的发展重点逐渐从气球转向飞机。

虽然在 1877 年的西南战争期间日本曾组建过气球部队,但是该部队并未参加实战,因此从各种意义上看,日本航空部队第一次真正投入实战是在中国领土上完成的,其诞生的目的就是成为帮助日军更高效展开侵略活动的工具。这证明其在形成之初就带有强烈的侵略性,中国大陆正是其进行侵略的首要目标。在日俄战争期间,日本海军的气球部队因为天气因素而未能参与实战,日本陆军的临时气球队也因为天气影响,在两个月的时间内仅执行了14 次侦察任务,证明中国大陆的气象情报可以在很大程度上影响日本航空部队的作战情况。因此,为了保证在将来的侵华作战中航空部队可以充分发挥作用,日军有必要展开包括调查气象情报在内的各种类型的侵华航空布局。此外,日军在 1904 年 6 月建立临时气球队,8 月初就将该部队投入侵华作战中,在实战期间日军演练了空中侦察、航空拍照、炮击观测等全新的作战科目并深刻地意识到了航空部队的巨大威力,在战后也加快了相关技术的研究速度,证明日军将中国大陆视为其航空部队演练新兵器、新战法并进行经验总结的实战练兵场,相关实战经验也被用来推动自身的进一步发展。

三、一战中日本为抢夺德国在华地盘的航空作战

如前所述,至 1914 年日德青岛战役之前日本航空部队已经有了初步发展,此时陆海军各自拥有了下属的航空科研管理机关,建立起了初具规模的飞机部队并开始实现航空力量从人才到装备的"国产化"。虽然以飞机部队为代表的日军航空部队在各方面都实现了从无到有的突破,但是由于起步较晚,相较于同时期的欧美列

强,其实力仍可谓"微不足道"。以装备为例,至 1914 年一战爆发之前,英国陆海军共拥有各型飞机 270 架,飞行员 1 797 人①,法国拥有各型飞机 174 架,飞行员 400 余名,德国拥有军用飞机 232 架,飞行员 1 000 余名②,而日本包括陆海军航空兵在内仅拥有各型飞机 26 架,驾驶员仅 23 人③,其整体实力尚不及英法等国的十分之一。在实战经验方面日本航空兵更是远远落后于欧美列强。意大利空军除了 1911 年意土战争期间执行过航空实战,在 1911 年至 1912 年的摩洛哥战争期间也执行了侦察、通信、对地轰炸等作战任务。1912 年至 1913 年的巴尔干战争期间,参战的希腊、保加利亚、塞尔维亚、土耳其等国的军队都装备有成规模的飞机部队,并且从英、法、俄、意等国雇用飞行员参战,堪称首次空中"世界大战"。④此次战争中,飞机的作战范围从地上延伸至了海上,其对于要塞、城市的轰炸凸显了飞机在进攻作战上的巨大潜力,而利用飞机对交战双方军民采取的政治攻势则体现了飞机在战略层面的巨大作用。可见,在一战爆发前列强都在稳步推进,其空军不断获得实战经验,一战的爆发也意味着飞机将以前所未有的规模投入实战。

　　装备上的差距可以依靠投入研发资金及时间来弥补,但是实战经验上的差距只能依靠实战经验来弥补。日本航空部队如果借助一战爆发的机会参与实战,不仅可以检验其发展的阶段性成果并找准下一个阶段的发展方向,还有机会弥补与欧美列强在实战经验上的差距。一战爆发前的 1914 年 2 月至 4 月,海军的《航空术报告》中曾多次提及应尽快研究海军航空兵在实战过程中需要面

---

① ［英］史培德著,黄国英译:《英国空军》,重庆:中国编译出版社,1941 年,第 2 页。
② 李树山:《世界空军史》,第 19—20 页。
③ 参謀本部『大正三年日独戦史(下巻)』,偕行社,1916 年、202 頁。
④ 李树山:《世界空军史》,第 9 页。

对的各种情况，如"飞机部队在战时需要对驻屯地点周围执行侦察警戒任务……飞机驾驶员需要掌握可以适应驻屯地点周围海陆地形及气象状况的飞行技术"①，"目前正在对战时飞机部队驻屯地点的选定及所需设备等问题进行探讨"，"应展开对于飞机从母舰上起降的方法、战时飞机母舰所需的设备及应执行任务的研究"。②从这些记录可见，日军对于提升自身航空兵实战能力的愿望十分强烈。

1914 年 7 月一战爆发之后，与英国结为同盟又早已觊觎德国在山东权益的日本也于 8 月 23 日向德国宣战。③ 此时德国在山东青岛仅有两架军用飞机，且其中一架在开战之前便已损毁。日本海军"航空术研究委员会"委员长山路一善认识到，这样一个具备一定实力但又远不如日军的对手可以满足海军航空兵对于各种科目的实战演练需求。因此，早在日本对德宣战之前，山路便对海军的驾驶员与地勤人员进行了动员，并向海军省建议派遣飞机部队参战以积累实战经验。日本海军接受了其建议，海军大臣八代六郎于 1914 年 8 月 10 日下令将运输舰"若宫"号改造为水上飞机母舰并于 8 月 15 日完成相关改造。④ 8 月 19 日日本海军在横须贺组成了由"若宫"号、4 架法鲁曼式水上飞机和 7 名驾驶员组成的海军

①「航空術一件（1）」、「JACAR（アジア歴史資料センター）Ref. C08020397700、大正 3年　公文備考　巻 13　学事 1」。
②「航空術一件（2）」、「JACAR（アジア歴史資料センター）Ref. C08020397800、大正 3年　公文備考　巻 13　学事 1」。
③「御署名原本・大正三年・詔書八月二十三日・独逸国ニ対シ宣戦」、「JACAR（アジア歴史資料センター）Ref. A03020988900、御署名原本・大正三年・詔書八月二十三日・独逸国ニ対シ宣戦」。
④「8 月 10 日～8 月 31 日」、「JACAR（アジア歴史資料センター）Ref. C14120039100、青島戦における若宮戦時日誌」。

航空队。① 陆军方面自 8 月 20 日开始对航空人员器材进行动员,8
月 23 日日本陆军组成了由 5 架飞机和 8 名驾驶员组成的"临时编
成航空队"。②

1. 青岛战役期间日本军机的作战行动

在日本对德宣战之后,8 月 28 日陆军飞机部队乘船从宇品港
出发并于 9 月 2 日到达龙口,日军以此为根据地组装飞机并搜索可
以用作机场的土地,9 月 21 日日军在即墨建设的机场完工并正式
将其飞机部队投入实战。③ 海军方面,"若宫"号搭载海军飞机于 8
月 29 日出发,9 月 1 日抵达青岛外海并归入海军第 4 战队麾下,随
后于同日对灵山岛附近的德国驱逐舰进行警戒监视。④ 在开战之
后日机的作战行动主要集中于以下几个方面。

(1) 侦察及轰炸活动

从青岛战役之前日本航空部队用兵思想的发展脉络看,不论
是气球部队在日俄战争中的实战还是陆海军航空兵在演习中所演
练的战法,侦察都是日本飞机部队在现阶段的首要作战任务,这也
是青岛战役中陆海军飞机部队的主要作战形式。

在 9 月 5 日的第一次侦察中,日本海军飞机便确认了德军巡洋
舰"埃姆登"号、"凯瑟琳·伊丽莎白"号及鱼雷舰"S90"号等军舰的
配置。在对地面目标的侦察方面,海军机对"埃尔克纳角"至"艾贝
林角"之间的区域、薛家岛附近区域及游内山附近区域内的德军布

---

① 和田秀穂『海軍航空史話』、88—91 頁。

②「青島戦に於ける航空隊参加概史」、「JACAR(アジア歴史資料センター)Ref.
　 C16120473400、青島戦に於ける航空隊参加概史　大 3. 8. 18～4. 1. 5」。

③ 参謀本部『大正三年日独戦史(下巻)』、218 頁。

④「9 月 1 日～9 月 30 日(1)」、「JACAR(アジア歴史資料センター)Ref.
　 C14120039200、青島戦における若宮戦時日誌」。

防情况进行了侦察,这些情报为日军开战之初的战略部署提供了重要参考。第 2 舰队司令加藤定吉发给"若宫"的电报中称飞机对敌情的侦察为此后作战产生了极为有益的影响。①

由于德军在青岛修建了大量的炮台和要塞,对要塞的形状及防线走势进行观测并寻找突破口也成了陆海军飞机的重要任务。在 9 月 29 日的侦察中,海军飞机发现了 22 门中口径火炮和 4 门大口径火炮的分布位置,为日军炮兵指明了攻击目标。② 陆军飞机则通过侦察确定了德军堡垒防线的大致走向及形状。飞行侦察员在 10 月 6 日提交的报告中指出:小湛山至海泊河口一线是青岛要塞防线的薄弱环节;德军的核心防御线左翼防守较为薄弱,中央及右翼方面相对比较坚固。③ 陆军飞机对于德军防线弱点的判断对地面部队的攻击产生了极为有益的参考作用,在 11 月 6 日的攻坚战中,小湛山北部堡垒也成为日军攻破德军防线的突破口。

除了侦察之外,如何通过轰炸等形式的作战手段发挥飞机的杀伤效用也是日军飞机部队在此次作战中的重要研究任务。在 1913 年,海军军官山路一善及河野三吉曾对奥、德、意、法、英等国空军的技战术水平进行过考察,此行山路等人特意考察了法国等国的飞机投弹训练④,这也体现了海军对于空中轰炸这种作战形式的重视。海军飞机在 1914 年 9 月 5 日的第一次升空作战中即执行了轰炸任务,这次轰炸也是人类战争史中首次由舰载航空兵执行

---

① 「9 月 1 日～9 月 30 日(1)」、「JACAR(アジア歴史資料センター)Ref. C14120039200、青島戦における若宮戦時日誌」。
② 「9 月 1 日～9 月 30 日(3)」、「JACAR(アジア歴史資料センター)Ref. C14120039400、青島戦における若宮戦時日誌」。
③ 参謀本部『大正三年日独戦史(下巻)』、237 頁。
④ 和田秀穂『海軍航空史話』、79 頁。

的轰炸任务。[1]　在作战中,海军飞机的轰炸方法及实战装备也取得了进步,至战役结束之时日本海军已经研制出 3 英寸、4.7 英寸及 5 英寸三种口径的空投炸弹。[2]

海军飞机的轰炸目标涵盖了德军的海岸炮台、水面舰艇及总督府等各种重要设施,其轰炸次数也比较频繁,如在 10 月 31 日海军共执行了 6 次轰炸任务,向灰泉角炮台、德军机库、大西镇炮台、游内山炮台等地投弹 30 枚,对德军造成了相当大的威慑。[3]　除了对地面目标的轰炸,对海上舰艇的轰炸也是海军飞机的重要任务。在德国巡洋舰"埃姆登"号驶离青岛之后,德军的新型鱼雷舰"S90"号就成了日军水面舰艇的最大威胁,围剿这艘舰船也是海军飞机对海作战的主要目标。青岛战役中,日本海军飞机从 9 月 16 日起即开始进行轰炸 "S90"号的作战,前后共执行 5 次轰炸任务,投弹 39 枚无一发命中,"S90"号最后也是由德国海军自沉于青岛港内。在整个青岛战役期间,海军空投的炸弹虽然多达 199 枚,但是其中直接命中目标的仅有 8 枚,不确定是否命中的有 16 枚,完全没有命中的多达 175 枚。[4]　即便命中率惨淡,但是海军的轰炸仍摧毁了不少重要目标,如炸毁了德军在信号山上的无线电所[5],10 月 22 日炸毁了德军的发电所等,这些战果也在一定程度上削弱了德军的

---

① 爱澜:《世界实战对地航空轰炸第一舰——"若宫"号水上飞机母舰小史》,《国际展望》2005 年第 9 期,第 60 页。

② 「第 6 章/第 2 節　航空隊/第 4 目　航空隊の活動」、「JACAR(アジア歴史資料センター)Ref. C14120045900、青島方面戦記 1　第 1 編 」。

③ 「10 月 1 日～10 月 31 日(3)」、「JACAR(アジア歴史資料センター)Ref. C14120039700、青島戦における若宮戦時日誌 」。

④ 「第 6 章/第 2 節　航空隊/第 4 目　航空隊の活動」、「JACAR(アジア歴史資料センター)Ref. C14120045900、青島方面戦記 1　第 1 編 」。

⑤ 陆安:《论日德青岛之战》,《航空史研究》2000 年第 2 期,第 24 页。

作战能力。

　　陆军飞机虽然在 1913 年的演习中也模拟了轰炸行动,但是其训练与实战装备的研制进度均落后于海军,其在 9 月 27 日才执行了首次轰炸任务。当日陆军出动了 3 架次飞机轰炸"S90"号等德军舰艇,共投弹 8 枚且无一枚命中,出击的 3 架飞机反而均被德军火力击中,共中弹 34 枚,虽然日军飞机没有受到致命损伤①,但是这次轰炸行动无疑是一场狼狈的首战。整个青岛战役期间陆军投弹的数量不到海军的四分之一,所取得的战果也乏善可陈,虽然陆军飞机对总督府、油料库、青岛火车站等重要目标进行了多次轰炸,但是其所空投之炸弹无一发命中。②

　　(2) 殃及中国平民的轰炸

　　如前所述,日本陆海军飞机对于德军的轰炸虽然命中率极低,但是由于德军军事设施多位于青岛市区,与居民区紧密相邻,日军非常不精湛的投弹技术不可避免会伤及无辜百姓,特别是日军还有组织有计划地多次执行了轰炸青岛市区的任务,青岛战役中日本陆海军飞机的轰炸行为证明其作战思想从一开始就表现出强烈的不人道特性。

　　日本军用飞机在战役中对于平民的戕害是相当频繁的。9 月17 日,海军飞机在轰炸过程中发现一名德军逃往中国村庄避难,该机毫不犹豫地向村庄空投了一枚炸弹,所幸炸弹落于水田之中没有爆炸,未对中国百姓造成伤害,但是从这一事件可以看出日军丝毫不在乎中国人民的生命财产安全,本次事件之后,海军对于中国居民的轰炸越发肆无忌惮。10 月 2 日,海军飞机在轰炸德军气球

---

① 参謀本部『大正三年日独戦史(下巻)』、228—229 頁。

② 参謀本部『大正三年日独戦史(下巻)』、附表第二十四。

的过程中将 1 枚炸弹扔到中国民房上,造成该民房被彻底炸毁。
10 月 11 日,日军飞机在轰炸德军机库时,将 4 枚炸弹扔到了建筑
物密集的居民区。10 月 22 日,海军飞机的 1 枚炸弹落至民居之
上,造成该民居发生火灾。在 10 月 31 日的轰炸中,海军飞机连续
2 次将炸弹投至民居之上,2 座中国民居遭到日军轰炸波及,其中 1
枚炸弹在民居屋檐下爆炸。11 月 6 日德军投降前夕,海军飞机在
轰炸青岛市区的过程中又将 2 枚炸弹扔到了民宅之上。①

　　日本海军飞机这种无差别轰炸,是对平民的战争犯罪行为,陆
军飞机也紧随其后有类似行为。10 月 29 日,陆军内藤中尉驾机向
青岛市区投弹 3 枚,当日夜间日机再次向青岛市区投弹 2 枚。10
月 30 日夜间,陆军飞机又连续两次轰炸青岛市区,共投弹 6 枚。11
月 6 日夜间,陆军飞机对青岛市区展开最后一次轰炸,共投弹 7
枚。② 整个战役期间陆军投弹虽然仅 44 枚,但是有计划地用来轰
炸平民的炸弹就有 18 枚,足见日军战争行为的不人道。

　　日本陆海军飞机对中国平民及财产展开了频繁的轰炸,但是
在日军的作战记录中从未见到其向中国官民道歉或提供赔偿的记
录。《申报》记者曾在战役期间全程关注日军的行动,并对其战争
罪行予以报道和谴责,但是日军轰炸中国平民的消息却并未见诸
报端,可见中国方面对日本航空部队犯下的战争罪行也缺乏了
解。③ 如果说日军轰炸德军军事目标时因技术不娴熟而将炸弹投
至中国民居之上的行为乃是无心之举,那么陆海军飞机有计划地

①「10 月 1 日～10 月 31 日 (3)」、「JACAR (アジア歴史資料センター) Ref.
　C14120039700、青島戦における若宮戦時日誌」。
② 参謀本部『大正三年日独戦史 (下巻)』、254—264 頁。
③ 聂文静:《日德青岛之战时期的〈申报〉舆论》,《广东技术师范学院学报(社会科学版)》
　2016 年第 6 期,第 106—109 页。

对青岛市区的频繁轰炸则毫无疑问是战争犯罪行为。日军对于平民设施的轰炸,一方面有威慑德军的意图,另一方面也有向中国百姓炫耀武力以迫使其向日军屈服的意图。战前德军曾驱赶大批中国百姓为其修筑要塞,8月14日以后,青岛城内中国人大部分已撤至城外,青岛的德国殖民当局便强制征用滞留中国人为苦力。① 大批中国人作为亲历者参与了青岛战役,日军利用飞机这种新兵器居高临下空投炸弹的行为对中国百姓造成巨大的心理压力,这种手段也在中国百姓心中确立了对日军的畏惧心理。此后在九一八事变、"一·二八"事变直至全面侵华战争时期,日本军机都频频进行过针对平民的无差别轰炸,这也证明青岛战役期间日本航空部队的战争罪行正是其在航空侵华作战中肆无忌惮地以无差别轰炸形式屠杀中国平民的开端。

2. 青岛战役对日本航空部队发展带来的影响

(1) 陆海军航空部队的进一步分化

青岛战役对日本航空部队发展带来的影响是多方面的,其中最为深远的影响当数造成了陆海军在作战任务、航空用兵思想、战术发展理念等方面的分化,这种分化主要体现在战役期间两支航空兵部队作战侧重点的不同上。

青岛战役期间,日本陆军飞机部队的整体活动记录如下:于9月21日完成了即墨临时飞机场的建设并于当日侦察了白沙河、李村两地的德军,这是日本陆军飞机参与实战的开端②;至11月7日

---

① 「第1章　敵情/第3節　青島の軍備/第3目　開戦前の敵情」、「JACAR(アジア歴史資料センター)Ref. C14120048100、青島方面戦記2　第3編」。

② 「青島方面戦記1　第1編　第5章/第1節　前進掩護/第1目　陸軍前進概況(附図24)」、「JACAR(アジア歴史資料センター)Ref. C14120042600、青島方面戦記1　第1編」。

青岛德军开城投降为止，陆军飞机实际飞行日数为 30 日，共飞行
68 回，于德军地面部队上空飞行 39 回，飞行次数最多的是 11 月 6
日，此日共飞行 7 回，平均每架飞机飞行 21 回；共有 9 架次飞机与
德军飞机进行了 4 次空战；飞行总时间约 89 小时，平均一回飞行时
间约 1 小时 2 分，最大飞行时间 2 小时；飞行总距离 9 000 公里；飞
行平均高度 1 250 米，最大飞行高度 2 000 米；在 7 回飞行中有机体
中弹记录，共中弹 59 发，无人员伤亡及飞机毁坏；使用机枪次数 3
回，发射子弹 900 发，从 9 月 27 日开始轰炸活动，共投弹 15 回
44 枚。①

　　海军方面，9 月 5 日海军飞机就展开了轰炸及侦察行动。战役
期间，海军飞行日数为 27 日，共执行飞行任务 50 次，10 月 31 日飞
行次数最多，共计 6 回，平均每架飞机飞行 10 回；飞行总时数约 71
小时，平均一回飞行时间 1 小时 42 分，最大飞行时间 2 小时；飞行
距离 5 907 公里；平均飞行高度 1 786 米，最大飞行高度 2 700 米；
追击德军飞机 3 回，投弹 199 枚。②

　　通过对上述数据进行分析可以发现，海军飞机主要以母舰"若
宫"号为载体在海上起降作战，因此其可以较早投入实战。陆军方
面由于遭遇恶劣天气，其备选机场多因为浸水而无法使用，投入作
战的时间也比海军晚了半个月，这显示了海军航空兵相较于陆军
具有更加机动灵活的特点。其次，在青岛战役期间海军执行了大
部分的对地轰炸及对海轰炸任务，虽然其对"S90"号鱼雷舰的轰炸
未能取得预期效果，但是作为世界军事史上首次由飞机执行的对

---

① 参谋本部『大正三年日独戦史（下巻）』、265—266 頁。
② 「第 6 章/第 2 節　航空隊/第 4 目　航空隊の活動」、「JACAR（アジア歴史資料セン
　ター）Ref. C14120045900、青島方面戦記 1　第 1 編 」。

舰轰炸,体现了海军希望飞机部队可以发挥杀伤作用的思想。此
外海军所投掷的炸弹在战前就已完成研制,在实战中也保持了相
对较高的命中率。陆军投弹次数较少,未有一发命中,且装备水平
落后,这证明在用兵思想上海军相较于陆军更加重视对于轰炸技
能的演练。在这种用兵思想的发展脉络下,全面侵华期间海军的
轰炸机部队表现出了比陆军更强的杀伤力,日军对中国沿海要地
及长江中下游内陆地区的战略轰炸也基本都是由海军来执行的。
相较于海军的进攻性用兵思想,陆军则把空中侦察放在了航空兵
作战任务的首位,陆军飞机在侦察活动中也表现出了较高的水平,
如下图所示:

图 1-1　青岛要塞防线走向航空侦察图
参考文献:参謀本部『大正三年日独戦史(下巻)』、偕行社、1916 年、付図第二十六。

可见,陆军飞机仅通过 10 月 5 日、6 日的侦察便准确掌握了青
岛德军防线走向和阵地分布,这为日军制订作战计划提供了重要

参考依据。在青岛战役结束后的经验总结中,日本陆军极为重视航空侦察的作用,其不仅强调应当研究针对敌军空中侦察的隐蔽方法,还提出了应当强化己方飞机在侦察过程中对敌方伪装的分辨能力,更进一步指出"有关飞机的使用方法和侦察效果的判断方法目前尚未在军中获得普遍的、充分的认识,因此有必要立即编写有关空中部队的教范"。[①] 这证明陆军已经在攻防两方面对飞机的侦察效用产生了深刻认识,侦察也在相当长的一段时间内成了陆军飞机部队的首要作战任务,这种思想在 1922 年的《航空战术讲习录》[②]中也有所体现。

综上所述,通过对青岛战役的经验总结,日本陆海军航空部队都初步找准了自身的发展方向。海军开始向着重视航空母舰和舰载航空兵并强化飞机越洋机动作战能力和对地、对海攻击能力的方向发展。陆军则重视飞机的航空侦察能力以及空战武器与地面作战的协同关系。深入分析可以发现,不管其用兵理论的发展方向如何,陆海军所设定的战场都是在日本之外的地区,这证明日本军机具有强烈的侵略性。通过青岛战役的实战经验,日军初步为其以飞机部队为主力的航空部队展开侵略作战时应该执行的战术战法找准了方向。

(2)日军对于航空部队的进一步发展

青岛战役带来的另一个影响是推动了日本军事航空整体技术的进一步发展。虽然战役期间日军飞机部队所采取的战术还十分幼稚,但不论是海军的对地、对海轰炸还是陆军的空中侦察活动,

---

① 「第 4 号　独立第 18 師団(1)」、「JACAR(アジア歴史資料センター)Ref. C08040196400」、『大正 3 年戦役意見書　秘』」。

② 小笠原数夫『航空戦术讲授録』、陆军大学将校集会所、1922 年、1 頁。

都使日军高层意识到了飞机部队在战争中的巨大潜力。如时任日本海军飞行员的和田秀穗曾记录道:"德军的无线电所和发电所被炸弹炸毁时,我们都拍手称快。飞机投弹这一行为在精神和物质两个层面都会带来巨大的效果,绝不能等闲视之。当时我们的技术和装备尚未成熟,无法做到所有炸弹都准确命中,但是相信通过不断研究可以让飞机在未来作为主战兵器并完成进攻作战任务。"①可见,青岛战役中的作战行动大大助长了日军发展空中兵器的决心。海军第2舰队司令加藤定吉发给飞行队的嘉奖令中提及:"海军航空队自9月5日投入作战以来,屡次冒敌弹飞行于青岛上空,对敌陆海军防御状况和舰艇动静进行侦察,向我军提供了有利作战进展的情报,此外还通过轰炸行动打击了敌人士气,其显著功绩获得了司令部的认可。"②这证明日军高层通过此次作战已经充分认识到了飞机在军事上的巨大用途。另一方面,作为临时改装的"母舰","若宫"号存在众多缺陷,如舰体排水量过小、一旦遇到风浪极易造成颠簸导致飞机无法起降等,从而影响飞机部队与日军舰队之间的协同作战。因此,日军需要一型更加庞大,不受天气影响可以随时起降飞机的正规航空母舰。在青岛战役结束后日本海军立即派遣金子养三再度赴欧考察一战期间列强航母的发展情况,随后根据金子的报告,日本正式制定了建造现代意义上首艘正规航空母舰"凤翔"号的研究计划。③

在对飞机发展方向的评价上,日军指出现在装备的飞机不论是在速度、搭载能力、续航能力还是升空能力等方面都严重不足,

---

① 和田秀穗『海軍航空史話』、111—112頁。

② 「第6章/第2節　航空隊/第4目　航空隊の活動」、「JACAR(アジア歴史資料センター)Ref. C14120045900,青島方面戦記1　第1編」。

③ 和田秀穗『海軍航空史話』、135頁。

续航能力是目前飞机最大的短板,日德青岛战役中日军飞机的实战续航时间无法超过 2 小时。虽然日军已经将机场设置在了前线附近,但是飞机依旧无法对德军后方进行彻底侦察,如果在将来的作战中遭遇难以建设前进基地的情况,则日军飞机在实战中的效用将进一步缩水,因此日军指出应当为飞机配备更大马力的发动机,保证续航时间至少在 5 个小时以上。①

在对飞机机型的评价方面,日军认为单翼飞机速度较快,飞行过程中可以规避地面火炮的袭击,在驱逐德军飞机方面表现要好于双翼飞机,此外,单翼飞机还有组装方便省时、对机库要求小、抗风性强、不需要大量人员对其进行整备等优点。② 从这些经验可以看出,虽然对于运用飞机的探索还处于萌芽期,但是日军仍然敏锐地注意到单翼机的巨大优势,二战中飞机的发展历程也证明了单翼机才是军用飞机发展的正确方向。

在对空战及轰炸的经验总结中,日军认为此后的轰炸必须一改单发投弹的做法,应当研究同时可以空投多枚炸弹的新战术和装备,因为大量炸弹同时爆炸虽然无法保证命中率,但是可以对敌军心理造成巨大压力,③ 这种想法与一战结束后军事学家杜黑在《制空权》中提出的观点不谋而合,杜黑指出:"空中轰炸自然永远也达不到火炮那种准确性,但这点并不重要……彻底摧毁一个目

---

① 「第 4 号　独立第 18 师团(1)」、「JACAR(アジア歴史資料センター)Ref. C08040196400、『大正 3 年戦役意見書　秘』」。
② 「第 4 号　独立第 18 师团(1)」、「JACAR(アジア歴史資料センター)Ref. C08040196400、『大正 3 年戦役意見書　秘』」。
③ 「第 4 号　独立第 18 师团(1)」、「JACAR(アジア歴史資料センター)Ref. C08040196400、『大正 3 年戦役意見書　秘』」。

标具有精神上和物质上的效果。"①可以看出,日军很早便在实战中探索出了一条正确的轰炸战术发展道路,并且其轰炸思想中已经包含了对敌国百姓进行无差别轰炸以打击对方士气的内容。

日本陆海军飞机部队全程参与了日德青岛战役,不仅执行了侦察等当时飞机的基本作战内容,还积极探索对空作战及对地轰炸等多种战法,其行动对日军最终获胜产生了积极影响。此次战役中飞机的表现也使日军上下加深了对军事航空的认识,开始探索一条比较合理的空中作战发展道路。

(3) 日本航空部队侵华航空布局意识的萌芽

如前所述,相较于海军航空兵,日本陆军的飞机部队在青岛战役中投入实战的时间较晚,其于 9 月 2 日到达山东,9 月 21 日才投入实战,前后浪费了 20 天的作战时间。通过对这一时期陆军飞机部队的情况进行分析,可以从侧面了解日本航空部队侵华航空布局的意识如何萌芽。

日军在龙口登陆之后于 9 月 5 日开始着手修建机库和机场,但是 9 月 8 日日军遭遇台风天气,飞机与机库受到不同程度的损害,原本建设的机场被洪水所淹没。9 月 11 日和 15 日,龙口日军飞行队再度遭遇暴风雨天气,恶劣的天气使日军在安保及飞机维护方面面临巨大困难,其作战准备工作受到严重影响。②

根据日军的作战计划,陆军第 18 师团的先头部队将于 9 月 18 日左右到达即墨附近,航空队应伴随师团的作战进度尽快前进至该地区,同时派出分遣队在 9 月 12 日到达平度附近并协助此地的

---

① [意]朱里奥·杜黑:《制空权》,第 14 页。

② 参謀本部『大正三年日独戦史(下卷)』、205 頁。

日军山田支队。① 接到命令之后陆军飞行队派遣分队于 9 月 8 日从龙口出发,但是因为遭遇洪水,该部队至 9 月 13 日才到达平度,其完成机场营设工作时已经是 9 月 15 日,此时飞机部队的行动已经比预定的作战计划晚了 3 天。由于联络不畅,至 9 月 17 日,位于龙口的陆军飞行队队长仍然没有收到平度机场完工的消息,只能派遣两架飞机至原计划建设机场的区域进行侦察。由于既定位置不适合建设机场,先遣队只得自行变更机场地址,来自总队的飞机未能掌握机场位置,在迫降于平度地区之后才获得了机场情报。随后,驻龙口机场的日军飞机部队前后花费 9 天的时间才完全转移到平度机场。由于连日降雨,土质松软的平度机场化为泥沼,日军又不得不于 21 日在即墨修建临时机场,并从当日开始将其部队逐渐转移至该机场并投入作战。② 开战初期,陆军飞机部队在准备及部署工作上的混乱之状可见一斑。

　　日本陆军飞机部队在营设机场问题上遭遇困难,体现了其对中国航空气象条件和航空地理相关情报缺乏了解。所谓航空气象,"主要研究气象同飞行活动、气象同航空技术之间的关系以及气象和天气现象对航空飞行安全的影响,航空气象服务则是将航空气象技术有效地运用于航空气象保障中,以保证飞行安全"。③航空地理的作用则是"研究航空线路及航空港空间分布的交通运输部门地理,主要研究内容包括航空线路的起讫点和航空港的布

----

① 参謀本部『大正三年日独戦史(下巻)』、206 頁。
② 参謀本部『大正三年日独戦史(下巻)』、207—209 頁。
③ 刘晔:《航空气象技术在空中交通管理中的应用》,《指挥信息系统与技术》2010 年第 2期,第 43 页。

局"。① 由此可见,对于作战区域航空气象和航空地理的了解是保障航空作战顺利进行和航空部队安全的先决条件。早在日本陆军飞机部队正式成立前的 1909 年,山本英辅在其提交的报告中就指出,在开展飞机研究的同时日军应当对日本的风向、风力、气温、雨量、云雾等气象数据进行测量,并通过数据分析一年之中哪些时间段的气象条件可以满足飞机飞行的需要等。山本还指出,在对飞行器材质进行研究时,应当注意制造的飞行器是否有条件在热带、寒带地区使用。② 上述事实证明日本航空部队在诞生之初便重视对航空气象情报的搜集工作,特别是山本指出飞行器应可以在热带、寒带地区使用,这也从侧面证明了日军的航空气象研究工作必然延伸至包括中国东北、南太平洋乃至苏联等广大地区。

　　虽然日本很早便注意到了航空气象在其航空作战方面的巨大作用,但是搜集某一区域的气象资料是一项长期性工作。从 1909 年"临时军用气球研究会"成立至 1914 年的青岛战役之前,由于日本航空部队的发展处于起步期,其对于航空气象资料的收集尚局限于日本本土,但是青岛战役的爆发为日军搜集中国气象情报提供了条件。在 9 月 1 日"若宫"号驶入中国海域之前,日本海军第 4 战队司令官发布的命令中提到"为了保证航空队飞行侦察任务的顺利进行,需要对天气、气流等信息进行严密观察"。③ 由此可见,日本海军高层已经注意到了在陌生环境作战时航空气象对于飞机行动的重要意义。日本海军也借助青岛战役的"契机"展开了对青

---

① 王姣娥、莫辉辉:《航空运输地理学研究进展与展望》,《地理科学进展》2011 年第 6 期,第670 页。

② 和田秀穂『海軍航空史話』、14—16 頁。

③「9 月 1 日～9 月 30 日 (1)」、「JACAR (アジア歴史資料センター) Ref. C14120039200、青島戦における若宮戦時日誌」。

岛海域的气象搜集工作。从9月2日"若宫"号投入实战至11月
10日日本军机撤出青岛,日军在长达3个多月的时间内每日都对
青岛的气象状况进行了详细记录,如9月2日的记录有"本日雨,气
温最高80华氏度,最低74华氏度,气压29.93至29.97,风向东
北,风力2至3级"[①],10月1日气象记录为"本日晴,气温69至75
华氏度,气压30.18至30.28,风向西南风转西北风,风力1至2
级"[②],11月10日的记录为"天气晴,气温60至66华氏度,气压
30.22至30.42,风向北风转东北风,风力1至3级"[③]。证明在战
役期间日本海军已经完成了大致相当于一个季度的气象记录。青
岛战役结束后,日本海军于11月23日接收了德国在青岛修建的气
候观测站。[④] 至1931年中国政府收回该观测站为止,日军以青岛
为中心对山东半岛的气象资料进行了长达15年的搜集工作。在
日本政府制定的航空情报集《各国航空运输关系杂件/中国之部 第
一卷》中即收录了1916年至1930年间青岛气象站收集的气象情
报[⑤],这也证明日军以此地为依托展开了长期的航空气象搜集工
作。以接收青岛气象观测站为起点,日本航空部队展开了对华航
空情报工作的初步布局。

---

① 「9 月 1 日～9 月 30 日（1）」、「JACAR（アジア歴史資料センター）Ref.
　 C14120039200、青島戦における若宮戦時日誌」。
② 「10 月 1 日～10 月 31 日（1）」、「JACAR（アジア歴史資料センター）Ref.
　 C14120039500、青島戦における若宮戦時日誌」。
③ 「11 月分戦時日誌　1 日～30 日（1）」、「JACAR（アジア歴史資料センター）Ref.
　 C14120039800、青島戦における若宮戦時日誌」。
④ 「青島測候所引継方に関する件」、「JACAR（アジア歴史資料センター）Ref.
　 C03024377400、欧受大日記　大正 3 年 12 月上」。
⑤ 「2. 飛行場設立関係」、「JACAR（アジア歴史資料センター）Ref. B10074813600、各国
　 航空運輸関係雑件/支那ノ部　第 1 巻（F—1—10—0—6—7_001）」。

　　在航空地理情报方面,日军于 1914 年 9 月 20 日发布的情报汇
编《青岛事情》一文中并没有专门对于青岛的航空地理情报进行搜
集,但是在有关青岛地形的部分记录有"青岛租借地的平地仅集中
于李村河谷及白沙河下游地区,土质为黄色沙土质,在降雨过后可
以迅速干燥"。① 这条情报对于日军的航空作战具有重要意义,相
关内容提示了青岛地区适合建设机场的地理位置,有关土质的情
报则表明在该地区修筑机场即便遭遇暴雨也可以在雨后迅速投入
使用。在《青岛事情》制作完成后,9 月 26 日日军第 18 师团团长基
于情报内容指出,航空队应前进至白沙河下游的流亭地区设置机
场,以此保证航空作战的顺利进行。② 接到命令之后,陆军航空队
于 9 月 28 日之前完成了流亭狗塔埠(位于今青岛城阳区流亭街道
红埠社区)机场的建设,并逐步移驻于此地③,这也成了青岛战役期
间日本陆军航空队的主要机场,并一直使用至战役结束。航空部
队在作战初期部署上的混乱以及狗塔埠机场的选址工作证明,日
军极有必要在中国本土获得一处可以为其所用的航空基地,以避
免在未来的侵华战争中再次出现因基地不符合使用要求而贻误航
空作战进度的情况,同时,日军在未来的侵华航空准备工作中需要
极力搜索中国的航空地理情报,以满足其在战时构筑坚固耐用机
场的需求。

　　综上所述,经过青岛战役的实战,日本航空部队的侵略性得到
进一步强化,战役期间的航空实战经验不仅为其下一阶段的发展
提供了重要参考,更使其深刻认识到了展开侵华布局的必要性,这

---

① 「青岛事情」、「JACAR(アジア歴史資料センター)Ref. C10080062200、大正 3 年　青
　　島、独軍艦に関する情報」。
② 参謀本部『大正三年日独戦史(下巻)』、218 頁。
③ 参謀本部『大正三年日独戦史(下巻)』、229 頁。

种布局工作也是日军下一阶段航空侵华活动中的重要任务。

第二节　日本航空部队的初步侵华布局

青岛战役结束后,日本陆海军迈入高速发展期并很快组建了可以对中国展开大规模侵略的航空部队,但是军用飞机作为一种新型军事力量,其在中国大陆等陌生环境中进行作战时需要充分的条件保障。为达成这一目的,在 1915 年至 1931 年期间,日军在朝鲜半岛、台湾岛、大连"关东州"等地展开了大规模侵华航空基地建设,通过在军阀空军中安插间谍来时时掌握中国空军战斗力并在华北地区进行广泛的航空谍报工作,同时积极开辟侵华航线以保证日军飞机可以直接对中国各大城市展开进攻。"济南惨案"期间,日本军机侵华航空作战的顺利进行标志着日军一系列初步性侵华航空布局工作取得了预期效果。

一、日本军事航空的进一步发展

1. 海军航空部队

本阶段中日本海军航空发展工作中尤为值得注意的是其对于发展航母的重视。青岛战役结束后,临时组建的"日本海军舰队航空队"于 1914 年 12 月解散。实战经验表明,为了保证舰队航空队可以随时与作战舰艇进行协同,搭载飞机的母舰必须确保飞机起降过程中不易受到天气影响。青岛战役期间,"若宫"号舰体排水量过小,加之水上飞机难以在波涛汹涌的海面上起降,海军飞机部队受上述因素影响多次失去了与舰艇部队协同作战的机会。为了改变这种局面,日本海军必须建设适应各种海况的正规航母。此时英国已经开始建造或改装"暴怒"号等装备有直通甲板并可以满足飞机在舰船上起降需求的新型母舰,为了及时追赶世界海军航空兵发展潮流,日本海军于 1915 年初派遣金子养三赴英国等欧洲国家考察各国航母发展经验。①

金子养三在视察过程中考察了英国航母进行的风洞试验等活动,通过对航母的结构及实验数据进行分析,金子指出虽然目前的情报难以判断英国正在建设的航母属于何种类型,但是可以确定的是英国航母设有直通甲板及升降平台,可以保证舰载机随时自由起降。② 除了金子的报告,当时日本海军掌握的情报显示,英国海军以直通甲板为基本构造,征用大批商船进行航母改装并配属于战列舰等作战部队,法国、意大利、美国海军也开始废除旧式水上飞机母舰并着手建造与英国海军母舰构造基本相同的新型母舰。③

种种情报都证明日本海军在发展新型航母方面已经开始落后于欧美列强。1916 年的《航空术研究委员报告》指出:"海军目前装备的若宫号航母无论如何也难以适应将来的作战需要,即使靠征用民间船只加以改造也无法满足作战需求。而且为了保障飞机可以充分发挥效能,在平时就需要依靠适合的母舰进行训练,一旦'有事'也需要依靠航母部队进行策应。因此有必要尽快展开对于特种舰艇(航母)的建造,只要在舰艇构造上稍加思考,那么搭载折叠翼飞机作战并非难事。"④由此可见,日本海军急切需要建造一艘

---

① 和田秀穂『海軍航空史話』、136 頁。

② 「金子少佐報告(3)」、「JACAR(アジア歴史資料センター)Ref. C11080598400、大正 5 年 外国出張員報告　完」。

③ 「航空術研究委員報告(2)」、「JACAR(アジア歴史資料センター)Ref. C08020758500、大 正 5 年　公文備考　巻21　学事 2」。

④ 「航空術研究委員報告(2)」、「JACAR(アジア歴史資料センター)Ref. C08020758500、大正 5 年　公文備考　巻21　学事 2」。

正规航母以满足其日常作训需求,此外,意见中指出一旦"有事",
航母部队可以进行策应,这也证明日本海军的作战理念中,航母必
然要服务于其海外作战的需求。

　　经过 3 年的立案研究,1919 年 12 月日本投入 922 万日元经费
在横须贺海军造船厂开工建设航空母舰"凤翔"号[①],1922 年该舰
建造完工并服役,其不仅是日军第一型正规航空母舰,也是世界第
一艘从设计到完工都以航母标准建造的航空母舰。[②]

　　在建造"凤翔"号的同时,日本三菱公司也接受海军委托开始
建造舰载战斗机。1921 年 10 月,日本海军参考英国舰载机而建造
的第一型"国产"舰载战斗机 10 式战斗机正式服役。[③] 随着航母的
建成以及舰载战斗机的服役,在 1922 年的时间节点上日本海军已
经初步具备了战略投送及离岸航空作战能力,这也表明在理论上
日本海军已经可以对中国沿海地区展开航空突袭作战。

　　"凤翔"号服役之后,1927 年和 1928 年以该舰为蓝本而制造的
"赤城"号和"加贺"号航母相继完工。1928 年 3 月,日本海军以"赤
城"号和"凤翔"号为主体组建起了"第 1 航空战队",这支部队也是
日军第一支舰载航空兵部队,[④]标志着日本海军正式构建起了一支
成规模且具备实战能力的航母部队。

　　在航空用兵思想方面,第一次世界大战结束后不久,在吸收欧
美各国航空作战经验的基础上,日本海军在《海战要务令(第二回

---

① 「軍艦鳳翔製造一件(1)」、「JACAR(アジア歴史資料センター)Ref. C08050443400、
　　大正 11 年　公文備考　卷 33　艦船 1　」。

② 林彬:《日本海军二战航母巡礼》,《军事文摘》2015 年第 21 期,第 32 页。

③ 戴峰:《从零到零——旧日本海军航空兵战斗机装备发展史》,汕头:汕头大学出版社,
　　2011 年,第 8 页。

④ 防衛庁防衛研修所戦史室「海軍航空概史」、12 頁。

修正案)》中首次添加了有关海军航空兵的作战任务要求,其具体内容如下:(1)侦察敌情;(2)对敌主力舰队及航母展开攻击;(3)击退敌航空兵力;(4)对敌潜艇进行搜索;(5)对主力舰队的航线进行警戒,对鱼雷、水雷进行监视;(6)对敌舰队的行动进行监视,协助舰队发挥炮击的最大效果;(7)上述任务之外的辅助任务。[①]

　　上述内容显示此时日本海军航空兵的任务极为繁杂,但是总体上海军航空兵还是发挥海上侦察兵的角色。这是因为当时"凤翔"号及舰载战斗机、轰炸机等新兵器尚未面世,结合欧洲战场及青岛战役的经验来看,航空兵部队在海战中所能发挥的威力比较有限,在这种情况下,日本海军的航空作战思维中虽然出现了对舰艇展开攻击以及航空兵之间交战的任务要求,但是相较于硬性规定,这更像是其对于未来海军航空作战形式的展望。

　　1922 年签订的《限制海军军备条约》规定日本主力舰(包括战列舰和航母)的保有量维持在美军 60% 的水平。[②] 此时日本海军仅有一艘"凤翔"号航母,其在造舰配额上尚有盈余,因此以"凤翔"号为蓝本将正在建造中的战列巡洋舰"赤城"号和战列舰"加贺"号改造为大型航母,随着 1928 年 4 月 1 日"第一航空战队"的成立,日本海军航空兵的用兵思想也需要立即发生转变。

　　1928 年,日本海军公布的《海战要务令(第三回修正案)》大幅强化了海军航空部队在海战中的进攻职能,其具体内容如下:(1)飞机部队的主要任务是协助友军攻击敌主力部队;(2)飞机部

---

① 防衛庁防衛研修所戦史室『海軍航空概史』、25 頁。
② 冯昭奎:《战前日本海军的"大舰巨炮主义"及其终结》,《日本研究》2016 年第 4 期,第58 页。

队的战斗要领为以战斗机部队对敌战斗机部队进行压制,并以攻击机部队对敌舰队进行突袭;(3)飞机的战术按照任务和特性的不同而有所变化,但是一般来说是以编队形式对敌进行迅速果敢的攻击并发挥集团性优势;(4)我军飞机要抢在敌机之前占得先机,主力舰队决战之时飞机部队应发挥全力;(5)飞机部队遭遇敌人之时应优先攻击其航空母舰使其无法活动,以便为之后的战斗创造机会;(6)飞机战斗时应出其不意抵近攻击,为此要充分利用天时地利;(7)战斗机的任务是攻击敌军飞机并挫败其企图以使我军飞机的行动更加方便,因此战斗机应尽力搜索并歼灭敌机;(8)攻击机部队的主要任务是对敌主力舰队及航母展开攻击;(9)攻击机部队应在决战之时对敌主力展开攻击,如果可以在敌机之前抢占先机或是到达有利的攻击位置,或是我军主力舰队战况不利的情况下,攻击机部队应果断出击;(10)侦察机部队的任务主要是对敌情进行侦察、对舰队航线进行警戒、对敌潜水艇进行搜索、对攻击效果及火炮弹着点进行观测等,速度较快的舰载侦察机除了上述任务之外也应该与战斗机一同执行任务。[1]

　　可见,相较于1920年的用兵思想,1928年日本海军航空部队的作战任务中增添了大量攻击方面的内容。虽然此时日本海军航空兵主要还是着眼于海面航空作战,但是其反复强调在作战中应优先掌握制空权。正如杜黑在《制空权》中提出的“制空权是赢得胜利的必要和充分的条件”,而争夺制空权“更好的办法是摧毁它的机场”[2],日本海军通过摧毁敌军航母来彻底掌握制空权的作战

---

[1] 立川京一『旧日本海軍における航空戦力の役割』、『戦史研究年報』、2004 年、24—25 頁。

[2] ［意］朱里奥·杜黑:《制空权》,第 27、111 页。

理论也和杜黑摧毁机场以夺取制空权的观点在本质上是一致的,这证明日本海军的航空用兵理论发展方向符合世界空军发展的潮流。此外,日本海军航空兵的作战理论中强调先发制人,这也证明在未来的侵略作战中海军航空兵部队将会发挥其机动能力并成为日本海军侵华作战的"急先锋"。

2. 陆军航空部队

在航空装备的发展方面,日本陆军从一开始便重视引进法国的航空经验和装备。一战结束后,日本陆军于1919年从法国招聘由佛尔上校等63人组成的航空顾问团以推进航空技术的发展。佛尔在对日军的实际需求进行分析后指出日本陆军至少需要58个中队、828架飞机的飞行部队、1 200名驾驶员、264名侦察员和14 000名地勤人员。[①] 以当时日本的军事预算和工业实力很难在短期内实现这一目标。日军为了尽快实现航空部队的扩张与飞行装备的更新换代而投入了大量财力。1919年佛尔提出相关意见之后,陆军制定的1920年度预算计划中扩大航空装备的预算为5 056 203日元,同年包括该项预算在内的"编制改正等相关经费"总计为16 616 936日元,航空相关经费占到了近三分之一,除此之外,当年提出的1920年"国防整备所需预算"中,增设航空队所需经费为2 518 562日元,占该项预算总支出的近76%[②],足见日本陆军对发展航空部队重视程度之高。

日本陆军对发展航空部队的经费支出是长期性的,1923年日

①「一般航空(4)」、「JACAR(アジア歴史資料センター)Ref. C08021587700、大正9年公文備考　巻37　航空1」。
②「大正9年度陸軍追加予算綱要　大正9年6月15日　陸軍省印刷/第4.新規事項に係る経費」、「JACAR(アジア歴史資料センター)Ref. C12121655500、陸軍予算綱要　大正9年～昭和16年」。

本发生了"关东大地震",地震对于经济的沉重打击也波及了军事方面,但是 1924 年制定的陆军预算案中有关航空部队的建设计划的支出依旧被摆到了第一位。日军"计划新增 10 个中队的航空部队(战斗机 6 个中队,轰炸机 4 个中队)及 1 个气球中队,包括以前的部队总计成立 26 个飞行中队(包括战斗机 11 个中队,侦察机 11 个中队,轰炸机 4 个中队)及 2 个气球部队,随着航空部队的扩张,与之相关的航空学校及飞行研究机构也必须整备改善"。[①] 此时,日军仅有 16 个中队 128 架飞机,为了实现大幅扩军的计划,必须依靠坚定的财政支撑。有关航空部队扩张的具体经费预算可以见下表:

表 1-1　1925 年日本军备整理预算中新设施相关预算

事项	经常费平年额（千日元）	临时费合计额（千日元）
充实航空部队	9 229	20 801
新设战车部队	678	3 078
新设高射炮部队	779	1 867
改善军事科研设备	2 204	2 727
改善轻机枪、火炮及相关射击设备	2 075	6 687
统一全军通信教育及研究	431	438
将汽车队改编为汽车学校	195	10
实施青少年训练	1 961	0
废止及改编各部队时所产生的经费	0	733
合计	17 552	36 341

资料来源:「陸軍軍備整理と大正 14 年度予算に就て　大正 14 年 1 月　陸軍省/第 5.大正 14 年度陸軍予算」,「JACAR(アジア歴史資料センター)Ref. C12121664000、陸軍予算綱要　大正 9 年〜昭和 16 年(防衛省防衛研究所)」。

① 「陸軍軍備整理と大正 14 年度予算に就て　大正 14 年 1 月　陸軍省/第 1. 軍備整理」、「JACAR(アジア歴史資料センター)Ref. C12121663600、陸軍予算綱要　大正 9 年〜昭和 16 年」。

　　上表可见,有关航空部队的预算不仅数额最大,占比更是超过了50%,在本财年的军事预算中,日军对于发展飞机部队的重视远远超过了战车、机枪、火炮等陆军主战装备。此后日本陆军对于发展航空部队的支出依旧居高不下,至1928年陆军累计投入了37 369 688日元以扩充飞机数量,高于充实地面武装的"兵器充实费"(30 831 912日元)①,这也再次证明了日本陆军将航空兵器放在了发展武备的首位。

　　充足的资金投入带来了日本陆军航空兵力的迅速发展,至1926年日本陆军已经将1924年的6个飞行联队扩编为8个②,飞机部队的实力相较于日德青岛战役期间有了质的变化。

　　日本陆军在航空用兵思想方面十分重视航空兵侦察及协助地面部队的效用。在1922年由小笠原数夫编写的日本陆军《航空战术讲授录》一书在《航空部队的用法》一节中指出:"侦察应由骑兵及航空部队负责……空中搜索可以较为迅速准确地判明敌情……为了方便空中侦察的实施并对敌人的空中侦察进行妨碍,对于制空权的掌握是绝对必要的,从一开始就要绝对地、永久性地掌握制空权,不仅如此,高级指挥官应该从实际战况出发,利用航空兵力掌握特定时期及区域的制空权,必要情况下,应该对敌人的机场及航空战略资源进行轰炸,以积极主动的姿态获得制空权……登陆战是将来作战行动的重点,获得登陆地点附近的机场是至关重要的,在陆军飞机部队可以投入行动之前,海军的飞机部队应该为陆

---

① 「昭和4年度陸軍予算綱要　昭和3年12月　陸軍省/一覧表綴」、「JACAR(アジア歴史資料センター)Ref. C12121666100,陸軍予算綱要　大正9年～昭和16年」。
② 「陸軍航空本部新編制問合せの件」、「JACAR(アジア歴史資料センター)Ref. C03012303900、永存書類乙集第4.5類　大正15年　　」。

军提供空中支持。"①

从上述记载可以看出,虽然陆军将侦察放到了航空部队作战任务的第一位,但是在这一任务之外,陆军在航空用兵思想方面已经具备了争夺制空权的意识。杜黑曾于 1921 年在《制空权》中指出:"获得制空权能使用进攻力量大于人类所想象的威力;……简而言之,获得制空权就意味着胜利。反之,在空中被击败就是最终失败,将听从敌人摆布,不能保卫自己,将被迫接受敌人认为适当的任何条件。"②日军在制空权方面的思想与杜黑的理论极为相似,虽然目前尚没有证据证明二者之间是否有传承或借鉴关系,但是在杜黑提出现代制空权理论仅一年之后,日本陆军也能具备类似的意识,足见其用兵思维符合航空作战理论发展的大方向。

1928 年颁布的日本陆军作战指导文件《统帅纲领》中,对于陆军航空部队的战略作用有了更详细的认识:(1) 侦察任务主要由航空部队及骑兵队负责……高级指挥官应根据两者的特性及战况来分配任务③;(2) 有关航空部队的用法需要特别留意,航空部队用途广泛且数量较少,有鉴于此需要在统一使用的情况下收缩其任务并将其投入到关键的作战方向,航空部队应该与相关部队紧密联系以发挥其最大功效,高级指挥官应评估敌我航空兵力情况,找准时机用尽一切手段歼灭敌航空兵力,同时视情况对敌战略、政治要地进行空中打击,此为作战胜利之关键;(3) 高级指挥官为提升飞行部队的作战效率应时常注意配置及整备机场,为了发挥机场

---

① 小笠原数夫『航空戦术讲授録』、1 頁。

② ［意］朱里奥・杜黑:《制空权》,第 17 页。

③ 「作戦指導の要領」、「JACAR(アジア歴史資料センター)Ref. C13071272100、統帥綱領(第 3 案)　昭和 3 年」。

效能应尽量将机场向前线移动①；（4）虽然航空部队应在一开始就发挥效用，但是我军航空部队数量较少，如果过早被消耗就会导致重要会战中兵力不足，因此要避免这种情况的出现；（5）方面军司令官应随战况发展将飞机部队配属至前线部队，并以方面军直辖飞行队执行作战所必要的搜索、侦察或轰炸②；（6）高级指挥官在作战开始前应先行以飞机部队或毒气部队对敌人展开毒气攻击。③

　　从上述内容可以看出，至1928年日本陆军进一步深化了对于航空作战方法的认识，歼灭敌航空兵力并掌握制空权已经成为航空作战的重要任务，同时日军还强调利用其航空兵对敌军政治要地进行轰炸，这证明战略轰炸已经成为日本陆军航空兵的重要作战任务之一，利用飞机展开不人道的化学战也被融入了日军的航空作战思想中。此外，日军也注意到了获取机场的重要性，争夺机场、获得航空基地也成为其在全面侵华前进行航空布局的重要任务。从这一任务划分中可以看出，陆军航空兵重视与地面部队协同进攻，其机场往往设置于地面部队的前线附近，从侧面证明陆军对于飞机航程没有过多需求，只要满足地面部队的作战范围即可。此外，日军在《统帅纲领》中一再强调其航空兵力不足，这证明其对于自身航空实力的短板有着深刻的认识，这一方面导致其在航空用兵方面思维谨慎，另一方面也迫使日军不得不采取精兵路线。美苏均为日军的假想敌，这两国拥有体量巨大的航空兵力，日军为

---

① 「作戦指導の要領」、「JACAR（アジア歴史資料センター）Ref. C13071272100、統帥綱領（第3案）　昭和3年」。

② 「集中」、「JACAR（アジア歴史資料センター）Ref. C13071272200、統帥綱領（第3案）　昭和3年」。

③ 「会戦（2）」、「JACAR（アジア歴史資料センター）Ref. C13071272400、統帥綱領（第3案）　昭和3年」。

与之抗衡,必须抓住一切机会,在保留其空中实力的前提下提升其航空兵的实战经验,而旧中国空军这种具备一定的实力却又难以对日军造成较大杀伤的军事力量正是日军实战练兵的绝佳对象,这也就决定了在日美、日苏开战之前,中国的天空会成为日军新型航空兵器、航空战术的试验场。

综上所述,海军舰载机部队的形成标志着日本拥有了在海外执行航空作战的能力,陆军的 8 个飞行联队的编成也为其海外作战提供了兵力支撑。在用兵思想方面,陆海军航空兵都形成了符合杜黑《制空权》理论的作战思想,海军重视通过摧毁敌军航母(可以视为航空作战基地)来彻底掌握制空权,陆军则重视通过获得前线基地来实现空中部队与地面部队的紧密协同,在这种思维的影响下,围绕着破坏基地与获取基地的作战将会成为未来日本航空部队作战行动的核心内容之一。

至 1928 年"济南惨案"之前,日本航空部队在兵力、装备、用兵思想等方面相较于 1914 年青岛战役时期已经发展到了一个新的阶段,日军有必要通过一场实战来检验航空部队的发展水平。

3. 日本陆海军航空部队并立格局之确定

一战结束之后,经过大战洗礼的欧洲列强纷纷强化了独立空军的建设,这也使日军意识到了将陆海军航空兵整合发展的必要性。1920 年,日本陆军大臣田中义一照会海军大臣加藤友三郎指出:"为发展本国航空事业,有大量工作需要陆海军之间进行协同,因此有必要由陆海军最高长官出面组织陆海军协定委员会。"[1]1920 年 12 月,该委员会召开了第一次会议,商议的主题包括:

---

① 「陸海軍航空協定委員会設置の件」、「JACAR（アジア歴史資料センター）Ref. C02031091700、永存書類甲輯第 1 類　大正 12 年」。

（1）陆海军航空队的任务划分及协同；（2）共同制定航空预算；（3）统一航空装备；（4）协同进行航空研究及教育；（5）陆海军航空工厂的一体化管理；（6）协同进行航空谍报工作；（7）共同修建机场等。显然，协定委员会的任务就是整合陆海军一切资源，实现陆军省与海军省对于航空部队的统一管理，最终建设一支适应陆海军共同作战需求的统一空军。

虽然该委员会先后 6 次召开会议对建立统一空军的问题进行探讨，但是陆海军最后并未能达成一致意见。主要原因在于海军认为对舰载航空队、军港、其他海军要地的水上和空中进行防卫作战，以及与舰艇协同进行对敌侦察攻击等均是海军作战任务的一部分，从这一点出发，海军航空兵是海军作战兵力不可分割的组成部分，如果将其划归统一空军将会破坏海军原有的编制。另一方面，海军由于要在广阔的太平洋上作战，对于飞机航程、续航能力等航空装备的性能数据有着更高的要求，与陆军的协同发展显然不符合海军的航空发展理念。[1]

在组建独立空军的协商失败后，1921 年 9 月 24 日陆军参谋本部和海军军令部对陆海军航空任务的划分进行了协定，其具体内容如下：（1）陆海军航空兵力应各自完成航空任务，但是在必要时两军可以在其航空兵力允许的情况下展开合作；（2）对日本国防的重要地点直接展开空中防御的任务交由陆军负责，视防御地点的不同海军也可以负责部分任务；（3）对侵袭日本海岸的敌舰艇及飞机进行的空中勤务交由海军负责，沿岸附近的航空作战交由陆海军共同负责；（4）对陆军运输船进行航空护卫的工作的交由海军负

---

[1] 「陸海軍航空協定委員会設置ノ件」、「JACAR（アジア歴史資料センター）Ref. C02031091700、永存書類甲輯第 1 類 大正 12 年」。

责；(5)登陆作战时，在陆军航空部队展开勤务之前的航空作战由
海军负责；(6)对敌国国土、敌军根据地、由海岸或大江大河分割陆
地的航空作战由陆军负责，对敌国沿岸地区的航空作战视目的不
同由陆海军协同作战或是分担作战任务。[①]

上述事实证明，随着建立统一空军尝试的失败以及陆海军航
空作战任务的划分，日本陆海军各自独立发展航空部队已成定局。
从作战任务看，在未来的侵华作战中陆海军有必要具体划分各自
的作战区域并以此为依据展开航空布局。为回答这种范围如何划
分的问题，需要从日本的《帝国国防方针》中寻找答案。

1923 年颁布的《帝国国防方针》中有如下记载："中国大陆是列
强经济战的焦点，因为中国大陆地域广大、资源丰富，尚有诸多需
要他国开发的资源，不仅如此，大陆还坐拥数亿人口，为世界之一
大市场。围绕着中国大陆，与日本利益相悖且最有可能兵戈相见
者当数美国。美国近来倚仗其实力扩张而采取侵略性的经济政
策，特别是其在中国的经营设施采取了毒辣的排日宣传手段，由此
威胁到了我国赌上国运并付出巨大牺牲而在中国获得的地位……
从苏俄的政体和国民性来看，其行事往往会脱离常理……如果对
俄威慑力稍微减弱的话，苏俄可能会威胁我国边疆。中国目前未
能实现国家统一且国势萎靡不振……其丰富资源对我国的经济发
展及国防不可或缺，应保证平战各时期都可获得中国资源……为
保证中国满足我国的期待，同时避免中国在日美爆发冲突时与美
国结盟而与我国相抗衡，我国需要时刻保持对中国的强大威慑
力。……简而言之，从国防上看将来最有可能与我国爆发冲突的

[①] 防衛庁防衛研修所戦史室『陸軍航空の軍備と運用〈1〉昭和十三年初期まで』、朝雲新
　　聞社、1971 年、153 頁。

就是美国,对于中俄两国则要在平时对其保持强大的威慑力。"①

从上述文件可以看出,日本将美国作为潜在的首要对手并将
日美两国对于中国大陆殖民权益的争夺视为军事冲突的导火索,
因此中国大陆必然在未来的日美冲突中担任重要角色。同时,逐
渐崛起的苏俄也被日本视为战略威胁。为了应对未来的日美冲
突,日军需要在中国大陆维持各种类型军事力量的存在。此外,为
保证中国可以任日本摆布,也为了减轻来自苏俄方面的威胁,日本
需要投入包括航空部队在内的军事力量以对中俄两国形成持续性
战略威慑。

从地理位置及历史上考察,苏俄对于日本的威胁主要来自地
面,其对于被日本视为"生命线"的"满蒙"地区的威胁尤其被日本
所忌惮。1921年日本政府曾明确指出:"'满蒙'与我国领土接壤,
在我国国防及国民经济的存续上有着极为紧密的关系。"②上文中
1921年陆海军对于航空任务的划分中有"对日本国防的重要地点
直接展开空中防御的任务交由陆军负责"的记载,加之东北地区早
有陆军关东军驻扎于大连,因此从各种因素推测,对苏俄进行武力
威慑的任务应当交由陆军负责,东北地区则为陆军航空兵的布局
区及作战任务区。东北作为中国领土的一部分,也是实力较强的
奉系军阀大本营,保持在此地的武力存在并进行航空布局,同时也
可以威慑北洋政府和奉系军阀。

海军航空作战区域的划定则应当从历史及经济等多方面来寻
找线索。如上所述,日本将中国视为其战略资源供应地及工业品

---

① 「帝国国防方針」、「JACAR(アジア歴史資料センター)Ref. C14061002700、帝国国防
方針 大12」。

② 「106.満蒙ニ対スル政策(大正十年五月十三日閣議決定)」、「JACAR(アジア歴史資
料センター)Ref. B04120026900、閣議決定書輯録 松元記録第三巻」。

倾销市场,中国是日本经济殖民的主要对象。因此,日本必须掌控中国经济最为发达的长江流域特别是长三角及沿海地区。从历史层面考察,日本海军军事力量在长江流域的存在早已有之。1900年,日本驻上海的代理总领事小田切万寿之助就指出日本与上海的利害关系"除了英国之外不亚于任何国家",为此,当年9月9日日本常备舰队司令曾以保护侨民为由率领455名海军陆战队员登陆上海杨树浦,在此之前日本海军的"八重山""摩耶"等军舰早已在上海至汉口之间往返多次,①日本海军的这些举动显示了其试图将海军武力扩展至长江流域的野心。至1918年,日本将第7舰队改为"遣支舰队",命其执行长江流域的警备任务。"日本海军在恢复对长江流域'巡航'之初,就将上海到重庆之间的长江干支流全都囊括在'巡航'范围内",②这也证明日本海军早已经将长江流域视为其海军的"势力范围"。在部署地面兵力方面,日本海军在1900年便已派遣海军陆战队登陆上海,此后海军陆战队曾频繁驻扎于汉口、大冶、上海等长江流域城市。1927年,随着国民革命军的逐渐北上,为了维护其在长江流域,特别是在上海的利益,日军曾多次派遣海军陆战队登陆上海。至"四一二"反革命政变爆发之前,日本海军在上海共有2 805人的陆战队兵力,数量仅次于英军,这支部队也是日本"上海海军特别陆战队"的发端。最迟在1929年"上海海军特别陆战队"已成为日本海军在长江舰队的一个固定

---

① 李少军:《国民革命前日本海军在长江流域的扩张》,《历史研究》2014年第1期,第48页。

② 李少军:《国民革命前日本海军在长江流域的扩张》,《历史研究》2014年第1期,第57页。

组成部分,①这支陆战队的存在也为"一·二八"事变的爆发埋下了祸根。这些事实证明日本海军在 1928 年的"济南惨案"前后就已经在长江流域实现了其水面、地面作战力量的长期存在。为了进一步威慑中国政府和人民,也为保证未来的侵华作战中海军在长江流域可以发动陆海空协同作战以实现战果最大化,海军有必要事先在这一区域中进行航空布局。结合上述事实可以推断,日本海军进行航空侵华布局及航空作战的重点地区为长江流域及中国沿海地区等日本海军的传统势力范围。

日本航空部队在九一八事变前对中国展开包括空中侵略在内的航空布局活动乃是内因、外因共同作用的结果。内因指的是日本航空部队的装备及用兵思想的发展日趋成熟,需要利用实战机会对上一阶段的发展水平进行检验并为下一阶段的发展找准思路。另一方面,随着建立统一空军尝试的失败,陆海军的对中国大陆的航空作战任务及作战区域也出现了分化,日军开始将东北地区的航空作战交由陆军负责,长江流域及中国沿海的航空作战则交由海军负责。因此,对中国进行航空布局也应按照这一原则来进行。在外因方面,随着美国实力的增强以及日美之间围绕争夺中国殖民利益的矛盾逐渐加深,中国将会成为日美冲突的导火索。苏俄对日本威胁的增加以及中国有可能倒向美国的风险也迫使日本航空部队以中国大陆为依托对俄、对华进行武力威慑。

二、日军在本土之外建立与侵华相关的军用航空基地

为了保证中日爆发冲突时作战飞机可以尽快投入侵华作战,

---

① 李少军:《论八一三事变前在长江流域的日本海军陆战队》,《近代史研究》2014 年第 5
期,第 129—130 页。

日军必须尽可能在未来的战场附近构建航空基地,作为位于中国大陆及周边的日本租借地和殖民地,日军在"关东州"(大连)、朝鲜、台湾等岛地进行航空基地建设具备天然优势,上述区域也成了日本航空部队在 1915 年至 1928 年期间进行侵华航空基地建设的重点。

1. 朝鲜半岛的航空建设

朝鲜半岛作为中国大陆向海洋的突出部,形似日本四岛与中国本土之间的桥梁,如果可以在此地构建完善的航空基础设施并将朝鲜半岛打造为日本军机侵华作战的桥头堡和航空中转站,日军将会对整个中国东北乃至苏联远东地区形成直接的航空威慑。

1916 年 2 月日军飞机曾在奉天进行过寒区飞行演习,在随后的经验总结中日军指出:"飞行队该采取何种方法集结于'满洲'地区? 如果从将来作战的必要性或是从练习的目的出发,应当考虑经朝鲜半岛向'满洲'跃进飞行的方案,在实施这种作战的情况下该如何选择位于朝鲜半岛的中间着陆场? 这一问题需要进行深入研究。"[1]这证明日军早有意向将朝鲜半岛打造为侵略中国本土的航空枢纽。

在具体工作方面,日军在朝鲜半岛的航空基地建设始于 1920 年,当年 3 月日本陆军实施了从埼玉县所泽地区至朝鲜京城(即今韩国首尔)的长距离飞行实验。在行动开始之前,陆军已经意识到从日本本土跨越对马海峡飞入朝鲜半岛并非易事,因此请求海军出动舰艇在海峡区域进行巡逻以防不测。日军原计划于 3 月 8 日从日本广岛出发飞往朝鲜,但是在实际操作过程中因为天气等因

---

① 「満洲に於ける飛行機試験実施報告提出の件」、「JACAR(アジア歴史資料センター)Ref. C03022412500、密大日記 4 冊の内 2 大正 6 年」。

素影响,至 3 月 17 日才演练了全部飞行科目,加之飞行过程中一架飞机出现故障,3 架飞机中只有 2 架完成了飞行任务。① 可见,对于日本陆军而言,在装备性能有限的前提下执行从本土到朝鲜的远距离飞行充满众多变数,严重者还有可能造成作战部队的非战斗减员,这也再次证明完善朝鲜半岛的飞行设施乃至维持一支驻朝鲜的常设飞行队对于日军的侵华航空布局是至关重要的。

　　1920 年 3 月长距离飞行试验的结束标志着日军初步开辟了从日本本土至朝鲜半岛的航线。在此之后,日军于 1920 年 8 月开始在朝鲜半岛寻找合适的地理位置建设航空基地并意图使其航空部队常驻朝鲜。在讨论机场位置的问题时,日军列出了大邱、平壤、新义州、京城等四个备选方案,其指出朝鲜北部的新义州虽然靠近中朝边境,便于日军在爆发战争时迅投入航空兵入侵东北,但是由于鸭绿江涨水期,机场有可能被淹,此地并不适于建设航空基地。朝鲜南部的大邱与日本本土最为接近,可以保证日军飞机在飞越对马海峡后直接于朝鲜半岛着陆,但是此地也存在容易受到洪灾影响的问题,每年都需要支出大量经费对航空基地进行修缮。平壤地区离中朝边境相对较近,而且坐拥大片机场用地且不必担心洪水问题,当地的各种工业设施可以开展飞机制造及修理工作,平壤作为日军在朝鲜重要的驻屯地,当地日军也可以与驻地航空队展开各兵种联合演习,因此日军最终选择平壤作为驻朝鲜航空部队基地。②

---

① 「一般航空(3)」、「JACAR(アジア歴史資料センター)Ref. C08021587600、大正 9 年公文備考　巻 37　航空 1」。
② 「航空第 6 大隊敷地撰定に関する件」、「JACAR(アジア歴史資料センター)Ref. C03011283800、永存書類乙輯第 2 類第 2 冊　大正 9 年」。

　　上述信息中日军反复强调机场备选用地的位置应考虑到未来
作战的需求,因此日军最开始选择的基地位于中朝边境的新义州,
这也证明日军在朝鲜设置航空队的目的就是为侵略中国东北服
务。此外,从日军对朝鲜半岛各地航空地理气象情报的了解情况
分析,相关情报的搜集工作绝非一朝一夕所能完成,这也证明日本
陆军派遣航空部队入驻朝鲜并以此为跳板对中国东北进行空中侵
略的打算早已有之。

　　在确定平壤为驻朝日本陆军航空部队的大本营之后,日军开
始编制常驻平壤的飞行第 6 大队。1921 年 10 月完成了飞行第
6 大队所使用机场的第一期工程,1921 年 11 月 5 日,飞行第 6
大队本部及第 1 中队转移到朝鲜并开始执行勤务,[1]这也标志
着日本陆军初步在朝鲜半岛拥有了一批成规模的航空基地,也
意味着其正式拥有了一支可以直接威胁中国大陆和苏俄的空
中力量。在中朝边境的航空建设方面,1924 年的日军档案显示
当年 1 月其曾进行过从平壤至中朝边境新义州的航空演习[2],
这证明至迟在 1924 年初,新义州地区已经拥有了可供日军飞
机起降的航空设施。 与此同时,日军也积极在朝鲜半岛南部展
开航空建设,目的是完善朝鲜半岛与日本本土之间的航空联系。
从目前日军的记录考察,上述工作至迟在 1923 年时已经完成,具
体如下图所示:

---

① 「彙報／一／一／航空第六大隊本部竝第一中隊移轉(陸軍省)/P254」、「官報
　　1921 年 11 月 11 日」。

② 「10. 在朝鮮陸軍飛行機奉天省内不時着陸ノ件」、「JACAR(アジア歴史資料セン
　　ター)Ref. B07090047100、帝国陸海軍航空関係雑件(5-1-1-0-27)」。

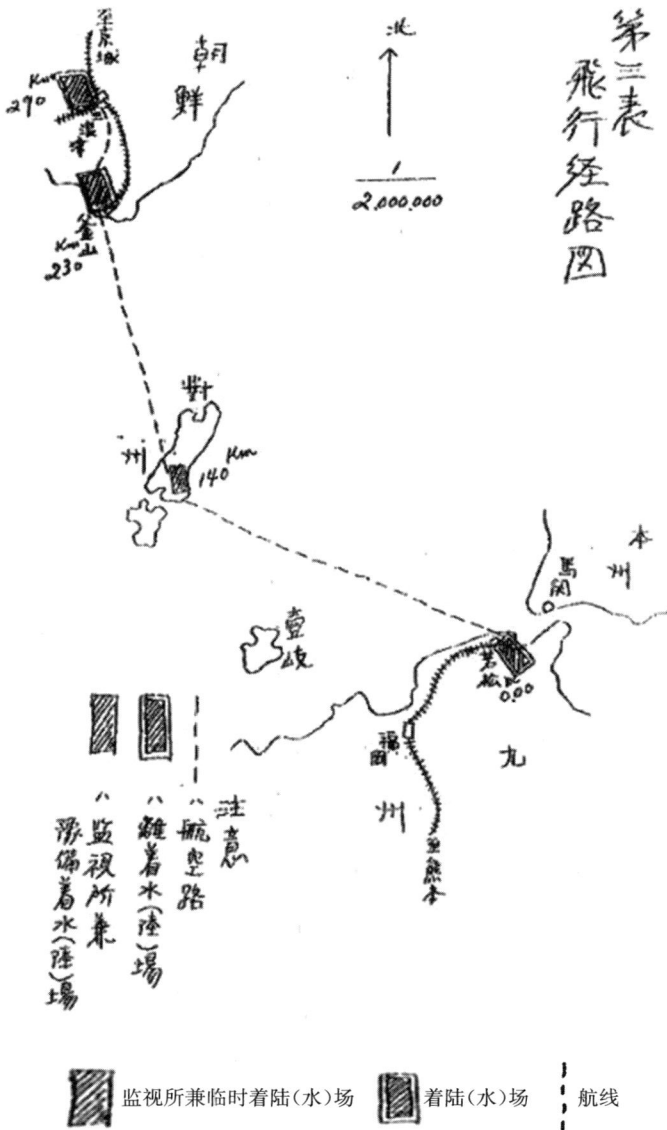

監視所兼临时着陆(水)场　　　着陆(水)场　┊ 航线

图 1 - 2　1923 年日本本土至朝鲜半岛南部航空设施图
　　资料来源:「民間航空関係(4)」、「JACAR(アジア歴史資料センタ
ー)Ref. C08050814600、大正 12 年　公文備考　巻 69　航空(防衛省防
衛研究所)」。

上图可见，此时的朝鲜半岛除了作为飞行第 6 大队基地的平壤之外，日本在釜山、京城等半岛南部地区的航空设施也已经较为完备。而且日本已经建设了若松（九州岛）—对马岛—釜山—浪津—京城—平壤的入朝航线，如果将 1924 年的朝鲜至新义州航线也包括在内，则此时日军已经形成了完整的从本土经朝鲜半岛入侵中国大陆的航线。这标志着在 1928 年"济南惨案"之前，朝鲜半岛不论是作为日军航空侵华的中转地，还是作为其直接进攻中国本土的航空基地，相关功能均已经达到了较为完备的程度。

2. 台湾地区的航空建设

如果从地缘战略角度考虑，台湾地区距离中国大陆的最短距离仅 140 公里，以台北为中心 1 000 公里的航空半径内，日本的作战飞机可以攻击粤、闽、桂、浙、苏、赣、湘、鄂、沪、皖等各省份，作战范围几乎涵盖整个长江中下游和东南沿海地区，这一地区也是中国的经济核心区。除此之外，以台南为中心 1 000 公里半径的作战范围也涵盖了作为美国殖民地的菲律宾马尼拉地区。因此，不论是从对中国进行空中侵略布局的角度考量，还是从与美国争霸太平洋的角度出发，台湾地区都是日本进行航空建设的重点。这一事实也为日本所熟知，日本曾指出台湾地区在航空交通方面占据了最为有利的地理位置，在经济上和国防上都具有特殊的重要关系，因此在台湾地区的航空建设事关日本的"百年大计"，[1]由此可见，军事目的是日本在台湾地区进行航空建设的重要原因之一。

1918 年，台湾警务局出于镇压少数民族起义的目的在屏东设立了警察航空班并修建了机场。[2] 在这一过程中，台湾总督府发给

---

[1] 台湾総督府熱帯産業調査会『南支南洋の交通』、交通局逓信部、43 頁。

[2] 台湾総督府熱帯産業調査会『南支南洋の交通』、7 頁。

陆军航空部的文件中指出,担任航空班长的人选必须为具备飞行经验的现役陆军军官,陆军方面最终选择了航空学校的教官佐藤求己大尉作为警察航空班的班长,同时台湾总督府还委托陆军航空学校为其培养 6 名飞行员、1 名技手和 14 名职工以满足在台湾岛制造飞机并进行航空机械技术教育的目的。① 证明日本政府早在 1918 年就有将台湾岛打造成具备作战及生产研究能力的综合性航空基地的想法。陆军在整个过程中的密切参与也表明日本在台湾岛的航空基础设施建设从一开始就抱着明显的军事目的。

在建立警察航空班及在台营设机场的同时,为打通日本本土至台湾岛的空中航线,1921 年 5 月初至 5 月底日本海军佐世保航空队派遣 4 架飞机从当地出发,经九州鹿儿岛、冲绳到达台湾基隆。在实施飞行行动之前,日军在佐世保、鹿儿岛、冲绳中城湾和基隆地区设置了临时航空基地,这些基地的存在保证了飞行过程的安全,也为日本本土至台湾岛航线的运转提供了硬件支撑。另一方面,通过本次飞行实验,日本海军掌握了本土至台湾海域的航空气象情报,并总结出 4 月、5 月两个月为最佳飞行时间段。同时,日军还指出这条航线距离较远,沿途气象变化较为频繁,考虑到将来作战上的需要,配属于台湾基地的飞机应当具备更大的搭载能力、更远的航程、更快的速度和更高的升限。② 这也证明,为保证这条航线发挥最大效用,也为了尽量避免移驻台湾岛的飞机部队在飞行过程中出现不必要的损失,应当选择轰炸机等更适合长距离飞行的大型飞机入驻台湾基地,这也是全面侵华前日军将台湾岛

① 「台湾総督府警察飛行班に関する件」、「JACAR(アジア歴史資料センター)Ref. C03011413100、永存書類乙輯第 3 類　大正 9 年」。
② 「佐世保、台湾連絡飛行(6)」、「JACAR(アジア歴史資料センター)Ref. C08050217000、大正 10 年　公文備考　巻 46　航空 3」。

打造为战略轰炸基地思想的萌芽。

　　为保证台湾基地在日军对南太平洋地区的作战中可以充分发挥作用,1925 年 2 月日本陆军省发布了成立飞行第 8 联队的命令,该联队于 1925 年 5 月 1 日开始在日本本土执行勤务。[①] 随着台湾岛航空设施的完工,1927 年 5 月飞行第 8 联队移驻台湾屏东,1928 年 1 月该部队正式完成编制并形成战斗力。[②] 此时,日本海军航空队已经开辟出了从日本本土经琉球群岛至台湾岛的跨海航线,台湾岛形成了以屏东为根据地,以飞行第 8 联队为作战主力的航空布局,虽然该部队尚不具备直接进攻中国沿海及腹地的能力,但其入驻台湾岛以及屏东基地的建成标志着日本在台航空布局的初步形成,这也为全面侵华期间日军战略轰炸机部队大规模入驻台湾岛打下了基础。

　　3. 大连的航空建设

　　日本航空部队在朝鲜半岛和台湾岛这两处离中国大陆较近的殖民地上投入了大量精力进行航空建设,其目的无非在于进行侵华作战时这些基地可以发挥其地理位置优势保证日本军机第一时间进入中国本土并以此为依托展开航空作战。如果日军可以在中国本土获得一处航空基地,不仅可以对中国方面形成直接的航空威胁,也可以在日军飞机侵华时为其提供一处位于中国大陆的集结地、中转站和维护整备场所。作为日本在中国的租借地,大连"关东州"是日本帝国主义钉在中国版图上的一颗钉子,此处到北京的直线距离 450 余公里,距天津 350 余公里,距沈阳 370 余公里,

---

① 「彙報／一／一／飛行第八聯隊事務開始(陸軍省)/P425」、「官報. 1925 年 05 月 18 日」。

② 防衛庁防衛研修所戦史室『陸軍航空の軍備と運用〈1〉昭和十三年初期まで』、264 頁。

如果可以在此处修建一处大型机场并驻扎轰炸机部队,将会对北洋政府及奉系军阀构成直接威慑,因此大连也是日军侵华航空布局中的重要一环。

　　日本在"关东州"租借地打造一处航空据点的想法由来已久,早在 1921 年日本飞机来华进行飞行演习时,其用以降落的临时机场就是位于周水子的赛马场。① 1924 年 6 月,日本民间人士稻田弥三郎和山根安雄准备在大连设立飞行学校时选中的机场用地也是周水子的赛马场。② 上述事实都证明,周水子作为飞机场的备选用地具有天然优势。周水子地处辽东半岛南端,原址为一片 330 万平方米的广阔沼泽地,清政府曾在此地修建跑马场③,这证明其具备足以用来建设机场的平坦用地,而且交通位置便利,有火车站可以直达旅顺,满足了建设机场时调达建材的需求。1924 年驻平壤飞行第 6 大队曾飞至此地,当时的飞行试验结果表明此地适合用来建设机场。④ 上述事实证明,在 20 世纪 20 年代初日本就积极以大连为中心展开军民两方面的航空建设工作。

　　1925 年 3 月,关东军参谋长川田明治向陆军次官津野一辅提出的《关于周水子机场用地的意见》一文中指出,张作霖的奉军飞行队近年来取得了"令人刮目相看"的发展,奉军的空军实力愈发强大,而与之相对的关东军在东北地区并没有自己的飞行队和机

---

① 《政务:指定日飞机在大连升降地点请查照饬遵函(十年五月二十五日致日本使馆)》,《外交公报》1921 年第 2 期,第 8 页。

② 「63. 民間飛行学校設立ニ関スル件」、「JACAR(アジア歴史資料センター)Ref. B12081140200、各国航空業関係報告雑件　第二巻」。

③ 高广文:《大连周水子国际机场志 1973－2003》,北京:航空工业出版社,2003 年,第 1 页。

④ 「周水子飛行場用地に関する意見提出の件」、「JACAR(アジア歴史資料センター)Ref. C03022721400、密大日記 大正 14 年 6 冊の内 第 4 冊 」。

场,日军也仅在朝鲜半岛有一个飞行大队(即驻平壤的飞行第 6 大队)。在这种局面下,"一旦有事,我军飞机飞至东北时将难以选定满意的机场",不仅如此,川田还指出"考虑到我军对华北及辽西方面的战略意图,如果作战时飞机从平壤出发就会造成作战距离过远,在作战方面能取得的战果恐怕也不过是隔靴搔痒"。从地图上看,大连位于连接朝鲜半岛、东北腹地和华北地区的关键节点,"不管是对南'满洲'、辽西地区还是针对华北方面的作战,为了在开战之初能顺利进行侦察飞行,我们深感有必要在辽东半岛的南部,即关东州内设置一处机场。"①

可见,关东军设置周水子机场的直接原因就是奉军飞机部队实力增强给其带来的危机感。东北空军草创于 1921 年,张作霖于当年设立了"东三省航空处"。1923 年 9 月,张学良被任命为东三省航空处总办,在其领导下,东北空军开始进入迅速发展期,至 1925 年之前东北空军已经拥有各式飞机 50 余架,并编制有"飞龙""飞虎""飞鹰"3 支飞行队。② 与此同时,日军距离东北地区最近的航空部队为驻平壤的飞行第 6 大队,至 1924 年时该部队仅有 3 个中队的航空兵③,并不足以对东北空军形成兵力上的优势。日军在作战飞机数量上的劣势也将会影响其夺取制空权的行动。至 1925 年 3 月,张学良将东三省航空处改编为东北航空处,并将飞行队的数量从 3 个扩大为 5 个,东北周边日本航空力量与奉军空军之间的

①「周水子飛行場用地に関する意見提出の件」、「JACAR(アジア歴史資料センター) Ref. C03022721400、密大日記 大正 14 年 6 冊の内 第 4 冊」。

② 陆军:《东北军空军始末》,《社会科学战线》1988 年第 1 期,第 194 页。

③「航空部隊拡張整備案(第 1,第 2 案)」、「JACAR(アジア歴史資料センター)Ref. C10073296100、大正 13 年 1 月　制度調査に関する書類　共 5.其 1　制調.制調議案」。

差距被进一步拉大。这种局面也迫使日军不得不尽快寻找一处位
于东北的航空兵立足点，以求开战之初可以尽快夺取制空权。巧
合的是，关东军提出设立周水子机场的时间节点正是张学良进一
步扩大强化东北空军的节点，这也从侧面证明关东军一直密切关
注着奉军空军的发展并对其实力有着准确把握。

　　从川田的意见中可见，关东军在周水子修建机场的目的除了
抵消奉军空军对日军的优势之外，还在于将周水子机场打造成足
以掌控整个华北及辽西地区作战的航空基地，为此必须保证机场
拥有足够的建设用地。日军预定建设机场的土地为"周水子建设
公司"所拥有的民用土地，如果该公司将这片土地卖给中国人或是
被用作宅基地及工业用地，日本陆军可能很难再将土地赎买回来。
当时"满铁"希望从关东军手中购得伏见台陆军用地，所以关东军
建议由"满铁"购入周水子土地，然后再以该地块交换伏见台土地。
关东军指出："（这种做法）可以避免陆军产生多余的经费支出，而
且还顺应了推动军事发展的需要，不仅可以获得满足军事行动所
需要的土地，还可使大连市成为开发'满蒙'的策源地，实在是一举
两得。"①因此，尽快取得周水子土地成为关东军军事建设的当务
之急。

　　陆军省同意了关东军建设周水子机场的意见，并于当年11月
的批复中指出应当建设至少可以容纳两架大型飞机的机库，同时
相应设施的建设应满足将来在此地修筑陆军专用机场的需求。②
1925年9月18日，关东军经理部部长谷林德太郎提交给陆军大臣

---

① 「周水子飛行場用地に関する意見提出の件」、「JACAR（アジア歴史資料センター）
　　Ref. C03022721400、密大日記 大正14年6冊の内 第4冊」。
② 「周水子陸軍飛行場に建設すへき建物に関する意見提出の件」、「ACAR（アジア歴
　　史資料センター）Ref. C03022722000、密大日記 大正14年6冊の内 第4冊」。

宇垣一成的报告中显示，早在当年4月关东军已经就土地置换问题与"满铁"展开了交涉，随后，"满铁"按照关东军的旨意将周水子车站附近由关东厅所管辖的大部分"国有"土地及附近的民用土地收买了下来，关东军则以伏见台陆军用地交换了这批土地。① 这次购地事件中牵扯到了陆军省、日本殖民当局、关东军和"满铁"等各方势力，这也证明日军在中国本土建设航空基地的行为获得了日本行政、经济机构等多方面的支持，其行为绝非单纯的军事行动。

在日本海军省于1926年8月制订的《航空路设置计划概要》中，建设从东京到大连的航空线路已成为海军的预定计划，在使用的机场方面，海军指出"应与陆军交涉使用周水子机场"②，证明至少在1926年8月之前周水子机场就已经完成了建设工作并投入使用，也从侧面证明日军对于周水子机场的建设工作进展得较为顺利。

1927年日本航空株式会社制订了于当年9月执行的从大连至奉天的飞行试验计划，其所使用的机场即为周水子陆军机场，参与试验的飞机为4架大型"川西10式陆上飞机"，投入的地勤人员共计35人。③ 一方面证明至迟在1927年时，周水子机场就已经完全投入使用，另一方面也证明该机场的规模可供大型飞机编队起降与整备。关东军在较短的时间内就已将周水子机场打造成了航空侵华的前哨站。

---

① 「伏見台陸軍用地交換に関する件」、「JACAR（アジア歴史資料センター）Ref. C03012056200、永存書類乙集第2類第1冊　大正14年」。

② 「航空路設置計画概要」、「JACAR（アジア歴史資料センター）Ref. C04015183600、昭和元年（大正15年）》公文備考 航空1巻51」。

③ 「2. 日本航空会社ノ大連奉天間飛行関係」、「JACAR（アジア歴史資料センター）Ref. B10074772900、本邦人航空関係雑件　第一巻」。

三、日本军机于中国领空之飞行

　　航线是飞机于空中飞行时的交通线,一条可靠的航线不仅可以大大缩短飞机在两地间航行的距离,也可以提高空中航行的安全性。面对日本列岛与中国本土的遥远距离及复杂航空条件,开辟数条距离短且安全可靠的侵华航线是日本航空侵华布局的重要一环。日本军机在其殖民地朝鲜半岛、台湾岛等地可以自由往来,但是军用飞机作为一个国家武装部队的组成部分,将其派往另一个国家的领空时必然要面对复杂的主权问题。特别是近代以来中国领空权意识逐步觉醒,加之中国的领空主权相较于领土和领海尚处于相对完整的状态,因此中国方面出于维护领空主权的考虑,对于外国飞机入华抱有更加警惕、谨慎的态度,特别是一战结束后各国制定了《巴黎航空公约》,而中日双方均长期未批准该条约,这使得日本飞机入华问题变得更加复杂。

　　1. 日本军机入华与中方的应对

　　随着近代以来欧美航空科技的进步,飞机作为一种新式航空器伴随列强势力进入中国领空也是不可避免的趋势。1909 年及1910 年,法俄两国飞行家先后使用飞机实现了在中国领空的航行。针对这种现象,1910 年的《丽泽随笔》曾刊文指出:"土地归其主权,即土地上空际亦归其主权……回想二千年前只有个领土,后乃添个领海,今又添个领空……我国人民速除旧日习惯,放开重新眼界。"[1]《丽泽随笔》是由王静如和郭希仁两位清末陕西知识分子创办的刊物,这篇文章也证明当时飞机技术进步已经对中国的知识分子阶层产生了冲击。这批人也开始意识到国家的领空与领土一

––––––––––––––––––––

[1]《事实部:领空权》,《丽泽随笔》1910 年第 1 卷第 3 期,第 11 页。

样是不可侵犯的主权领域,在飞机技术日新月异的世界背景下,维护国家领空安全是迫在眉睫的严峻问题。

虽然民间对于领空权的重要性已经有了一定的认识,但是政府层面却未能及时将捍卫领空权纳入维护国家主权的任务中。随着一战的爆发,1914 年 8 月 3 日中国政府发布了《局外中立条规》对参战各国在中国的军事活动加以限制,条规共 24 条,其内容主要围绕领土、领海等范围展开,但是完全没有提及对交战国在中国领空中战斗行为的制约。① 这为日军利用此次战役发展航空力量提供了机会,日军借机派出陆海军飞机部队在中国领土上展开实战,这种行为导致了中国的领空首次沦为了日本陆海军最新锐航空兵器的实战练兵场。

日德两国在青岛上空的空战严重破坏了中国的领空主权,《申报》曾对这种状况发文感叹:"领空内不容有他国飞行机飞行,于是乃有保全领空之献议。中国之领土领海已纷纷被人入侵而不能保,故所领土与海之权已成为空权,亦可谓之'领空'也,况兹之领空势更难避飞机之侵入,则所谓领空权者真空之又空也哉。或曰中国主权无一不徒拥虚名,一切皆作领空观可也。"②由此可见,北洋政府在维护领空上的软弱无力已经招致了社会有识之士的批判。

从清末至一战期间中国社会的部分有识之士已经逐渐认识到国家领空主权的重要,但是北洋政府在发展航空事业维护领空主权方面却显得非常迟缓。直至 1919 年 2 月北洋政府才设立了专管

---

① 《局外中立条规》,《法学会杂志》1914 年第 3/4 期,第 1—6 页。
② 《领空》,《申报》,1914 年 9 月 26 日,第 7 版。

航空事业的"筹办航空事宜处"①,同年5月该处参考英法等国航空法规编制《航空条例(草案)》75条,该条例中涉及领空主权的内容主要有②:

第十七条:航空器非经参谋本部允许,不得飞经禁航区域或该区域周围一万公尺界线以内。

第十八条:凡中华民国沿海岸线及与外国接壤之疆界线,除划定准许出入部分外,其余皆禁止航行。

第十九条:航空器非互指定着陆处所,不准任意降落。

……

第二十五条:航空器非经交通部会同参谋本部允许,禁止携带左列物件:

(一)传达鸽

(二)无线电报、无线电话

(三)爆裂物、军械、军用品

……

第六十一条:外国人民航空来华者应具声请书,向起程地之中华民国领事官请领入境护照。

第六十二条:入境之航空器不得携带左列物件:

(一)本条例第二十四条、第二十五条之禁制品

(二)海关禁止输入之货物

(三)应纳税之货物,但其分量微少,仅供航行时需用者不在此限

(四)邮件

---

① 交通铁道部交通史编纂委员会:《交通史航空编》,上海:民智书局,1930年,第2页。
② 交通铁道部交通史编纂委员会:《交通史航空编》,第106—114页。

第六十三条：入境之航空器于过境后应直驶至指定处所着陆。

这部条例作为北洋政府制定的第一部专业的航空法规，体现了希望以法律手段维护中国领空主权的意向，交通部相关官员在审核条例草案之后也一再强调航空条例不能单纯比照国际轮船相关条例，以免重蹈中国内河航运权落于列强之手的覆辙。但是此时中国的航空事业已经远远落后于经历战火洗礼的欧美列强，加之 1919 年 10 月《巴黎航空公约》的制定，如何在新的国际法框架下维护领空，这也是北洋政府不得不考虑的问题。

早在 1911 年的马德里万国国际法学会上，法学家已经就领空问题达成一定共识，他们虽然认可国际航空自由，但是各国为保护其主权及人民生命财产安全，可以对外国飞机在本国领空上的飞行加以一定的限制。1913 年该会议再次通过决议，认为一国之领土及领海上空为其主权范围，但是应当允许其他国家飞机无害通过，这几条原则也成了 1919 年《巴黎航空公约》制定有关领空条文时所遵守的原则。[①] 一战结束之后的 1919 年 10 月 13 日，包括中国代表顾维钧在内的 13 国代表在法国巴黎签订了国际航空公约，该公约分为 9 章 43 条，其涉及领空主权等方面的内容主要有以下几条[②]：

第一条：缔约各国承认各国各有其领土以上空间幅员之完全独有主权。本约所称一国之领土，其意义包有该国本部及殖民地之领土，并与该国领土连接之领海。

第二条：各缔约国平时对于他缔约国之航空器，若其经过

---

① ［日］石川实著，方汝舟译：《论国际航空法规》，《世界大势》1919 年第 6 期，第 22 页。
② 交通铁道部交通史编纂委员会：《交通史航空编》，第 297—306 页。

不生妨害而又恪守本条约所订之条款,当准其自由飞越本国领土。凡一缔约国所规定的关于准许他缔约国航空器飞跃其领土之一切规章应不分国籍一体采用。

第三条:各缔约国因军事上原由或为公共安宁起见,有禁止他缔约国航空器飞跃本国领土内制定区域之权,违者按本国法律惩治。惟关于此点,本国民有航空器与他缔约国之航空器不得有所区别。缔约国行使此权时,应将禁航区域之所在及其广袤先期公布并通告其他各缔约国。

第四条:航空器遇误入禁航区域时,如自觉查,即应按照附约丁第十七节之规定,发遇险信号并赶速降落于禁区外最近之该国飞行场。

第五条:凡航空器不隶于一缔约国国籍者,无论何缔约国不得准其飞跃本国领土,惟经特准及暂准者不在此例。

……

第十四条:凡航空器非经所隶之国给予特许状不得携带无线电机。

第十五条:凡缔约国之航空器皆有飞跃他国不必降落之权,但需遵循所飞跃之国指定之航线。若该国为公共安宁起见,用附约丁所规定之信号时,则仍须遵令降落。凡航空器由甲国飞入乙国,法律上有此项规定时,应降落于乙国之一指定飞行场。缔约国有此项指定飞行场时,应通告国际航空委员会,再由该会通告各缔约国。

……

第二十七条:各国得禁止或限制航空中照相器具之携带或使用。

……

第三十二条：凡航空器不经特别准许不得飞跃他国过境或在他国国境内降落，其得有此项特别准许之军用航空器如无特别规定与之抵触，则得比照外国军舰享有习惯上所许之治外法权。

······

第三十四条：在国际联盟统治下设一永久国际委员会，定名为"国际航空委员会"，其组织之法如下：美国、法国、义国、日本各派代表二名；英国派代表一名，英属各领土及印度各派代表一名，其他各缔约国各派代表一名。

上述条文可见，《巴黎航空公约》首先明确界定了一国的领空范围，这也是此后各国公认的划定领空的标准，此外条约对于一国的领空范围及航空器在他国领空中应遵守的规则也有比较明确的规定。但是细读可以发现，第一条的规定首先就为英法等拥有大片殖民地的列强提供了远超其本土范围的领空；第二条规定看似公平，但是对于中国等航空技术落后且不具备跨国飞行能力的国家来说没有任何意义，反倒是为航空强国肆意进出中国领空提供了法理依据；第三十四条规定更为五大国制定国际航空规则提供了更大的决定权，这就直接导致国际航空委员会沦为大国操纵下的傀儡，对于中国等弱国是极不公平的，该条约并不能起到保护中国领空主权的作用。

对于航空公约的规定，美国和加拿大首先表示不满，1920年5月两国发表联合声明指出："第三条有关禁飞区的规定不甚合理，美国有权制定法律救助本国的私人飞行家；美国在关税方面完全自由，不受航空公约关税条款的约束；美国与加拿大有权利联合未加入航空公约之各国订立特别航空公约。"①美加两国对于公约内

① 交通铁道部交通史编纂委员会：《交通史航空编》，第372页。

容的声明也影响到了北洋政府,同年 8 月北洋政府航空事务处也对美加两国的声明表示赞同,并进一步指出获准入境的外国飞行器必须在中国政府制定的地点入境并不得在中国领空自由飞行,同时为避免航空交通事业的半殖民地化,北洋政府也禁止外国飞机在中国境内从事客货运业务,此外还提出增加中国政府在航空委员会的话语权以及解除对中国航空器数量限制等要求。①

综上所述,北洋政府意识到了《巴黎航空公约》对于中国领空主权的威胁,因此对其内容存在诸多不满,但是中国的声明并没有获得列强的重视,法国外交部一再催促中国政府尽快批准航空公约。面对急迫的外交形势,航空署曾指出:"我国航空运输尚在萌芽,其技术信用似尚不能与外国航空器角胜,倘遽将该条约批准则外国航空器联翩接踵而来,我国境内之航空运输势将为外人所夺,且恐将来我国飞行场所在地更有变为内地半商埠之虞。"②可见,北洋政府已经认识到贸然批准航空公约将会导致中国领空的半殖民化,为了最大限度在航空公约的框架下保护领空主权,1921 年 5 月北洋政府针对该公约又提出了三点声明③:

第一:凡外国航空器进出中国应遵守中国制定的航空器运货税章(财政部意见)。

第二:为维护中国邮政主权,避免邮政权益落入列强之手,进入中国领土的外国飞机只准搭载外国邮局直接运交中国邮局的邮件以及中国邮局所交付的邮件(交通部意见)。

第三:各缔约国航空器在中国境内时,除了遵守国际无线

----

① 交通铁道部交通史编纂委员会:《交通史航空编》,第 373—374 页。
② 交通铁道部交通史编纂委员会:《交通史航空编》,第 378 页。
③ 交通铁道部交通史编纂委员会:《交通史航空编》,第 378 页。

电规章之外,还应遵守中国的无线电规章(海军部、交通部意见)。

上述三点意见也体现出北洋政府内部众多部门都对《巴黎航空公约》抱有审慎的态度。1921 年 5 月,北洋政府将这三条声明送交驻法国公使,希望声明获得各国同意以便批准航空公约,列强却直接无视了中国的意见,北洋政府也只好一再拖延批准《巴黎航空公约》的议程。但是随着越来越多的国家批准该公约,北洋政府也意识到不便继续拖延,1922 年 9 月外交部及航空署声明在批准航空公约之前应先行划定禁飞区域,并于指定的适当地点建设国际航空港,以此来避免出现批准条约之后出现各国飞机纷至沓来以致中国国内航线逐渐被列强分割,航空要点被列强占据的局面。1922 年 9 月,外交部及航空署向国务院提交议案,建议指定广州、福州、上海、青岛、天津、北戴河、安东 7 处地点为外国飞机的入华口岸,并拟定在这些地点设立国际航空港。① 但是这一计划耗资巨大,如果采取较高的建设标准,仅一处机场包含购地、附属设施、机械设备在内的建设费用就高达 268 700 银圆。② 根据《申报》记录,1922 年王宠惠内阁"财政已陷于极困难地位,即以维持现状言亦正不易,……财政实收之数,月仅有数十万之虚额,……入不敷出,相差过钜,虽举债度日仍虞不给"。③ 北洋政府在这种财政情况下想要建设起一套足以应对外国飞机来华的航空系统是极为困难的。随着 1922 年以后军阀混战的日益加剧,在各地设立国际航空港的议案最终也不了了之。

①《国际航空公约批准前设备》,《民国日报》,1922 年 9 月 19 日,第 3 版。
②《航空署议建国际航站》,《申报》,1922 年 9 月 23 日,第 11 版。
③《王内阁财政状况之一斑》,《申报》,1922 年 10 月 27 日,第 7 版。

此后关于加入航空公约一事,媒体虽偶有提及,但多是空穴来风之言。1925年《晨报》曾有报道称:"(法国)邀请我国加入该公约(《巴黎航空公约》),外交部已转咨航空署,闻已决定加入云。"[1]但实际上直至1928年北洋政府垮台时也没有批准《巴黎航空公约》[2],这显示该条约始终没有做出符合中国领空权益的调整,而中国方面也一直没有能力应对签署条约之后列强飞机纷至沓来的局面。

虽然北洋政府出于国家利益考虑而长期没有批准《巴黎航空公约》,但是外国飞机来华已经是不可阻挡的事实,为了保证处理相关问题时有法可依,北洋政府组织起了一套应对外国飞机入华的国内规章制度。

1919年9月,意大利飞行团计划进行罗马至东京的长距离飞行并致函中国政府,希望在南宁、广东、湘潭、汉口、开封、北京、天津等城市进行飞行活动,因为意大利政府强调日本方面对其航空行动极为欢迎,北洋政府碍于情面只得接受其飞行请求。本次意大利飞机入华是北洋政府第一次以书面条文对其行动轨迹和活动范围加以限制,因此当时对于如何限制该飞行团在华活动还处于摸索阶段,但是在限制规则方面仍然有值得瞩目的内容[3]:

一、飞机航线需沿海岸线经广州、福州、上海至青岛,然后沿胶济铁路飞至潍县,此后可以选择以下两条线路之一飞至北京南苑:(1)由潍县至黄河口,沿海岸线经大沽、天津,沿京奉铁路至南苑;(2)由潍县沿胶济铁路至济南,沿津浦铁路至

---

[1]《国际航空公约我国决定加入说》,《晨报》,1925年9月17日,第3版。

[2] 费哲民:《国际航空公私法研究》,上海:华通书局,1931年,自序第1页。

[3] 交通铁道部交通史编纂委员会:《交通史航空编》,第384—385页。

天津,沿京奉铁路至南苑。

　　二、飞机沿航线飞行时不得飞经上海及德州兵工厂上空。

　　以这两条规定为原则,中方以强硬的态度使意大利飞行团接受了其提出的在华飞行要求,这也显示了北洋政府维护国家领空主权的决心,这种决心与意志在此后北洋政府与日本方面就日军飞机入华问题的交涉中也发挥了重要作用。

　　2. 围绕日本军机入华问题的中日交涉

　　1914 年日德青岛战役结束之后日本航空部队意识到了对华进行航空布局的重要性,因此在 1916 年 2 月,日军以"锻炼寒区飞行能力"为名再次派遣军用飞机前往中国东北地区进行飞行演习。虽然从名义上看本次飞行演习并不进行对于进攻性作战科目的演练,但是日军在飞行结束后的经验总结中提出了将来在"满洲"地区进行作战时构建机库的必要手段,并指出应在"满洲"地区设置常设飞行队,其原因在于"满洲气流相较于日本本土较为平静,对于飞机来说是绝佳的飞行作战区域,不仅有利于新飞行员的教育训练,也有利于熟悉将来作战区域的气流地形,而且一旦中日爆发冲突可以立即保证飞机部队投入作战。从这些角度考虑,平时至少应在'满洲'驻扎一支航空部队"。[①]　由此可见,通过此次飞行演习日军已经掌握了东北地区的航空气象特征,并萌生了在此地常驻航空部队的作战思想。由于飞机航程不足,本次飞行期间日军采用将飞机装船运往大连,再由大连飞往奉天的演习形式,与此同时其也对朝鲜半岛及辽宁地区的地形进行了探查分析,摸索出了日本本土—釜山—京城—安东(丹东)—奉天的航空侵华线路,日

————————————

①「満洲に於ける飛行機試験実施報告提出の件」、「JACAR(アジア歴史資料センター)Ref. C03022412500、密大日記 4 冊の内 2 大正 6 年」。

军还特别指出丹东至奉天航线区间线路是整条线路中最为困难的一部分,该区域山体海拔较高且不利于飞行,而且地形复杂,一旦飞机出现故障难以寻找迫降区域,因此这段航线的飞行活动应当选在天气良好、能见度高的时段进行。① 1916 年的航空演习是青岛战役后日本航空部队首次在中国本土进行的航空活动,从结果看日军初步探明了东北地区的航空气象、地理特征,并首次探索了从日本本土经朝鲜半岛侵入中国东北的航线。通过此次航空演习,日军也初步明确了朝鲜半岛在日本飞机侵华作战中的枢纽作用,这也在一定程度上推动了此后日军在朝鲜的航空建设。

在本次飞行演习开始前,日军诡辩称:"飞行的范围在铁岭以南地区,预计将不会在铁路附属地之外的范围飞行。"②其显然将"南满"铁路四附属地之上的天空也视为日本"领空"。由于北洋政府在 1919 年 5 月才设立了航空处并制定《航空条例(草案)》,1916 年时规范国际航空行为及确定一国领空范围的国际法也尚未出现,这使得中国政府在面对日本飞机入华举动时陷入了无法可依的境地。中国方面虽然无法阻止日本飞机入华,但是对于此次飞行演习中日本航空部队所包藏的阴谋却有着清醒的认知。1916 年 2 月 15 日,张作霖属下的一位上校参谋曾指出:"本次日军令其大批飞机远渡重洋飞至东北要地奉天,其目的绝不可能仅为耐寒演习一事,日军应是利用此次机会侦察东北地理情报,以备将来中日战争之用……(日本利用飞机)使我国民对其产生恐惧之心……目

① 「満洲に於ける飛行機試験実施報告提出の件」、「JACAR(アジア歴史資料センター)Ref. C03022412500、密大日記 4 冊の内 2 大正 6 年」。
② 「1. 公主嶺付近ニ於テ帝国飛行機試験ニ関スル件」、「JACAR(アジア歴史資料センター)Ref. B07090046200、帝国陸海軍航空関係雑件(5−1−1−0−27)」。

前受国家形势所限无法阻止日军飞机侵华，实在是令人遗憾。"①证明中国的有识之士已经对日军飞机入华的目的和危害有了清醒的认识，如何尽最大努力阻止日军飞机入华或是限制日军飞机在中国的活动，也是中国方面不得不考虑的问题。随着《巴黎航空公约》的公布以及中国航空管理部门和国内法规的逐渐完善，特别是1919年意大利飞机入华时中国政府通过对其进行管理，确立了外国飞机在华飞行时必须遵照中国方面要求的基本原则，北洋政府逐渐建立起了应对外国飞机入华的管理体系。

　　1921年日本再次将中国作为检验其航空兵器性能的试验场，日本陆军航空学校计划以4架飞机实施所泽（日本）至长春间的长距离飞行演习，②这也是中国完善航空管理规范之后中日之间的首次交锋。在商讨飞行演习的可行性时，日本外务省曾指出："日本及中国政府尚未批准《巴黎航空公约》，故该公约尚未生效，我国在道义上并无遵守该公约的义务，而且我国飞机沿'满洲'铁路线附属地飞行，附属地本来就可视为日本领土，所以本次飞行计划完全没有必要取得中国政府的许可，但是尽量获得中方许可还是比较妥当的。"③由此可见，日军本次飞行计划是想在中国政府批准《巴黎航空公约》之前利用这一空窗期在中国展开新兵器试验行动并探索侵华航线，其在主观上带有极强的侵略性思维。该计划获得批准之后日军立即与张作霖进行协商并划定了日机飞入中国之后

①「満洲に於ける飛行機試験実施報告提出の件」、「JACAR（アジア歴史資料センター）Ref. C03022412500、密大日記4冊の内2 大正6年」。

②「所澤一長春間飛行に関する件」、「JACAR（アジア歴史資料センター）Ref. C03011608800、永存書類乙集第3類　大正10年」。

③「2.陸軍航空学校ノ所沢、長春間長距離飛行ノ件」、「JACAR（アジア歴史資料センター）Ref. B07090046300、帝国陸海軍航空関係雑件」。

的起降地点。在一系列工作完成之后，1921 年 3 月日本驻华公使小幡酉吉才照会中国外交部日机来华及起降地点勘探已毕等事。[1]北洋政府对于日方擅自决定派遣军机入华的举动十分不满，并提出将会对日本飞机入华附加数条必要条件，在日方接受这些条件之后中方才会允许日机入华。张作霖在 1921 年 4 月 1 日与日本驻奉天外交人员吉原大藏的谈话中也表示，日本政府理应同意外交部对飞机入华制定的附加要求，即便没有这些要求，奉天方面也不会无条件允许日本飞机进入东北。[2] 日本飞机在中国飞行时必须设置临时地面基地以保证飞行过程的安全，如果无法获得张作霖这一东北的实权人物的首肯，相关工作也就无法顺利展开。日本军方原定的飞行计划需要在 6 月份雨季到来之前实施，如果迁延日久将会影响计划的整体进度，在这种情况下日方不得不就飞行附加条件与中国政府展开交涉。

为维护领空主权，避免日军飞机肆无忌惮地进入中国领空，北洋政府在收到日方关于飞行演习的照会之后，立即召集相关人员商议对策并制定了 9 条临时限制办法并告知日本方面遵守，这些规定具体内容如下：

各部处会议议决日本飞机拟飞航东省应付办法

（1）此项学校演习飞机不认为军用，并不得作他用。至入境之第一站即安东地方由我国派员查检。

（2）先由日本公使将左列事项，除已定各项外，余均开送

---

①「2.陸軍航空学校ノ所沢、長春間長距離飛行ノ件」、「JACAR（アジア歴史資料センター）Ref. B07090046300、帝国陸海軍航空関係雑件」。

②「2.陸軍航空学校ノ所沢、長春間長距離飛行ノ件」、「JACAR（アジア歴史資料センター）Ref. B07090046300、帝国陸海軍航空関係雑件（5－1－1－0－27）」。

查核。

甲、入境地点已定为安东

乙、飞行目的已定为学校演习

丙、欲至地方及经过路线已定为朝鲜经由长春至大连

丁、出发及到达并在中国停留各日期

戊、离中国出发之地点已定在大连装运出口

己、飞航员及其他航务人员人数及姓名

庚、飞机之式样及数目、标志、发动机之式样及马力

（3）准照原定路线飞行并不飞往他处。

（4）不得携带违禁物品、照相器具、无线电机及邮件，此外除飞航必须物品外并不准携带其他物品。

（5）按照中国按定地点升降，但此项地点仅供临时一次之用。

（6）沿线经过人烟稠密地方，不为低落之飞行致于人民生命财产发生危险。

（7）飞行中不得由天空向下洒落物品。

（8）此次演习飞行须携带各种飞航必备之证书及日记以备检查。

（9）以上办法系此次学校演习飞航入境临时一次特别允许之办法。①

从上述 9 条内容可以看出，北洋政府已经在《巴黎航空公约》合理内容的框架下研究出了一套最大程度保护领空主权的限制规定，特别是开门见山地提出要在中国领土上检查日军飞机，这是日方所始料未及的。

---

① 交通铁道部交通史编纂委员会：《交通史航空编》，第 387—388 页。

　　1921 年 4 月 9 日,日本外相内田康哉致电驻华公使小幡酉吉称:"贵电第 258 号有关中国方面提出的要求颇令我方意外,中方的强硬态度绝对是不当行为。更何况本次飞行以演习为目的,使用的乃是军用飞机,无论如何我方都不可能接受中方提出的对飞机进行检查的要求。前年意大利飞机来华时中方是否采取过相同举措? 若是当时中方无条件允许意大利飞机入境却唯独对日本采取如此态度,这完全就是无视国际礼仪的行为,此种态度我方无法忍受。对于我国本次的飞行计划,中国政府不报以友好欢迎的态度,反倒接连提出种种琐碎条件,着实令我方意外。希望贵官请求中方解释意大利飞机来华时的情形,并着重强调我方此次飞行将努力沿'满铁'沿线进行,绝不会进入中国领空,故中方应立即撤回这种差别待遇及各种烦琐条文,无条件允许我国飞机入境。"①从内田康哉的言论中可以看出,日本此次派飞机来华完全是倚仗实力的独断行为,之前的照会不过是认定中国政府会无条件同意情况下的例行公事罢了。当中国政府提出 9 条限制规定来维护领空主权并执意要求对日军飞机进行检查时,日方立即以"国际礼仪"和"体面"等借口来拒绝中方提议,甚至要求北洋政府对其利用中国领空进行军事活动的行为表示欢迎,其言行的本质是不希望中方此次限制日机入境的举措成为定式并对日本军机今后在中国领空的"自由"活动造成限制。

　　北洋政府面对日方的强硬态度并未退让,小幡酉吉在接到内田的指示后立即与外交部进行交涉,得到的回复是:"意大利飞机来华时,中国政府对其提出的条件与本次基本相同,意方飞机也在广东海

---

① 「2. 陸軍航空学校ノ所沢、長春間長距離飛行ノ件」、「JACAR(アジア歴史資料センター)Ref. B07090046300、帝国陸海軍航空関係雑件(5−1−1−0−27)」。

关处进行了检查……因此日本方面提出的无条件入华实在令中方难以允诺……熊秘书称……一旦无条件允许日本飞机入华，此后欧美各国都会对中国提出同样要求，到时恐怕会发生难以的处理的事情。"①由此可见，北洋政府对于维护领空主权的立场是坚定的。小幡酉吉只好回复内田康哉称："属下深知考虑到陆军的体面，对军用飞机进行检查这一条件实在是难以接受，故已经与中国外交总长进行了多次交涉，总长一再表示'对任何国家的飞机都会采取与本次大同小异的办法……中国并无意将日本与他国区别对待'……继续交涉下去，中国政府恐怕也难以接受飞机无条件入华的要求。"②

小幡与北洋政府的交涉一直拖延至5月份，中方立场没有丝毫动摇。面对这种局面，1921年5月3日，日本陆军大臣山梨半造致电外务省称："中国方面的立场虽然无理，但是尚不至于损害我国在外交上的威信，所以暂且同意本次中国提出的条件并尽快实施飞行计划。"③北洋政府坚持立场、以拖待变的举动最终造成了日方态度的软化。5月4日内田康哉致电小幡酉吉称："我方认为中国方面的要求理由充分，现承认除以下两点外的中方全部要求。目前雨季将至，必须尽快执行飞行计划，请务必在本月10日以前取得中方许可。一、办法第一项中由于安东没有着陆场，加之为了达到练习的目的，我们希望可以从朝鲜京城直接飞到长春，然后在长春对飞机进行检查，如果中国政府对此表示强烈反对的话，可以

① 「2.陆军航空学校ノ所沢、长春间长距离飞行ノ件」、「JACAR（アジア历史资料センター）Ref. B07090046300、帝国陆海军航空关系杂件（5—1—1—0—27）」。
② 「2.陆军航空学校ノ所沢、长春间长距离飞行ノ件」、「JACAR（アジア历史资料センター）Ref. B07090046300、帝国陆海军航空关系杂件（5—1—1—0—27）」。
③ 「2.陆军航空学校ノ所沢、长春间长距离飞行ノ件」、「JACAR（アジア历史资料センター）Ref. B07090046300、帝国陆海军航空关系杂件（5—1—1—0—27）」。

派遣官员至朝鲜新义州进行检查；二、外务省对于第五项中方制定的起降地点并无异议，但是陆军方面希望将长春、奉天、大连三处设为起降地点。"①日方的言论证明其本次飞行实验的目的在于开辟一条朝鲜至东北重要城市长春的直达航线，因此不希望飞机中途于安东停靠以影响航线开辟工作的连续性。但是日方的言行也传达出了向中方妥协的信息。面对日方态度的转变，北洋政府也对原有办法做出了调整。1921 年 5 月 13 日，外交部同意派遣参事徐祖善和科长金鼎枢前往新义州检查飞机，但是此时雨季将至，飞行计划只得暂时搁置。1921 年 9 月，中方派遣徐祖善等人前往新义州完成对日军飞机的检查工作，随后日机于 9 月 24 日至 30 日完成了飞行演习科目。

1921 北洋政府为限制日本军机入华而制定的措施是其维护领空主权的有益尝试，其中有关检查飞机及划定航空路线的规定都有效地限制了日机在中国领空内的活动，特别是日本政府获悉这些规定后的恼怒态度更证明这些措施之强硬是日军所始料未及的。在此之后这些规定也作为应对外国飞机入华的基本措施而保留了下来。1923 年 12 月美国驻华公使致函外交部称 1924 年美国进行环球航行的飞机将驶入中国领空并请求中国政府批准。北洋政府以 1921 年对日机的限制措施为范本也制定了 10 条措施，但是美方对这些措施表示强烈反对，特别是对中方禁止飞机携带无线电及照相机的规定极难认同。北洋政府在商议之后认为"为敦睦邦交，优待环球飞行起见，无线电机一项可以特别通融一次准其携带，惟在飞机升降地点应受中国政府派员检查，且通信须用明码并

---

① 「2.陸軍航空学校ノ所沢、長春間長距離飛行ノ件」、「JACAR（アジア歴史資料セン
　ター）Ref. B07090046300、帝国陸海軍航空関係雑件（5-1-1-0-27）」。

以传递飞行消息为限。关于照相器具一项，查与驾驶方面无甚关系，撮成路线似可不必携带，照相器具一节未便变更前例遽予照允。"美国公使见中方态度坚决也只得同意上述意见。① 1924 年，法国及英国的飞机也先后来华进行国际航空活动，北洋政府均以1921 年 9 条办法的基本框架来对其加以制约，这些办法的执行有效地避免了列强空中势力蜂拥进入中国领空的局面出现，也在一定程度上维护了中国的领空主权。

　　3. 日本军机于中国领空之飞行

　　1921 年日军飞机"所泽—长春"飞行演习期间，按照其预定的飞行计划准备于 1921 年春从所泽出发，经朝鲜飞至长春再由长春飞至大连，最后经大连跨海飞行返回国内。从飞行线路上看，这次飞行试验也检验了从本土经朝鲜中转再入侵中国航线的可行性，作为日本航空部队侵华布局的关键节点，朝鲜半岛和大连的重要性再次得到凸显。②

　　1921 年的飞行演习结束之后，日军在朝鲜的航空建设迅速加快，1921 年 11 月飞行第 6 大队入驻朝鲜，1923 年 5 月平壤机场完工，在此之前，釜山、京城等地的航空设施也已完工。1924 年平壤日军机场进行了扩张，同年，日军在中朝边境的新义州地区也建设起了航空设施，至此，朝鲜半岛已经初步具备了作为日本本土至中国大陆航空枢纽的作用。

　　为了检验朝鲜半岛在航空侵华活动中的作用，同时也为了进一步开辟侵华航线，日本陆海军航空部队分别在 1925 年 5 月 15 日

① 交通铁道部交通史编纂委员会：《交通史航空编》，第 390—393 页。
② 「2. 陆军航空学校ノ所沢、长春间长距离飞行ノ件」、「JACAR（アジア歴史资料セン ター）Ref. B07090046300、帝国陆海军航空关系杂件（5—1—1—0—27）」。

至 18 日和同年的 5 月 25 日至 6 月 2 日进行了从本土至中国大陆
的长距离飞行试验。鉴于 1921 年飞行演习期间因为与中方交涉
而影响进度的事实,本次行动开始之前,日方与中国政府进行了充
分交流并允许中方对其飞机进行检查。日本驻华公使芳泽谦吉在
1925 年 5 月 5 日发给外务大臣币原喜重郎的电报中指出:"陆军航
空学校在 1921 年 9 月实施飞行演习的时候,也在新义州地区接受
过中国政府对于飞机的检查,循此前例,本次飞行演习中接受中国
政府检查也未尝不可。"[1]这证明日本航空部队在入华问题上采取
了更加务实的态度,相较于 1921 年因为与中国政府争执"体面"问
题而耽误飞行演习进度,日方选择尽早达成演习目的以推进侵华
航空布局。面对日本政府的配合态度,北洋政府也放松了警惕并
表示对本次日本飞机来华抱有"满腔赞许",只派官员至平壤对日
本飞机进行"象征性的检查"[2],北洋政府甚至还给来华的日本海军
飞行员颁发勋章,并称其此次飞行"抗衡欧美,增誉环球,洵为东亚
交通历史之光耀"。[3] 这显示北洋政府对于日本军机入华一事已经
陷入了麻痹大意的状态,而此次航空演习恰好是 1928 年之前日军
侵华航空布局的关键环节。

　　作为日本海军航空队在日德青岛战役之后的首次在华飞行活
动,日本希望借此机会尽可能演练航空作战科目并检验新装备性能。
本次飞行演习中,海军使用的是 1924 年刚服役的 13 式舰载攻击机,

---

[1]「横須賀北京間飛行演習(3)」、「JACAR(アジア歴史資料センター)Ref.
　　C08051424600、大正 14 年　公文備考　巻 46　航空」。
[2]「横須賀北京間飛行演習(2)」、「JACAR(アジア歴史資料センター)Ref.
　　C08051424500、大正 14 年　公文備考　巻 46　航空」。
[3]「横須賀北京間飛行演習(5)」、「JACAR(アジア歴史資料センター)Ref.
　　C08051424800、大正 14 年　公文備考　巻 46　航空」。

作为海军最新型的作战飞机,选择该机型进行飞行试验有检验新兵器性能的目的。除此之外,日本海军此次飞行的目的还包括开辟入华航线、研究长距离飞行方法以及长时间飞行对机体和人员所带来的影响等。[1] 从飞行科目之繁多也可以看出海军对此次演习的重视。

在具体行动方面,日本海军飞机于 5 月 25 日至 6 月 2 日完成了从日本九州岛大村基地至北京的往返飞行,其飞行时间约为 20 小时,总航程 2 665 公里。[2] 相对高强度的飞行演习使日本海军获得了大量宝贵的演习经验。在装备试验方面,新服役的 13 式舰载攻击机的性能经受了长距离跨国飞行的检验,日军总结"本机操纵性与

图 1-3-1　日本海军北京飞行要图(1)

---

①「横須賀北京間飛行演習（1）」、「JACAR（アジア歴史資料センター）Ref. C08051424400、大正 14 年　公文備考　卷 46　航空」。

②「横須賀北京間飛行演習（6）」、「JACAR（アジア歴史資料センター）Ref. C08051424900、大正 14 年　公文備考　卷 46　航空」。

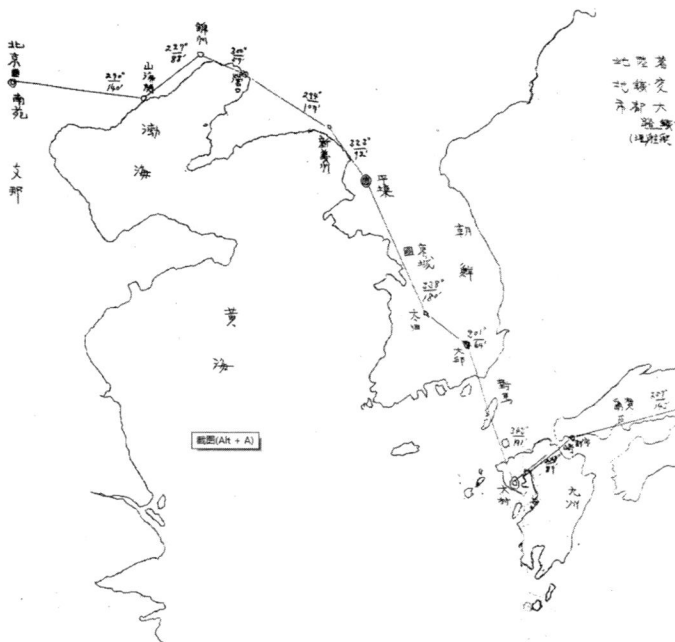

图 1-3-2　日本海军北京飞行要图(2)
资料来源:「横須賀北京間飛行演習(1)」、「JACAR(アジア歴史資料センター)
Ref. C08051424400、大正 14 年　公文備考　巻 46　航空(防衛省防衛研究所)」。

性能良好,适于进行长时间飞行","该机发动机可以承受长时间的连
日飞行,其性能非常值得信赖"。[1] 作为第一款日本"纯国产"的舰载
攻击机,本次飞行不仅证明了该机型性能的可靠,也为日本海军加快推
进航空装备的"国产化"创造了信心。通过飞行演习,日本海军也摸索
出了从本土经朝鲜半岛入侵中国大陆的航线,其具体的航线可参照
上图。

　　上图可见,朝鲜南部的大邱、中部的京城、飞行第 6 大队根据

---

[1]「横須賀北京間飛行演習(6)」、「JACAR(アジア歴史資料センター)Ref. C08051424900、
　　大正 14 年　公文備考　巻 46　航空」。

地平壤、中朝边境的新义州都是日军在朝鲜半岛航空侵华布局的要点。日本海军在完成飞行演习之后曾对侵华航线进行过分析，指出："本次飞行演习所选择的航线可谓最佳入华航线，如果以大邱为中继点的话，两日的飞行周期内就可以飞抵北京"，有关这条航线的其他优势主要还有以下几点：(1)着陆地点均设有机场，可以非常容易地获得援助及必需品；(2)航线附近可以用作迫降的地点极为丰富；(3)各区间大致相隔一日航程，可以比较轻松地应对天气变化；(4)位于本航线的中国地区拥有大量可以用作迫降点的区域，该区域多为土质较坚硬的田地，大多数时候均是理想的着陆点。[1]

从以上信息可以判断，至 1925 年日军已经在朝鲜构建了贯穿南北且相对完善的航空设施，这为日本军机在朝鲜半岛的安全飞行提供了硬件支持。大邱、京城、平壤、新义州这 4 个朝鲜半岛航空要点在侵华航空布局上的重要性也得到了确认。

同一时期，陆军选择了刚组建不久的驻平壤飞行第 6 大队来执行平壤—新义州—奉天—长春的飞行演习。作为常驻朝鲜的日本陆军飞行队，飞行第 6 大队的存在除了可以在平时对奉军势力施加压力之外，一旦日本发动侵略东北的行动，该部队也是首批进入中国的航空作战力量之一，因此使该部队了解东北地区的飞行条件并开辟从驻地平壤直达奉天、长春等东北战略要地的航线也是日本空中物力在朝鲜航空布局中必须执行的任务。

在本次飞行之前，陆军也同意了中国政府提出的入华飞行附加条件，同时为了保证飞行的连续性，日方将中方人员检查飞机的

---

[1] 「横須賀北京間飛行演習（6）」、「JACAR（アジア歴史資料センター）Ref. C08051424900、大正 14 年　公文備考　巻 46　航空」。

地点选在了平壤这一飞行任务的起点。① 5 月 14 日中方人员完成了对日军飞机的检查,5 月 15 日晨日机从平壤出发,并于当日上午10 时抵达奉天,5 月 17 日,日机完成了从奉天至长春的飞行,随后于 5 月 18 日晨从长春出发并返回平壤。② 陆军本次演习整个飞行过程前后只有 3 天且飞行时间不超过 10 个小时,但是本次演习的军事意义却不容忽视。

　　作为 1931 年九一八事变爆发之前日本驻朝鲜航空力量在中国本土的一次重要航空活动,本次演习探索出了从平壤直飞东北主要城市的航线,也证明了飞行第 6 大队具备从根据地起飞直接对东北政治经济要地展开攻击的能力,对九一八事变中日本陆军飞机部队的行动也产生了深远影响。九一八事变爆发的当夜,驻朝鲜日军司令林铣十郎及第 20 师团长室兼次就已经判断有必要出动驻平壤的飞行第 6 联队(前身即飞行第 6 大队)协助关东军作战。③ 9 月 19 日上午 5 时,驻朝鲜日军决定派遣侦察、战斗机各一个中队进入东北并归入关东军司令本庄繁的指挥之下,飞行第 6 联队随即编成独立飞行第 8(侦察机中队)中队、第 10 中队(战斗机中队)两支部队。9 月 19 日下午,独立飞行第 8 中队的 2 架 88 式侦察机到达奉天机场并于当日傍晚对抚顺方向进行搜索侦察,这也揭开了日本陆军在东北航空作战的序幕。④ 可见,在九一八事变爆发的 24 小时之内,驻朝鲜日本航空部队就已经进驻奉天机场并

① 「6. 帝国陸海軍飛行機平壌長春間飛行」、「JACAR(アジア歴史資料センター)Ref.
　B07090046700、帝国陸海軍航空関係雑件(5-1-1-0-27)」。
② 「平壌長春間飛行演習実施に関する件」、「JACAR(アジア歴史資料センター)Ref.
　C03012142000、永存書類乙集第 3 類第 1 冊　大正 14 年」。
③ 参謀本部『満洲事変ニ於ケル飛行隊ノ行動(上)』、偕行社、1934 年、1 頁。
④ 参謀本部『満洲事変ニ於ケル飛行隊ノ行動(上)』、2 頁。

投入作战,日军飞机的部署工作可以如此顺利与其长期以来的侵华航空布局密不可分,1925年飞行演习期间所开辟的平壤至奉天航线更是为日军飞机安全、快速地抵达奉天机场创造了必要的前提条件。

在陆军针对中国东北地区展开航空布局的同时,日本海军也开始开辟从本土至中国沿海要地的航线。1926年5月,海军以"中日亲善飞行"以及"学术研究"为名义,利用2架从英国进口的F5式大型水上飞机进行了从海军佐世保基地经朝鲜半岛西南端的木

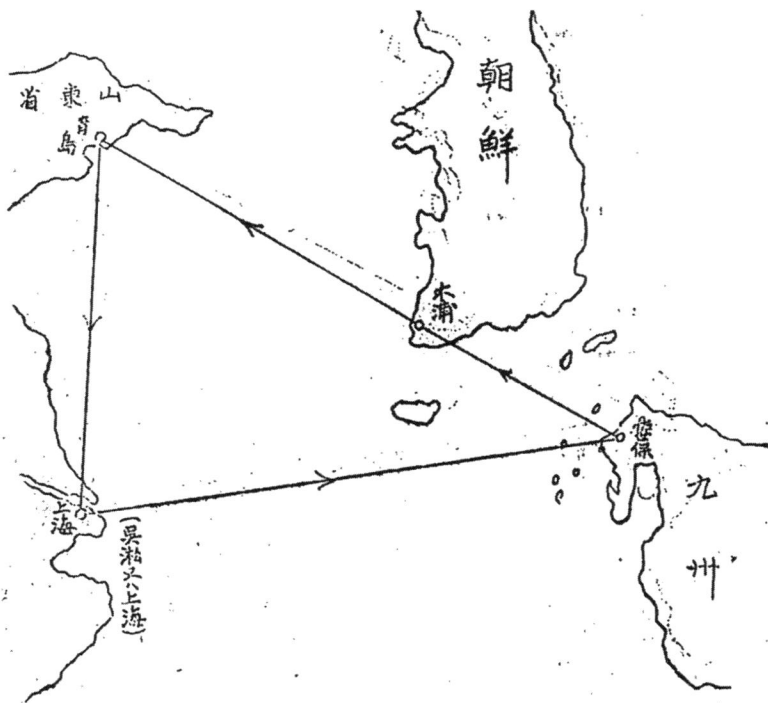

图 1－4　1926 年日本海军飞机佐世保—青岛—上海飞行路线图
　　资料来源:「8.海軍機ノ佐世保、青島、上海間飛行ノ件」、「JACAR(アジア歴史資料センター)Ref. B07090046900、帝国陸海軍航空関係雑件(5－1－1－0－27)(外務省外交史料館)」。

浦至中国青岛、上海的飞行演习。① 从本次演习的地点可以看出，朝鲜半岛在日本航空部队于中国东北、华北乃至东部沿海地区的航空布局中都起到重要作用，特别是部署于朝鲜半岛西南地区的飞机部队可以对中国经济最发达的长三角地区构成直接威胁。

上图可见，从作战距离上考虑，如果日军飞机跨海进攻中国东部沿海地区，相较于从本土出发，以朝鲜半岛西南部为据点则是更佳选择，特别是上图中位于三角航线区域中的朝鲜济州岛相较木浦距离长三角地区更近，如果以此为据点打造大型航空基地并配置远程轰炸机，则整个中国东部沿海及长江中下游地区都将处于日本军机的打击范围内。这也证明，济州岛在日军于中国东部沿海地区的航空布局中将会占据重要地位。

在本次飞行演习的具体实施方面，根据日军计划，日机在佐世保—木浦、木浦—青岛、青岛—上海的各航行区间均需要 1 日左右的飞行时间，但是实际来看各个区间的航行时间均在 10 个小时之内，②为保证飞行安全，日军在此次飞行演习中使用的是航速较慢的大型水上飞机，该机型的时速仅有 165 公里。③ 如果以当时海军装备的 13 式舰载攻击机为例，该飞机的时速在 200 公里左右④，木浦至青岛的航程约 600 公里，证明该型飞机在 3 个小时之内就可以完成从朝鲜半岛至青岛的飞行活动，随着今后航空技术的进步，飞行时间还将进一步缩短。因此，本次飞行试验实际上

① 「8.海軍機ノ佐世保、青島、上海間飛行ノ件」、「JACAR（アジア歴史資料センター）Ref. B07090046900、帝国陸海軍航空関係雑件（5—1—1—0—27）」。
② 「8.海軍機ノ佐世保、青島、上海間飛行ノ件」、「JACAR（アジア歴史資料センター）Ref. B07090046900、帝国陸海軍航空関係雑件（5—1—1—0—27）」。
③ 防衛庁防衛研修所戦史室『海軍航空概史』、付表第一。
④ 防衛庁防衛研修所戦史室『海軍航空概史』、付表第一。

也考察了作战飞机从日本本土出发经朝鲜半岛攻击中国沿海要地的可行性。

在 1916 年至 1928 年期间，日本陆军不仅完善了朝鲜半岛的航空基础设施并实现了常驻航空队的存在，而且也开通了日本本土经朝鲜半岛至中国大陆以及从平壤直达东北政治经济要地的航线。在海军方面，1925 年的飞行演习开辟了日本军机从本土经朝鲜半岛进入中国的最佳航线，并确定了大邱、京城、平壤、新义州四个朝鲜半岛上的航空要地，这对日军全面侵华时期的航空作战也产生了深远影响。除此之外，海军还积极开辟本土至中国沿海地区的航线。综上所述，至 1928 年"济南惨案"爆发之前，日机已经借飞行试验等名义开辟了多条侵华航线，如东京至奉天，横须贺至北京，平壤至奉天/长春，佐世保至青岛/上海等，其范围覆盖东北至长江流域的广大地区，日军已经将北京、奉天、青岛、上海等中国重要的经济政治中心划入其航空打击半径内。

四、日军在华搜集航空情报

在 1914 年的日德青岛战役期间，日本航空部队因为缺乏中国的航空地理、气象情报而在实际作战中遭遇了诸多困难。在战役期间及战役结束后的一段时间，日本海军曾搜集过青岛地区的气象情报，但是直至 1924 年日本航空部队并未形成系统性的中国航空情报汇总。1924 年，受陆军大臣宇垣一成指派，驻天津的华北驻屯军制作了《华北航空调查报告》，这份报告的调查范围仅包括天津、北京及这两座城市周边的河北部分地区，远未涵盖"华北"这一广阔的地理概念，这也证明此时日军的对华航空谍报工作尚未全面展开。在调查报告的具体内容方面，主要包括中国航空界现状、机场分布情况、飞机性能、教育情况、以北京为中心的航线情况以

及航空管理制度等。① 值得注意的是,在有关机场的调查报告中,
日军准确列举了南苑、清河、保定 3 处主要机场的数据,对保定机
场的记录尤为详细,如"对机场进行改造后,在各个季节都适于用
作迫降场,如进一步添加设施,可以将其建设为较为完善的机场",
"土质以沙地为主,虽然柔软,但只要种上草皮亦可满足飞行需求"
等②,可见日军对于保定机场的调查涵盖当地土质、机场改造方法
等多方面内容。此外,在总结中日军还指出:"目前我们还只能基
于以上几个概念在地图上寻找合适的航空基地,如果可以在华北
地区进行实地探查的话,应当能实现大部分的考察目的。 如果可
以扩大搜索范围也可以寻找到更多合适的机场,鉴于目前的状况,
只能将搜索范围限定在铁路沿线地区。"③可见,此时日本对于中国
的航空情报搜集工作尚未全面展开,相关工作只能在有限的地域
范围内进行。调查报告中的其他内容,如航线、教育制度、航空管
理制度等均是基于中国政府的公开信息而制作,这也使其作为一
份谍报报告的参考价值十分有限。

　　1925 年 1 月,在日本驻北京公使馆陆军武官室内,由日本驻华
武官林少将牵头,包括土肥原贤二、板垣征四郎、冈村宁次等日军
驻中国各地武官参与了"在华谍报武官会议"。本次会议期间,针
对对华航空情报工作不充分的事实,日军谍报人员指出造成这种
局面的原因在于目前在华谍报人员的配置难以满足"永续性"地进

①「北支那航空調査の件」、「JACAR(アジア歴史資料センター)Ref. C03022682800、密
　　大日記 其55冊の内 第5冊 大正13年」。
②「北支那航空調査の件」、「JACAR(アジア歴史資料センター)Ref. C03022682800、密
　　大日記 其55冊の内 第5冊 大正13年」。
③「北支那航空調査の件」、「JACAR(アジア歴史資料センター)Ref. C03022682800、密
　　大日記 其55冊の内 第5冊 大正13年」。

行航空调查研究,因此应当设置专业的"航空关系调查员"。在调查内容上,日军指出不应限于中国航空技术或兵力数据等内容,应当通过航空界相关人士对中国的气象、地理和其他航空相关的基础性情报进行调查研究,并且在中国获得建设日本军事航空设施的基础,考虑到日本航空部队在将来的发展,上述工作是极为必要的,因此建议由陆军航空部派遣专业人员对中国展开航空情报搜集工作。①

　　综上所述,日本情报机关真正系统地、成规模地开始对华进行航空情报搜集工作应当始于 1925 年的"谍报武官会议"。作为证据,1925 年制作的第二部《华北航空调查报告》中的"航空地志"一节,其基本内容与 1924 年的调查报告相同,都没有涉及中国航空气象的相关报告,②而 1927 年提交的第三部《华北航空调查报告》中的"航空地志"下已经包括了航空气象的情报,③这也证明在 1925 年至 1927 年间,日军对于中国航空情报的搜集工作已经按照谍报武官会议的要求逐步展开。除此之外,以下史实也可证明自 1925 年起日军开始派遣专业的航空军官作为其对华航空谍报人员。

　　1925 年至 1929 年期间,华北军阀空军中开始出现一批日本航空军官,这批人员或进入军阀空军中担任教官,或担任航空顾问。其具体配置如下表所示:

---

① 「在支諜報武官会議記事の件」、「JACAR(アジア歴史資料センター)Ref. C03022726700、密大日記 大正 14 年 6 冊の内 第 5 冊」。
② 「北支那航空調査の件」、「JACAR(アジア歴史資料センター)Ref. C03022733500、密大日記 大正 14 年 6 冊の内 第 6 冊」。
③ 「北支那航空調査の件」、「JACAR(アジア歴史資料センター)Ref. C01003772000、密大日記 6 冊の内 第 6 冊 昭和 2 年」。

表 1 - 2　1925 年至 1929 年中国军阀空军中日本军官表

时间	姓名	军衔	供职单位	身份
1925 年 6 月	田边收四郎	航空兵大尉	东三省航空学校	教官
1925 年 6 月	小泽直治	航空兵中尉	东三省航空学校	教官
1925 年 11 月	近藤兼利	航空兵大尉	山东航空教练所	教官
1926 年 3 月	田边收四郎	航空兵大尉	东三省航空学校	教官
1926 年 3 月	小泽直治	航空兵中尉	东三省航空学校	教官
1926 年 9 月	近藤兼利	航空兵大尉	山东省航空教练所	教官
1927 年 3 月	田边收四郎	航空兵大尉	东三省航空学校	教官
1927 年 3 月	小泽直治	航空兵中尉	东三省航空学校	教官
1927 年 8 月	冈田己三夫	航空兵大尉	东北航空处	教官
1928 年 4 月	冈田己三夫	航空兵大尉	东北航空处	教官
1929 年 4 月	妹尾隼熊	航空兵大佐	东北边防军司令公署	顾问
1929 年 7 月	早川竹太郎	航空兵曹长	东北讲武堂航空班	教官

资料来源：「支那政府応聘の件」、「JACAR（アジア歴史資料センター）Ref. C03022695800、密大日記 大正 14 年 6 冊の内第 2 冊（防衛省防衛研究所）」；「支那政府応聘の件」、「JACAR（アジア歴史資料センター）Ref. C03022744800、密大日記 其 26 冊の内 第 2 冊 大正 15 年（防衛省防衛研究所）」；「支那政府応聘継続の件」、「JACAR（アジア歴史資料センター）Ref. C03022745000、密大日記 其 26 冊の内 第 2 冊 大正 15 年（防衛省防衛研究所）」；「支那政府応聘継続の件」、「JACAR（アジア歴史資料センター）Ref. C03012175200、永存書類乙集第 1 類　大正 15 年（防衛省防衛研究所）」；「支那政府応聘継続の件」、「JACAR（アジア歴史資料センター）Ref. C01003723500、密大日記 6 冊の内 第 2 冊 昭和 2 年（防衛省防衛研究所）」；「支那政府応聘継続の件」、「JACAR（アジア歴史資料センター）Ref. C01003724500、密大日記 6 冊の内 第 2 冊 昭和 2 年（防衛省防衛研究所）」；「支那政府応聘者に関する件」、「JACAR（アジア歴史資料センター）Ref. C01003724300、密大日記 6 冊の内 第 2 冊 昭和 2 年（防衛省防衛研究所）」；「支那政府応聘継続の件 岡田大尉」、「JACAR（アジア歴史資料センター）Ref. C01003796300、密大日記 第 2 冊 昭和 3 年（防衛省防衛研究所）」；「妹尾大佐支那政府応聘の件」、「JACAR（アジア歴史資料センター）Ref. C01003851100、密大日記 第 2 冊 昭和 4 年（防衛省防衛研究所）」；「支那政府応聘者に関する件」、「JACAR（アジア歴史資料センター）Ref. C01003851600、密大日記 第 2 冊 昭和 4 年（防衛省防衛研究所）」。

　　上表可见，日军所派出的这些"顾问""教官"身份均为陆军航空部队的职业军官，这也符合 1925 年谍报会议中提出的应当以陆军航空部专业人员进行谍报工作的要求。此外,日本军官的服务对象包括奉军和山东的张宗昌等军阀空军,奉军空军不仅在军阀当中的实力最为强大,更是日本在入侵东北时要面对的重大航空威胁,因此这支部队自然也成为日军谍报工作的重点。

日本陆军大臣宇垣一成于 1925 年交给田边收四郎和小泽直治的训示中明确表示:"此番赴任需要对东三省航空相关的各种设施进行调查,特别是要搜集将来对华、对俄作战中可以供我航空力量参考的资料……为达成任务,需要与关东军及奉天、哈尔滨等地的我国军方人员进行密切联络。"①在 1926 年宇垣对近藤兼利的训示中进一步提出谍报工作的内容应包括:"调查航空地理情报及航空谍报(包括外国在山东航空势力、民间航空状况等)。"②再次证明,这些所谓的"教官"实际上就是刺探中国航空情报的间谍。

表 1-2 的信息显示,田边、小泽、近藤等人在军阀空军中的服务时间长达 3 年,这也保证了其有足够的时间充分搜集中国航空情报。1927 年日本谍报人员提交了第三部《华北航空调查报告》,这份报告一改 1925 年《华北航空调查报告》中信息繁杂而又缺乏参考价值的情况,内容精简且对日本在华北的航空作战有重要参考意义。

该报告中涉及的主要内容有中国空军发展现状、航空地理情报、华北地区的轰炸目标、中国空军技战术水平、组织制度、航空气象等内容,基本体现了 1925 年谍报会议的要求以及宇垣一成的训示内容。在对于航空地理的调查方面,涉及的地域范围从 1924 年的京津及周边河北地区扩大到了北至山海关,南至济南的广大华

---

① 「支那政府応聘の件」、「JACAR(アジア歴史資料センター)Ref. C03022695800、密大日記 大正 14 年 6 冊の内第 2 冊」。

② 「支那政府応聘の件」、「JACAR(アジア歴史資料センター)Ref. C03022744800、密大日記 其 26 冊の内 第 2 冊 大正 15 年」。

北地区,日军对于备选机场用地的评价包括土地面积、土质情况、周围环境状况、交通状况、气象状况、警备难度、是否便于宿营等诸多因素,条件不可谓不苛刻。其具体调查涉及了 12 座华北大中小型城市,备选机场地点达到了 52 处,仅天津一处的备选用地就达 13 处①,远超其他城市的数量。这一方面体现了天津在营设机场工作上的巨大优势,同时也体现了日军将天津打造成其在华北航空基地的野心。在 1927 年的调查报告中,日军也对天津东机器局周边地区展开了航空地理调查②,在次年的"济南惨案"期间,位于这一区域的东局子机场成为驻扎于天津的"独立飞行第 7 中队"的主要基地,这也证明日军所收集的华北航空情报为其在这一区域的作战产生了极大助力。

在航空气象情报方面,日军的资料显示收集华北气象情报的工作主要是由日本中央气象台天津气象观测所负责,以该观测所的气象数据为主,辅以北京、太原、青岛、济南、开封等地日军谍报人员所收集的气象情报,日军对京津、河北、山西、山东、河南等华北各省份的气象特征进行了综合分析,相关内容包括气温、结冰期、气压、雨雪、风向、风力等各种数据,日军总结称华北地区虽然在航空气象上存在若干障碍,但是一年中绝大部分时间段均可以满足军用飞机的飞行需求。③

在对于中国空军,特别是实力最强大的奉军空军的战斗力进

① 「北支那航空調査の件」、「JACAR(アジア歴史資料センター)Ref. C01003772000、密大日記 6 冊の内 第 6 冊 昭和 2 年」。
② 「北支那航空調査の件」、「JACAR(アジア歴史資料センター)Ref. C01003772000、密大日記 6 冊の内 第 6 冊 昭和 2 年」。
③ 「北支那航空調査の件」、「JACAR(アジア歴史資料センター)Ref. C01003772000、密大日記 6 冊の内 第 6 冊 昭和 2 年」。

行分析方面,倚仗长期以来通过安插在东北空军中的航空"顾问"所搜集的情报,日军对于未来其在华北作战中可能面对的空中对手有了全面认识。在 1927 年的《华北航空调查报告》中,日军指出当前中国没有一处飞机工厂,所有飞机只能从外国进口,中方仅具备简单的修理能力,因此从战争潜力角度考虑,战时中国空军并不具备扩大规模的硬件条件。此外,"奉军虽号称有一百多名驾驶员,但是其中接受过海外教育者不过 37 人,其航空工厂职工在技术上毫无任何权威可言。军阀空军驾驶员仅可操纵飞机飞行,而对于军事航空的知识极不充分,不适于参与军事航空作战","晋军空军目前尚在培养飞行员,于技战术方面毫无可取之处","张宗昌飞行队中,目前白俄驾驶员的表现较为活跃","冯玉祥的国民军飞机部队人数极少,技术也劣于奉军空军","各军阀对于飞机及航空部队的运用极为幼稚,连指挥官及航空人员都没有相关知识。中国空军的编制装备和教育极为不充分,飞行员技能不熟练,这些因素都是其运用航空力量时的掣肘之处","在飞行侦察时,中国驾驶员仅能勉强把飞机开到敌人上空","因为驾驶员缺乏进攻精神,因此军阀之间并未爆发过空战,只有在空投炸弹时才表现得较为活跃,但是其轰炸精度极差,仅能称得上是威慑地面部队而已"。[1]

　　日军的上述报告涵盖了对于张作霖、张宗昌、冯玉祥、阎锡山等华北地区主要军阀空军实力的评价,从其表述中可以看出,日军对各地军阀空军极为蔑视,认为其实力弱小,技战术水平低下,如果未来日军在华北地区进行航空作战,仅靠军阀空军完全无法对日本航空部队造成威胁,这一判断也是"济南惨案"期间日本军机

---

[1]「北支那航空調査の件」、「JACAR(アジア歴史資料センター)Ref. C01003772000、密大日記 6 冊の内 第 6 冊 昭和 2 年」。

敢于在华北地区横行无忌的前提条件之一。

通过对本阶段日本航空部队的发展进行总结,可以看出,自1914 年至 1928 年,日本陆海军的航空装备实现了快速发展,海军"凤翔""赤城""加贺"等航空母舰的服役以及"第 1 航空战队"的成立,使其航空力量具备了长途奔袭中国沿海地区的能力。陆军也实现了航空兵力的大规模扩编,特别是驻扎于平壤的飞行第 6 大队的成立,使日军拥有了可以直接进攻中国本土的航空作战力量。在用兵思想方面,陆海军都具备了一定的制空权思维。但是上述这些"成果"也只是日军在国内封闭发展和模拟演练所得出的作战理论,因此,日军需要通过实战对其航空作战力量的技战术水平和航空用兵思想的有效性进行检验和经验总结。

另一方面,随着陆海军航空力量的分化以及对美、对俄、对华作战的实际需求,中国大陆成为未来日本航空作战的主战场之一,参考 1914 年日德青岛战役的经验,在中国大陆进行航空布局是日军的必要任务。至"济南惨案"之前,日军已经开辟出了前往东北各主要城市和北京、青岛、上海之间的航线,并将朝鲜半岛打造成了航空侵华的中转站和前线基地。与此同时,关东军在大连周水子修建的航空基地也在 1926 年投入使用,这使日军具备了从中国本土发动空中侵略的作战能力。除此之外,日军于 1925 年开始在中国部署专业的航空谍报人员并全面搜集中国的航空地理、气象、实力等情报,这为此后日本航空部队在华作战提供了重要情报参考。因此,从自身实力、基地建设、航线布设、情报搜集等方面看,日军已经初步完成了以入侵华北、东北为主要目标的航空布局,1928 年"济南惨案"则为其检验航空布局在实战中的有效性提供了"契机"。

第三节　"济南惨案"与日本陆军飞机侵华

一、1927 年列强空军侵华及对日本的影响

1926 年 7 月北伐战争打响,1927 年初国民革命军逼近列强势力集中的长三角地区。为避免自身在华利益受损,列强纷纷以"保护侨民"的名义出兵干涉中国内战,其中有部分列强甚至出动了飞机部队入侵中国,这些航空侵华举动也在一定程度上助长了日军派遣飞机部队入华作战的野心。

1927 年 6 月份,美国海军巴特拉少将指挥海军陆战队第 3 师及炮兵、工兵、战车队和飞机部队抵达华北。这批美军飞机部队的兵力如下:队长丹纳中校等 250 人(包含驾驶军官 10 人,士官 15 人),战斗机 8 架、侦察机 6 架、水上飞机 5 架,共有飞机 19 架。这批飞机部队抵达华北之后,美军在塘沽(今天津滨海新区中心区)西北约 3 公里的白河岸边,即京奉铁路新河站南侧的绝佳地理位置处设置了机场,该机场面积广大(占地约 16 万平方米),配备有美军营地及机库,并且紧邻美商"标准石油公司",而且还可以利用机场边上的白河起降水上飞机。① 这支美军飞行队在当年 6 月曾连日在新河至天津的铁路线上空进行飞行巡逻,后来其飞行区域还延伸到了大沽、汉沽附近。② 从机场选址、机场规模、设施的完善程度及飞行范围的逐渐扩张等事实来看,美军有将其飞行队长期

---

① 「北支那航空調査の件」、「JACAR(アジア歴史資料センター)Ref. C01003772000、密大日記 6 冊の内 第 6 冊 昭和 2 年 」。

② 「北支那航空調査の件」、「JACAR(アジア歴史資料センター)Ref. C01003772000、密大日記 6 冊の内 第 6 冊 昭和 2 年 」。

驻扎在天津地区的图谋。至 1928 年时,美军驻天津飞行部队尚有
官兵 85 人(军官 41 人、士兵 44 人),各类飞机 18 架(侦察机 6 架、
备用 3 架、封存 6 架、水上飞机 3 架),相较于 1927 年入驻时,美军
飞行队的人员编制虽然大幅减少,但是飞机数量却仅仅减少了 1
架,而且现有的人员中也详细划分了本部、飞行班、无线电班、拍照
班、地勤班、补给班等较为完善的组织机构。① 这证明虽然人员缩
减,但是新河美军飞行队的人员组成和机构设置更加合理,这也更
进一步证明美军准备令其航空部队长期存在于华北地区。

　　在美军飞机抵津两月之后的 1927 年 8 月 9 日美国政府才致函
北洋政府外交部,称其依据《辛丑条约》规定派兵赴天津,将派飞机
入驻天津大沽一带,并且声称针对美军相关举动"中政府当无异
议"。② 美国所依据的《辛丑条约》相关条款为第 9 款:"中国国家应
允,由诸国分应主办,会同酌定数处留兵驻守,以保京师至海通道
无断绝之虞。今诸国驻守之处系:黄村、廊坊、杨村、天津、军粮城、
塘沽、芦台、唐山、滦州、昌黎、秦皇岛、山海关。"③但是条约中规定
的外军驻防区本质上仍是中国领土,美军在取得中国政府同意之
前就将其飞机部队派遣至中国,无疑是对于中国领空主权的侵犯。
针对美国的侵略行径,中国政府也曾派员交涉,但是并没有取得成
效。④ 在国家一片混乱的情况下,中国既没有能力阻止美军飞机入
侵领空,更没有一支强有力的空军阻止美军飞机在京津地区的飞
行,美军飞机的侵华行动也造成了极为恶劣的影响。

---

① 「新河米軍飛行隊見学の件」、「JACAR(アジア歴史資料センター)Ref.
　C04021745400、陆支密大日记　第 7 册　昭和 3 年 」。
②《美使今晨出京回国》,《申报》,1927 年 8 月 12 日,第 4 版。
③ 王铁崖:《中外旧约章汇编(第一册)》,北京:三联书店,1957 年,第 1006 页。
④《美飞机在津横行 抗议无效民众愤慨》,《民国日报》,1927 年 8 月 29 日,第 3 版。

在美国飞机入华之前，英国已经在 1927 年初展开了飞机侵华行动。1927 年 4 月初，英国航空母舰"安极斯"号搭载飞机经香港抵达上海，随后该舰飞机在 4 月 7 日对上海国民革命军司令部及高昌庙兵工厂、吴淞炮台等禁飞区进行示威飞行，4 月 8 日又在江阴炮台及停泊于江阴的中国军舰上空飞行 30 余分钟，①英国空军的相关举动不仅是对国民革命军的挑衅，更是对中国主权的严重侵犯。针对英方的侵略行径，4 月 10 日国民革命军交涉员郭泰祺向驻沪英国领事提出抗议，并依据国际航空条例指出英军的航空作战已经违反了国际航空法及英国的国内法："贵国军用飞机苟欲航行此空间时必须先得敝国允许……不然是侵犯敝国主权……若因此种非法举动，发生误会，激成事端，应由贵领事负完全责任。"②但是郭泰祺的抗议为英军所无视，4 月 18 日英国又派遣六架飞机组成大编队进行示威飞行。③ 4 月至 5 月，郭泰祺曾就英国飞机侵犯领空一事与英方进行过多次交涉，但是均无果而终。至 5 月底，英国方面又再次派遣多架飞机入沪并与先前驻扎于此的飞机进行换防。④ 英国空军如此肆无忌惮地侵犯中国领空主权，原因在于国民革命军没有有效的防空手段可以威胁英国飞机，而且英国断定中方不会因为英军侵犯领空一事与其发生冲突。然而 1927 年 8 月 16 日，中英双方最终还是围绕英国飞机事件走到了军事冲突的边缘。

8 月 16 日，一架英军飞机坠落于江湾跑马场附近，此地属于租界之外的中国行政区域，而英国空军竟在未照会中国政府的前提

---

① 《英飞机违约飞行之抗议》，《民国日报》，1927 年 4 月 11 日，第 2 版。

② 《英飞机违约飞行之抗议》，《民国日报》，1927 年 4 月 11 日，第 2 版。

③ 《英飞机又示威》，《益世报（天津版）》，1927 年 4 月 19 日，第 3 版。

④ 《又一批英飞机将抵沪》，《新闻报》，1927 年 5 月 27 日，第 15 版。

下擅自派兵将飞机机身拆卸运走，并将机翼留在原处准备分批运回。中国方面因"英国军用飞机在中国领空飞行及地面降落一事，叠经该署及国民政府外交部分别向驻沪英总领事及驻华英公使提出严重抗议，英国方面置若罔闻"。① 为反抗英军累次侵犯领空的举动，国民革命军将英国飞机的机翼扣留并再次派遣郭泰祺向英方提出抗议。中方的强硬举动令英军恼羞成怒。在索要机翼无果的情况下，驻沪英军司令邓肯率兵切断了沪宁铁路梵王渡一带的线路并驻兵禁止火车通行。与此同时，英军在租界内开始布置铁丝网与沙袋并在梵王渡一带布置野战炮，摆出了不惜与中国方面爆发军事冲突的姿态，英国驻上海总领事巴尔敦称："此次华当局扣留英国飞机翅，以英军之力，不难用武力从华军手中夺回，所以不出此者，以一旦决裂，伤人必多。"②面对英方对抗到底的姿态与中英两国爆发冲突的风险愈发高涨的事实，国民革命军的态度开始软化，东路前敌总指挥白崇禧称"鄙人为顾全中英邦交起见，深愿此事能早日圆满公允解决"，随后国民党方面于8月18日晚将飞机机翼送还英军，英军也撤出梵王渡并恢复了铁路交通。8月18日，邓肯发表声明称："当形势改变，战事近上海之时，尤非有此种行动不可（指飞机在中国领空飞行，笔者注），以上所述理由，足证英国及其他各国飞机有在中国区域内时时飞行之必要，特此宣言。"③邓肯的宣言以及中方主动归还机翼的行为，实际上宣告了此次江湾坠机事件中英方取得了最终"胜利"，国民革命军的妥协退让则证明其在军力孱弱、国家混乱的情况下不仅无力阻止英军飞

① 《英飞机坠落江湾》，《民国日报》，1927年8月17日，第3版。
②③ 《英飞机堕落案解决 飞机机翅昨晚送回 拆毁路轨亦已修复》，《新闻报》，1927年8月19日，第10版。

机侵犯领空的行径，也没有为维护领空主权与英国进行军事斗争
的决心。

江湾坠机事件之后，英国飞机继续在中国领空横行无忌。
1927 年 9 月 8 日，因有飞机在上海南市一带投掷炸弹，淞沪卫戍司
令部命江苏交涉公署转告英国领事，请英国飞机不要在南市、龙华
一带进行飞行以免造成误会。① 可以看出，中英双方此时甚至已经
建立了避免意外冲突的联络机制，这证明中方已经完全默许了英
国飞机在上海地区的飞行。至 1927 年 10 月 21 日，随着上海地区
的局势逐渐平静，英国判断不必继续在此地驻扎空军，遂将南京路
跑马场的英军飞机转移至航空母舰上并于 10 月下旬撤回香港。②
至此，英国空军部队在侵犯中国领空整整半年之后才完全撤离。

值得注意的是，不论是 1927 年 6 月美国飞机入驻天津的事件，
还是 8 月 16 日的江湾坠机事件，这其中都可以看到日军的身影。
据中方报纸记载，在江湾坠机事件爆发之后，"日本海军界对之颇
为注意"并派军官前往调查。③ 在该事件的交涉过程中，中英双方
都请求日本驻上海海军陆战队司令担任调停人。④ 这证明日军不
仅全程参与了江湾坠机事件，而且对事件的解决发挥了重要作用。
国民革命军在面对列强侵犯领空主权时妥协退让的态度自然不会
被日军忽视，特别是在 1927 年 9 月 2 日事件解决之后，日本所搜集

---

① 《卫戍司令部致交涉署函 请转知英飞机勿再飞翔南市》，《新闻报》，1927 年 9 月 9 日，第
1 版。

② 《驻沪英飞机渐将撤退》，《大公报》，1927 年 10 月 23 日，第 3 版。

③ 《英飞机坠落案解决 飞机机翅昨晚送回 拆毁路轨亦已修复》，《新闻报》，1927 年 8 月
19 日，第 10 版。

④ 「7 昭和 2 年 2 月 26 日から昭和 2 年 8 月 18 日」、「JACAR（アジア歴史資料センタ
ー）Ref. B02031897300、支那内乱関係一件/国民軍ノ北伐関係/上海防備関係/英国
ノ対支出兵関係（A—6—1—5—1—2—19—1—001）」。

的英方情报中指出"中国军队没有与外国军队交战的想法和准备"①,这一结论实际上从侧面证明了即便日军派遣其飞机部队进入中国也不会招致中国政府以武力手段来加以反对。

另一方面,1927年以来天津地区美国海军航空队的存在,特别是新河美军航空基地的修筑都对日军造成了极大的刺激。正如日军在1923年的《帝国国防方针》中指出的那样,美国是日本在华殖民利益的挑战者和日本的头号战争对手。华北地区作为日军的战略要地,对于日军来说有着强烈的排他性。美军航空队却在日军华北驻屯军司令部的所在地天津逐渐站稳了脚跟并修建了成规模的航空基地,这构成了对日军的巨大威胁。特别是1927年之后美军航空队仍然驻扎于新河并进行飞行训练、搜集情报以及编写航空地志等工作,显然准备借机常驻于天津。② 一旦美军以天津为依托将其航空军事据点遍布整个华北,日军长期以来对华北做出的航空布局都有可能付诸东流。

面对这种局面,1927年10月日本驻华武官本庄繁派遣其下属渡少佐利用其与新河美军飞行队中队长莫里亚蒂上尉的私人关系,以访问的名义与日军安插在奉天空军中的谍报人员田边收四郎和冈田己三夫等人进入新河美军机场以刺探情报。渡少佐对新河机场的位置、规模、部队编制、训练水平、器材设备、训练水平等情报进行了调查。在报告中,渡指出新河美军航空队装备水平极高,日军目前装备的飞机已经落后于美军,而且美军驾驶员素质优

---

① 「8 昭和2年8月23日から昭和2年10月31日」、「JACAR(アジア歴史資料センター)Ref. B02031897400、支那内乱関係一件/国民軍ノ北伐関係/上海防備関係/英国ノ対支出兵関係(A—6—1—5—1—2—19—1—001)」。

② 「新河米国海兵旅団飛行隊調査報告提出の件」、「JACAR(アジア歴史資料センター)Ref. C01007467800、密大日記 第5冊 昭和3年」。

秀、精力旺盛且极富战斗精神,更重要的是美军目前正付出极大的精力以制作华北地区的航空兵要地志,特别是冒着巨大困难对大沽至天津地区进行航空拍照侦察并利用相关信息使航空地图更加准确,渡表示美军所收集航空情报之准确"不禁令人深感羡慕"。①上述事实证明,新河美军航空队装备先进、规模较大、航空兵技战术水平较高,最主要的是其也以侵华为目的展开航空布局,这与日本航空部队的战略目标相重合,自然是日军所无法容忍。

综上所述,"济南惨案"期间日本陆军航空部队的出动一方面是为了检验长期以来侵华航空布局各项内容的阶段性结果,另一方面,美国航空部队在天津地区的存在使日军感到了威胁,为了对抗美国在天津的航空力量,也为了宣示日本在华北地区的特殊地位,日军也必须寻找机会进入天津地区。此外,中国局势混乱导致英、美飞机对于中国领空随意侵犯,以及北洋政府和国民革命军对于列强妥协退让的态度也大大助长了日军派遣飞机部队入侵中国的野心。

二、"济南惨案"中日本陆军飞行队的入侵

1928 年 4 月,国民革命军的北伐深入山东境内,山东军阀张宗昌一触即溃,革命军的顺利进军触动了日本在山东的利益。4 月19 日,日本首相田中义一及陆军总参谋长铃木庄六向日本天皇裕仁报告了山东形势,裕仁批准第 6 师团混成旅团、中野电信队、千叶铁道联队等部队出兵山东。4 月 20 日,日本政府发表了出兵声

---

① 「新河米国海兵旅団飛行隊調査報告提出の件」、「JACAR(アジア歴史資料センター)Ref. C01007467800、密大日記 第 5 冊 昭和 3 年」。

明①，同日，驻扎于天津的部分日军到达济南。②

　　在日军决定出兵山东之后，1928 年 4 月 29 日驻扎于平壤的飞行第 6 联队指挥官派遣飞行军官中井大尉前往天津探查飞机着陆场地。③ 1928 年 5 月 3 日，日本陆军参谋本部向朝鲜军参谋部发送电令，其内容为："有鉴于中国时局，特命你部派遣装备战斗及轰炸设备的侦察机 6 架以飞行的方式抵达青岛。"收到该命令后，朝鲜日军司令部立即电令第 20 师团长和飞行第 6 联队着手进行准备工作。5 月 4 日陆军参谋本部继续下达指示："为进行机场的准备工作，立即派遣先遣队前往青岛"，接到此命令后，朝鲜日军立即指示飞行第 6 联队派遣约 20 人的军官前往青岛进行机场整备工作。④上述事实表明，早在 5 月初驻朝鲜日军就已经开始做入侵中国的准备，飞机部队的准备工作与地面部队是同时进行的，早在 5 月 4 日，日军就已经派遣一批先行部队前往青岛去为航空部队寻找立足点，这也为日本军机顺利入华并进行长期作战提供了先决条件。

　　对驻朝鲜的飞行第 6 联队发布相关命令之后，1928 年 5 月 5 日，日军向驻扎于太刀洗（日本九州岛南部城市）的飞行第 4 联队下达指示，命其编成包含 6 架侦察机在内的飞行中队入侵中国，5 月 17 日该飞行队完成编成，番号为"独立飞行第 7 中队"，5 月 19 日部队完成集结。在此之前，飞行第 6 联队已经于 4 月 29 日派出

---

① 滿鐵調查課『濟南事變と排日貨運動』、南滿洲鐵道、1928 年、7 頁。

② 「済南事件に関する調査報告の件（1）」、「JACAR（アジア歴史資料センター）Ref. C04021743500、陸支密大日記　第 7 冊　昭和 3 年」。

③ 「山東出兵　時局意見集　陸軍航空本部総務部　昭和 3 年 7 月」、「JACAR（アジア歴史資料センター）Ref. C16120485600、山東出兵崎局意見集　昭 3.7」。

④ 「朝鮮軍満洲及青島臨時派遣隊編成及派遣詳報呈出の件」、「JACAR（アジア歴史資料センター）Ref. C04021735300、陸支密大日記　第 5 冊　昭和 3 年」。

中井大尉至天津勘探独立飞行第 7 中队机场位置。①

　　在营设机场方面,早在 4 月 27 日第 6 师团参谋长提交的的报告中就已经指出:"对于济南的着陆地点,可以使用……张(宗昌)军机场,青岛的着陆点除了上次报告的地点之外,根据古田飞行军官的调查,四方、沧口等处的田地均可以用作机场。"这一信息也说明,日军安插在张宗昌飞行队中的间谍已经准确掌握了张军在山东的航空情报。至 5 月 4 日,即飞行第 6 联队先遣队出发的当日,驻青岛日军指挥官岩仓少将发送的电报中指出:"我军现正在(青岛)沧口纺织工厂东南端田地道路东侧建设机场(8 万平方米),预计今日中午完工",当日下午驻青岛日军横山少佐发送的电报显示,至 5 月 4 日下午 3 时,日军已经在青岛沧口地区完成了可供一个中队使用的机场,预计于 5 月 5 日下午完成总计可供三个中队使用的机场。② 由此可见,早在日本军机出发之前,先行出发的日军地面部队就已经为其选定了机场位置并展开了营设工作。

　　天津方面,中井大尉在探查之后选定了日本华北驻屯军兵营附近的海光寺作为营设机场的地点,该区域在 1927 年的《华北航空调查报告》中也有提及,其优势在于位于日本在天津势力范围附近,施工过程中不易受到中国政府或其他列强的干扰,而且此地拥有面积为 12 万平方米的较规整且便于施工的土地。日军同时指出,海光寺机场用地距离市区较近,只有东西方向的跑道可供飞机

---

① 「山東出兵　時局意見集　陸軍航空本部総務部　昭和 3 年 7 月」、「JACAR(アジア歴史資料センター)Ref. C16120485600、山東出兵崎局意見集　昭 3.7」。

② 「飛行場設備に関する件」、「JACAR(アジア歴史資料センター)Ref. C04021722300、陸支密大日記　第 4 冊　昭和 3 年」。

起降,①可见该机场在实际使用过程中存在规模过于局促等问题。但是由于此次日军出动之时天津地区仅有美军的新河机场和中国空军的东局子机场可供使用,而美军与中国空军均拒绝与日军共用机场②,相比较而言,海光寺机场用地的地形优势、进行警备工作的便利性,加之对各方势力都可以展开侦察的地理优势,最终使日本军方择在此地修建机场并展开施工。

　　日军选定用地之后,由华北驻屯军司令部指派铁道班指挥中国民工进行修建,因为经费不足,至5月中旬只修建了约9万平方米的单向机场。③ 如前所述,海光寺机场用地范围有限且无法满足日军扩张基地的需求,从长远考虑,日军必须寻找一处新航空基地,此时被日军选中的是东局子机场。该机场位于天津东面1公里处的东局子法国兵营北侧,地质坚实,周围为平坦开阔的草地,为天津地区难得的优秀机场。该机场在1928年5月底之前原为张宗昌军的飞行队所使用,后张军溃败,飞行队也撤离了该机场。随着6、7月份海光寺机场因雨季到来而积水而无法使用,日军在与中国方面进行交涉之后,派遣军官指挥步兵2个小队在东局子机场进行了简单的营设工作,随后开始将海光寺机场的飞机设备及人员转移至东局子机场,至7月初日军已经完全将东局子机场占为己有。④

---

①「北支那航空調査の件」、「JACAR(アジア歴史資料センター)Ref. C01003772000、密大日記6冊の内 第6冊 昭和2年」。

②「北支那航空事項調査報告送付の件(2)」、「JACAR(アジア歴史資料センター)Ref. C04021739200、陸支密大日記　第5冊　昭和3年」。

③「飛行隊に関する状況の件」、「JACAR(アジア歴史資料センター)Ref. C04021735900、陸支密大日記　第5冊　昭和3年」。

④「北支那航空事項調査報告送付の件(5)」、「JACAR(アジア歴史資料センター)Ref. C04021739500、陸支密大日記　第5冊　昭和3年」。

　　在入华飞行方面,1928 年 5 月 5 日上午,驻朝鲜飞行第 6 联队派往山东的飞机部队编成完毕,5 月 7 日上午 6 时朝鲜日军飞行队从平壤出发,2 个半小时后到达周水子机场,于机场进行整备维护之后,作为先头部队的 3 架飞机于下午 5 时许到达日军在青岛修筑的沧口机场。[①] 在派往天津的独立飞行第 7 中队方面,该部队于 5 月 19 日完成动员,5 月 23 日从九州岛太刀洗出发并抵达朝鲜半岛南部的大邱,5 月 26 日,所有 6 架飞机完成了从平壤到周水子机场的航行并于 5 月 27 日抵达天津海光寺机场。[②]

　　上述事实证明,"济南惨案"时朝鲜半岛的日本军机已经具备了于短时间内完成编制、集结并进攻中国本土的能力。日军档案曾提及在飞往周水子机场的过程中"有一架独立飞行第 7 中队的飞机曾迫降于新义州的着陆场"[③],这也证明日军在朝鲜半岛所修建的航空设施为飞机部队在该地区的安全飞行提供了硬件保障。1926 年建成的周水子机场也首次在日本军机的侵华行动中发挥了战略中转站的作用,2 支分别侵略青岛和天津的飞行队均在该机场进行了集结、整备、维护并顺利飞抵作战地区,证明以周水子机场为核心,日军已经可以将其航空作战力量投送到华北的广大地区。

　　在具体的作战行动方面,由于此次日军侵华机型均为侦察机,因此"济南惨案"期间日军飞机部队的作战形式以航空侦察为主。

---

① 「朝鮮軍満洲及青島臨時派遣隊編成及派遣詳報呈出の件」、「JACAR(アジア歴史資料センター)Ref. C04021735300、陸支密大日記　第 5 冊　昭和 3 年」。

② 「山東出兵　時局意見集　陸軍航空本部総務部　昭和 3 年 7 月」、「JACAR(アジア歴史資料センター)Ref. C16120485600、山東出兵崎局意見集　昭 3.7」。

③ 「山東出兵　時局意見集　陸軍航空本部総務部　昭和 3 年 7 月」、「JACAR(アジア歴史資料センター)Ref. C16120485600、山東出兵崎局意見集　昭 3.7」。

表 1－3　日军飞行队航空侦察统计表

月份			5 月		6 月	
划分		部队	山东派遣队	独立飞行第 7 中队	山东派遣队	独立飞行第 7 中队
飞行	回数	总数（回）	51	28	—	124
		日平均（回）	2.42	5.60	—	4.92
	时间	总数（小时）	14 700	8 917	—	10 748
		日平均（小时）	7	17.51	—	4.18
		每回平均（小时）	2.52	3.11	—	0.52
	乘员	驾驶员（人）	9	6	—	12
		侦察员（人）	17	6	—	14
	日数（日）		21	5	—	25
每名操纵者的平均飞行时间（小时）			16.20	14.52	—	8.59
备考			包含空中运输时间		—	包含试验飞行及练习飞行时间

资料来源：「山東出兵　時局意見集　陸軍航空本部総務部　昭和 3 年 7 月」、「JACAR（アジア歴史資料センター）Ref. C16120485600、山東出兵崎局意見集　昭 3.7（防衛省防衛研究所）」。

　　上表可见，在 5 月至 6 月的作战时间内，日本飞机部队保持了较高的侦察作战频率，其侦察活动也为日军作战方针的制定提供了参考。如 6 月 3 日孙传芳军的大部队逼近天津时，独立飞行第 7 中队通过空中侦察掌握了这股部队的动向，保证了天津地区的外国军队可以及时布置防线并事先与中国当局进行交涉，避免了孙军进入天津并因此引发冲突。此后该飞行队也侦测到了奉军主力进入天津、国民革命军的北上动向、奉军的溃败以及晋军在华北地区的活动等情报，日军评价该部队"几乎毫无遗漏地完成了地面部队交付的侦察任务，并通过不断提供情报为军队的作战行动提供依据。"①除此之外，该部队还对北京方面进行航空侦察，通过降落于北京南苑机场并将所获得情报通知当地日军，实现了空地联络的作战目的。② 由于航空部队表现活跃，日军指出航空兵不仅较成功地完成了其特有的航空侦察及空地联络任务，将来也可期待其在宣传及对地威慑等方面发挥作用。③

　　除上述作战任务之外，日军航空部队也利用实地侦察机会积极搜索华北地区的航空情报，日军以"济南惨案"期间所搜集的航空情报为依据，于 1928 年制作了第四部《华北航空调查报告》。独立飞行第 7 中队重要的任务之一便是彻底探查天津周边乃至整个华北地区在未来可以为日军所用的航空后备基地，该飞行队在天津活动的 5 个月时间内，总计飞行回数达到 930 回，飞行时间长达 560 小时，日军也证明："进入 7 月之后，以警备目的进行飞行的机会越来越少，出于对将来作战的考虑，遂充分利用时间展开调查研究，飞行队对白河口及天津市区进行了拍摄，对备选机场地址进行了考察，搜集了大量的航空数据。"④其空中侦察的范围包括北京、秦皇岛、保定、张家口等城市及津浦线、京张线、京汉线等铁路沿线要地，最北到达了山海关，最南到达了徐州，这一范围内华北主要城市的机场和备选机场用地均属于日军飞机的侦察目标。通过侦

---

① 「飛行隊に関する状況の件」、「JACAR（アジア歴史資料センター）Ref.
　　C04021735900、陸支密大日記　第 5 冊　昭和 3 年」。
② 「飛行隊に関する状況の件」、「JACAR（アジア歴史資料センター）Ref.
　　C04021735900、陸支密大日記　第 5 冊　昭和 3 年」。
③ 「飛行隊に関する状況の件」、「JACAR（アジア歴史資料センター）Ref.
　　C04021735900、陸支密大日記　第 5 冊　昭和 3 年」。
④ 「独立飛行第 7 中隊に関する状況報告の件」、「JACAR（アジア歴史資料センター）
　　Ref. C04021737300、陸支密大日記　第 5 冊　昭和 3 年」。

察,除了此次作战中为日军所用的东局子、海光寺机场之外,日军
还选择了北京于兴庄北侧地区、北仓东侧地区、南苑日本赛马场、
北苑兵营、南苑中国赛马场等数十处地点作为备选的着陆场。① 日
军在长期实地侦察之后指出,华北地区地势平坦,农田分布广泛,
可以按照日军作战目的设置各种面积的跑道,也可满足日军在华
北随时随地建设机场的需要。日军在建设机场过程中需要注意的
是完善交通通信设备,此外还应讨论宿营、机场警备及物资补给方
法。② 可见,通过实地侦察,日本航空部队进一步掌握了华北地区
的航空地理情报,不仅为其指明了今后在华北作战时的备选机场,
也为营设机场的工作提供了指导方针。

　　出于未来在华北作战的考虑,日军也对轰炸作战的可行性及
预期效果进行了侦察。其指出华北地区建筑多为砖瓦结构,除了
铁桥等特殊建筑物外,其余建筑物缺乏对于轰炸的抵抗能力,所以
应注意以下要点:华北地区的铁桥及桥梁等建筑物在遭到轰炸后
难以修复,因此应集中轰炸上述设施以取得较大效果;该地区河流
流速较缓,中国军队渡河时多利用舟桥,加之舟桥缺乏遮蔽,因此
作战时应重点轰炸舟桥部队;当地铁道多为直线,轰炸时应选择位
于沼泽地带的部位;该地区船舶行动缓慢,特别是容易受潮汐影响
难以随时起航,因此要抓住机会集中展开空袭。③ 此外,日军也通
过侦察掌握了大批具体的轰炸目标:

---

① 「北支那航空事項調査報告送付の件(5)」、「JACAR(アジア歴史資料センター)Ref.
　C04021739500、陸支密大日記　第 5 冊　昭和 3 年」。
② 「北支那航空事項調査報告送付の件(6)」、「JACAR(アジア歴史資料センター)Ref.
　C04021739600、陸支密大日記　第 5 冊　昭和 3 年」。
③ 「北支那航空事項調査報告送付の件(5)」、「JACAR(アジア歴史資料センター)Ref.
　C04021739500、陸支密大日記　第 5 冊　昭和 3 年」。

表 1 - 4　1928 年日军独立飞行第 7 中队所侦察之华北地区部分轰炸目标

	山海关	车站、工厂、电灯公司、石河铁桥、县衙门电报局、长城南侧英国兵营、小满庄法国兵营
京奉线	秦皇岛	车站、栈桥、开滦变压所、开滦水塔、英国兵营、法国兵营、车站南侧中国电报局、开滦电报局
	天津	东车站、中央车站、西车站、芦台南方运河铁桥、北塘河铁桥、法租界电报局、大沽车站、开滦码头、亚细亚石油公司、大沽电报局、永利制酸公司、久大制盐公司、海军造船厂、法国兵营、英国兵营、英租界内下水道、租界局、美国兵营、美孚石油公司油库、新河美军机场、天津东站、中央车站、天津西站、直隶省长衙门、天津电报局、天津电话总局、天津电灯公司等
	北京	东交民巷内的英法美兵营及大使馆、无线电报局、总统府、国务院、陆军部、海军部、警备司令部、电报总局、电报局、电灯公司等
	济南	黄河铁桥、津浦线、胶济线车站、省长公署、中国兵营
	滦州	美孚石油公司油库、汤河铁桥、滦河铁桥、铁桥西侧车站、城中央县衙门、电报局、电话局

资料来源：「北支那航空事项調査報告送付の件（5）」、「JACAR（アジア歴史資料センター）Ref. C04021739500、陸支密大日記　第 5 冊　昭和 3 年（防衛省防衛研究所）」。

　　除上述城市之外，唐山、大沽、杨村、通州、德州、保定、石家庄、徐州、济南、郑州、张家口等城市、村镇中具有战略价值的目标均在日军轰炸的备选目标中。综合统计，日军所列举的轰炸目标多达 136 处，其中天津达到了 31 处，北京达到了 23 处。[①] 日军的轰炸对象中不仅有中国军政机关、交通枢纽等战略目标，还包括水塔、电话局、电灯公司等民用目标，而且这些目标多位于人口密集的城市内部，这证明此时的日军除了具备战略轰炸思维，还已经将无差别

---

① 「北支那航空事項調査報告送付の件（5）」、「JACAR（アジア歴史資料センター）Ref. C04021739500、陸支密大日記　第 5 冊　昭和 3 年」。

轰炸融入了其作战思想中。此外,各地的美、英、法军营,美国公司财产,甚至受国际法保护的各国使馆也都列于日军轰炸目标之列,表明日军早已意识到出于争夺中国殖民利益的考虑,将会与英、法、美等列强刀兵相见,因此通过飞机轰炸来消灭列强在华军事力量及利益代表也是日本航空部队作战任务的重要内容。

如前所述,美军在天津新河驻扎的航空队威胁到了日本在华北地区的航空布局,日军此次借"济南惨案"的契机向天津派出飞行部队的目的之一也在于向美国宣示其航空部队在天津地区的特殊存在。在 5 月 30 日,即独立飞行第 7 中队到达天津后的第 4 天,两军之间订立了航空协议以避免美日飞机发生空中冲突,协议就双方飞机的分辨标志、飞行规则以及避免空中冲突的手段等内容进行了规定。① 从日本的角度看,美日之间达成这一协议证明美军已经承认了日本在天津的航空军事存在,这是日军的初步胜利。但是美军对于日军这样一个与其瓜分华北天空的对手自然不会抱有欢迎之情。据日军记载,在其侦察机对塘沽进行侦察时,美军飞机曾以确认国籍为由对日军飞机进行追尾,甚至还对日机采取攻击态势。这种敌对举动招致了日军的不满,但是为了避免过早爆发空中冲突以致影响其对于华北的航空布局,日军对美军的举动采取了忍让态度,并且还允许美军发生故障的飞机迫降于海光寺机场并为其提供援助。为了缓和局势,日军还派遣山濑大尉至美军司令部进行交涉并提出:"(天津地区)实际上除了日美两国的飞机外,没有别国飞机在此飞行,而且日本飞机的辨别标志非常明显,希望美军将来可以注意到这些事实。如果下次再出现两军飞

---

① 「北支那航空事項調査報告送付の件(2)」、「JACAR(アジア歴史資料センター)Ref. C04021739200、陸支密大日記　第 5 冊　昭和 3 年」。

机发生误会的情况时,请美军飞行员发射信号弹以作为提醒。"此
番交涉之后,日美两军之间再没有爆发空中冲突①,这也进一步巩
固了华北地区美日两国航空部队同时存在的事实。

1928 年 10 月,日军借"参观学习"的名义对新河美军的航空基
地进行了考察。这次考察日军除了对美军的飞行装备、机场设施
及飞行能力等情报进行刺探之外,还深入分析了新河飞行队存在
的意义。日军认为,美军在各国中率先为其华北驻军配备飞行队
是极为明智的,飞机部队的存在不仅具备警备上的价值,对于将来
的作战也有重要意义,美军飞机对于塘沽至天津之间白河流域进
行拍照并制作地图,单从这一点来看其飞行队的存在就已经实现
了战略价值。特别是新河机场的存在不仅可以在战时用作航空据
点,在平时为航空调查研究提供依托,更可以对中国军民形成武力
威慑。日军对美军航空队所拥有的巨大的战略、战术价值高度认
同,虽然目前日军航空武备相较于美军处于弱势地位,但不论是出
于加强警备工作还是在华北发展航空势力的目的,在天津拥有一
处永久性的航空据点都是极为必要的。② 由此可见,通过对美军新
河基地的考察,日军已经将在天津地区进行航空基地建设视为推
动其未来在华北航空作战的重要任务之一。

三、"济南惨案"后日军的进一步侵华航空布局

"济南惨案"期间,日本之所以派遣军机在华活动,除了协助陆
军的侵华行动之外,其目的也在于通过实战检验航空部队发展的

---

① 「飛行隊に関する状況の件」,「JACAR(アジア歴史資料センター)Ref.
C04021735900、陸支密大日記　第 5 冊　昭和 3 年」。
② 「新河米軍飛行隊見学の件」,「JACAR(アジア歴史資料センター)Ref.
C04021745400、陸支密大日記　第 7 冊　昭和 3 年」。

阶段性成果并验证侵华航空布局的有效性。

在侦察作战方面，如上文所述，日本军机对于中国南北两军的战争进程、部队调动等情报都有准确的把握，为日军地面部队制定作战方针提供了情报依据。除此之外，在事变期间日军首次利用空中侦察对华北的航空情报进行搜集整理，除了掌握备选机场用地等航空地理情报外，还掌握了大量在未来侵华作战中具备战略、战术价值的轰炸目标，日军评价称"迄今为止飞机部队的作战活动为地面部队的警备工作做出了巨大贡献"，"由于中国的气象和地形与日本内地截然不同，所以此次事变中飞机部队实施的空中侦察具有极大的研究价值"。① 这些评价都证明日本军机完成了其实战任务并验证了日军长期以来作战训练方法和用兵思维的有效性。

在检验航空布局方面，日军给予周水子机场高度评价，其指出周水子机场是侵略东北及华北的航空根据地，本次前往山东的临时派遣飞行队及天津的独立飞行第 7 中队在周水子机场进行整备中转的事实证明，随着将来在华北地区作战行动的愈发频繁，周水子机场的价值也将进一步增强。② 除了战略位置上的优越性，日军也极为肯定周水子机场的硬件设施："周水子机场作为策动天津及青岛方面航空作战行动的有力据点，不仅面积广大且建设有成规模的机库，驻扎于该地的小田航空兵大尉等人在机场进行了各种准备工作，为事变期间飞机部队的维护整备提供了有力援助，特别是大连市区内极易搜集到各种航空燃油，这为航空作战提供了极

---

① 「飛行隊に関する状況の件」、「JACAR（アジア歴史資料センター）Ref. C04021735900、陸支密大日記　第 5 冊　昭和 3 年」。

② 「北支那航空事項調査報告送付の件（3）」、「JACAR（アジア歴史資料センター）Ref. C04021739300、陸支密大日記　第 5 冊　昭和 3 年」。

大方便。"①因此,"济南惨案"结束后,日军也进一步深化了对周水子基地的建设。

为保证周水子机场可以随时满足日军侵华作战的需要,同时也避免在此地过于频繁的军事活动招致中国政府的激烈反应,日军选择将该机场部分民用化以保证其正常的运营维护工作。早在1926年底,日本就已经实现了大阪至大连的邮政航空运输。②1929年4月,由日本航空运输会社经营的东京至大连客运航线正式投入运营,仅当年10月周水子机场起降的客运航班就达27架次③,这证明此时的周水子机场已经可以保证日军飞机在战争时期较高强度的使用需求。

至九一八事变前,周水子机场的民航客货运吞吐能力一直保持稳定增长的态势,其具体数字变动如下:

表 1 - 5　1929 年至 1931 年周水子机场客货运数据

项目 时间	飞机降落 次数(回)	航空距离 (km)	旅客人数 (人)	货物吞吐量 (kg)	邮件数量 (kg)
1929 年	239	97 600	203	176.67	552.71
1930 年	574	229 600	694	386.34	2 328.43
1931 年(本年 开辟新义州至 大连航线)	601	215 280	918	5 902.54	4 293.72

　　资料来源:逓信省航空局『航空統計年報. 昭和 4 年度(第 1 回)』、逓信省航空局、1935 年、50 頁;逓信省航空局『航空統計年報. 昭和 5 · 6 年度(第 2 回)』、逓信省航空局、1935 年、77 頁、79 頁。

---

① 「飛行第 6 聯隊事変出動に関する所見の件」、「JACAR(アジア歴史資料センター)Ref. C04021735700、陸支密大日記　第 5 冊　昭和 3 年」。

② 《航空界消息:(一)世界航空要闻汇志:日本之邮政飞机》,广州《航空月刊》1926 年第 7 期,第 54 页。

③ 大連商工会議所『大連商工会議所統計年報. 昭和 4 年　下編』、大連商工会議所、1930 年、95 頁。

　　上表可见，1929 年至 1931 年间周水子机场的客货运吞吐量等相关数据基本都呈现涨势，特别是在货物吞吐量方面，1931 年比 1930 年增加了 15 倍，这一年周水子机场在东京至大连航线区间内 7 个机场货物吞吐量的排名也从倒数第 1 名飙升到了第 2 位，仅次于东京机场的吞吐量。① 这也证明自"济南惨案"结束后，周水子机场的承载量、运力都在不断增加，从侧面证明其机场规模也在不断进行扩张，这种规模上的变化也为日军航空部队在九一八事变期间的活动提供了物质支撑。

　　在对朝鲜半岛的航空基础设施进行评价时，日军指出"在朝鲜京城汝矣岛机场的西尾航空兵大尉协助下，此次派往山东的平壤飞行队在飞行过程中与第 20 师团司令部保持了高效的联络，该机场作为山东方面航空部队的迫降基地也为作战提供了非常大的便利"，此外，飞行第 6 联队在中朝边境新义州所设置的迫降基地也在独立飞行第 7 中队的一架飞机遇险时发挥了重要作用。② 上述事实证明，日军在朝鲜半岛的军事航空建设为其航空部队的侵华行动提供了可靠的物质支持。在军事航空建设基本成形之后，日军也积极推动朝鲜半岛的民用航空建设以支援未来日军的航空侵华行动。

　　朝鲜总督府编纂的《递信年报》中曾指出，"航空事业在通信、运输及国防方面都占有极为重要的地位"③，这也证明日本在朝鲜

---

① 逓信省航空局『航空統計年報. 昭和 5・6 年度（第 2 回）』、逓信省航空局、1935 年、77 頁、79 頁。
② 「飛行第 6 聯隊事変出動に関する所見の件」、「JACAR（アジア歴史資料センター）Ref. C04021735700、陸支密大日記　第 5 冊　昭和 3 年」。
③ 朝鮮総督府逓信局『朝鮮総督府逓信年報. 昭和 4 年度』、朝鮮総督府逓信局、1930 年、113 頁。

殖民地的民用航空建设一开始就带有军事色彩。1928 年 10 月，日
本航空输送会社（以下简称日本空输）在日本政府的扶持下得以成
立，1929 年 4 月，该公司即开始运营日本内地至朝鲜的航空运输业
务①，在此之前日本已经在京城和蔚山设置了机场，同时还在平壤、
新义州等七地设置了航空标志。1929 年日本在朝鲜蔚山建设了航
空无线电局，除此之外还设置有多处航空气象观测所，证明在 20
世纪 20 年代末期，朝鲜殖民地的民用航空设施已经逐渐完善，朝
鲜也开始接入到日本的航空运输体系中。至 1931 年 12 月 28 日，
日本空输在朝鲜的客运航线延伸到了中朝边境的新义州，证明其
航空路线正逐渐从朝鲜半岛向中国东北扩张。② 随着日本在朝鲜
半岛民间航空建设的发展，其成果最终也将服务于日本航空部队
对中国东北的侵略工作。九一八事变爆发时，飞行第 6 联队司令
利用日本空输在朝鲜的运输机直接将地勤人员及 88 式侦察机所
使用的炸弹运送至长春及奉天。1932 年 7 月 28 日，日本空输的 3
架"super universal"客机又被关东军飞行队征用，这批飞机参与了
关东军镇压马占山抗日武装的作战，并为日军地面部队空投了大
批粮草。自 1931 年 7 月 28 日至 8 月 19 日，日本空输的运输机共
飞行了 15 天，飞行次数 31 次，飞行时间 100 小时，空投物资量达到
了 16 吨。③ 可见，朝鲜半岛的民间航空设施在日军的侵华行动中
发挥着重要作用，虽然关东军在征用飞机的过程中遭到了日本空
输的抗议，但是作为日本军国主义战争机器中的一个齿轮，该公司

① 朝鮮総督府逓信局『朝鮮総督府逓信年報. 昭和 3 年度』、朝鮮総督府逓信局、1930
　年、102 頁。

② 朝鮮総督府逓信局『朝鮮の逓信事業. 昭和 12 年』、朝鮮総督府逓信局、1937 年、
　73 頁。

③ 防衛庁防衛研究所戦史室『満洲方面陸軍航空作戦』、55 頁。

无法对抗军部的威权①,这进一步证明了民间航空与日军军事行动之间的密切联系。

　　通过"济南惨案"期间的一系列航空作战,日军对于此后如何深入展开航空谍报工作也有了新的认识。在"济南惨案"期间,独立飞行第 7 中队最初在天津选择的海光寺机场未能很好地满足日军的作战需求。特别是 1928 年 6 月之后,随着日军驻天津飞机部队的扩大②,该机场用地面积不足的问题越发突出,海光寺机场的第 5 期建设过程中每天使用的人力多达 82 人③,这也远超 1927 年《华北航空调查报告》中每日仅需 30 人即可满足修筑要求的判断,这些因素都迫使日军最终放弃扩建海光寺机场转而使用东局子机场,证明在航空情报的搜集方面日军还存在不充分、不准确的问题。针对这一问题,日军在 1928 年的《华北航空调查报告》中进行经验总结时指出,在未来的航空调查中需要更加"绵密且准确",这样才能使飞机部队的行动更加便捷,为此,需要在关东军及华北驻屯军司令部内配置航空军官,并且要保证每年、每个季度都可以进行航空调查。④ 此外,日军还指出"本次行动之前已经多次对高级司令部的幕僚强调了机场整备工作的重要性,但是华北驻屯军整备的海光寺机场还是未能在作战上充分发挥作用","证明向高等

① 中山雅洋『中国的天空 沈黙の航空戦史』、サンケイ出版、1981 年、68 頁。
② 「山東出兵　時局意見集　陸軍航空本部総務部　昭和 3 年 7 月」、「JACAR(アジア歴史資料センター)Ref. C16120485600、山東出兵崎局意見集　昭 3.7」。
③ 「北支那航空事項調査報告送付の件(2)」、「JACAR(アジア歴史資料センター)Ref. C04021739200、陸支密大日記　第 5 冊　昭和 3 年」。
④ 「北支那航空事項調査報告送付の件(2)」、「JACAR(アジア歴史資料センター)Ref. C04021739200、陸支密大日記　第 5 冊　昭和 3 年」。

司令部幕僚彻底普及航空知识的工作做得还不充分。"①由此可见，日军航空部队对于军队高层缺乏航空专业知识的现状极为不满。这些事实也意味着在"济南惨案"结束后，日军将会进一步深化对中国的航空谍报工作。

东北军空军作为军阀中实力最强的一支，其所处的东北地区也是日军侵略的重点，因此对这支空军的谍报工作是日军的重要任务。"济南惨案"结束后，日军也在1929年继续派遣妹尾隼熊和早川竹太郎等航空军官在东北军航空机关内以"顾问""教官"等身份从事谍报工作。②

1929年7月爆发的"中东路事件"中，东北军空军战斗力低下的事实使张学良认识到了强化空军战斗力的重要性。事件结束后，张学良取消了东北航空大队的编制，将指挥机关改组为"东北边防军航空司令部"。③ 除了整顿航空队编制，张学良也积极强化东北空军的教育工作并引进新式航空装备。东北军对于强化自身实力的需求也使日军认为有机可乘。为了削弱列强势力对东北空军的影响，同时也为了更准确地掌握东北空军战斗力，陆军省于1930年3月派出了以藤田朋中佐（全面侵华战争爆发后曾担任侵华日军"藤田飞行团"指挥官并参与武汉会战等战役）为团长，下辖5名航空军官的"奉天派遣航空团"。这支航空团在到达旅顺之后，

---

① 「飛行第6聯隊事変出動に関する所見の件」、「JACAR（アジア歴史資料センター）Ref. C04021735700、陸支密大日記　第5冊　昭和3年」。

② 「妹尾大佐支那政府応聘の件」、「JACAR（アジア歴史資料センター）Ref. C01003851100、密大日記 第2冊 昭和4年」；「支那政府応聘者に関する件」、「JACAR（アジア歴史資料センター）Ref. C01003851600、密大日記 第2冊 昭和4年」。

③ 陆军：《东北军空军始末》，《社会科学战线》1988年第1期，第195页。

接受了关东军参谋石原莞尔的指示，石原称："中央虽然强调进行
对苏作战准备工作，但是关东军认为在此之前应当首先与张学良
进行对决。"为此，需要藤田顾问团借助飞行训练的机会对奉天市
区、北大营和张学良的军政重要设施进行高精度航空拍照。① 除此
之外，该顾问团的规模不仅超过了以往日军安插在东北空军中的
间谍数量，其涉及的飞行科目也十分全面，目前可见的飞行教育科
目包括空中通信、空中射击、高空拍照、对地轰炸等各种内容②，教
练这些科目不仅为日军刺探东北军情报提供了便利，更有助于日
军全面掌握东北军在各航空科目上的技战术水平。此外，藤田等
人虽然隶属于日本陆军中央部门，但是其在东北活动期间却受关
东军司令部的指挥，某种意义上也可以视为日军安排在关东军中
的航空专业军官。

　　藤田顾问团在进行了 9 个月的情报搜集工作之后于 1930 年
12 月返回日本，在此之前，藤田朋将飞行教官小野门之助拍摄的大
量东北军地面设施照片交付石原莞尔。据日军记载，石原在收到
照片后极为兴奋，称"有这些照片就足够了"。③ 在对于东北空军战
斗力和装备水平的分析中，藤田指出东北军现阶段可以投入作战
的航空兵力约为侦察机、战斗机、轻轰炸机各 1 个中队，1930 年 1
月时日军驻平壤的飞行第 6 联队有战斗机 1 个中队、侦察机 2 个中
队④，其中侦察机部队可以临时改造成轰炸机执行对地攻击任务，

① 防衛庁防衛研修所戦史室『陸軍航空の軍備と運用〈1〉昭和十三年まで』、325—
　326 頁。
②「東北空軍依托金請求の件」、「JACAR（アジア歴史資料センター）Ref.
　C01006505000、永存書類乙集第 2 類 其 4 昭和 6 年」。
③ 防衛庁防衛研修所戦史室『陸軍航空の軍備と運用〈1〉昭和十三年まで』、327 頁。
④ 防衛庁防衛研修所戦史室『陸軍航空の軍備と運用〈1〉昭和十三年まで』、269 頁。

这也证明东北空军在兵力数量上相较于日军前线部队已经不具优势。在飞行员的技战术水平方面两军差距则更加明显,藤田指出张学良对于空军的建设看似极为重视,但是其目标却不是发挥空军的作战能力,而是将其打造成一支可以对其他军阀形成威慑的政治力量。因此,其认为"东北空军的实际作战能力极低,难以想象这样一支空军可以对我军造成威胁"。[1]

　　为进一步掌握东北空军发展动态,1931 年 2 月日本再次命令陆军航空兵大尉三轮宽(后参与全面侵华战争并于 1937 年 9 月被中国空军击毙)、小川小二郎、山本辰雄等人组成航空顾问团并应张学良聘请在东北空军中担任"顾问"。[2] 这支顾问团在东北期间时常接受石原莞尔等关东军参谋所委派的任务,为其拍摄奉天地区的航空照片并对关东军的特殊部队展开爆破培训。至 1931 年 8 月初,即九一八事变爆发的一个月之前,该顾问团结束相关任务并返回日本。通过对顾问团所搜集的东北空军情报进行分析,日军判断东北空军在 1931 年 8 月左右共拥有各型飞机 39 架,这批飞机完全集中于奉天机场,这种兵力配置也为战时关东军集中打击东北空军提供了方便。在对飞行员的评价方面,日军指出东北军飞行员仅能勉强驾驶飞机升空飞行。在具体航空战术方面,东北空军航空侦察效率低下且其不具备对空攻击和夜间飞行能力,其轰炸机部队也技术拙劣,仅能在相对于敌人具有航空优势的前提下

---

① 防衛庁防衛研修所戦史室『陸軍航空の軍備と運用〈1〉昭和十三年まで』、326 頁。

② 「陸軍航空兵大尉山本辰雄外三名中華民国政府ノ招聘ニ応スルノ許可ヲ与フルノ件」、「JACAR(アジア歴史資料センター)Ref. A04018330500、公文雑纂・昭和六年・第二十二巻・陸軍省二・外国政府招聘」。

展开漫无目的的轰炸行动。① 上述分析出自土肥原贤二于 1931 年
8 月 27 日提交的《奉特报第 13 号》报告,此时距离九一八事变的爆
发不足一个月,东北空军规模较小、战斗力弱的事实也在一定程度
上助长了日军发动九一八事变的野心。正如日军所评价的那样
"(航空顾问团)秘密搜集的兵要地志资料被关东军利用到了发动
'满洲事变'的行动中"。②

　　"济南惨案"的实战经验使日军认为在天津获得一处为其所有
的机场是极为重要的,为此将本次事变中使用的海光寺机场及东
局子机场都纳入到了备选目标。其指出应当想方设法保住东局子
机场,并在该机场建设正规机库,使其永久为日军所用。③ 随着
1928 年 10 月 16 日日本陆军参谋总长铃木庄六下令将驻天津的独
立飞行第 7 中队转移至山东④,以及 1929 年 4 月独立飞行第 7 中
队从青岛撤回日本,日军在天津永久性获得一处航空基地的图谋
落空。但是这也成为日军下一阶段侵华航空布局的目标之一。

　　除了对天津进行航空布局,飞行第 6 联队在山东地区的行动
也使其意识到了在当地建设航空基地的重要性。在《于山东方面
建设常设机场的报告》中,日军指出:"考虑到将来'有事'的情况,
应当在青岛与济南各获得一处永久性机场,然后将其无偿借贷给

①「奉天附近駐屯奉天軍の近況(第 1 報)　奉特報第 13 号　昭和 6 年 8 月 27 日」、
　「JACAR(アジア歴史資料センター)Ref. C13010026800、支那軍に関する綴　(対支
　戦法の参考、奉天附近駐屯奉天軍の近況)　昭和 7 年」。
②防衛庁防衛研修所戦史室『陸軍航空の軍備と運用〈1〉昭和十三年まで』、328 頁。
③「飛行隊に関する状況の件」、「JACAR(アジア歴史資料センター)Ref.
　C04021735900、陸支密大日記　第 5 冊　昭和 3 年」。
④「山東派遣部隊整理に伴う皈還派遣及在北支那独立飛行第 7 中隊移動輸送に関す
　る命令及指示の件(1)」、「JACAR(アジア歴史資料センター)Ref. C04021683900、陸
　支密大日記　第 1 冊　昭和 3 年」。

当地的日本民团、大公司或航空公司等。但是为避免遇到外交上的问题，最好可以隐匿其作为飞机场的用途，然后以运动场的名义将机场长期保留。一旦爆发战争，这些机场就可以成为我军在山东作战的首批根据地。"①由此可见，日军也深知在没有法律条约依据的前提下在中国领土上建设机场将会招致中国政府的强烈反对。因此，在具体的实施手段方面，日军指出可以将青岛沧口机场的 7 万平方米土地先转让给日本民团保管，然后令其购入土地的永久所有权，购入所需的经费则由日本军方出具。② 可见，为了在中国领土上营建机场，日军可谓费尽心机，这一套先通过民间组织购买机场备用土地所有权，然后待中日交战再立即将土地改造为机场的手段也被日军应用到了 1935 年有关上海公大机场用地问题处理过程中。这也证明，日军通过"济南惨案"所总结的经验为其在中国的下一步航空布局产生了深远影响。

综上所述，1928 年"济南惨案"期间日本航空部队在中国领土、领空进行了一系列侵略活动。实战方面，其通过准确的航空侦察、高效的地空联络等作战行动证明了航空部队在战略、战术层面的价值，其长期以来的航空训练成果也获得了日军高层的肯定。

航空布局方面，朝鲜半岛作为航空枢纽和侵华中转地的价值在"济南惨案"期间再次得到了体现。此外，大连周水子机场虽然在 1926 年才建成并投入使用，但是至 1928 年时已经发展成为一座规模较大、设施完善，并且可以满足一定规模的日军航空部队使用的战略基地，日军也将其视为对华北和东北地区进行航空布局的

---

① 「山東方面飛行場設定の件」、「JACAR（アジア歴史資料センター）Ref.
　C04021722400、陸支密大日記　第 4 冊　昭和 3 年」。
② 「山東方面飛行場設定の件」、「JACAR（アジア歴史資料センター）Ref.
　C04021722400、陸支密大日記　第 4 冊　昭和 3 年」。

关键节点,这也推动了周水子机场在"济南惨案"之后迎来进一步发展。

"济南惨案"在日军的侵华航空布局中还发挥着承上启下的作用。通过对事变期间的航空活动进行经验总结,日军意识到了有必要进一步强化对华航空情报工作。此外,为提高战时对华北、东北、东部沿海和长江流域进行空中侵略的效率,日军急切希望在中国政府控制的领土上构建一处航空基地或是至少保有一处机场用地,日军也清楚其上述举动将会招致中国方面的强烈抵制,因此制订了动用民间力量或是以非军事用途加以伪装等购地的计划,这些计划在日军下一阶段的航空布局中将得到充分执行。

第二章 九一八事变后日军对东北、华北空域的侵略

九一八事变及其后数年间，日本陆军飞行队以中国正规军为对象展开了包括侦察、轰炸、地空协同、空中救援、空中运输等多种科目的综合性航空作战，通过实战所获得的经验对日本航空部队下一阶段航空用兵思想及编制体制的发展都产生了深刻影响。

第一节 日军对东北、华北空域的侵略

九一八事变是十四年抗战的开端，在此之前，日军虽然在青岛战役及"济南惨案"中派遣了小规模飞机部队进行了有限的实战，但是这些作战中演练的科目较少，无法全面检验日本军事航空的发展水平，其累积的实战经验更不足以全面支持日本航空部队下一阶段的发展。九一八事变期间，日本陆军飞机部队在掌握制空权的情况下动用航空大部队，为日军地面作战提供了大量协助，同时也在气候条件严酷的东北地区锻炼了适应能力，为日军准备下一阶段的航空侵华及与其假想敌苏联之间的冲突累积了作战经验。日军指出"'满洲事变'陆军航空部队的活动为此后陆军航空

体制的发展确定了方向"①,可见,这期间的军事行动在日本军事航空发展史上占有重要的地位。

一、对东北空域的侵略

1. 日军对于锦州的无差别轰炸

十四年抗日战争时期侵华日军对中国城市展开了多次无差别轰炸,其中,1931 年 10 月日本关东军对于锦州的轰炸是侵华日军首次进行的无差别轰炸。锦州轰炸虽然规模不大且造成的伤亡有限,但是日军策动此次行动的背后却有着复杂起因,锦州轰炸作为九一八事变期间日本陆军执行的代表性航空作战之一,同时也是日军首次执行的带有战略意义的轰炸,对于九一八事变的整体走向也产生了深远影响。

如前文所述,九一八事变爆发的当夜,朝鲜日军就已经制订了派遣航空部队支援关东军的计划。9 月 19 日晨,在飞行第 6 联队队长长岭龟助大佐的率领下,由该联队编成的独立飞行第 8(侦察机中队)、第 10 中队(战斗机中队)进入中国领空,借助之前开辟的侵华航线以及日军谍报人员所侦察的情报,这两支部队得以直飞奉天机场。当其抵达时,此地早已为日军所占领。机场上的东北空军飞机因为国民党的"不抵抗政策",未发一枪一弹就被日军全部缴获,日军利用东北军飞机组建了临时侦察中队,此后"屡屡派遣数机(缴获飞机)前往各方面行动,彻底地完成了作为侦察中队的任务"②,东北军耗费大量财力物力建设起来的空军部队不仅没有对日军造成任何杀伤,反倒被日军用来镇压抗日武装。由于东

① 防衛庁防衛研修所戦史室『満洲方面陸軍航空作戦』、1 頁。
② 参謀本部『満洲事変ニ於ケル飛行隊ノ行動(上)』、8 頁。

北空军的不抵抗,九一八事变期间的制空权也被日军轻易掌握,这也导致抗日武装从一开始就要面对关东军肆无忌惮的空中攻势。

事变期间,日本陆军飞行队虽然在东北地区展开了长期的航空作战,但是由于其一开始便掌握了制空权,加之东北抗日武装缺乏防空装备,因此作战形式主要为侦察、对地扫射及轰炸小股游击队。以独立飞行第 8 中队和独立飞行第 9 中队自 11 月 8 日至 11 月 22 日在昂昂溪、齐齐哈尔附近的战斗为例,2 支部队共进行大小战斗 21 次,其中侦察任务 19 次、对地攻击任务 2 次。[1] 由此可见,日军的航空作战在整体上有着烈度较低的特点,因此其也迫切希望可以寻找机会检验航空部队执行大规模作战的能力。在 1928 年的《统帅纲领》中,日军对于航空部队也提出了多样化的作战任务要求,特别是航空部队要抓住时机对敌国的政治、战略要地进行空中打击,以此来帮助日军地面部队取得作战胜利。[2] 为此,日军必须创造机会对东北地区的大城市进行成规模的战略轰炸,以此检验航空部队的杀伤力并评估这种作战形式所能取得的效果,锦州则成了日军在十四年侵华战争中首次进行战略轰炸的目标城市。

日军选择轰炸锦州的目的除了演练战略轰炸能力之外,还有以下 2 条原因。

九一八事变导致奉天沦陷之后,东北的政治机关已经难以履行其职能,1931 年 9 月 23 日,张学良通电东北各政府机关移驻锦州,9 月 27 日,张学良任命张作相为东北边防军代司令并将司令部

---

① 参謀本部『満洲事変ニ於ケル飛行隊ノ行動(上)』、16—18 頁。

②「作戦指導の要領」、「JACAR(アジア歴史資料センター)Ref. C13071272100、統帥綱領(第 3 案)　昭和 3 年」。

设置于锦州,9月28日,辽宁省政府于锦州重新开始办公,并命令省内各县市向锦州政府缴纳税款。① 以锦州为中心,张学良对已经沦陷的东北各城市发布抗战命令并派出特工破坏日军在沦陷区的机构。在这种形势下,东北各地分散的抗日武装也开始向锦州收拢,如9月29日,驻防热河的东北军一个旅开始向锦州移动,东北军将领王以哲也率所部两千余人与锦州东北军会师。10月4日,张作相命令辽宁省各军队向锦州附近移动,此时东北军第12旅、第19旅、第20旅、炮兵第8旅、第6旅等部队在接到命令后陆续向锦州集结,锦州俨然已经成为东北军抗日的大本营。② 这一事实是日军所绝对无法忍受的,此外,东北军大批部队集结于锦州,这也为日本军机实施轰炸行动提供了作战目标。

　　另一方面,在对锦州进行轰炸的问题上,日本陆军高层担心执行无差别轰炸将会进一步刺激国联并导致日本在国际上陷入被动,但是关东军的幕僚则指出,通过这次轰炸可以消灭东北抗日的根源,从政治角度可以通过冲击性的事实来向世界宣告日本政府占领中国东北的强烈意志。③ 日军参谋本部派往关东军的桥本虎之助少将也指出,使用侦察机来执行轰炸的效果十分有限且精度难以保证,因此对这一行动持反对意见(桥本的原话为轰炸锦州有损日军的所谓"形象",虽然听起来冠冕堂皇,但是作为日本陆军中

① 「昭和6年9月25日から昭和6年10月13日」、「JACAR(アジア歴史資料センター)Ref. B02030494200、満洲事変(支那兵ノ満鉄柳条溝爆破ニ因ル日、支軍衝突関係)/錦州事件」。
② 「昭和6年9月25日から昭和6年10月13日」、「JACAR(アジア歴史資料センター)Ref. B02030494200、満洲事変(支那兵ノ満鉄柳条溝爆破ニ因ル日、支軍衝突関係)/錦州事件」。
③ 防衛庁防衛研修所戦史室『満洲方面陸軍航空作戦』、22頁。

央部门安插在关东军中的利益代表,桥本意见的深层含义体现的则是陆军中央不希望因关东军的无差别轰炸导致日本进一步被国际社会孤立的思想)①,但是桥本的意见却为本庄繁等关东军高层所无视。由此可见,围绕着轰炸锦州及九一八事变扩大化等问题,关东军与陆军中央部门的意见冲突也越发激烈。

　　综上所述,关东军执意轰炸锦州的目的在于摧毁张学良在东北的根据地并驱逐东北军,让九一八事变的扩大化成为事实,同时激起国际社会对日本更强烈的反应,从而逼迫日本政府断绝向国际社会退让的心态并使日本陆军高层对关东军在东北的军事行动采取容忍乃至支持的政策。这些作战意图使关东军轰炸锦州行动的意义超过了一般的战术层面,并升格为一种带有强烈政治目的战略轰炸。

　　1931 年 10 月 6 日,关东军命令独立飞行第 10 中队对锦州方面的中国兵营进行拍照侦察。10 月 6、7 日,该飞行队在空中侦察的过程中受到中国军队来自地面的射击,这一举动给日军轰炸行动以口实。② 为了增强轰炸效果,10 月 8 日独立第 8 飞行中队派遣 4 架 88 式侦察机飞抵奉天以协助轰炸。当日执行轰炸的日军飞机共有 11 架,包括 88 式侦察机 6 架和日军缴获的东北军波特式飞机 5 架。日机共分为 4 个编队,第 1 队 3 架波特式飞机由花泽友男大尉率领,第 2 队 2 架波特式飞机由宫元守大尉带领,第 3 队 3 架 88 式侦察机由平田辰男少佐率领,第 4 队 3 架 88 式侦察机由滨田龙太郎大尉率领。日机飞抵锦州上空之后,对锦州东大营和张作相

①　防衛庁防衛研修所戦史室『満洲方面陸軍航空作戦』、23 頁。

②　「満洲事変作戦指導関係綴　10 月 11 日」、「JACAR(アジア歴史資料センター)Ref.
　　C12120005400、満洲事変作戦指導関係綴 其の1 昭和 6 年 9 月 19 日〜6 年 10 月
　　31 日」。

官署所在的交通大学进行了轰炸,累计命中25千克炸弹32发。日军对东北军造成的杀伤十分有限,但是其轰炸却造成了许多平民伤亡,根据中方统计"锦州日飞机,今午炸死商民十六,内有交通大学俄教授一人,受伤无算"。① 关东军参谋长也承认:"在轰炸中国军队司令部及军营时,我军非常注意避免波及车站、铁路及民居等设施,但是由于飞机的轰炸装置不够完善,而且在轰炸过程中遭到地面射击的干扰,加之从两千米的高空进行轰炸,虽然命中较多但是杀伤十分有限。我军之所以选择交通大学为目标,主要是因为边防军司令长官公署位于此地。"②可见,日军虽然对其无差别轰炸行为百般狡辩,但是也不得不承认其将交通大学这种民用设施作为目标的事实,上述言论也从侧面证明日军轰炸波及了中国民间人士及财产。

中国方面对日军轰炸锦州的行为反应强烈,10月9日的《申报》直指日军暴行为"九月十九日日军占据沈阳后之最可骇人的事件"③,中国政府除了向日方提出抗议之外也积极寻求通过国联来遏制日军的侵略行动。10月11日,中国政府致书国联,请求国联派调查委员会至锦州进行实地调查。④ 但是日军轰炸锦州一事却并没有进一步强化国民政府的抗战决心,10月12日,在国民党中央党部的集会上,朱培德、吴铁城等国民党高层人士指出:"今日军不但不撤,更派飞机到锦州,图炸我临时省政府……现在全国民众

①《锦州昨遭惨劫》,《申报》,1931年10月9日,第3版。
②「電報(案)他(3)」,「JACAR(アジア歴史資料センター)Ref. C12120030300満洲事変作戦指導関係綴 別冊其の1昭和6年9月19日~8年8月2日」。
③《锦州昨遭惨劫》,《申报》,1931年10月9日,第3版。
④《国联理事会明日重开 日飞机到通辽投掷炸弹 秦皇岛日海军登岸示威 传闻美将召集九国会议外部接到通知》,《申报》,1931年10月12日,第3版。

激昂,人民一致请求对日宣战,然宣战决不能无准备……须自即日起,全党团结起来,全国统一起来……才能做得到。"①蒋介石更是完全寄希望于通过国联来解决东北问题:"尤其本月八号,日军用许多飞机,在锦州我们辽宁临时省政府所在的地方,抛掷许多炸弹,使我人民生命财产,损失很重……但照近日日兵行动,尤其是轰炸锦州,国联认为形势非常严重,已决定提前于十三日开会,我们相信这一次开会,一定能依照公道的主张,找得和平的路径。"②由此可见,即便日军已经以平民为目标展开无差别轰炸,国民党内部依旧以"准备不充分"等理由拒绝对日宣战,这种行为也进一步助长了日军的侵略野心。在国民政府极为倚仗的国联方面,10月14日,国联派遣法国武官邦德维赴锦州调查日军轰炸情形。③但是法国的锦州调查团却是由亲日分子所组成,其在锦州进行调查之后,竟然声称日军的轰炸行为是出于自卫不得已而为之。④在11月23日的《申报》中,评论员悲叹:"齐齐哈尔之炮声。既不能促起国联之注意。锦州之袭击。亦不能引起国联之关心。"⑤可见,死于锦州轰炸的中国百姓并没有换来国际社会对中国的丝毫同情。

　　在打击东北抗日力量方面,轰炸锦州的行动也在一定程度上取得了日军所预期的效果。10月11日,日军驻北平的辅佐武官发来电报称:"随着我军飞机队于锦州附近的轰炸,自9日以来开往

①《中央与国府纪念周》,《申报》,1931年10月13日,第10版。
②《蒋在国府纪念周演词》,《申报》,1931年10月14日,第10版。
③《白里安令平使馆派员赴沈调查》,《申报》,1931年10月15日,第8版
④「昭和6年10月19日から昭和6年10月29日」,「JACAR(アジア歴史資料センター)Ref. B02030255300、満洲事変(支那兵ノ満鉄柳条溝爆破ニ因ル日、支軍衝突関係)/各国ノ態度/支那ノ部 第一巻」。
⑤《国联竟接受日方调查团之建议耶》,《申报》,1931年11月23日,第7版。

北平的列车上坐满了撤离锦州的中国人,另一方面,根据天津情报机关的报告,锦州的东北军政权有可能会转移到山海关方面。张学良极力想要确保锦州政权的存续,但是万福麟、张作相等人对于自己是否应该担任负责人的问题都表现出犹豫之情。"①由此可见,此次轰炸行动极大地恐吓了中国军民,一定程度上动摇了张学良等人的抗日决心,锦州的抗日政权也受到了一定程度的打击,可以说日军通过这次轰炸行动初步达成了其战略目标。

　　关东军强行发动的轰炸行动取得了预期的战略效果,日本陆军参谋本部也开始重新评价关东军的相关行动。10 月 14 日,陆军参谋次长发给桥本虎之助的电报中指出:"最近从'满洲'归国者表达了陆军中央部门与关东军之间以及关东军的司令官、参谋长与幕僚之间缺乏协调性的感想,这一言论招致了国民的不安,之所以会产生这种局面,恐怕是因为关东军的少壮派军官认为陆军中央部门过于软弱,或是有人将关东军的积极行动评价为轻率举动,希望阁下一定要体察实情,使关东军的年轻幕僚们充分理解这段时间的相关消息。"②可见,日本陆军高层已经将包括轰炸锦州在内的关东军种种暴行评价为"积极行动",证明其对关东军在锦州轰炸期间与陆军中央部门相对抗的做法采取了容忍的态度。但是为向外界显示陆军中央部门对于关东军的控制能力,同时也为了平息舆论压力,10 月 15 日参谋本部下达《临参命第二号》命令,"关东军

---

① 「満洲事変作戦指導関係綴　10 月 11 日」、「JACAR(アジア歴史資料センター)Ref. C12120005400、満洲事変作戦指導関係綴 其の1 昭和 6 年 9 月 19 日～6 年 10 月 31 日」。

② 「満洲事変作戦指導関係綴　10 月 14 日」、「JACAR(アジア歴史資料センター)Ref. C12120005700、満洲事変作戦指導関係綴 其 の1 昭和 6 年 9 月 19 日～6 年 10 月 31 日」。

司令官将其下属的一个飞行中队（战斗机队）调回原部，朝鲜军司令官应派遣一支新的飞行中队（侦察中队）前往关东军处，归入关东军司令官的指挥之下"①，这支被调归原部的中队就是参与了轰炸锦州的独立飞行第10中队。在下达了调动命令之后，陆军参谋次长向关东军参谋长发送了一份安抚电报，大意为日本陆军高层并没有对关东军的无差别轰炸采取严厉批判，其首先对无差别轰炸表示了认同，其次在同意无差别轰炸可以作为最终手段的前提下，比较温和地提醒关东军应当注意实施相关行动的国际影响。②这一方面表明日本陆军高层对于无差别轰炸这种不人道的战争手段采取了默许的态度，另一方面也证明其认同了关东军在东北地区独断专行的作战行为。对于这种态度转变，日本学者指出："事变之初，日本陆军高层采取的是不扩大的方针，为此暂时终止了由朝鲜向东北派遣地面部队的举动……但是关东军对于锦州的轰炸断绝了以不扩大方针来处理'满洲事变'的退路。"③由此可见，关东军轰炸锦州之后陆军高层已经无法按照其原计划来处理事变，在事变的处置问题上只能仰仗关东军的力量。通过利用航空部队制造轰炸锦州一事，关东军如愿以偿地造成了事变的进一步扩大，也巩固了自己在处理事变的过程中占据的主导地位，这证明锦州轰炸虽然只是日本陆军一次小规模的局部轰炸行动，但是在战略层面却造成了巨大影响。

---

① 「臨参命　臨命　初　3部の内3号(1)」、「JACAR(アジア歴史資料センター)Ref. C14060917300、臨参命　（第0001～0051号）　臨命　（第0014～0330号）　昭和06.09～11.05　初」。

② 防衛庁防衛研修所戦史室『満洲方面陸軍航空作戦』、26頁。

③ 防衛庁防衛研修所戦史室『満洲方面陸軍航空作戦』、27頁。

2. 关东军飞行队的成立与初步扩张

　　随着九一八事变的扩大化加之轰炸锦州所体现出的战略效果,关东军在其作战行动中越发倚仗航空部队。九一八事变期间,参谋本部派往关东军的作战科科长今村均大佐在返回东京之后,于 1931 年 10 月 31 日传达了关东军希望增加飞机、汽车等装备的愿望,11 月 2 日关东军进一步向陆军中央部门指出,其目前希望再增加 1 个步兵旅团和 1 个飞行联队(包括 3 个飞行中队以及必要的飞行整备机关)的兵力,如果同时增加 2 种兵力存在困难的话,可以放弃步兵部队而优先增加航空部队。[①] 由此可见关东军对于航空部队的需求甚至超过了地面部队。关东军的要求得到了陆军高层的重视,在 11 月 11 日,陆军大臣南次郎下令编制关东军飞行队本部。[②] 11 月 16 日,根据参谋本部《临参命第四号》的规定,分别由第 3 师团、第 12 师团和朝鲜军下属部队向关东军派遣 1 个轻轰炸机中队、1 个侦察机中队和 1 个战斗机中队,这批部队在渡过鸭绿江之后即转入关东军司令官的指挥之下。[③] 至此,在九一八事变爆发不到 2 个月之后,关东军不仅实现了飞机数量从无到有的质变,航空部队的数量更是增加到了航空联队级别。至 11 月 30 日,关东军飞行队的兵力配置及具体构成如下表:

① 防衛庁防衛研修所戦史室『満洲方面陸軍航空作戦』、28 頁。

② 「編成下令ノ件」、「JACAR(アジア歴史資料センター)Ref. A03023587600、公文別録・大蔵省・陸軍省・海軍省・司法省・大東亜省・大正十二年～昭和十九年・第一巻」。

③ 「満洲事変作戦指導関係綴　11 月 16 日(1)」、「JACAR(アジア歴史資料センター)Ref. C12120008300、満洲事変作戦指導関係綴其の2 昭和 6 年 11 月 1 日～6 年 12 月 31 日」。

表 2-1　关东军飞行队编制表

关东军飞行队队长　　长岭龟助大佐						
本部	材料厂	独立飞行第 8 中队	独立飞行第 9 中队	独立飞行第 10 中队	飞行第 7 大队第 3 中队	飞行第 8 大队第 1 中队
副队长 2 人	厂长 山名要 少佐	中队长 平田辰男 少佐	中队长 竹内贞郎 中佐	中队长 花泽友男 大尉	中队长 本田农 少佐	中队长 神津幸右卫门少佐
副官 1 人	副厂长 6 人	军官 14 人	军官 13 人	军官 6 人	军官 10 人	军官 15 人
书记 3 人	士官 6 人	士官 14 人	士官 11 人	士官 13 人	士官 13 人	士官 13 人
会计 1 人	会计 1 人	后勤军官 3 人	后勤军官 2 人	后勤军官 3 人	后勤军官 2 人	后勤军官 3 人
兵 4 人	兵 8 人 职工 72 人	兵 81 人	兵 86 人	兵 61 人	兵 81 人 职工 9 人	兵 71 人
合计						
12 人	97 人	113 人	113 人	85 人	117 人	103 人

　　资料来源：「1　関東軍飛行隊編成表　昭和 6 年 11 月 30 日調」、「JACAR（アジア歴史資料センター）Ref. C16120567500、満洲事変当初における関東軍飛行隊関係書類」。部分数据偏差系原表如此。

　　上表可见，关东军飞行队的兵力高达 646 人，下属的飞行队数量更是达到了 5 个中队，九一八事变前日本陆军 8 个飞行联队的编制数据如下：

　　　　飞行第 1 联队（各务原）：战斗机 4 个中队

　　　　飞行第 2 联队（各务原）：侦察机 2 个中队

　　　　飞行第 3 联队（八日市）：战斗机 3 个中队

　　　　飞行第 4 联队（太刀洗）：战斗机、侦察机合计 4 个中队

飞行第 5 联队（立川）：侦察机 4 个中队

飞行第 6 联队（平壤）：战斗机、侦察机合计 3 个中队

飞行第 7 联队（滨松）：轰炸机 4 个中队

飞行第 8 联队（屏东）：战斗机、侦察机合计 2 个中队①

　　这证明刚组建的关东军飞行队一跃成了整个日本陆军航空部队中实力最雄厚的一支。从日本各个飞行联队的分布来看，其保持着一个联队负责一个方面作战的基本配置，如飞行第 6 联队负责平壤方面，飞行第 8 联队负责台湾方面等②，关东军飞行队本部的成立也标志着日本陆军正式建立起了一支负责中国东北方面航空作战任务，乃至直接以苏联滨海边疆区和中国大陆为作战对象，且具备一定规模的航空部队。

　　在关东军飞行队成立之后，随着其在东北地区作战范围的扩大，加之战线逐渐向中苏边境推进，不论是从满足部队在整个东北地区进行作战的需要出发，还是从加强对苏航空威慑及准备对苏作战的角度出发，关东军飞行队都需要进一步增强航空兵力。为了对关东军飞行队的作战能力进行评估并为其下一阶段的发展提供参考，1932 年 2 月陆军航空本部补给部部长大江亮一少将对关东军飞行队进行视察并提出了视察报告。在未来关东军飞行队的兵力该如何强化的问题上，大江指出飞行队的兵力应满足将来对华、对苏开战初期进行航空作战以及与关东军日渐膨胀的地面兵力进行协同作战的需求，因此他制定了如下的扩军计划：

———————————

① 防衛庁防衛研修所戦史室『陸軍航空の軍備と運用（1）昭和十三年まで』、269 頁。

② 日本少年国防協会『日本少年国防協会叢書. 第 1 篇（少年航空兵）』、新日本書房、1932 年、128 頁。

表 2 - 2　关东军飞行队扩编计划

机种	关东军中队数	中苏边境苏军中队数	战时用法
重轰炸机	4	3	开战初期,将大部分或全部兵力投入对苏战略轰炸
远距离侦查(兼轻轰炸)机	3	侦察机 6攻击机 3	开战之后立即展开对苏战略侦察
战斗机	3	4	开战之后,为防止敌轰炸机侵袭,于战略要地上空展开防御
近距离侦察机	3	0	与关东军师团展开地空协同作战

资料来源:「飛行隊視察の件」、「JACAR(アジア歴史資料センター)Ref. C01002811000、昭和 7 年『滿密大日記 14 冊の内 其 8』(防衛省防衛研究所)。

　　上表可见,关东军飞行队将苏军在边境地区的航空部队作为主要的作战对手,飞行队扩军的目的在于使关东军的航空兵力与苏军基本相等,在作战方面,日军注重采取偷袭等战术以追求在开战之初尽量杀伤苏军飞机部队,进一步抵消苏军在数量上的优势。在大江提出扩军计划的时间点,关东军飞行队的兵力为 5 个中队①,与苏军相差甚远,这就要求日军高层必须尽快将关东军飞行队的扩军计划付诸实施。

　　参考关东军的实际作战需求及大江的意见,日本陆军中央部门于 1932 年 4 月 2 日制定了关东军飞行队的扩军计划,并于同年 6 月将关东军的 5 个飞行中队扩大为 9 个,原有的飞行中队编制也整合为飞行第 10(侦察机 3 个中队)、第 11(战斗机 4 个中队)、第 12(轰炸机 2 个中队)三个大队,此时的关东军飞行队作战飞机已

---

① 「飛行隊視察の件」、「JACAR(アジア歴史資料センター)Ref. C01002811000、昭和 7 年『滿密大日記 14 冊の内 其 8』」。

经包括了 18 架侦察机、32 架战斗机和 10 架轰炸机,其机型较为完备,可以满足关东军各种作战任务的需求。① 在扩大作战部队的同时,日军也设立了关东军野战航空厂②,该机构的任务包括航空物资的保管、补给、运输,航空器材的维修整备以及东北地区气象条件下的航空科研等,其与各飞行大队下辖的航空材料厂共同组成了关东军飞行队的后勤保障机关。日军评价,经过此次扩军与改编"关东军飞行队已经可以应对下一阶段的作战行动,在对抗远东苏联空军方面也已经初步做好了准备"。③ 在即将到来的热河事变中,关东军飞行队的扩军效果也将得到实战检验。

二、对华北空域的侵略

在 1932 年 3 月 1 日伪满洲国成立之后,关东军一直希望热河的汤玉麟可以投靠伪满,从而将伪满的"国境线"推进到长城一带。1932 年 4 月,关东军的《对热河政策意见》中指出首先应支持汤玉麟以诱使其尽快屈从伪满洲国,如果诱降不成则以武力吞并热河。④ 但是汤玉麟却在伪满与张学良之间摇摆不定,而且在锦州沦陷之后热河正逐渐成为东北抗日武装的新根据地。1933 年 1 月 11日,日军的《"满洲国"治安状况》报告中指出:"热河省现有从黑龙江及吉林方面撤退的'兵匪'合计约四万人,此外还有义勇军及'贼

---

① 防衛庁防衛研修所戦史室『陸軍航空の軍備と運用〈1〉昭和十三年まで』、350—351 頁。

② 「航空器材交付の件」、「JACAR(アジア歴史資料センター)Ref. C04011322100、昭和7.6.25〜7.7.6『満受大日記(普) 其15』」。

③ 防衛庁防衛研修所戦史室『満洲方面陸軍航空作戦』、60 頁。

④ 「熱河省対策卑見　大同元年 10 月 6 日」、「JACAR(アジア歴史資料センター)Ref. C14030586000、熱河省対策卑見　住谷悌史資料　大同元年 10 月 6 日」。

匪'数万人,汤玉麟部有步兵四个旅,骑兵三个旅,此地还有张学良
的四个步兵旅。这些'不法分子'与'满洲国'国境相邻接,不时侵
入国内并煽动人心。"①由此可见,日军认为热河地区的抗日武装已
经对伪满和关东军构成了实质性威胁,不论是从打击抗日武装以
巩固伪满的角度还是从进一步入侵华北的角度,关东军都需要尽
快攻占热河。

　　热河事变爆发后,1933 年 2 月 11 日,关东军飞行队队长牧野
正迪大佐对各部队做出如下指示:"随着作战的进展,应将一部分
侦察机部队及主力配属于前线兵团,关东军飞行队在队长的统一
指挥下,以主力协助第 8 师团,以部分兵力协助第 6 师团作战,应最
高限度发挥飞机大部队集群作战的威力。"②这也证明关东军有意
通过热河事变来强化航空大兵团独立作战以及与地面部队协同作
战的能力。此次作战中,关东军第 10、第 11、第 12 共 3 个飞行大队
(具体兵力包括侦察机 3 个中队,战斗机 2 个中队,轻轰炸机和重轰
炸机各 1 个中队)60 架各型作战飞机倾巢出动,在弹药装备方面,
日军在锦州机场准备了各型炸弹 2 250 枚,合计 83 吨,在绥中、通
辽准备各型炸弹约 700 枚,合计 11 吨。③ 对于日本陆军来说,这是
其首次在实战中投入数量如此庞大的航空部队和弹药物资,并通
过将不同类型的作战飞机整合运用以发挥其杀伤力,热河事变既
是对关东军飞行队扩军成果的检验,也为日军大规模演练各种航

① 「61　（四十九）満洲国治安状況」、「JACAR（アジア歴史資料センター）Ref.
　　B02030432400、満洲事変（支那兵ノ満鉄柳条溝爆破ニ因ル日、支軍衝突関係）/善後
　　措置関係/国際連盟ニ於ケル折衝関係/日支事件ニ関スル交渉経過（連盟及対米関
　　係）第十一巻上（2）」。
② 防衛庁防衛研修所戦史室『満洲方面陸軍航空作戦』、71 頁。
③ 防衛庁防衛研修所戦史室『満洲方面陸軍航空作戦』、72 頁。

空作战科目提供了条件,再次证明了日本航空部队将中国作为其
实战练兵演习场的历史事实。

　　1933 年 2 月 20 日及 22 日,飞行第 12 大队的两个轰炸机中队
和飞行第 11 大队的 2 个战斗机中队分别集结于锦州及通辽的机
场。除了作战部队,2 月 16 日关东军还编制了空中运输部队,该部
队从 22 日开始以连山机场为根据地展开空中运输活动。①

　　日军在热河事变中演练了多种科目,空中运输便是其中的重
要一项。由于热河地区地形多为广袤荒漠或复杂山地,加之日军
在冬季作战其后勤补给面临着严峻困难。除了后勤问题,当地交
通设施落后,大批日军伤病员面临无法及时转运至后方进行治疗
的问题。为此,日军“空中输送队”自 2 月 24 日即开始担负运输伤
员物资的任务,利用速度及居高临下无视地形障碍的优势,紧随前
线部队进行空投补给并在返航过程中将伤病员带回后方医院,从
而有效减少了日军的减员。② 在热河事变期间,“空中输送队”共飞
行约 147 000 公里,飞行时间 796 小时,空投粮食 2 吨,各类燃油 4
吨,弹药 10 吨,被服 4 吨,各类物资合计 85 吨,此外还转运伤员
333 人。③ 值得注意的是,“空中输送队”使用的飞机多为“满洲航
空株式会社”提供的民用飞机,军用飞机仅有一架民间捐赠的“爱
国 40 号”,“空中输送队”队长岛田隆一中佐指出“(热河事变的经
验表明)接受过训练的民间航空设备和人员可以像正规军的飞行

---

① 防衛庁防衛研修所戦史室『満洲方面陸軍航空作戦』、73 頁。
② 「関東軍最後の聖戦　熱河粛清の概況　第 3 号」、「JACAR(アジア歴史資料センタ
　　ー)Ref. C13010019600、関東軍最後の聖戦　熱河粛清の概況　第 1〜第 3 号　昭和
　　8 年 3 月 8 日」。
③ 防衛庁防衛研修所戦史室『満洲方面陸軍航空作戦』、75 頁。

队一样执行作战任务。"①这些事实再次证明日本民间的航空机构与日本航空部队的侵华行动之间存在密切联系,日军也有意推进民用航空设备、组织机构的军用化,以进一步使其服务于日军的侵华作战。

在战斗科目方面,日军集中演练了与地面部队的协同作战及对地轰炸科目。以飞行第 10 大队第 1 中队为例,该部队在 2 月初至 5 月底的作战中,共出动飞机 370 架次,作战时间 898 小时,飞行距离 134 717 千米,消耗炸弹 589 枚,消耗机枪弹 2 155 枚。在轰炸行动最密集的 3 月份,该中队进行了 53 次对地轰炸,特别是在 3 月11 日共进行轰炸 12 次,如日军秋山小队对古北口西南方撤退的约2 000 人的中国军队进行轰炸,田村小队对古北口方面撤退的 5 000余人的中国军队进行轰炸,同时又对南关附近的中国军队进行了扫射,据日军记载"造成了相当大的杀伤"。除此之外,日军飞机也积极协助地面部队的进攻,如 3 月 12 日,日机协助第 16 旅团,于古北口对战区东方高地的中国守军进行轰炸,并逼迫守军撤出了阵地。②

除直接参与进攻作战,关东军飞行队在热河事变期间也演练了地空协同救援战术。1933 年 4 月 27 日,日军第 8 师团岛村大队在兴隆县附近被中国军队优势兵力包围,由于兵力不足,第 8 师团只能请求关东军本部调遣兵力进行救援,日军地面救援部队在 4月 30 日才抵达岛村大队的包围圈外围。在长达 4 天的防御战中,

---

① 「関東軍最後の聖戦　熱河粛清の概況　第 3 号」、「JACAR(アジア歴史資料センター)Ref. C13010019600、関東軍最後の聖戦　熱河粛清の概況　第 1～第 3 号　昭和8 年 3 月 8 日」。

② 「飛行第 10 大隊第 1 中隊出動概況表　3 月分　自昭和 8 年 3 月 1 日　至昭和 8 年 3月 31 日」、「JACAR(アジア歴史資料センター)Ref. C16120516100、飛行第 10 大隊第 1 中隊　錦州部隊行動詳報　昭 7. 10. 21～7. 10. 31」。

岛村大队存在缺乏弹药给养和兵力火力不足等问题，为此，飞行第10大队第1中队在整个作战期间都对该部队提供了空中支援。该队共执行轰炸任务23次，空投物资9次，在战况最激烈的4月30日共对地轰炸7次，空投各种物资6次，空投的物资中不仅有粮草、弹药，还有第8师团下达给岛村大队的作战指示，以及恐吓中国军队的传单。在保证日军后勤物资供给的同时，也维持了该部队与日军指挥部之间的联络畅通。日军的轰炸亦对中国军队的士气产生了影响，如4月30日日军对于无石村中国大部队的轰炸导致部队出现了若干逃兵，士气也发生了动摇。① 关东军飞行队的支援行动也获得了日军高层的认可，据日军记载："本次防御战中，岛村大队缺乏粮食弹药，并且炊事设备也被摧毁，全靠飞机部队的活动为其提供粮草弹药，同时对地面敌军进行轰炸，其以各种形式所进行的支援也是这场防御作战能够获胜的重要因素。特别是飞机出现在我军上空的时候，所有敌军都会因为防御飞机轰炸而停止进攻，这一间隙也为地面部队展开各种活动创造了窗口期。"②

　　兴隆县防御战中，日军飞机部队在发挥杀伤力之外，也表现出其在地空协同战术运用方面的成熟，这次以空战武力救援地面被围困部队的举动可以看作是全面侵华战争中一系列地空协同作战行动的预演，也再次证明日本航空部队在全面侵华前就已经在空中侵略作战中积累起了各种科目的战斗经验。

---

① 「飛行第10大隊第1中隊出動概況表 （4月分） 自昭和8年4月1日 至昭和8年4月30日」、「JACAR（アジア歴史資料センター）Ref. C16120516200、飛行第10大隊第1中隊　錦州部隊行動詳報　昭7.10.21～7.10.31」。

② 「第6 南天門及興隆県附近の戦闘/34 作戦4月30日」、「JACAR（アジア歴史資料センター）Ref. C14030134700、第8師団熱河作戦戦闘詳報　第2号（完）　昭8.3.28～8.5.2」。

第二节　日军在对东北、华北航空作战中获得的经验

从九一八事变爆发至热河事变结束的 1 年零 9 个月时间里,关东军航空部队在东北地区广袤且气象环境复杂的条件下进行了长期作战,不仅推动了关东军的作战进度,也为日本陆军航空部队的发展积累了大量的实战经验。

热河事变之前,关东军飞行队在东北地区多以小规模部队袭击抗日游击武装为主,在其首次成规模无差别轰炸中国城市锦州的作战中既没有专门的轰炸机也没有专业的轰炸设备,这种较低烈度的作战对其发展空中战术所产生的影响也是十分有限的。但是热河事变为关东军飞行队提供了与正规军作战并积累高难度作战科目实战经验的机会,日军总结:"(在热河事变期间)使用航空大兵团在相对较长的时期内进行作战,对拥有坚固工事和优势兵力的敌人进行攻击,并且还在山岳地带及沙漠地带进行作战,敌人也是相对来说技战术水平较高的国民党中央军。"[1]事变期间日军演练了地空协同、对地轰炸、空投物资、救援地面部队等多种科目,在如此复杂的环境下作战也会带来日本陆军航空部队技战术水平和其他相关能力的提升。在建设机场方面,日军在总结作战经验后指出,事变期间作为根据地的机场距离战场较远,往返需要消耗大量的时间,加之途中地形复杂气候多变,会增加飞行员的疲劳度,并有可能导致飞机故障。机场与前线之间较远的距离也会影响飞机与地面部队的联络及地空协同作战的顺利进行,所以在九一八事变及热河事变期间经常会发生飞机对地面敌军单独作战的

---

[1] 防衛庁防衛研修所戦史室『満洲方面陸軍航空作戦』、79 頁。

情况,因此有必要在作战地域设置前线机场。① 在全面侵华时期,不论是在淞沪抗战,还是在武汉会战的战场上,日军都积极寻找距离主战场较近的位置建立前线机场以随时支援地面部队作战,这种战略、战术也与事变期间日军所获得的实战经验密不可分。

在九一八事变期间的作战中,关东军飞行队经历了从无到有再到实力急剧扩充的变化,其指挥管理及后勤机构,如关东军飞行队本部和关东军飞行队材料厂也相继成立并在实战中累积了大量的作战经验。除了自身实力的增强以及实战经验的增加,关东军飞行队在九一八事变及热河事变期间的作战行动也对日本陆军航空部队的整体发展产生了影响,其中最显著的一点就是陆军改变了过去相对重视侦察的航空用兵思想,进一步认识到了航空兵在进攻作战方面所能发挥的巨大作用。

在1933年的热河事变结束后日本陆军制订了航空兵扩军计划,各型机种的数量变动如下表所示:

表2-3　日本陆军航空兵备变动表

项目 机种	1931年	1933年
	中队数	中队数
侦察机	11	12
战斗机	11	14
轻轰炸机	2	6
重轰炸机	2	4
合计	26	36

资料来源:「第4卷・第4篇・第1章/第1節　航空」、「JACAR(アジア歴史資料センター)Ref.C13010004600、満洲に関する用兵的観察　第4卷　昭和27年6月(防衛省防衛研究所)」。

---

① 「第1篇・第14　飛行場設備並其警備」、「JACAR(アジア歴史資料センター)Ref.C16120512300、満洲上海事変に於ける航空部隊所見集　昭8.6.24」。

　　可以看出,1931 年日本陆军航空部队中轰炸机、战斗机与侦察机的比例为 1.54∶4.23∶4.23,至 1933 年的计划中,这一比例变为 2.78∶3.89∶3.33,轰炸机的占比大幅提升了近一倍,而侦察机的占比大幅减少。从侧面证明经过九一八事变一年多的实战经验积累,日本陆军已经开始重视对于轰炸机部队的建设,侦察机在日本陆军航空兵中的地位则显著下降。[①]

　　除了对飞行队编制进行改革之外,1934 年日本天皇裕仁下达敕令颁布《航空兵操典》作为陆军航空教范,裕仁在敕谕中提及"基于(陆军航空部队)多年的实战经验及最近军事技术的进步,特下令制定航空兵操典"。[②] 可见,关东军飞行队的实战用兵经验也直接导致了日军航空用兵思想发生变革。

　　在《航空兵操典》中,日军对于航空兵作战特点有如下评价:"航空兵具有巨大的威力和卓越的机动性,应依靠其强大的杀伤力,在开战之初就摧毁敌人在空中和地面的战斗力,并完成侦察、监视等任务,以此鼓舞友军士气并开辟胜利之路。因此航空兵团需要保证果敢敏捷,先发制敌以将敌人压制歼灭,以沉着冷静的精神执行其任务,并密切协助地面军队的作战。"[③]可见,经过九一八事变及热河事变的实战练兵,日军进一步重视了航空部队在空战、对地轰炸、地空协同等方面所发挥的进攻作用,这些作战形式也成为陆军航空部队的主要作战手段。随着航空用兵思想的改革以及

① 「第 4 巻・第 4 篇・第 1 章/第 1 節　航空」、「JACAR(アジア歴史資料センター)Ref. C13010004600、満洲に関する用兵の観察　第 4 巻　昭和 27 年 6 月」。
② 「航空兵操典」、「JACAR(アジア歴史資料センター)Ref. C01006594900、永存乙集付属書類　其 1　検閲典範令原本　昭和 9 年」。
③ 「航空兵操典」、「JACAR(アジア歴史資料センター)Ref. C01006594900、永存乙集付属書類　其 1　検閲典範令原本　昭和 9 年」。

航空兵编制改革计划的推行,至 1937 年时日军飞机部队中轰炸
机、战斗机和侦察机的比例已经转变为 5：3：2①,侦察机的比例
被进一步大幅压缩,作为进攻力量的轰炸机及战斗机的比重占到
八成,这证明日本航空部队的作战侧重点及作战任务已经发生了
根本性变化。

　　另一方面,作为日军部署在对苏、对华作战最前沿的航空
部队,关东军飞行队用兵思想的发展代表着日军实战化航空用
兵的尖端成果。此外,苏联空军与中国空军是关东军与日本本
土陆军航空部队共同的作战对手,关东军对抗这两支航空力量
的作战思想也会对日本陆军航空用兵思想的整体发展造成影
响。这种东北战场的用兵经验影响到日军整体发展的实例在
上文中 1933 年的陆军航空兵编制改革计划和 1934 年的《航空
兵操典》中早已出现过。1937 年 12 月 1 日颁布的日本陆军《航
空部队用法》虽然成文于全面侵华战争爆发之后,但是航空作
战思想的发展是一个长期性历史过程,因此从时间上考虑,仍
可以将其视为全面侵华前日本陆军航空用兵思想发展的经验
总结。

　　《航空部队用法》的主要用兵思想有以下几点：(1) 航空作战的
主旨在于尽快消灭敌军航空战力,此外应视情况协助地面作战及
对敌人政治要地进行攻击；(2) 开战之初对于敌军航空力量的歼
灭战,特别是第一波攻击能取得怎样的成果将会左右之后航空
作战的成败,不仅如此,作战结果将会对全军士气及整体战局
产生极大影响,航空作战的关键在于占得先机,以第一波次攻

① 横山久幸『日本陸軍におけるエア・パワーの発達とその限界　運用規範書を中心
に』、『戦史研究年報(7)』、防衛省、2004 年、5 頁。

击的猛烈威力迅速压制并歼灭敌航空力量；(3)歼灭敌人航空
兵力的要点在于广泛压制敌航空战力然后逐次将其歼灭，应逐
次摧毁敌重要机场然后再歼灭敌机；(4)战略轰炸的要点在于
随着作战进程的推进基于战略层面的考虑对敌人的政治、经济
等重要设施进行攻击以促进作战目的的达成。战略轰炸的关
键在于对重要地点内的政治、经济、工业等中枢机关进行破坏，
或是直接以空袭杀伤平民，使其产生巨大的恐慌心理，以挫败其
抵抗意志，为此需要频繁以小部队进行袭扰或是以大部队展开大
规模轰炸；(5)飞机部队应密切与地面部队协同作战，抓住时机发
挥航空兵的威力。①

　　上述内容可见，至全面侵华初期日本陆军航空兵的作战任务
中对于敌国空军的歼灭战被列在了第一位。在具体作战形式方
面，日军不断强调"占得先机"这种先发制人的用兵思想以及对于
政治经济要地的战略轰炸，而关东军在全面侵华前制定的对苏、对
华航空作战计划中强调，应当在地面部队展开全面进攻之前由战
略轰炸机部队对中国平津地区、苏联滨海边疆区等地发动先发制
人的攻击，将其航空基地、补给修理设施和作战物资彻底破坏，以
此压制苏联空军及中国空军的活动，并以战略轰炸的形式动摇中
苏在各个区域内的政治中心。② 日本陆军的航空作战思想与关东
军的作战计划高度契合。直接以平民为目标的无差别轰炸被日军
堂而皇之地记载到了用兵思想中，日军强调无差别轰炸可以打击
民众的抗战意志，这种作战理念早在锦州轰炸中便已得到了关东

---

① 「秘密書類調製配布に関する件」、「JACAR（アジア歴史資料センター）Ref.
　C01007657400、昭和 12 年『陸機密大日記 第 1 冊 2/2』」。
② 「第 1 款　戦略的観察」、「JACAR(アジア歴史資料センター)Ref. C13010249700、満
　洲に関する用兵の観察　第 3 節　航空作戦　昭和 9～20 年」。

军飞行队的实践。此外，配合地面部队协同作战成为航空部队的主要任务之一，这一作战形式在热河事变中也已经得到了大规模实战练习。上述事实进一步验证了关东军在东北的航空实战对日本陆军航空用兵思想发展带来的影响。

第三章 "一·二八"事变与日军对长江三角洲空域的侵略

第一节 日本对长三角地区空中侵略之准备

九一八事变爆发前,日本航空部队侵华活动的重点在华北及东北地区,这一区域也是日本陆军所负责的航空布局区域。从任务划分来看,包括长江流域及东南沿海在内的华南地区是海军负责进行航空布局的区域,但是日本海军在这一区域的航空布局却并未能按照其意愿全面展开。

1926 年 5 月日本海军在执行佐世保基地至上海的渡海飞行之前,曾选择吴淞地区作为飞机的降落区域,并就这一问题与孙传芳进行多次协商,最终实现了其目的。① 这也证明日本海军曾积极寻找长江流域的航空基地以为其将来的侵华行动服务。但是不同于日本陆军在华北及东北地区占据强势地位的情况,中国沿海地区及长江流域不仅列强势力错综复杂,更是南京国民政府政治、经济

---

① 「8. 海軍機ノ佐世保、青島、上海間飛行ノ件」、「JACAR(アジア歴史資料センター)Ref. B07090046900、帝国陸海軍航空関係雑件(5-1-1-0-27)」。

核心地带,日本海军在此地谋取航空基地的计划势必寸步难行。

　　"济南惨案"结束后,南京国民政府制定了一系列抗日宣传方略,并决定实施对日经济绝交,①这意味着中日关系进一步走向恶化,日本军机也难以像北洋政府时期一样通过协商进入中国。在发展国内航空的问题上,南京国民政府选择积极与欧美势力进行合作。1929年,国民政府派遣孙科与美国进行谈判并缔结契约,将上海至汉口、南京至北平、上海至广州的3条航空线交予美方经营,后国民政府另派交通部部长王伯群与美方重新订立合同,将美方独占经营的航空公司改为中美合办的"中国航空公司"并由中方持股55%,公司的管理层主要由中国人担任。至1932年7月,中国航空公司已拥有14架飞机并开辟了上海—汉口—重庆—成都航线。② 同样是在1929年,南京国民政府外交部与德国汉莎航空公司成立了中德合资的"欧亚航空公司",该公司中方持股过半,管理层及人事工作也参照中国航空公司相关规程。在业务方面,至1932年7月,欧亚航空公司已经开辟了上海—南京—济南—北平—满洲里和上海—南京—山东—河南—陕西—甘肃—新疆塔城2条长距离航线。③ 上述事实证明,在南京国民政府的主导下,中国方面正以中外合资的形式稳步开拓国内航空线路,特别是在经营过程中中方注意以各种手段尽力维护国家主权,保证对于航空

① 吴文浩:《应付的外交——日本出兵山东与中国南北政府的应对》,《近代国际关系史研究》2015年第1期,第128页。
②「7.国内各地間連絡関係/分割2」、「JACAR(アジア歴史資料センター)Ref.B10074814500、各国航空運輸関係雑件/支那ノ部　第2巻(F-1-10-0-6-7-002)」。
③「7.国内各地間連絡関係/分割2」、「JACAR(アジア歴史資料センター)Ref.B10074814500、各国航空運輸関係雑件/支那ノ部　第2巻(F-1-10-0-6-7_002)」。

公司的控制力。在这种原则下,曾经一手制造"济南惨案"的日方如果想要通过"合办航空"的形式来将其空中势力引入中国是极为困难的。

1928 年 10 月,日本航空输送会社成立,日本政府为其制定的发展计划中要求其于 1929 年开始打通福冈至上海的航线。但是随着 1929 年中国航空公司的成立,美国资本开始插手中国航空事业,这令以美国为主要对手且与美国有在华殖民利益冲突的日本当局极为不安,其认为一旦美方资本在上海、南京等地设立机场,将会直接对日本本土构成军事威胁,此外,美国借开辟航线的契机将其航空势力延伸到了汉口一带,这就导致日方担忧整个长江流域都有可能变为美军的空军基地。[1] 为了避免中国沿海地区的航空权益被美国独占并以此形成对日本的军事威胁,同时为了在长江流域获得航空据点,日方也准备与中国进行"合办"航空业务以求打通福冈至上海航线并将日本航空势力引入长江流域等中国政治经济核心区。

1930 年 8 月,日本陆军、海军、外务、递信四省召开联席会议并通过决议,认为应尽快开辟日本与邻国之间的国际航空线路。会议结束后,1930 年 9 月日本政府要求位于上海的中日实业有限公司参考中美、中德航空公约,尽快制作《中日航空公司组织大纲》。10 月 23 日,日本外务省亚细亚局局长有田八郎要求驻华代理公使重光葵与南京国民政府进行协商以促成中日合办航空事业。[2] 日

---

① 「分割 1」、「JACAR(アジア歴史資料センター)Ref. B10074816600、各国航空運輸関係雑件/支那ノ部/米支航空契約関係 第一巻(F—1—10—0—6—7—1_001)」。

② 「分割 3」、「JACAR(アジア歴史資料センター)Ref. B10074868100、本邦、各国間航空運輸関係雑件/上海、福岡間航空連絡関係(借款関係ヲ含ム) 第 1 巻(F—1—10—0—14—2_001)」。

本方面对尽快开辟中日航线的急迫之情可见一斑,但是中国政府在与日方的交涉过程中却表现得极为冷淡。日方记载显示"自1931年开始,日本空输会社就与中国政府当局交涉开辟日本至中国的航空线路问题……双方一直未能达成一致意见,同年秋'满洲事变'的爆发更是导致相关交涉陷入停顿。"①由此可见,在九一八事变爆发之前,中日有关福冈至上海航线问题的交涉就已经处于毫无进展的境地,而事变的爆发更是导致了交涉进程的搁浅。

1933年10月,日方认为九一八事变及"一·二八"事变对于中日关系的影响已经平息,驻华全权公使有吉明遂与欧亚航空公司经理李景枞进行会谈,请求由其牵线与南京政府交通部重开交涉福冈至上海航线事宜。1934年5月李景枞与日本驻南京领事须磨弥吉郎进行会谈并转达了交通部部长朱家骅的意见,认为中国目前尚未开展任何国际航空业务,因此从各方面因素考虑,将开辟中日跨国航线的工作摆在首位显得尤为困难,从中日两国关系现状来看达成航空协议也为时尚早。特别是"一·二八"事变期间,日本飞机在上海地区的空袭行动给当地民众造成了极其恶劣的印象,除了交通部之外国民政府内部的其他部门也担心日本会利用航空协定侵犯中国领空。② 可见,不论是从国际关系、国家利益还是从民族情感考虑,中国政府都不可能同意日方开辟福冈至上海航线的请求。有关合办航空及开辟航线的问题,1934年之后中日

①「1.航空路 自昭和8年 至昭和11年 日支航空関係 廃兵器保管転換の件訓令中改正の件(1)」、「JACAR(アジア歴史資料センター)Ref. C05035047000、公文備考 昭和11年 G 航空 巻7」。
②「1.航空路 自昭和8年 至昭和11年 日支航空関係 廃兵器保管転換の件訓令中改正の件(2)」、「JACAR(アジア歴史資料センター)Ref. C05035047100、公文備考 昭和11年 G 航空 巻7」。

双方也进行了长期交涉,但是随着日本全面侵华步伐的加快,在交涉过程中日方的态度也愈发蛮横无理。面对这种情况,中方表示只有在解决中日大悬案的前提下,才能再讨论开辟跨国航线这种"小问题"。① 这也证明中日航空问题的相关交涉实际上已经走入了死胡同,直至全面侵华战争爆发,日本也未能实现使其航空势力进入长江流域的目标。

日军虽然未能在长江流域安插航空据点,但是对中国空军情报的搜集工作却并未松懈。早在 1928 年的"济南惨案"期间,日军便已经对国民革命军的空军实力进行了评估,指出国民革命军只有 1 架从张宗昌处虏获的飞机且难以用于作战,因此其空军实力比北洋军阀更弱。② 可见,此时中国中央空军的力量完全无法对日军构成威胁。

北伐战争结束后,1928 年 8 月 14 日召开的国民党二届五中全会上通过了《整理军事案》,提出"海军空军及军港要塞及建筑,均为重要……空军尚无基础,今后之国防计划,必须实事求是,发展海军,建设空军",并将航空署与陆军署、海军署并列为军政部下属的平级机构,③这些动作都显示出了南京国民政府对于发展空军的重视。在 1928 年 11 月航空署成立之后,中国空军将所有作战力量整编为 2 个航空队,1929 年 6 月空军的规模进一步扩大,蒋介石成

① 「1.航空路 自昭和 8 年 至昭和 11 年 日支航空関係 廃兵器保管転換の件訓令中改正の件(7)」、「JACAR(アジア歴史資料センター)Ref. C05035047600、公文備考 昭和 11 年 G 航空 巻 7」。
② 「北支那航空事項調査報告送付の件(9)」、「JACAR(アジア歴史資料センター)Ref. C04021739900、陸支密大日記 第 5 冊 昭和 3 年」。
③ 昌度:《军声日志(八月份):十四日:中央第五次大会本日对于整理军事案决议如下(附图表)》,《军事杂志(南京)》1928 年第 4 期,第 10—11 页。

立了中央军航空大队司令部,空军作战力量也整编为 4 队 32 架飞机,此时的中国中央空军已经初具规模。① 在实战经验方面,中央空军于 1929 年的蒋桂战争和 1930 年的中原大战期间表现活跃,特别是在中原大战中,空军的编制进一步扩大为 8 个航空队和 1 个侦察机队。在作战期间中央空军在近半年的时间内于河南、山东、安徽、河北、湖北等广阔的区域上几乎同时展开作战,演练了编队轰炸、对地侦察、空中战斗等多种形式的航空战术。自 5 月 27 日起,中央空军对西北军展开了轮番轰炸,共投掷大小炸弹数百枚;5 月 23 日,其击落一架晋军飞机;5 月下旬,空军与地面部队进行了长时间的协同作战等。② 相较于此前的军阀空军,中央空军不仅规模更大,其在技战术水平和战斗意志等方面也更为强大,军阀空军在作战中往往仅能起到威吓敌人的作用,而中央空军则开始向着适应现代化立体作战的方向发展。

中国空军在规模和技战术水平方面的迅速发展也引起了日军的注意。日军于 1927 年开始制作的《中国军事关系杂件》分不同兵种对各年度中国军队的发展程度和实力水平进行评估,1927 年的第一部《中国军事关系杂件》中日军仅对中国陆海军的情报进行了分析③,1928 年 1 月的第二部中则着重调研奉军和张宗昌军空军作战水平④,而在 1930 年 12 月制作的第三部《中国军事关系杂件》中已经开始出现中央空军的情报。日本驻华使馆武官在文件

---

① 高晓星:《民国空军的航迹》,第 110 页。

② 高晓星:《民国空军的航迹》,第 124—132 页。

③ 「JACAR(アジア歴史資料センター)Ref. B04010606100、支那軍事関係雑件 第一巻」。

④ 「3. 空軍」、「JACAR(アジア歴史資料センター)Ref. B04010607400、支那軍事関係雑件 第二巻(C－1－0－0－C1_002)」。

中就中国空军飞行队的配置和南京飞行学校的人才培养情况进行了报告,日军指出当前中央军飞行队的第1队位于汉口,第2、3队位于南京,第5队位于南昌,第6队位于郑州,第7、8队位于广州。[①] 这证明日军不仅开始重视搜集中央空军情报,而且对于其配置情况等重要信息也做到了如指掌。

1931年底制作的第四部《中国军事关系杂件》是"一·二八"事变爆发前日军制作的最后一部有关中央空军的情报集,因此也可以视为事变之前日军对于中央空军实力的基本认知。日军在报告中指出南京政府为改变空军落后的局面正在努力扩充军备,仅在1930年4月至10月,其向美、英、德等国签约购买的飞机数量就达到了186架,至1930年6月,中央空军共有各型飞行48架,此外,自1931年开始南京政府财政部每月向航空署支出50万元以支持其继续扩大空军规模。从发展速度来看,假以时日中央空军的规模必将迅速扩大。广东空军也在积极扩充航空实力,至1929年7月,广东空军已经收到了从美、德、法等国订购的各型飞机32架,其主力第1飞行队共拥有各型飞机12架,驾驶员60余人。[②] 除了拥有较强实力之外,广东空军也极富抗日热情,如九一八事变爆发后,西南空军总司令张惠长曾派遣空军第1大队司令黄光锐等人驾机至广东各处募集抗日捐款,并表示"任令暴日飞机轰炸城市而不加抵抗,殊为全国军人之奇耻……我空军……呈请国府,下令援

---

① 「3. 空军」、「JACAR(アジア歴史資料センター)Ref. B04010608300、支那軍事関係雑件 第三巻(C−1−0−0−C1_003)」。

② 「4. 空军」、「JACAR(アジア歴史資料センター)Ref. B04010609100、支那軍事関係雑件 第四巻(C−1−0−0−C1_004)」。

黑"①,证明广东空军愿意与中央空军合作抗日,一旦双方合流则日军在长江流域及华南沿海的航空作战将会面临较大的空中压力。除了实力上的迅速增长,日军也注意到南京国民政府正在将分散于各地的航空力量集中于作为其统治核心的长三角等东部沿海地区,如1929年6月南京国民政府计划请法国军官协助其在上海成立飞行学校及工厂,1931年2月国民政府将位于福建马尾的海军飞机制造处转移至上海。② 此外,1931年12月国民政府开始将位于南京的中央航校转移到杭州笕桥。③ 上述行动证明,长三角地区正在被打造成中国空军的战略大本营,此地在未来的战争中也会成为中日空战的主战场。

　　虽然在"一·二八"事变之前日军费尽心机仍未能在长江流域取得一处永久性航空基地,但是日军在其他方面的航空布局工作并未中断。随着中国空军作战飞机数量的增长以及技战术水平的提高,日军也逐渐意识到搜集中央空军情报的重要性,至事变爆发之前,其已经掌握了中央空军的兵力配置、飞机性能以及部分航空要点的情报,虽然这些数据尚不充分,但也为"一·二八"事变之前日军评估中国空军的战斗力提供了重要参考。在事变结束后,随着中国空军的飞速发展以及日军侵华脚步的加快,日军也进一步深化了对中央空军的情报搜集工作。

---

① 「4.空軍」、「JACAR(アジア歴史資料センター)Ref. B04010609100、支那軍事関係雑件 第四巻(C—1—0—0—C1_004)」。

② 「4.空軍」、「JACAR(アジア歴史資料センター)Ref. B04010609100、支那軍事関係雑件 第四巻(C—1—0—0—C1_004)」。

③ 「10.航空事業関係　航空学校ヲ含ム/分割1」、「JACAR(アジア歴史資料センター)Ref. B10074814900、各国航空運輸関係雑件/支那ノ部　第2巻(F—1—10—0—6—7_002)」

第二节　"一·二八"事变期间日本海军航空队的侵略暴行

一、九一八事变后日本海军的对华态度

　　九一八事变爆发之后,日本海军内部的激进派军官曾准备协助陆军共同"解决"事变,在 1931 年 10 月 8 日关东军轰炸锦州之后,陆军参谋本部作战科科长今村均就曾向海军军令部第 1 科科长近藤信竹请求派遣舰艇至山海关以协助陆军作战。近藤接受了今村的请求并制订了派遣一艘巡洋舰和一艘航空母舰至辽东外海的作战计划。① 但是在 1931 年 10 月 6 日的内阁会议上,海相安保清种对于解决事变的态度极为消极,其表示海军的重点将放在长江流域及华南地区。② 这也证明,相较于参与东北地区的作战,日本海军更倾向于在其传统势力范围内有所动作。

　　随着九一八事变的爆发,中国开始了长达十四年的抗日战争。关东军在东北地区的侵略行动和战争罪行使中国人民对日本帝国主义的愤怒之情达到了前所未有的高度,抗日及对日宣战的呼声日渐高涨,各地的抗日救国会也纷纷成立。进入 1932 年,特别是"一·二八"事变爆发之前,上海各界对日态度越发强硬,各个救亡组织的抗日活动此起彼伏,如 1932 年 1 月 8 日"上海各大学教授抗日救国会"通电全国要求国民政府抗日救亡;③1 月 10 日上海市民

---

① 樋口秀実『日本海軍から見た日中関係史研究』、155 頁。
②「満洲事変作戦指導関係綴　10 月 9 日」、「JACAR(アジア歴史資料センター)Ref. C12120005200、満洲事変作戦指導関係綴 其の1 昭和 6 年 9 月 19 日~6 年 10 月 31 日」。
③《各大学教授抗日会要求政府四项》,《申报》,1932 年 1 月 8 日,第 13 版。

抗日救国会成立,该组织要求国民政府立即出兵抗日,并严令张学良收复失地。① 除了发表抗日言论之外,上海各界抵制日货的行动也沉重打击了日商企业,如沪西戈登路日商同兴第一纱厂因抵制日货运动而营业额一落千丈,于是日本资本家变本加厉剥削工人,激起了该厂工人的激烈反抗。② 由于抵制日货运动的持续,日商经营极端困难,"本埠我国棉织业界,对于日货原料,均以英货代替,日厂出品,一时无法销售,经营确曾受一度剧烈之打击"。③ 由此可见,在抗日风潮的影响下,不仅中国社会各界武装抗日的呼声愈发强烈,日本在华经济活动也受到了沉重打击。

对于中方的抗日行为,日本海军指出"长江流域方面的'排日侮日'已经成了日常行为,因此我国在精神层面和物质层面所遭受的打击不可谓不小。中日之间在经济方面的利害关系极大,对华贸易占到了日本贸易总额的四成,每年的贸易额高达四五亿日元,而长江流域特别是上海方面又占到了对华贸易额的一半,由于中国方面不正当的抵制行为和来自官民两方的压迫,给我国经济造成了严重损失……是可忍孰不可忍。"④由此可见,对于日本海军来说,其挑起"一·二八"事变的根本原因在于日本在长江流域的经济利益受到了抗日活动的打击。除了经济因素之外,日本陆军在东北地区作战进展之顺利也大大助长了海军发动军事冒险的野心。1931 年 11 月,海军省军务局科员田结穰在对长江流域进行视察之后指出"驻中国的海军官兵在得知陆军在东北地区的作战情

---

① 《市民救国会昨日成立》,《申报》,1932 年 1 月 11 日,第 9 版。
② 《日商同兴纱厂纠纷》,《申报》,1932 年 1 月 10 日,第 14 版。
③ 《日纱厂应付月赏工潮》,《申报》,1932 年 1 月 17 日,第 14 版。
④ 「上海事変に於ける第 1 航空戦隊の行動に就て　第 1 航空戦隊司令部」、「JACAR(アジア歴史資料センター)Ref. C14120099100、昭和 7 年　上海事変関係綴」。

况之后,也都表现得跃跃欲试",海军次官左近司更是表示"陆军在东北采取了这么大的行动,这次也该轮到海军在南方搞点动作了。"①这些事实也证明日本海军急于通过在长江流域制造事端打击中国的抗日活动,以维护日本的殖民经济利益,并证明海军的"军事价值"。

在军事实力方面,日军在上海地区也维持了一支规模可观的地面、水面力量。早在 1927 年,日本便利用出兵干涉国民革命军北伐之机,派遣特别陆战队入驻上海,至 1929 年该陆战队已经成了日本海军在长江舰队的一个组成部分,这证明在长江流域,特别是上海方面,日本海军的军事力量已经站稳了脚跟。② 在"一·二八"事变爆发之前,上海方面的日本海军兵力已经包括巡洋舰 1艘、驱逐舰 16 艘、水上飞机母舰 1 艘("能登吕"号,水上飞机 8 架)和海军陆战队 3 个大队③,正是以这种规模的兵力为依托,日本海军才敢于在上海方面挑起战端。

二、日本海军航空队的作战部署

在航空兵力调动方面,1932 年 1 月 29 日,日本海军向第 1 航空战队(包括航母"加贺"号和"凤翔"号,以下简称"一航战")下达了出动命令,1 月 30 日"一航战"到达马鞍列岛(舟山群岛附近),1月 31 日海军命令"一航战":"从明天开始即身处敌占区,要严加戒备,特别是对空防御要确保万无一失,'凤翔''加贺'号的战斗机要随时准备与敌人空军交战。"2 月 1 日,对其下达战斗准备命令,2

---

① 樋口秀実『日本海軍から見た日中関係史研究』、161 頁。

② 李少军:《论八一三事变前在长江流域的日本海军陆战队》,《近代史研究》2014 年第 5期,第 130 页。

③ 日本海軍航空史編纂委員会『日本海軍航空史(4)戦史編』、81 頁。

月 2 日即下达开始作战的命令。① 由此可见,该部队从出动到投入实战前后不过花费了 4 天左右,如果是日本海军临时起意将航空部队投入实战,则很难在如此短的时间内完成战斗准备并投入实战,这也从侧面证明在"一·二八"事变爆发之前,日军就早有将航母及舰载机部队投入侵华实战的打算。

在"一·二八"事变期间日本海军投入的航空兵力如下所示:

航母"加贺"号:3 式舰载战斗机 16 架

13 式舰载攻击机 32 架

航母"凤翔"号:3 式舰载战斗机 10 架

13 式舰载攻击机 9 架

水上航母"能登吕"号:14 式水上侦察机 8 架

巡洋舰"由良"号:90 式水上侦察机 1 架

合计:76 架②

这种兵力配置已经超过了热河事变中关东军所使用的合计 60 架飞机的航空兵力,"一·二八"事变是日军在全面侵华战争爆发之前投入兵力最大的航空作战。

在中国军队方面,1932 年 2 月 5 日航空第 6、第 7 大队的 9 架飞机飞抵上海虹桥机场进行增援,至 2 月 25 日中国空军又增派 25 架各型飞机分批入驻杭州笕桥机场。可见,整个"一·二八"事变期间,中国空军的兵力远少于日本海军航空队,且相较于日军,中国空军机型复杂,仅参战的这 30 余架飞机就来自美、英、德 3 国的

①「上海事变に於ける第 1 航空戦隊の行動に就て　第 1 航空戦隊司令部」、「JACAR(アジア歴史資料センター)Ref. C14120099100、昭和 7 年　上海事変関係綴」。

② 日本海軍航空史編纂委員会『日本海軍航空史(4)戦史編』、78 頁。

6 家生产商,这也给后勤带来的巨大压力。此外,在性能方面,两军飞机的具体数据如下:

表 3-1 "一·二八"事变期间中日两国飞机性能对比

型号(中方)	发动机马力	最大速度(km/h)	最大升限(米)	武装
德国容克公司 K-47 战斗机	525	290	8 400	7.7 毫米机枪×2
英国布莱克本公司林考克 MK.8	270	264	8 100	7.7 毫米机枪×2
美国波音公司波音 218 型战斗机	500	304	8 534	7.7 毫米机枪×2
美国 Waco 公司	250	209	—	7.7 毫米机枪×2
美国 Chance Vought 公司 V-85C 侦察/轻型轰炸机	450	237	6 250	7.7 毫米机枪×2
美国道格拉斯公司 O-2MC 侦察轰炸机	—	212	6 500	7.7 毫米机枪×2
3 式舰载战斗机	520	239	7 400	7.7 毫米机枪×2 30 千克炸弹
13 式 3 号舰载攻击机	600	198	4 500	7.7 毫米机枪×1 18 英寸鱼雷或 240 千克炸弹
14 式水上侦察机	485	189	4 000	7.7 毫米机枪×2 30 千克炸弹

资料来源:陈应明、廖新华:《浴血长空——中国空军抗日战史》,北京航空工业出版社,2006 年,第 7 页。

上述数据可见,中国空军所装备机型的各项性能指标相较于日军飞行并不存在较大差距,部分数据还具有优势,但是有学者指出中国空军在"一·二八"事变中落于下风的原因在于动员能力不足、情报搜集能力不足和飞行员技术水平不高等方面。① 这体现的其实是中日两国航空部队在体系、组织、训练等制度层面的巨大差距，这种差距绝非个别飞机参数上的优势所能弥补。对于日军来说，这样一支硬件上具备一定实力和规模，但是整体素质逊于己方的空中力量正是其用来实战练兵的绝佳对象。

三、"一·二八"事变中日本海军航空队的作战行动

1月29日，日本海军第1遣外舰队司令盐泽幸一命令停泊于上海外海的水上飞机母舰"能登吕"号于凌晨3点20分发动空袭，该舰飞行员驾驶两架14式水上侦察机于凌晨4时左右抵达闸北上空，随后通过无线电与地面的日本海军陆战队进行联络，由其指示轰炸目标。日军飞机的首批攻击目标为商务印书馆和湖广会馆，日机共向商务印书馆投弹22枚，其中有19枚炸弹命中目标并引发大火。② 据商务印书馆统计，日军轰炸造成的损失高达1 600万元。③ 在完成了第一波次的轰炸之后，自1月29日凌晨至下午15时29分，"能登吕"的舰载机分9批次对闸北中国军队阵地、北车站附近装甲列车、沪宁铁道等目标进行了密集轰炸。④ 可见，除了第一次轰炸目标之外，日军其余的目标都选定为阵地或相关军事设施，日军在作战指导思想

---

① 陈应明：《浴血长空——中国空军抗日战史》，第6页。
② 「上海に於ける能登呂及飛行基地視察報告/第2　爆撃の効果」、「JACAR（アジア歴史資料センター）Ref. C14120136500、昭和7年　支那事変軍事調査関係（委員会.上海方面出張報告　河村少将外）」。
③ 「3.上海事件ニ依ル商務印書館ノ損害見積高ニ関スル件 昭和七年三月」、「JACAR（アジア歴史資料センター）Ref. B05016152300、参考資料関係雑件 第二巻」。
④ 日本海軍航空史編纂委員会『日本海軍航空史（4）戦史編』、97—98頁。

中曾表示:"上海是情况复杂的国际都市,包括日本租界在内的各国租界错综复杂,而且轰炸目标需要严格限定为军事目标,如果炸弹落入租界内将会引起国际问题,因此第一波攻击需要特别谨慎小心。"①从这段记述来看,日军似乎明确规定不得攻击军事目标之外的设施,但是其对商务印书馆的轰炸证明这种规定纯属一纸空文。

　　日军轰炸商务印书馆的暴行揭开了"一・二八"事变中日本海军航空队军事行动的序幕,这种无视国际法轰炸民用设施的战争罪行也受到了中国方面的强烈谴责,《申报》曾批判日军"飞机掷弹、放火,昼夜不息,市民惨遭荼毒,绝无人道,且将中国文化有关之商务印书馆焚毁,古版国书,盛付一炬,纵云正式作战,亦不应野蛮至此"②,"教育部电云:商务印书馆鉴,沪上日人暴行,商务印书馆暨东方图书馆,同罹浩劫,我国重要文化机关,横遭摧毁,闻讯之下,惋惜弥深"③。正如盐泽幸一所言,"烧毁闸北几条街,一年半年就可恢复,只有把商务印书馆这个中国最重要的文化机关焚毁了,它则永远不能恢复"④,这证明日本海军已经有计划地将其航空兵器用作执行战争犯罪的道具,也再次证明其航空战术战法中充满了无差别轰炸等不人道的战争思维。

　　"一・二八"事变期间,日本海军航空队的作战行动主要围绕夺取制空权、对地轰炸及协同作战等几个大方面展开。

　　1. 事变期间日军对于制空权的争夺

　　"一・二八"事变爆发后,中国空军的青年军官以高昂的抗日

---

① 日本海軍航空史編纂委員会『日本海軍航空史(4)戦史編』、97 頁。

②《美国主持公道》,《申报》,1932 年 1 月 31 日,第 6 版。

③《教育部电慰商务印书馆蒙难》,《申报》,1932 年 2 月 13 日,第 2 版。

④ 迟海凌:《试论侵华日军对中国文化的侵略,破坏与掠夺》,硕士学位论文,河北师范大学,2008 年,第 6 页。

热情投入到了与日本海军航空队的作战中。2月5日,中国空军的临时指挥官沈德燮下令:"各飞行队于高昌庙、闸北、吴淞一带我军阵地上空进行飞行警戒,并对日军散布传单,任务结束后于杭州笕桥机场进行集结。"①这一命令标志着中国空军于2月5日正式投入对日作战。同日,中日两国空军爆发了首场空战。当日上午10时45分左右,日军平林大尉指挥的2架攻击机和3架战斗机(均为"凤翔"号舰载机)于真如上空对中国地面部队进行扫射,10时45分左右,中国空军的3架可塞型战斗机从日机上方对其发起突袭,双方短暂交锋后中国飞机后撤。随后日机打散阵形对真如地区的中国军队阵地展开轰炸,正在空中对日机进行监视的中国空军抓住时机,于11时10分左右再度与日军平林飞行队展开空战,11时35分左右战斗结束,此战导致中国空军驾驶员朱达腹部受重伤,飞机严重受损。中国空军第6大队副队长黄毓全驾驶朱达飞机升空作战,因飞机故障不幸坠毁牺牲,这也是十四年抗战期间中国空军首位在战斗中牺牲的驾驶员。②2月19日,美国波音公司试飞员罗伯特·肖特驾驶该公司出口至中国的新型飞机从上海虹桥转移至南京机场,在飞行至南翔上空附近时遭遇日机拦截。战斗中,肖特以一己之力对战日军所茂八郎大尉指挥的3架战斗机,通过发挥新机型的速度与升限优势有效地牵制了日军飞机。肖特的精湛技术与中国空军优秀新机型的出现令日本海军航空队大为紧张,为了击落肖特机,日军于2月20日及21日接连组织由3架战斗机和3架轰炸机组成的大编队对苏州方面进行侦察警戒。22日下午4时许,日军编队于苏州上空发现肖特机,遂立即对其展开进攻。在交战

① 日本海軍航空史編纂委員会『日本海軍航空史(4)戦史編』、95頁。
② 陈应明:《浴血长空——中国空军抗日战史》,第2页。

中,肖特以一敌六,虽处于绝对劣势但依然英勇作战,击毙了日军战斗机小队队长小谷进大尉,并击伤日军机枪手一名,最终肖特寡不敌众,座机被日军击落而壮烈牺牲。[①] 为纪念肖特义士的功绩,中国方面于 2 月 24 日在上海万国殡仪馆对其进行了盛大的公祭,肖特面对气焰嚣张的日军勇敢应战的事实也证明日本帝国主义挑起的侵华事变激起了各国有识之士的强烈反对。

　　为彻底夺取上海战场的制空权,通过打击中国空军航空基地以迫使其退出战场也是日本海军航空队的重要作战任务。日军战前情报显示,上海虹桥机场及苏州机场、南京大校场机场、杭州笕桥机场都是中国空军的主要战略集结地。因此,随着 2 月 22 日肖特及新型战斗机对日机威胁的解除,2 月 23 日日军对苏州机场和上海虹桥机场展开了大规模空袭,具体过程如下表所示:

表 3-2　日本海军航空队对苏州机场及虹桥机场空袭情况表

日期	时间	作战飞机数量	目标	详情
2 月 23 日	7:45—9:02	攻击机 3 架	苏州机场	空投炸弹 1.44 吨,彻底摧毁机场中央部分及机库
2 月 23 日	8:45—10:00	战斗机 3 架	苏州机场	对轰炸虹桥的攻击机队进行掩护
2 月 23 日	8:50—11:30	攻击机 6 架	虹桥机场	空投炸弹 2.52 吨,彻底摧毁机场中央部分及机库,对机场造成巨大破坏

　　资料来源:「鳳翔機密第 68 号の3の2　功績概見表　鳳翔艦長海軍大佐　堀江六郎」、「JACAR(アジア歴史資料センター)Ref. C14120100800、昭和 7 年　上海事変関係綴」。

---

①「上海事変に於ける第 1 航空戦隊の行動に就て　第 1 航空戦隊司令部」、「JACAR(アジア歴史資料センター)Ref. C14120099100、上海事変に於ける第 1 航空戦隊の行動に就て　第 1 航空戦隊司令部」。

　　上表可见,日军对苏州、虹桥的轰炸使机场设施遭到了严重破坏,中国空军无法再利用这两处机场对上海地区的日军地面部队和水面舰艇形成直接威胁,但是长三角地区的南京及笕桥机场依旧集结有大批中国空军作战飞机,此时的日军仍未全面掌握战场制空权。

　　为了应对日本海军航空队的威胁,2月10日开始,广东空军的飞机北上支援上海并于南京机场集结。对于日军来说,逐渐完成集结的中国空军是其航空作战的巨大威胁,而且有情报称中国空军准备轰炸日军航母编队,这更是日军无法容忍的。因此日本驻南京武官于2月12日对南京政府威胁称:"我方获知广东空军飞机将以南京为基地并展开军事行动,从战术角度来看,我军有必要轰炸摧毁南京的飞行设施,如果中国空军轰炸位于下关的日军军舰,则我军舰有必要对南京展开炮击,如此一来南京有可能化为一片废墟。有鉴于这一情况,我军郑重对南京政府提出警告。"①面对日军咄咄逼人的威胁以及轰炸南京有可能造成事变扩大化的危险,南京国民政府只得在保留必要的防卫力量之后将大部分飞机分批调往杭州笕桥机场。至2月25日笕桥机场已经拥有各型作战飞机25架②,此地已成为中国空军展开反击的大本营,这也使日本海军深感威胁。正如1928年的《海战要务令(第三回修正案)》所言"飞机部队的战斗要领为以战斗机部队对敌战斗机部队进行压制,并以攻击机部队对敌舰队进行突袭;我军飞机要抢在敌机之前抢占先机……飞机部队遭遇敌人之时应优先攻击其航空母舰,使其无

---

①「上海事変情報　其の9　(自2月11日至2月12日情况)　支那特報第2号の9　海軍軍令部　昭和7年2月13日」、「JACAR(アジア歴史資料センター)Ref. C14120134700、昭和7年　上海事件(変)情報」。

②陈应明:《浴血长空——中国空军抗日战史》,第4页。

法活动,以便为之后的战斗创造机会;战斗机的任务是攻击敌军飞机并挫败其企图,以使我军飞机的行动更加方便,因此战斗机应尽力搜索并歼灭敌机;攻击机部队的主要任务是对敌主力舰队及航母展开攻击。"①上述航空作战理论虽然是针对海上作战而制定的,但是其核心思想与地面航空作战理论仍然具有一致性,如利用战斗机消灭对方战斗机部队和利用攻击机消灭敌航母以夺取制空权的理论与摧毁敌机场的作战思想本质上是相同的,日军强调在作战中要"抢占先机",这也证明其航空作战将会采取先发制人的战术以尽早获得制空权。正如杜黑在《制空权》中所提及的:"为了征服天空,必须剥夺敌人的一切飞行器,在空中,在它的作战基地或生产中心,一句话,在能找到这些飞行器的任何地方打击它。"②因此,在集结于笕桥基地的中国空军发起大规模进攻之前,先发制人地对其展开打击并从地面上消灭中国空军,同时摧毁中国空军赖以作战的基地是日军所需采取的必要作战行动。

日军于2月21日开始逐渐接获中国空军在杭州地区集结的情报,为了夺取制空权,日军第3舰队司令命令航空部队于2月26日空袭笕桥机场。当日晨,日军由8架攻击机和5架战斗机组成的大编队升空作战,7时25分日机开始对笕桥机场进行轰炸并将机场地面停驻的5架战斗机击毁,随后的空战中日机又击落4架中国空军飞机,此战日军损失2架攻击机。③ 在作战期间,日军共空投30

---

① 立川京一「旧日本海軍における航空戦力の役割」、『戦史研究年報』、2004 年、24—25 頁。

② [意]朱里奥·杜黑:《制空权》,第 22 页。

③ 「上海方面出張任務報告案·3·(一)·(2)·其 2/5.2 月 26 日杭州上空及其附近戦」、「JACAR(アジア歴史資料センター)Ref. C14120143000、昭和 7 年 支那事変軍事調査関係(委員会.上海方面出張報告 河村少将外)」。

千克炸弹 129 枚,为"一·二八"事变期间单日最大的投弹量。经此一战,中国空军损失了近五分之二的战场兵力,为保存实力而不得不撤出了笕桥机场。26 日的空袭之后中国空军再有没有出现在"一·二八"事变的战场上空,日军仅利用一次针对中国机场的突袭行动就掌握了上海乃至整个长三角战区的制空权,其破坏性不可谓不强,这也证明了日本海军长期以来的航空建设培养出了一支战斗力较为凶狠的航空部队。在对 2 月 26 日的作战行动进行总结时,日军指出:"本次行动的作战距离达到了飞机载油量的极限,而且还是对兵力较我军作战部队占优势的敌军基地进行攻击,如果成功便会取得巨大效果,万一失败则局面将难以收拾。"①可见,事变期间日军并不是以确保万无一失的心态进行作战,而是主动设置高危课题,乃至以劣势兵力挑战中国空军,其以中国空军为对手进行实战练兵并测试航空部队战斗力的意图十分明显,正如日方在战后总结所言:"(我军)获得了对地面目标进行轰炸以及空战的经验……参战的所有飞行员几乎都经受了战火的洗礼,此次作战行动的意义十分重大。"②

2. 事变期间日本海军航空队的对地轰炸与协同作战

"一·二八"事变期间,日军投入作战的舰载机为 57 架,其中可以发挥轰炸机作用的舰载攻击机数量达到 41 架③,这证明对重要目标展开轰炸以及协助地面部队必然成为事变期间日军作战行动的重要组成部分。

----

① 「上海方面出張任務報告案・3・(一)・(2)・其 2/5.2 月 26 日杭州上空及其附近戦」、「JACAR(アジア歴史資料センター)Ref. C14120143000、昭和 7 年 支那事変軍事調査関係(委員会.上海方面出張報告 河村少将外)」。
② 日本海軍航空史編纂委員会『日本海軍航空史(4)戦史編』、77 頁。
③ 日本海軍航空史編纂委員会『日本海軍航空史(4)戦史編』、78 頁。

　　早在事变爆发当日,驻扎于上海地区的日军水上飞机编队就曾对商务印书馆及湖广会馆等目标展开过轰炸,由于水上飞机性能低下且载弹量有限,对上海地区密集分布的炮台及阵地、碉堡的破坏效果有限,因此并不适于长期性轰炸行动。1932年2月2日,由"加贺"号和"凤翔"号航母组成的日本海军航母编队抵达马鞍列岛(属舟山群岛,距离上海市区80余公里)并于此驻扎,随后立即展开了对于上海地区重要军事设施的轰炸行动。吴淞炮台扼守黄浦江口,位于日军舰艇溯江而上的必经之路,日军为支援地面部队必须首先攻占该地。2月3日,日军下达作战命令,要求"加贺"号和"凤翔"号航空队各派出9架及4架攻击机,携带30千克制式炸弹对吴淞炮台进行轰炸。[1] 这也揭开了事变期间日军正规轰炸机部队成规模轰炸上海地区的序幕。3日的空袭行动中,日军攻击机对吴淞炮台空投30千克炸弹18枚,准确命中炮台中央部及兵营区域,对相关设施造成巨大破坏。2月4日日军再次命令"加贺"及"凤翔"舰载机部队对吴淞炮台展开轰炸,当日的轰炸中日军共出动各型作战飞机16架并首次将240千克大型航弹投入实战。在作战命令中,日军特意强调"'加贺'及'凤翔'的轰炸部队应与水面舰艇部队及海军陆战队协力攻打吴淞炮台"[2],这也证明陆海空协同作战的战术被日军应用到了攻占吴淞炮台的行动中。在2月4日的作战中,日军第3舰队驱逐舰支队与淞沪炮台展开炮战,第1航空战队派遣的舰载攻击机向炮台内部投掷240千克航弹8枚,导致炮台南半部被彻底炸毁。在4日的协同作战结束后,日军总

---

① 「発令及受令」、「JACAR(アジア歴史資料センター)Ref. C14120100900、昭和7年上海事変関係綴」。
② 「発令及受令」、「JACAR(アジア歴史資料センター)Ref. C14120100900、昭和7年上海事変関係綴」。

结称："3日、4日对于吴淞炮台的轰炸推动了我军的作战进展并压制了敌军的行动,其功绩十分出众。"①为对吴淞炮台展开总攻并占领该地,2月7日,日本海军特别陆战队开始在吴淞铁路栈桥附近登陆并掩护日本陆军混成第24旅团展开登陆行动,日本海军新编组的第3舰队旗舰"出云"号巡洋舰也到达吴淞海域。随着海陆作战力量的就位,日本海军航空队也接到了新的作战命令:"'加贺'号派遣6架战斗机及6架轰炸机对吴淞炮台至吴淞站附近的西岸地区进行侦察、扫射、轰炸,以对我登陆部队上空进行警戒并对吴淞炮台进行轰炸的形式与地面、水面部队展开协同作战;'凤翔'派3架战斗机及3架攻击机着陆于公大基地,与陆战队密切协作并主要对商务印书馆附近中国军队的堑壕机部队进行轰炸;第1航空战队及能登吕飞行队应于7日尽全力对吴淞炮台展开轰炸。"②7日的协同作战中,日本海军航空队出动了40架次以上的作战飞机配合日军地面炮火及舰艇炮击对吴淞炮台展开了狂轰滥炸,吴淞炮台的基础设施被完全摧毁,丧失了对日军发动炮击的能力。经过2月7日的陆海空协同作战,日军解除了其水面舰艇进入黄浦江流域的最大阻碍,为事变期间海军直接支援地面作战以及此后日本陆军实行大规模登陆战创造了先决条件。

2月7日针对吴淞炮台的协同作战结束后,随着日军第9师团登陆于上海地区,协助地面部队展开进攻成为日本海军航空部队的主要作战任务。如2月22日至24日,驻扎于上海公大基地的海

---

① 「支那時局報　上海事件続報　第17号」、「JACAR（アジア歴史資料センター）Ref. C09123201200、昭和6年12月以降昭和7年06月30日まで　支那時局報　第1号」。

② 「発令及受令」、「JACAR（アジア歴史資料センター）Ref. C14120100900、昭和7年上海事変関係綴」。

军航空部队以全部兵力对江湾镇、大场镇的中国军队阵地展开全天候轰炸，并由此推动了日军右翼战线向前推进。在对地支援的过程中，日本海军飞机的轰炸机侦察范围遍布上海至南京及苏州间的铁路沿线，如昆山、太仓、嘉定、浏河、真如、大场、虹桥、龙华、松江等地区，不仅对日军前线部队提供直接支援，更对昆山、真如等中国军队后方据点及重要铁路枢纽进行了破坏，在战略、战术层面都推动了日军作战的进展。① 特别是在3月1日陆军第11师团的七丫口登陆战中，海军航空部队出动多达50架次飞机，通过空投烟幕弹及轰炸扫射等行动压制了中国军队的反击，使日军在几乎没有受到损失的情况下完成了登陆。随后，又协助地面部队拓宽了浏河镇方面的登陆场，轰炸了从闸北及真如方面赶来阻击日军中国军队，此外还彻底摧毁了与第24旅团作战的中国军队的阵地，炸毁了闸北方面的铁路线，使中国军队的后方战线陷入混乱，也保证了日军登陆部队可以在上海站稳脚跟。② 七丫口登陆战结束之后，19路军在兵力上已经完全居于劣势，从3月2日开始，中国军队为了保存实力而逐渐撤出战场。综上所述，在决定战局走向的七丫口登陆战中，日本海军的陆海空协同作战也发挥了关键性作用出现这种情况是因为早在2月26日日军就完全掌握了上海战场上空的制空权，中国空军已经无法对其作战行动造成干扰。从日军"上海派遣军"司令白川义则发布的嘉奖令中也可以看出海军航空队对地面作战产生了何种影响："1932年的上海事变中，第1航空战队前进基地飞行队迅速在上海北端设置了地面基地，在

---

① 「上海事変に於ける第1航空戦隊の行動に就て　第1航空戦隊司令部」、「JACAR（アジア歴史資料センター）Ref. C14120099100、昭和7年　上海事変関係綴」。
② 「上海事変に於ける第1航空戦隊の行動に就て　第1航空戦隊司令部」、「JACAR（アジア歴史資料センター）Ref. C14120099100、昭和7年　上海事変関係綴」。

40 余天的时间内进行了相当活跃的作战。特别是在陆军各部队到达以后,空地之间紧密配合,因地制宜,抓住战机,发挥了巨大的威力……对我军的作战产生了的巨大的贡献,创造了地空协同作战的经典战例,目前,航空队已经完成了其任务并返回了母舰,我在此也对航空队的出色表现深表谢意。"①证明日本海军航空部队作战行动的成绩及协同作战的重要性也获得了日军高层的认可,这也为海军航空部队的进一步发展创造了有利的条件。

四、"一·二八"事变对日本海军航空用兵的影响

"一·二八"事变是日德青岛战役结束后日本海军航空部队首次投入实战,在一个月的作战时间内,日军与装备有现代化飞行器的中国空军进行了多次空战,摧毁了中国空军数座航空基地,并高强度地实践了陆海空协同作战及对地轰炸等高难度战术科目,全面检验了日本海军航空队的战斗力及存在的不足,特别是事变期间美国飞行员肖特的精湛技术以及美军新型作战飞机的高超性能,使日本海军直观地认识到了其与美军之间的巨大差距,这也推动了战后日本海军航空技术的进一步发展。

在对战斗机未来的发展方向进行总结时,日本海军指出事变期间的实战经验表明,其现役的 3 式舰载战斗机的性能极为低下,机型不适合用作部队的空战训练,因此有必要尽快提升海军战斗机的性能。日军规定今后在研发下一代战斗机之前必须首先获得美国海军即将服役的新式战斗机数据。事变期间,肖特驾驶的美军新型战斗机凭借高超的爬升能力多次避开日机攻击,给日军留

---

① 「附録　感謝状　第 1 航空戦隊前進飛行隊」、「JACAR(アジア歴史資料センター)Ref. C14120127200、昭和 7 年　航空研究会関係綴　其の1」。

下了深刻印象,因此日军特别指出,即便新研发的战斗机在速度方面略有不足,也必须保证具备优秀的爬升能力,并保证至少具备172 节以上的航速。① 以此为依据,事变结束后日本海军立即展开了对下一代舰载战斗机的研发工作,至 1936 年 11 月,海军最新型"96 式"战斗机定型服役并投入量产,该机型与事变期间日军使用的"3 式"战斗机性能数据对比如下:

表 3-3 　3 式战斗机与 96 式战斗机性能对比

机型	速度	升限	武装	续航距离
3 式舰载战斗机	242km/h	7 000m	机枪×2、30kg 炸弹×2	605km
96 式舰载战斗机	406km/h	9 450m	机枪×2	705km

资料来源:戴峰:《从零到零——旧日本海军航空兵战斗机装备发展史》,汕头:汕头大学出版社,2011 年,第 12、29 页。

上表可见,96 式战斗机相比 3 式战斗机的性能数据有了显著提升,特别是在升限及爬升速度方面,3 式战斗机爬升至 3 000 米高度需要耗时 7 分钟,96 式战斗机爬升至 5 000 米高度仅需 8 分 37秒,这一事实也证明"一·二八"事变结束后,日本海军战斗机也在按照事变期间实战经验总结出的方向进行发展。

作为日本海军的另一种主力机型,具备对海、对地轰炸能力的攻击机在事变期间承担了大多数空袭作战任务。这也为日军总结下一阶段攻击机的发展方向提供了充足经验。事变结束后,日军指出投入作战的 13 式攻击机在最大速度、巡航速度和航程上都存在短板,特别是该机型巡航速度低下,在巡航过程中如果采取急转弯等飞行动作将会急剧增加燃料消耗,一旦遭遇逆风航向等状况,

----

① 「支那事変航空関係事項調査資料/第 1　飛行機に関する事項」、「JACAR(アジア歴史資料センター)Ref. C14120099600、昭和 7 年　上海事変関係綴」。

其巡航半径将会急剧减少,加之其作战半径只有 120 海里(222.24
公里)①,实际作战中这种短距离的航程只能满足日军舰载航空队
对中国沿海地区的轰炸,为发挥轰炸机部队的战略作用,日军必须
研制长航程的战略轰炸机,这种需求也催生了全面侵华时期肆虐
于华南地区的"96 式陆上攻击机"的出现。

事变期间,日军攻击机部队对中国军队的士兵、堑壕、碉堡、炮
台及城市基础设施等不同目标进行了大规模轰炸,这为其总结不
同类型炸弹在各种情况下的使用效果提供了充足的实战经验
参考:

表 3 - 4　日军对不同类型目标的轰炸策略

目标	使用炸弹
堑壕	15kg 至 30kg 炸弹
密集部队	30kg 至 60kg 的对地轰炸特制炸弹
普通城市	30kg 至 125kg 的燃烧弹或普通炸弹
碉堡、炮台	240kg 以上的大型炸弹
地面威胁	1kg、10kg 或 30kg 的烟雾弹以及燃烧弹

资料来源:「支那事変航空関係事項調査資料/第 2　爆弾に関する事項」、「JACAR
(アジア歴史資料センター)Ref. C14120099700、昭和 7 年　上海事変関係綴」。

上表可见,日军针对不同轰炸目标总结出了最高效的投弹对
策,这也使日军在之后的空袭作战中可以因地制宜发挥轰炸机部
队的最大杀伤力。值得注意的是,日军对燃烧弹这种不人道兵器
的实战效果给予了极高评价,在事变期间,日机曾多次对上海市区
投掷燃烧弹,如 2 月 3 日"敌用飞机在我后方乱掷硫磺炸弹百余枚,

---

① 「支那事変航空関係事項調査資料/第 1　飛行機に関する事項」、「JACAR(アジア歴
　史資料センター)Ref. C14120099600、昭和 7 年　上海事変関係綴」。

将我闸北各地轰炸焚毁。"①3月2日闸北地区"被日机掷弹后,亦起大火,延烧甚烈,入晚更炽,遥见一片通红,火焰万丈,至缮稿时,火势尚有加无已。"②燃烧弹在实战中表现出的杀伤力及对于中国军民的心理威慑使日军认为"在城市战中,燃烧弹的作用是不可或缺的,通过大量投掷30kg至40kg的燃烧弹,可以极为有利地推动作战进展"。③ 这种思维也被其贯彻到了后续的侵华空袭行动中。在次年爆发的热河事变中,日本陆军的轰炸机部队也开始大规模将燃烧弹投入实战,如1933年2月21日"无数日机今晨飞朝阳牤牛营子老烧锅、旧烧锅一带掷燃烧弹,及重磅炸弹轰炸焚烧,人民死伤极多,民房焚毁无数"④,2月26日"董福亭旅长电平称,日军攻入朝阳,前派大批日机飞来轰炸,所投系燃烧弹,落下四处起火,迄二十六午止,城内仍在焚烧中"⑤。可见,在热河事变的攻城战中,日军也肆无忌惮地投掷燃烧弹以杀伤中国军民、摧毁基础设施并打击中方抗战意志,这种做法与"一·二八"事变期间日本海军对于闸北的轰炸如出一辙,也再次从侧面证明日军航空战术战法在经验总结与实践方面的延续性。

除了对飞机及作战兵器等硬件方面的经验总结,"一·二八"事变对日本海军航空发展的影响也体现在用兵思想的发展方面。在1928年制定的《海战要务令(第三回修正案)》中,日本海军将航

①《第六团士卒作战经过》,《申报》,1932年2月3日,第3版。
②《闸北一带又大火》,《申报》,1932年3月2日,第1版。
③「支那事変航空関係事項調査資料/第2 爆弾に関する事項」,「JACAR(アジア歴史資料センター)Ref. C14120099700、昭和7年 上海事変関係綴」。
④《时评 热河问题》,《申报》,1933年2月21日,第6版。
⑤《热河主力战将在凌源建平赤峰间 凌南激战昨晨开始》,《申报》,1933年2月27日,第3版。

空兵集中运用在了"攻击"本身上,其作战的主要目的是通过抢夺制空权,发动奇袭来实现先发制人,其攻击的对象主要是敌军的航母和主力舰。在"一·二八"事变中,日本海军航空队在对地攻击中发挥主要作用的舰载攻击机此前仅仅是被用作攻击敌军航母的兵器,而没有被视为对敌军航空基地、政治经济目标进行轰炸的战略武器,事变的作战经验显示,有必要重新审视海军航空兵及舰载飞行器对于地面目标的破坏性及在陆海空协同作战中能发挥的作用。对"一·二八"事变期间的航空作战经验进行总结之后,海军省于1934年制定了《航空战要务草案》,虽然这份草案未能存世,但是在之后颁布的《海战要务令续篇(航空战之部)》中仍然可以看到"一·二八"事变的航空作战经验对日本海军航空用兵思想发展的影响。

　　"一·二八"事变期间,日本海军航空队的舰载机入驻了日军在上海公大纱厂营设的航空基地,并以此为依托实现了高效率的航空作战,其作战成果也得到了日军高层的高度肯定(见白川义则发布的嘉奖令),这也使日本海军进一步意识到了地面基地对于海军航空作战的重要性,在《海战要务令续篇》中其指出"在开战之初,航空部队应该部署于便于奇袭敌军以及便于应对敌军攻击的地域","开战初期的航空决战应主要交由基地航空部队负责,航空母舰应参加敌人航空兵力薄弱地区的航空决战并借机扩大基地航空队的战果"。[①]由此可见,在争夺制空权方面,基地航空队对日本海军的意义已经超过航母航空队,这也完全符合"一·二八"事变中公大基地航空队担负主要作战任务的事实。

[①]「第2章　航空決戦」、「JACAR(アジア歴史資料センター)Ref. C14121197200、海戦要務令統篇　(航空戦の部)草案　昭和15.3.20」。

　　事变期间,海军航空队通过2月26日对于笕桥机场的空袭,迫使中国空军彻底退出上海战场,这也导致日军掌握了制空权,并为日本海军航空队在此后的军事行动创造了有利环境,这一系列作战行动体现了通过摧毁敌方主要航空基地将敌方航空兵主力聚而歼之的重要性。日军在《海战要务令续篇》中也总结"实施首波攻击的时候要集中打击敌航空兵重兵集团……尽量同时突袭多个敌军的航空目标,将其一网打尽",证明日军已经意识到了对地空袭,特别是消灭敌军航空基地的重要性。对于旧中国这样基础设施落后,工业生产能力较差的国家,航空基地被摧毁就意味着在相当长一段时间内无法进行航空作战,正如日军所言:"若敌机场数量较少且修复机场所需的器材、人力不足的话,则我军应该从敌军的机场开始,依次攻击其飞机起降设施,使其无法使用,并将敌军压缩于某一区域,实现聚歼敌军的目的。"①近代制空权理论的先驱杜黑也明确指出:"真正有效的防空只能是间接的,这是因为摧毁了敌方基地的空中力量从而削弱了敌方空中力量的进攻能力。为达到这个目的最可靠最有效的方法就是摧毁敌方地面基地的空军。支配这种情况的原则:与打下空中飞行的鸟相比,用摧毁地面上的巢和蛋的方法摧毁敌方空中力量更容易奏效。"②日军通过摧毁地面基地来消灭敌空军的作战思维与实践和杜黑的理论不谋而合,这也证明其对于如何正确掌握制空权的理解与现代制空权理论的发展趋势相一致。

　　除了摧毁地面基地及掌握制空权理论的进步之外,通过"一·

---

① 「第2章　航空決戦」、「JACAR(アジア歴史資料センター)Ref. C14121197200、海戦要務令続篇　(航空戦の部)草案　昭和15.3.20」。
② ［意］朱里奥·杜黑:《制空权》,第41页。

二八"事变中对地轰炸的实践,日本海军航空队也意识到了战略轰炸的重要性。在《海战要务令续篇》中,日军进一步总结道:"对战略要地攻击的要点在于随着战况的推移,从战略要求出发,对敌政治、经济、军事等中枢机构进行攻击并使其丧失机能,或是破坏其重要资源,导致其难以继续作战,或是打击敌国百姓的作战意志,使敌军作战出现破绽,或是对敌交通线进行攻击,以阻断其兵力调动及军需品的运输。"①上述作战思想也可以在"一·二八"事变中找到源流。如事变期间日本海军"无区别轰炸居民稠密区域之闸北,该处已遭大火,居民死伤极多"②,体现的正是日军妄图以无差别轰炸摧毁中国人民抗日意志的思想。此外,日军借口中国飞机聚集于南京而准备对中国的政治中心展开轰炸,并且在3月1日的七丫口登陆战中破坏中国军队的交通线,导致中国军队的大后方陷入混乱,这都足以体现此时日本海军航空队已经具备了无差别轰炸及战略轰炸的思维。

从上述变化可以看出,经过"一·二八"事变的实战,日本海军航空队的作战视野已经从海面扩大到了地面,将基地航空兵摆在了争夺制空权主力的位置上,同时认识到了以摧毁航空基地来彻底消灭敌军航空兵力的重要性。相较于1928年的作战指导思想,"一·二八"事变后,日本海军对战略轰炸有了更深刻的理解,海军的攻击机不再仅是对敌舰队进行轰炸的战术力量,而是成了一支负责战略轰炸任务的航空兵。

除了上述内容之外,日本海军还在外国租界林立的上海地区

①「第6章 要地攻撃」、「JACAR(アジア歴史資料センター)Ref. C14121197600、海戦要務令統篇 (航空戦の部)草案 昭和15.3.20」。
②《华约签字各国》,《申报》,1932年1月31日,第3版。

展开了无差别轰炸,这无异于刺激欧美各国的神经,也可视为日本
海军对于欧美列强底线的一次探查。遗憾的是,列强对日本的无
差别轰炸普遍采取了一种息事宁人的态度,整个"一·二八"事变
期间,有美、英、德、法、葡、捷等 11 国在上海的财产遭到了日军的
破坏,如英国就事变期间日本对上海地区的英国资产造成的损失
提出了 77 件赔偿要求,赔款总额为 260 311 美元,而日方仅同意赔
偿 17 450 美元,德国提出了 21 件总计近 43 万美元的赔偿请求,日
方仅同意赔偿 1 件,对于美方的 35 件赔偿请求,日方也仅赔偿 1
件。① 除了列强的经济损失,公共租界内的中国平民也饱受日军轰
炸之苦,如华商永安纺织工厂遭到日军轰炸,炸死中国工人 6 名,
炸伤 14 名,日军声明称"这是海军飞机因过失而投下炸弹,海军方
面承认其过失"②。日本外交当局对此仅表示"歉憾",而美国驻上
海总领事克银汉除了声称"引以为憾"之外并未协调各国采取进一
步举动,国联对于日军的无差别轰炸并没有采取实质性的制止措
施。③ 英国也只是在国联强调日军必须遵守国联盟约和非战公约,
"英美想做的只是调停,而在日本的以强凌弱下,这种调停的结果

---

① 「上海事件第三国人被害要償取扱方ノ件　2　　　上海事件賠償問題(永安紡績第三
　工場ニ関スル件)」、「JACAR(アジア歴史資料センター)Ref. B02030490300、満洲事
　変(支那兵ノ満鉄柳条溝爆破ニ因ル日,支軍衝突関係)/被害救恤関係(昭和八年勅
　令第百四十三号関係)/外国人救恤関係 第一巻」。

② 「上海事件第三国人被害要償取扱方ノ件　2　　　上海事件賠償問題(永安紡績第三
　工場ニ関スル件)」、「JACAR(アジア歴史資料センター)Ref. B02030490300、満洲事
　変(支那兵ノ満鉄柳条溝爆破ニ因ル日,支軍衝突関係)/被害救恤関係(昭和八年勅
　令第百四十三号関係)/外国人救恤関係 第一巻」。

③ 袁成毅:《日本陆海军对华航空初战及其影响(1931—1932)》,《历史研究》2014 年第 3
　期,第 100 页。

正如淞沪停战协定所显示的仍意味着中国承受屈辱。"①英美的态度充满了对日军的妥协退让,由此可见,即便日军的军事行动对列强的在华财产造成了严重损失,但列强仍然对其无差别轰炸等行动采取了忍让的态度,这种态度也在一定程度上助长了日本航空部队在未来军事行动中的不人道行为。

---

① 王立诚、吴金彪:《一·二八事变与英国对中日冲突的立场转变》,《安徽史学》2003 年第 6 期,第 59 页。

第四章　七七事变前日军加紧准备对华大举空袭

　　"一·二八"事变期间,中日空军进行了历史上的首次交锋,两国之间的空战不仅对日本航空部队的发展带来了深刻影响,更使中国军民直观地认识到了中日空军实力之间的巨大差距。蒋介石在 1934 年出版的《国民与航空》一书中曾指出:"一二八之后,日本派航空母舰一只装着一百架飞机,就可把上海闸北区的工业中心完全炸毁,可见空军的价值是如何的重大。"[①]这显示中国领导层对于发展空军的高度重视。日军在 1937 年编纂的《中国军事要览》中指出:"中国空军在 1931 年、1932 年左右实力弱小,基本不会对我军构成威胁,但是随着'满洲事变'及'上海事变'的爆发,中国开始迅速着手整备空军,其主要依靠美国和意大利的力量来发展空军,努力从这两国购入器材、招聘教官、设立航空学校、新设扩张航空工厂并向外国派遣空军留学生。"[②]上述事实证明,自"一·二八"事变结束后,中国发展航空事业的热情空前高涨,空军迈入了高速

---

① 蒋中正:《国民与航空》,上海:现代书局,1934 年,第 42 页。

② 「第 2 章　空軍/第 1 節　概説」、「JACAR(アジア歴史資料センター)Ref. C16120285400、支那軍事要覧　第 5 編(航空)」。

发展期,为掌握中国空军发展进度,日军有必要进一步展开对华谍报工作。此外,日本航空部队为准备对华大举空袭行动,在这一阶段也加快了中国航空地理情报的搜集以及各地侵华航空基地的建设工作。

第一节　日军对中国空军的关注与搜集对华空战所需情报

一、对中国航空救国运动的反应

"航空救国"这一概念早在清末便由中国近代航空先驱冯如提出:"吾闻军用利器,莫飞机若,势必身为之倡,成一绝艺以归飨祖国,苟无成,毋宁死。"①孙中山也极为重视飞机在军事领域的作用,并留下了航空救国的遗训。② 但是由于军阀混战、国力贫弱等因素,航空救国长期停留于理论和宣传层面,直至1933年"一·二八"事变一周年纪念前后,航空救国运动才真正开始付诸实践。1933年的《申报月刊》曾记载:"国人……痛定思痛,起而作航空救国运动,纷纷倡议募捐救国基金,扩充航空队,设立飞机场。但因为没有组织以作整个的计划,所以至今尚少成绩。至今年'一·二八'周年纪念,国人追溯沪战失败的原因在于空军的缺乏。"③为了落实航空救国运动,民间设立航空救国周以进行纪念,并利用各种媒体展开宣传活动;政府层面为统筹民间捐款购机计划,于1933

---

① 吴亮:《航空救国思想的产生与历史沿革》,《西安航空学院学报》2017年第2期,第3页。

② 李汉魂:《特载　奉行国父航空救国遗训:为第五届航空篇作》,《广东省政府公报》1942年总第862期,第2页。

③ 《一月来之中国:亡羊补牢的航空救国运动》,《申报月刊》1933年第3期,第138页。

年 1 月 30 日设立了三项原则:各省按人口及经济状况摊派购置若干飞机的款项,所需现金按一定比例由当地群众和公务员分摊;组织捐款委员会以保管捐款;捐款时限为 6 个月,结束后由各省将款项统一送交中央以购置飞机。① 上述记录证明,自 1 月 30 日之后,中方展开了长达半年的以捐款购机为主要形式的航空救国运动,这种有抗日备战意义的举动自然不会为日方所忽视。

根据 1933 年 1 月 28 日由福冈县知事小栗一雄发给外务大臣内田康哉的报告称:"1 月 26 日从上海归国的本县移动检索员报告称上海点心业经营者 30 余人将会于 1 月 28 日'上海事变'纪念日当天举行捐款购机活动。"此外日方情报指出,在国民政府及国民党中央部门的领导下,中国发展航空的热情正在迅速高涨,上海、南京及其他各主要城市的航空救国运动表现得较为活跃。② 此后在 2 月 2 日由长崎县知事铃木信太郎提交的报告显示,中方发动航空救国运动的深层原因在于国民政府想要通过"一·二八"事变期间飞机对国民造成的影响来借机强化中央军军备,中国高层的言论显示,只有中国国力充实才能实现国家统一,而随着国力充实,中日之间爆发冲突的可能性也越来越高,因此需要以全体国民的力量的来推动空军发展。③

上述两份由日方制作的有关中国航空救国运动的情报有两个

---

① 《一月来之中国:亡羊补牢的航空救国运动》,《申报月刊》1933 年第 3 期,第 138 页。

② 「12. 中華航空救国会並防災委員会関係」,「JACAR(アジア歴史資料センター)Ref. B10074815600、各国航空運輸関係雑件/支那ノ部　第 3 巻(F－1－10－0－6－7_003)」。

③ 「12. 中華航空救国会並防災委員会関係」,「JACAR(アジア歴史資料センター)Ref. B10074815600、各国航空運輸関係雑件/支那ノ部　第 3 巻(F－1－10－0－6－7_003)」。

特点,其一其并非由日本军方间谍或外交官收集,而是来自福冈、长崎两县政府下属的情报人员,这证明日本很早就在中国安插了各种间谍并展开航空情报搜集工作;其二,从两县知事将航空救国运动的情报提交给外务大臣的举动以及其对于相关活动目的的判断可以看出,日方对这一运动采取了较为重视的态度,并且认为相关活动将会带来中国空军实力的提升并影响到未来的中日战争。因此,日方开始动用其布置于中国各地的情报人员,对航空救国运动的开展经过及结果进行细致侦查及评估。

在开展捐款购机运动之后,中国各地纷纷成立了捐款委员会等机构以募集款项。根据1月30日日本驻济南总领事发给内田康哉的情报,1月28日航空救国纪念周开始当天,国民党山东省党部也召开了"一·二八"事变纪念大会并通过了《济南各界民众救国飞行机募款委员会组织案》,由此山东地区开始了捐款购机活动。据2月6日驻汉口清水总领事发给内田的情报显示,平汉铁路职工近期组织了"平汉铁路空军创立会",并于2月5日开始在武汉三镇宣传空军救国。除此之外,驻上海总领事石射猪太郎、驻广州代理总领事吉田丹一郎、驻九江领事馆事务代理吉田长康、驻芝罘代理领事佐佐木高义、驻厦门领事冢本毅等也在1月至5月的时间段内不断向内田康哉汇报长三角、两广、云南、江西、山东、福建、湖北、天津等地成立各种机构发动捐款购机活动的情形。① 证明日方情报机构密切关注了航空救国捐款购机运动的全过程,这也使其可以比较准确地把握相关活动的细节。

---

① 「12. 中華航空救国会並防災委員会関係」、「JACAR(アジア歴史資料センター)Ref. B10074815700、各国航空運輸関係雑件/支那ノ部　第3巻(F—1—10—0—6—7_003)」。

早在 1933 年 2 月 2 日,由福冈县谍报员提交的情报就显示"南京政府前日在全国范围内发布了捐款购机救国的命令,但是缺乏爱国热情的中国普通民众却反应平平,当局为起到示范作用,要求全国公务员必须按 1%到 10%的比例强制捐献 6 个月的工资"①,证明在基层民众普遍缺乏爱国主义教育的时代背景下,国民党以捐款购机形式推进的航空救国运动在一开始就遭遇了较大困难,而其要求各级公务员硬性缴纳工资的行为也意味着所谓的"自愿捐款"开始带有了强制征收的色彩。1933 年 3 月 3 日,山东省制定的募捐办法显示除了公务员需要强制缴纳工资之外,商界也需要缴纳与 1 个月营业税额相等的捐款,各娱乐场所需要在 3 个月内加征一成的娱乐捐,各市政府也需要向一般民众加征 1 个月的房产税。湖北省除了要求各户居民按一定标准缴纳"房屋捐"以冲抵捐款之外,更是将强制缴纳工资的范围扩大到了各机关、团体、商店、工厂、学校中所有领受工资薪俸的个人。② 这证明,在国民党各地机关的浮摊滥派之下,以调动基层民众爱国热情与积极性为目的捐款购机活动变成了又一种压在民众头顶的苛捐杂税,原本就对捐款购机缺乏积极性的普通民众由此更加抵触捐款活动。

厦门领事冢本毅 1933 年 4 月 26 日提交的报告显示,"今年 2 月 15 日的报告中提及当地政府曾制定了多种航空救国运动形式,但是最后付诸具体实施的只有教育界航空救国储金办法。厦门教

---

① 「12.中華航空救国会並防災委員会関係」、「JACAR(アジア歴史資料センター)Ref. B10074815600、各国航空運輸関係雑件/支那ノ部　第 3 巻(F—1—10—0—6—7_003)」。

② 「12.中華航空救国会並防災委員会関係」、「JACAR(アジア歴史資料センター)Ref. B10074815700、各国航空運輸関係雑件/支那ノ部　第 3 巻(F—1—10—0—6—7_003)」。

育界依据上述办法在 2 月捐款 73 元,3 月捐款 402 元,其他的各种捐款计划全都烟消云散",国民党中央给厦门摊派的捐款金额为 6 万元,从实际募款金额来看厦门地区 2 个月的捐款额尚不足 500 元,其结果不可谓不惨淡。为达成捐款数额,厦门市政府准备于 4 月 19 日召集当地公私团体进行商议,但是各团体以经济状况不良、6 万元负担过重等为借口推诿塞责,最后商议活动也不了了之。除了国民政府摊派购机捐款之外,驻福建的 19 路军为了发展自己的空军力量也向各地摊派了捐款数额,这就给福建民众造成了双重负担,最终因捐款数额难以满足地方和中央的要求,19 路军索性截留了六成款项,只将剩余款项送交中央。① 上述事实证明,面对国民党的硬性摊派,厦门民众采取了消极态度应对,其捐款数额也远远小于摊派指标,而这为数不多的购机款项还面临着各地方实力派的层层截留,捐款购机运动的混乱情形可见一斑。这种混乱现象并非福建地区的个案,在经济相对发达的广东省及上海地区捐款购机形势也不容乐观。

驻广州代理总领事吉田丹一郎于 1933 年 5 月 2 日的报告中称,由于广州地区捐款形势不佳,当地政府已经要求学童强制捐款,如不捐款则可能遭到退学处分,不仅给贫困家庭造成了负担,也造成了"人心恶化"。《广州日报》甚至声称航空救国是当下急务,即便筹款购机给国民造成负担,这也是国民的义务所在。②

①「12.中華航空救国会並防災委員会関係」、「JACAR(アジア歴史資料センター)Ref.B10074815700、各国航空運輸関係雑件/支那ノ部 第 3 巻(F−1−10−0−6−7_003)」。
②「12.中華航空救国会並防災委員会関係」、「JACAR(アジア歴史資料センター)Ref.B10074815700、各国航空運輸関係雑件/支那ノ部 第 3 巻(F−1−10−0−6−7_003)」。

1933年5月4日,石射猪太郎发来的情报显示,上海"中国航空协会"发起的募集购机款项的活动在4月底结束,包括被强制征收的公务员工资在内,募集的捐款总额仅100余万元,尚未达到目标金额的一半,因此只得将募款时间再延长1个月。有关湖北方面的情报,汉口总领事清水八百一在5月15日称,在"湖北空军创立会"的运作下,2月份湖北地区的航空救国运动曾极为兴盛,但是至5月份已经基本没有捐款人了,募款团体也纷纷发表解散声明,至5月15日"湖北空军创立会"在3个月的时间内募集的款项仅有18 600余元。①

从日方情报可以看出,1933年上半年以捐款购机为主要形式的航空救国运动在进行初期曾表现得较为热烈,但是最后的结果却和预期目标相差甚远。1933年4月12日,全国航空建设会为各省订立的捐款购机预计目标为75架,至1933年9月各省募集到的款项仅可购买42架飞机②,还不到目标的六成,这一结果远不能令人满意。从日方的情报分析,普通民众缺乏参与热情是导致这种结果出现的重要原因。至于为何会出现这种情形,有中国学者分析是因为"塘沽协定"的签订导致的中日关系相对平静,民众对形势判断模糊,加上航空救国宣传不够广泛,运动不够深入。③ 宣传不到位虽然是捐款购机活动不成功的原因之一,但是整个运动却不可谓不深入,以广西省为例,除了从省到县的各级军政机构之

①「12.中華航空救国会並防災委員会関係」、「JACAR(アジア歴史資料センター)Ref. B10074815700、各国航空運輸関係雑件/支那ノ部　第3巻(F－1－10－0－6－7_003)」。

② 唐学锋:《中国空军抗战史》,成都:四川大学出版社,2000年,第54—55页。

③ 刘俊平:《抗战前国民政府空军建设研究(1931—1937)》,博士学位论文,南京大学,2014年,第55页。

外,各种抗日救国会、商会、工会、学联会、妇女会等团体都组织了防空筹备委员会以负责募集航空捐款①,可见这一活动已经深入到了各地基层。以捐款购机为代表的航空救国运动之所以惨淡收场,根本原因在于国民党中央政府忽视客观经济状况的摊派、各地方政府的强制募捐以及地方实力派对捐款的层层截留,导致原本以救亡图存为目的的捐款购机活动变成了国民党对于普通民众的又一种压榨,使得本就缺乏热情的民众进一步产生了抵触情绪,最终造成了捐款购机活动"雷声大雨点小"的结果。1933 年上半年以捐款购机为主要形式的航空救国运动最终因多方面的因素惨淡收场,中国民间的捐款购机活动也陷入了一段沉寂期。

自 1935 年开始,日本在华北地区挑起了一系列事变,妄图将华北变为第二个东北,中华民族的危机已经到了空前严重的程度。日本的步步紧逼也意味着中日爆发冲突的可能性越来越大,国民政府有必要加紧备战。在发展武备方面,蒋介石尤其是重视空军力量,其指出:"不做防空运动,则中国便无国防可言。今后我们的努力,固然要海陆军并行准备,但尤须努力于空军的建设。"②可见,发展空军是中国对日备战的重要任务。1936 年 10 月 31 日是蒋介石的 50 寿辰,在外患加剧的背景及发展空军力量的实际需求下,同年 3 月 10 日上海市市长吴铁城在中国航空协会常务委员会上提议举行"献机祝寿"活动,这一提议得到了得到了各政府机构及民

---

① 「12. 中華航空救国会並防災委員会関係」、「JACAR(アジア歴史資料センター)Ref. B10074815700、各国航空運輸関係雑件/支那ノ部 第 3 巻(F−1−10−0−6−7_003)」。
② 蒋中正:《国民与航空》,第 136 页。

间团体的热烈响应并纷纷通过了捐款购机决议。① 中国方面新一波的捐款购机运动自然不会被日军情报机构所忽视,自吴铁城提案开始至 10 月 31 日蒋介石寿辰为止,在中国驻屯军参谋长桥本群的指挥下,日本在华情报机构对"献机祝寿"运动情况进行了长期观察分析。

日军的侦查显示,本次"献机祝寿"活动由中国航空协会牵头,中国各文化团体积极参与,以报纸、广播、飞行表演、放映电影等形式开展广泛宣传,一改 1933 年捐款购机活动中宣传不够广泛的弊端。日军称中国文化机关动用了最具进步性的一切手段进行宣传,在宣传手法上是划时代的,中国电影界还制作了有关献机祝寿的影片和爱国主义电影并发各地巡回放映,由此不仅大大提升了献机祝寿运动在民间的认知度,更在调动群众爱国热情方面取得了相当大的效果。除此之外,国民政府也改变了 1933 年捐款购机运动中硬性摊派和苛捐杂税害民、扰民的情况。受到宣传活动的鼓舞、抗日备战形势严峻以及各级政府不再借捐款活动扰民等各种因素影响,各界捐款活动也更为积极。如上海所有电影馆集体捐赠了一日的营业收入,除此之外,还出现了诸如各地苦力自发捐献烟钱以购置飞机,某地中学生绝食一日并将伙食费捐出等"献机美谈"。② 可见,各地民众都广泛且主动地参与了献机祝寿活动。自 1936 年 6 月 1 日至 10 月 31 日,各省市群众捐给献机委员会的款项达到了 655 万,这一金额基本上都来自民间组织或个人捐款,

---

① 「中国空軍調査の件」、「JACAR(アジア歴史資料センター)Ref. C01003220800、昭和 12 年『陸受大日記』」。

② 「中国空軍調査の件」、「JACAR(アジア歴史資料センター)Ref. C01003220800、昭和 12 年『陸受大日記』」。

还不包括华侨、银行业、富豪等捐献的大额款项。① 作为对比，1933
年捐款购机的总额仅为近 300 万元②，这其中绝大部分还是公务员
被扣缴的工资。这证明 1936 年的献机祝寿运动不论是在成果还
是民众参与度上都远非 1933 年所能相提并论，这一结果除了证明
国民政府在宣传和募款手段方面有了极大进步之外，也证明了中
国民众的抗日救国热情在 3 年的时间里有了巨大成长。

　　对于日军来说，除了认识到了中国民众爱国热情的高涨，其更
重视献机祝寿运动对于中国空军发展带来的影响。据日军情报显
示，至 1936 年 10 月 31 日中国空军已经以捐款购置并命名了 57 架
飞机。为探查飞机型号与性能，日本华北驻屯军间谍冈部猛参观
了 11 月在上海举行的献机仪式，其报告显示中国方面以捐款购置
的战斗机主要为美国产卡奇斯·霍克型战斗机，具体性能如下表：

表 4-1　中国空军飞机性能表

型号	霍克 1 型	霍克 2 型	霍克 3 型
生产年份	1933 年	1933 年	1934 年
马力	715	715	715
最大时速（km/h）	336	335	380
最小时速（km/h）	95	101	105
升限（km）	9.6	8.6	9.8
备考	陆用	陆用	陆用

资料来源：「中国空軍調査の件」、「JACAR（アジア歴史資料センター）Ref.
C01003220800、昭和 12 年『陸受大日記』（防衛省防衛研究所）」。

---

① 「中国空軍調査の件」、「JACAR（アジア歴史資料センター）Ref. C01003220800、昭和
　 12 年『陸受大日記』」。
② 唐学锋：《中国空军抗战史》，第 54 页。

与之对比,同期日本陆海军战斗机性能如下表所示:

表 4 - 2　日本陆海军战斗机性能表

型号	96 式战斗机	96 式舰载战斗机	97 式战斗机
生产年份	1935 年	1936 年	1937 年
马力	800	680	650
最大时速(km/h)	400	420	470
升限(km)	10	9.83	12.95
备考	陆用	海用	陆用

资料来源:防衛庁防衛研修所戦史室『中国方面陸軍航空作戦』、朝雲新聞社、1974年、付表第二。

日军情报显示,中方所购置的飞机除了马力比日军略大之外,在升限及最大速度等方面都落后于日军,在驾驶员水平相当或日军驾驶员技高一筹的条件下,中国空军所驾驶的战机是难以与日军相匹敌的。这也证明日军通过其情报工作及时掌握了中国空军最新式主战机型的型号、性能等相关数据。

从 1933 年及 1936 年期间日方关于中国航空救国运动的情报工作可以看出,其在中国开展相关活动之初就敏锐地意识到了可能会对未来中日冲突造成影响。日本驻各地的领事馆及日军谍报人员在较长的时间跨度内积极收集情报,对各地航空救国运动的参与机构、组织情况、具体措施及民众反应等都有准确把握。在 1933 年的情报工作中,其在活动开始时就注意到了中国民众缺乏参与热情的现象,这些因素为日方判断航空救国运动的走向及对其结果进行评估都提供了重要参考。1936 年的情报工作则使其迅速掌握了中国最新型战斗机的相关数据。航空救国运动期间日方的情报工作也体现了其对华航空谍报活动的广泛、深入和准确。

二、对中国空军实力的观察

"一·二八"事变期间的中日空战不仅体现了中国与日军在航空装备方面的巨大差距,也体现了在航空兵技战术水平等软件层面的差距,因此中国空军也有必要加强对航空用兵思想和驾驶员技战术水平的研究。

国民政府航空委员会主任周至柔于 1936 年指出:"假如敌人的轰炸队、侦察队、攻击队,以及挟有挑战性质的驱逐队……杀到我们国土上来,我们将用什么法子去阻止他们? ……一在扫荡敌机,争取此时的制空权,一在抵抗敌机,保障领空的安全……制空权的获取,多半要靠驱逐航空队的努力……交战国的一方既经获得了制空权……则他不难(一)以大量空军进攻敌人的神经中枢,实行精神压迫或(二)以空军来左右整个战局以谋得最后的胜利。"①正如杜黑在《制空权》中指出的那样:"获得制空权能使用进攻力量大于人类所想象的威力……简而言之,获得制空权就意味着胜利。反之,在空中被击败就是最终失败,将听从敌人摆布,不能保卫自己,将被迫接受敌人认为适当的任何条件。"②从上述言论可以看出,中方对争夺制空权重要性的判断已经与杜黑的思想高度一致,这在一定程度上体现了中国空军航空用兵思想先进性的一面。

在如何彻底夺取制空权的问题上,杜黑指出:"真正有效的防空只能是间接的,这是因为摧毁了敌方基地的空中力量从而削弱了敌方空中力量的进攻能力。为达到这个目的的最可靠最有效的

---

① 周至柔:《国防与航空》,南京:正中书局,1936 年,第 58—59 页。
② [意]朱里奥·杜黑:《制空权》,第 17 页。

方法就是摧毁敌方地面基地的空军。"①这也证明,单纯的飞机之间的空战只是夺取制空权的途径之一,打击敌人的航空基地才是从根本上夺取制空权的方法。但是中国军队却没有真正总结出空中作战的正确形式,并在争夺制空权的问题上犯了致命性错误。

在 1936 年底由国民政府参谋本部制定的《国防作战计划(甲案)》中对空军的作战任务做出了如下部署:(1) 空军在开战初期应集中轰炸长江水面敌舰艇及上海、汉口之敌根据地;(2) 如有好机则轰炸天津敌军航空基地以挫败敌人锐气,迟滞敌人行动;(3) 应以全部重轰炸机队袭击敌之佐世保及吴军港,及其国内空军基地及重要城市;(4) 在部队集中时期应避免航空决战,务宜集结兵力对敌弱点趁机奇袭;(5) 在会战期间空军应注意协同地面作战并轰炸敌舰船及登陆部队。② 可以看出,虽然周至柔等空军高级将领意识到了争夺制空权的重要性,但是在国民党军方高层制定的作战计划中基本没有体现出关于夺取制空权的内容。中国军方强调轰炸机的作用,但却只是孤立地将轰炸机视为了阻止日军登陆或打击日军地面部队、水面舰艇的力量,未能充分认识到轰炸机配合战斗机在打击日军在华航空基地、夺取制空权方面的重要性,轰炸天津日军机场群的行动也只是以"如有好机"为前提,而在中国缺乏远距离重型轰炸机的情况下,所谓的对日本国内空军基地进行空袭的作战计划在操作上存在巨大困难,这种跨国轰炸能取得怎样

---

① ［意]朱里奥·杜黑:《制空权》,第 41 页。
② 唐学锋:《中国空军抗战史》,第 81—82 页。

204　　　　　　　　　　　　日本航空部队侵华研究

的战果也是存在疑问的。① 可见，中国的航空作战计划在一开始就
犯了战略性失误。

　　与中国空军不同，日军在其航空用兵思想中极为重视通过摧
毁敌地面基地夺取制空权。在日本陆军于 1937 年制定的《航空部
队用法》中记载，歼灭敌人航空兵力的要点在于广泛压制敌航空战
力然后逐次将其歼灭，而这一作战过程中的关键任务则在于逐次
摧毁敌人的重要机场设施。② 日本海军也在《海战要务令续篇》中
指出："若敌机场数量较少，且修复机场所需的器材、人力不足的
话，则我军应该从敌军的机场开始，依次攻击其飞机起降设施，使
其无法使用，并将敌军压缩于某一区域，实现聚歼敌军的目的。"③
这证明日本陆海军早已具备了通过消灭敌军航空基地来彻底掌握
制空权的用兵思想。另一方面，中国在作战计划中强调避免航空
决战，这就意味当日军动用大规模机群主动攻击中国空军基地时，
中方可能会采取避战的举措，这种用兵思想导致在争夺制空权的
作战中中国空军进一步处于被动地位。上述事实也证明，除了硬
件上的差距，在航空用兵思想方面中日空军之间的差距也进一步
被拉大，这也导致全面抗战期间中国空军将会处于劣势地位。

　　虽然中国空军在整体的航空用兵思想上落后于日本航空部
队，但其仍然是一支装备了较先进航空兵器且具备一定规模的空

---

① 事实上，中国空军在抗战期间仅在 1938 年 5 月 20 日凌晨对日本九州岛进行过"轰
　炸"，空投的"炸弹"也只是传单而已，这次轰炸虽然大大鼓舞了中国人民的抗战信心，
　但是却无法在战略、战术层面对日寇造成实质性打击。（陈应明：《浴血长空——中国
　空军抗日战史》，第 136 页。）
②「秘密書類調製配布に関する件」、「JACAR（アジア歴史資料センター）Ref.
　C01007657400、昭和 12 年『陸機密大日記 第 1 冊 2/2』」。
③「第 2 章　航空決戦」、「JACAR（アジア歴史資料センター）Ref. C14121197200、海戦
　要務令統篇　（航空戦の部）草案　昭和 15. 3. 20」。

军力量。特别是在"一·二八"事变期间，中国空军在技战术、装备水平和飞机数量均落于日军下风的情况下仍保持了较高的战斗意志，并在 2 月 25 日的笕桥空战中击落了 2 架日军 13 式攻击机，[①]这也是中国空军首次击落日军飞机，证明其具有一定的战斗力。这样一支空中力量将会如何发展，其战斗力和规模将会如何变化，这些情报会直接影响日军对未来中日战争中其航空部队所面临空中风险的判断，这也证明日军有必要进一步强化对中国空军的情报搜集工作。

在 1932 年日军制作的《中国军事关系杂件（第四卷）》中可以看出日军动用了各方力量对中国空军进行全面侦查，其使用的谍报人员除了日本使馆、各地领事馆的外交官和驻华武官外甚至还有西方人。1932 年 4 月 19 日，驻广州代理总领事须磨弥吉郎表示，因为中日爆发"一·二八"事变，日方的侦查工作遭遇了较大困难，为探查广东空军情报，其特意邀请在第 1 集团军中担任军事顾问的新西兰人托马斯·弗雷文和其好友澳大利亚人佩杰特至领事馆，并请求二人代替日军搜集广东空军情报。弗雷文和佩杰特的情报显示广东空军目前虽然有 19 架飞机，但是大部分都是老旧型号，时速仅有 60 海里，时速在 150 海里左右的较新型飞机仅 2 架，且广东空军的购机计划也较不顺利。[②] 由此可证明日本调动一切力量广泛深入地搜集中国空军情报，这也保证了其搜集情报的全面与准确。

根据 1932 年 12 月 5 日驻南京间谍楠本中佐发送的情报，当前

---

① 陈应明：《浴血长空——中国空军抗日战史》，第 6 页。

② 「3. 空軍関係」，「JACAR（アジア歴史資料センター）Ref. B04010609900、支那軍事関係雑件 第五卷（C—1—0—0—C1_005）」。

中央空军有 7 支飞行队,但是机型复杂且飞行员接受的教育水平参差不齐,空军整体极为缺乏统一感,随着 1932 年"剿匪"工作暂时告一段落,蒋介石将大部分空军力量集中于笕桥航校进行集训,以此强化空军的统一性。① 这显示"一·二八"事变后中国进一步加强了统一空军的建设,为弥补装备不足及训练水平的落后,中国政府开始选择依靠美国的力量。驻华公使有吉明于 1932 年底的报告显示,美方也有意借帮助中国发展空军的契机谋求在中国建设航空据点,意图在日军侵略菲律宾时协助当地进行防御。因此美军除了向中国出口大批军用飞机之外,也直接派遣教官至笕桥航校协助培训中国飞行员,在美国教官的帮助下,中国飞行员的技战术水平已经达到了相当熟练的程度。除此之外,1932 年底中方还向美国申请了 1 500 万美元的借款以用来购置飞机和防空兵器,这笔款项所订购的飞机数量达到了 500 架,国民政府也准备用这批飞机建设 7 个规模较大的飞行团。② 上述事实证明,南京国民政府正在积极从硬件、软件两方面推进中国空军的发展,中国空军规模的扩大、飞行员技战术水平的提升已是必然结果。

　　为进一步推动空军发展,南京政府于 1933 年 8 月的庐山会议通过了航空发展三年计划,准备在 3 年内投入 1 亿 5 千万元以购置 1 500 架飞机并招聘航空教官以培训飞行人才,同时在各地营设机场以保证各省都有成规模的航空基地等。③ 虽然上述航空计划因

①「3. 空軍関係」、「JACAR(アジア歴史資料センター)Ref. B04010609900、支那軍事関係雑件 第五巻(C−1−0−0−C1_005)」。

②「3. 空軍関係」、「JACAR(アジア歴史資料センター)Ref. B04010609900、支那軍事関係雑件 第五巻(C−1−0−0−C1_005)」。

③「3. 空軍関係」、「JACAR(アジア歴史資料センター)Ref. B04010610600、支那軍事関係雑件 第六巻(C−1−0−0−C1_006)」。

规模过于庞大而存在不切实际的成分,但是也是体现了国民政府
对发展空军的重视。若要推动空军的快速发展,实现空军统一是
国民政府不得不解决的重要问题。

　　根据日军情报,至 1933 年末中央空军已经拥有各型飞机近
200 架,作为对比,1930 年 6 月时这一数字不过 48 架①,在 3 年的
时间内中国空军的兵力增长了 4 倍左右,速度不可谓不快。特别
是自 1932 年底国民政府在笕桥航校整训空军以来,该航校的规模
也迅速扩大,至 1933 年底已拥有 2 期在校学员共 224 人,各型飞机
87 架②,笕桥航校也成了中国空军中一支不可忽视的作战力量。
但是中国空军迅速发展的背后也存在巨大隐患,广东福建等地各
派系空军的存在不仅导致了中国空军的分散发展,更严重削弱了
中国空军的整体战斗力。据日军情报显示,在广东空军投入巨资
进行发展之后,至 1933 年底飞机部队的规模已经达到了 135 架,其
中先进机型为 60 架,飞行员达到了 203 人,不仅规模较为庞大,广
东空军在轰炸、射击、空中摄影、空战、俯冲轰炸、跳伞等各种航空
科目上都表现出了较为精湛的水平,日军评价称"虽然广东空军的
飞机规模不如中央空军,但是在技战术水平方面远胜中央空军"。③
而这样一支实力强悍的空军势力却采取了与南京国民政府相对抗
的姿态,这也意味着中国中央空军的发展过程中不仅要面对来自
日军的外部威胁,还要面对其他空军力量的挑战以及整合军阀空

① 「3. 空軍関係」、「JACAR(アジア歴史資料センター)Ref. B04010610600、支那軍事関
　　係雑件 第六巻(C－1－0－0－C1_006)」。
② 「3. 空軍関係」、「JACAR(アジア歴史資料センター)Ref. B040106106C0、支那軍事関
　　係雑件 第六巻(C－1－0－0－C1_006)」。
③ 「3. 空軍関係」、「JACAR(アジア歴史資料センター)Ref. B04010610600、支那軍事関
　　係雑件 第六巻(C－1－0－0－C1_006)」。

军的内部问题。

　　为实现中国空军的统一,蒋介石借 1934 年平息福建事变的机会收编了 19 路军建设了福建空军。山东的韩复榘在未获得国民政府同意的情况下于 1934 年 2 月组建了第 3 路军航空训练处。对此,航空署于 7 月下令韩复榘将训练处解散并将下属飞机转交中央空军,韩虽多有不满,但是最后也只得将所有 4 架飞机全部交付中央空军。在韩复榘空军被接收之后,第 4 路军总指挥部下属的湖南航空处也以拥护蒋介石建设统一空军加之自身财力无以为继等理由,于 1934 年 10 月将下属的 15 架飞机及 80 余名飞行员和地勤人员全部转交中央空军。① 至此,除了广东空军外,蒋介石已经基本完成了对于全国各军阀空军力量的整合。虽然广东的实权人物陈济棠曾在 1934 年 3 月 14 日表态接受将广东空军交由中央空军统一指挥的方案②,但是在 3 月 16 日陈济棠却出于避免广东军事力量被中央政府分割的考量,以广东空军司令黄光锐在外考察为由拒绝中央派遣黄秉衡至广州设立航空处的提案。直至 1935年 1 月,国民政府提议将广东划为"空军特别训练区",在给予广东空军一定自主权的前提下,以"训练"的名义将其纳入中央空军的统一指挥下。③ 至 1936 年 7 月 18 日,广东空军全部驾机北飞并接受蒋介石指挥④,由此,国民政府终于在全面抗战爆发前实现了中

---

① 「3. 空軍/分割 2」、「JACAR(アジア歴史資料センター)Ref. B04010611400、支那軍事関係雑件 第七巻(C-1-0-0-C1_007)」。

② 《国内要闻:陈济棠赞同统一空军指挥:主张全国划数个空军区,设立西南航空分署》,《飞报》1934 年总第 223 期,第 16 页。

③ 「3. 空軍」、「JACAR(アジア歴史資料センター)Ref. B04010612300、支那軍事関係雑件 第八巻(C-1-0-0-C1_008)」。

④ 刘俊平:《抗战前国民政府空军建设研究(1931—1937)》,博士学位论文,南京大学2014 年,第 103 页。

国空军的统一。

在整合地方军阀空军的同时，南京中央空军也保持了较快的发展速度。1933 年中央空军的飞机总数不过 200 架，但是 1935 年的《中国军事关系杂件（第八卷）》中的情报显示，此时中央空军已经拥有战斗机 135 架，轰炸机 315 架，侦察兼轰炸机 200 架，飞机总数 650 架，数量为 1933 年的 3 倍，与之相对，此时广东空军的飞机总数为 135 架，这一数字与 1933 年时完全一致。[①]　说明广东空军在 2 年多时间内几乎没有扩编航空部队，也从侧面证明国民政府已经基本保证了全国建设空军的资金、资源流向中央空军，这不仅形成了中央空军的绝对优势地位，更保证了中国在全面抗战前打造出一支规模可观的空中力量，从而具备了与日本航空部队一战的资本。

除了发展空军硬件及推动空军统一，国民政府也极为重视提高飞行员的技战术水平。如前文所述，1932 年底国民政府借集训的机会将自己所掌握的飞行员转移至杭州笕桥航校，1933 年，该学校的学员数量达到了 200 人以上，至 1934 年初，根据日本驻上海特务机关的情报，国民党在四中全会的秘密会议上决定于 1934 年 3 月和 6 月分 2 批共招收 600 名中央航校学员，同时将航空第 3、第 4 队暂时解散，飞行员集体于笕桥航校进行 4 个月的集训[②]，这也证明笕桥航校已经具备大规模培训航空作战人员的能力。在教育水平方面，日军情报指出航校初等科生每周飞行时间达到了 8—10 小时，基础科生则高达 30 小时，航校飞行科学生的学制为一年半，证

---

① 「3. 空軍」、「JACAR（アジア歴史資料センター）Ref. B04010612300、支那軍事関係雑件 第八巻（C—1—0—0—C1_008）」。

② 「3. 空軍/分割 2」、「JACAR（アジア歴史資料センター）Ref. B04010611400、支那軍事関係雑件 第七巻（C—1—0—0—C1_007）」。

明学生有充分的时间接受飞行训练,这有助于提升其驾驶及作战水平。在训练科目方面,笕桥航校 1933 年底即开始进行夜间飞行等复杂航空科目的训练并取得了较好成绩,高等科学生还进行了轰炸训练,根据日本间谍的观察,中国空军投弹命中率良好。[①] 在硬件方面,航校除了拥有各型飞行 80 余架及高射炮 20 余门外,还拥有飞机组装维修厂、大型机场、钢筋混凝土机库等多种航空设施[②],证明笕桥航校规模巨大且设备完备,不仅是中国空军的训练中心,同时也是重要的航空基地。

关于中国空军飞行员技战术水平的发展成果,可以通过 1933 年及 1936 年日军对其评价的变化来进行分析。

1933 年日军在《中国空军之现状》中指出"中国空军的战斗力目前尚不足为惧",原因在于大多数中国空军驾驶员技术不熟练,通过实战情况来看,驾驶员的侦察、轰炸技术还比较幼稚,地空联络方式也比较简单原始,各飞行队之间的编队飞行也显得极不成熟。但是日军同时指出"近来中国聘请美国教官,整备各种航空设备,并通过严格的教育来培训优秀的航空技术人员。在不远的将来,中国空军驾驶员的技战术水平必将取得飞速提升"。[③] 可见,此时日军虽然对中国飞行员的战斗力较为轻视,但是其已经意识到了随着中国政府对空军的重视以及投入的增加,假以时日中国飞

---

① 「10. 航空事業関係　航空学校ヲ含ム/分割 3」、「JACAR(アジア歴史資料センター) Ref. B10074815100、各国航空運輸関係雑件/支那ノ部　第 2 巻(F－1－10－0－6－7_002)」。

② 「10. 航空事業関係　航空学校ヲ含ム/分割 3」、「JACAR(アジア歴史資料センター) Ref. B10074815100、各国航空運輸関係雑件/支那ノ部　第 2 巻(F－1－10－0－6－7_002)」。

③ 「第 3　支那空軍の現況」、「JACAR(アジア歴史資料センター)Ref. C16120491900、支那航空の現況　昭和 8.7.22」。

行员必将成为日本空中部队的有力对手。

日军的这一"担忧"也在 1936 年 12 月的《中国空军调查》中得到了证实。在该文件开头日军就提到"中国空军操纵技术之优秀出乎意料,决不可轻视"。日军通过对笕桥航校学员的飞行训练及 1936 年 10 月献机祝寿飞行表演进行分析,认为中国空军战斗机队编队飞行及队形变换的技术不逊于日本陆军明野飞行学校毕业的军机飞行员,在盘旋飞行技术上甚至可以匹敌日军的飞行教官。虽然日军尚不能完全掌握中国空军在所有战术科目上的训练水平,但是其判断中国空军具备优良的战斗素养,并且可以在短时间内充分习得战斗技术。中国空军的战斗意志和爱国精神尤其令日本间谍印象深刻,日军指出:"因国难当头,时局维艰,中国空军在航空救国的号召下,通过接受航空发达国家的指导,将重点放在了对于战斗科目的演练方面。在献机仪式上,其基本飞行技术已经足以令人惊叹,这证明一旦中日爆发空战,中国空军的作战技术更加不容小觑。中国空军的精神意志强大,当其为避免亡国灭种而战时,决不可将这种战斗意志与参与中国内战时相提并论……因此将来的作战中如果无视中国空军,特别是其战斗机部队的战斗力将会是十分危险的。"①可见,日本间谍对中国空军的战斗力和战斗意志给予了高度评价。经过短短 3 年多的发展,中国空军已经成长为了一支令日军感到敬畏的空中力量,这种发展不仅是国民政府对于空军高度重视、重点培养的结果,更是空军将士在面对国家危亡之际以高度的爱国热情投入训练备战的结果。这一历史事实在通过日方的情报进行转述之后也显得更加坚实可信。

---

① 「中国空軍調査の件」、「JACAR(アジア歴史資料センター)Ref. C01003220800、昭和12 年『陸受大日記』」。

　　对日军的情报进行总结可以发现,在全面抗战爆发前,通过与英、美、法、德等国家进行航空合作并投入大量资金(如 1932 年中国向上述国家进口飞机及部件的金额为 1 863 414 元,1933 年这一数字增长到了 3 035 474 元①,增长率达到了 63%),中国空军的装备规模经历了高速发展,在各地军阀中分散发展的空军力量也在全面抗战前基本统一到中央空军旗下。通过对比 1933 年至 1935 年中央和广东空军装备的发展速度可以发现,广东空军的装备更新陷于停顿,这也证明中央空军基本上掌握了全国的航空发展资源,为中国在全面抗战前的空军建设工作提供了较为充足的物质保障。除上述进步之外,受航空救国的感召及国难当前的影响,中国空军驾驶员的技战术水平在短短 3 年的时间内也取得了飞速进步并引起了日军的高度重视。综上所述,全面抗战前中国已经建立起了一支不容小觑的成规模的空军,这也意味着日军有必要在开战之初即以先发制人的战术尽量杀伤中国空军的有生力量,避免其获得机会对日军舰艇、登陆部队乃至军事机构成实质威胁。正是出于对于中国空军战斗力的重视与忌惮,在全面侵华战争爆发之初日本海军即投入了全部 84 架一线航母舰载机②及木更津和鹿屋 2 支大型战略轰炸机部队对集结于长江流域的中国空军主力展开了航空绞杀战。

三、为在长江流域空战搜集所需情报

　　在全面侵华战争爆发前日本海军曾多次尝试在长江流域获得

---

① 「10. 航空事业关系　航空学校ヲ含ム/分割 3」、「JACAR(アジア歴史資料センター) Ref. B10074815100、各国航空運輸関係雑件/支那ノ部　第 2 巻(F－1－10－0－6－7_002)」。

② 日本海軍航空史編纂委員会『日本海軍航空史(4)戦史編』、175 頁。

航空据点,但是均以失败告终。1935 年 5 月,国民政府在交通部、外交部及军事委员会的联席会议上决定拒绝由外国航空公司经营连通中国与外国的跨国航线,同时拒绝给外国商用飞机发放允许降落于中国领土的护照,由此导致美国计划中的跨太平洋航线广东终点段无法付诸实施。① 可见,即便与中国有深度航空合作的美国都无法将其航空势力延伸至中国本土,而侵略野心早已被中国方面洞察的日本想借合办航空、开辟航线等手段,谋求其航空势力进入长江流域这种国民政府的核心区或是在此获得航空基地,可谓天方夜谭。

虽然日军无法令其航空部队扎根于长江流域,但不论是从判断中国空军主力的分布区域并为航空作战划分进攻重点的角度考虑,还是从战时抢占中国空军航空基地以支持己方作战的角度考虑,日军都必须掌握中国空军在长江流域主要航空基地的分布位置。

"一·二八"事变后,与搜集中国空军战斗力的情报相同步,日军也开始搜集中国航空据点的建设情报。从日军的情报分析,这一阶段中国空军航空据点的发展有一个显著特点,即与中国空军统一化的进程相一致并且在地理位置上呈现集中化。

1932 年之后,中国空军的主力开始逐渐往长江中下游集中。根据日军情报,1933 年中央各航空队的分布如下:第 1 队,轰炸机队位于南京;第 2 队,战斗/侦察机队位于南京;第 3 队,战斗/侦察

---

① 「1.航空路 自昭和 8 年 至昭和 11 年 F 支航空関係 廃兵器保管転換の件訓令中改正の件(5)」、「JACAR(アジア歴史資料センター)Ref. C05035047400、公文備考 昭和 11 年 G 航空 巻 7」。

机队位于南昌；第 4 队，战斗/侦察机队位于南昌，轰炸机队位于杭州。①

　　上述事实除了证明南京政府开始将长江中下游城市打造成航空核心区之外，也显示出中国空军将航空部队的主力集中于南京、杭州、南昌等少数几个航空基地。这种配置在 1936 年《国防作战计划（甲案）》中也到了体现，如"第 1 集团以南京—广德—杭州等地为根据，协同海军轰炸芜湖以东（芜湖在内长江下游之敌舰，及上海敌之根据地而破灭之）"，此外，在《国防作战计划（甲案）》中还规定开战初期"第 2 集团以南昌—孝感—武昌等地为根据，轰炸芜湖以西以迄武汉长江江面之敌舰"。② 综上所述，中方的作战计划中，以芜湖为界将航空战场分为了两部分，长江中下游地区就是贯穿这一战场的中轴线，南京、南昌、杭州、武汉等城市均为串联这两个战场的重要航空据点，包括上述城市在内的长江中下游地区既是中国在未来航空基础设施建设的重点，也是中日航空战的焦点地区。

　　根据日军情报，至 1935 年底中国各地已经建成竣工的机场达到了 158 处，具体分布如下：浙江省 20 座，江苏省 19 座，福建省 12 座，安徽省 16 座，江西省 16 座，湖北省 11 座，湖南省 15 座，山东省 7 座，河北省 8 座，四川省 9 座，广东省 25 座。③ 可以看出，长江流域及东南沿海地区各省份在机场数量上占到了绝对多数，从日军制作的地图上可以更直观地考察机场分布区域：

① 「3. 空軍」、「JACAR（アジア歴史資料センター）Ref. B04010610600、支那軍事関係雑件 第六巻（C—1—0—0—C1_006）」。

② 唐学锋：《中国空军抗战史》，第 81—82 页。

③ 「3. 空軍」、「JACAR（アジア歴史資料センター）Ref. B04010612300、支那軍事関係雑件 第八巻（C—1—0—0—C1_008）」。

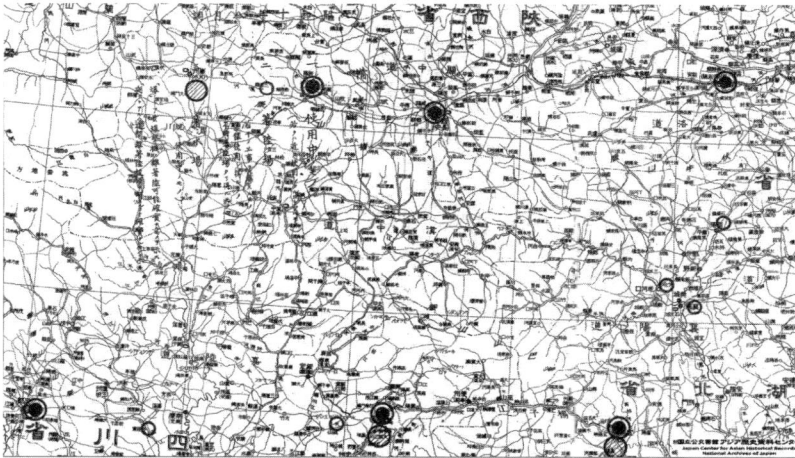

图4-1-1　1936年中国机场分布图(1)(川陕地区)

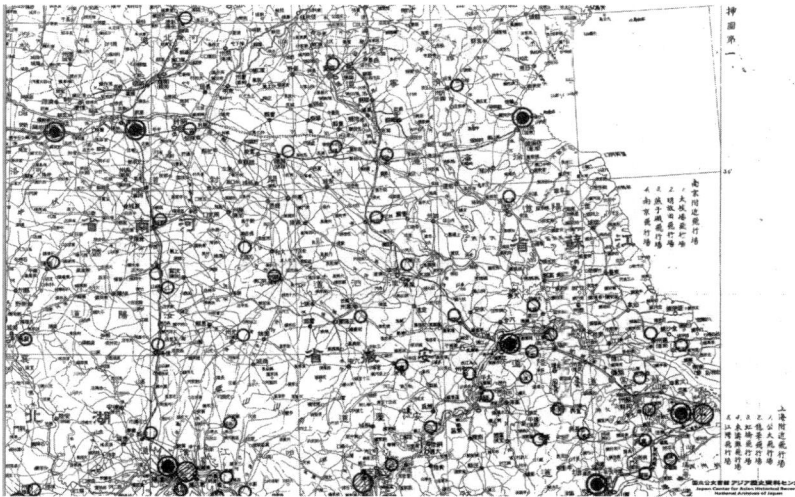

图4-1-2　1936年中国机场分布图(2)(江淮地区)

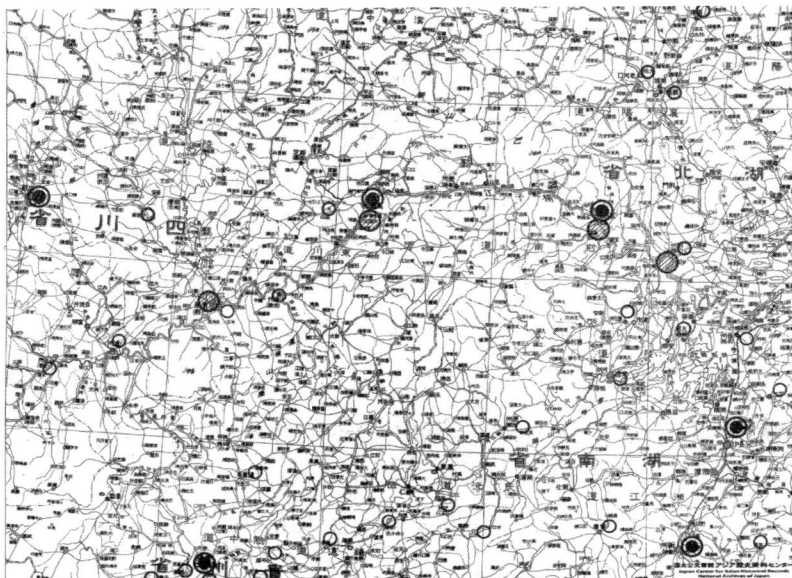

图 4-1-3　　1936 年中国机场分布图(3)(长江上游)

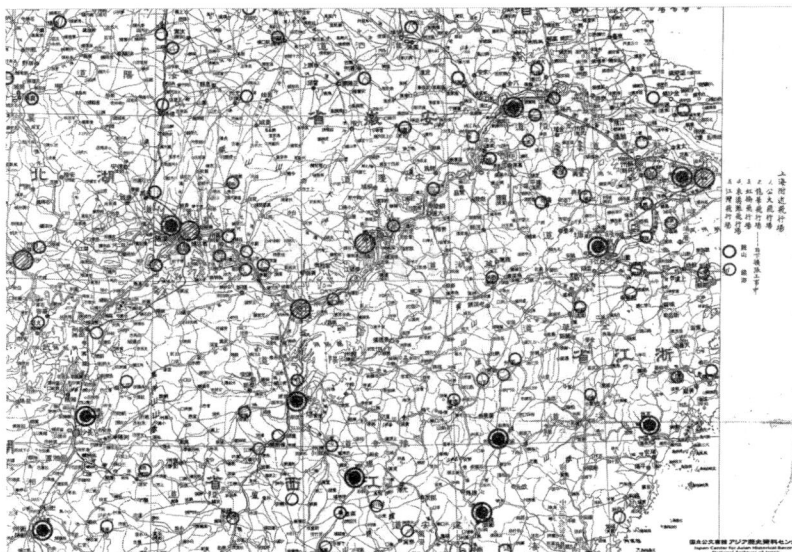

图 4-1-4　　1936 年中国机场分布图(4)(长江中下游)

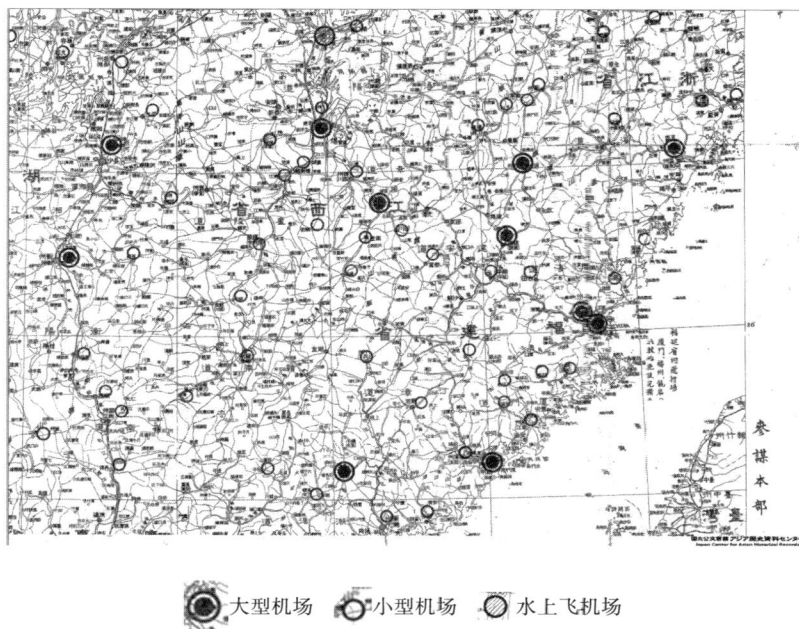

◉ 大型机场　　◎ 小型机场　　◍ 水上飞机场

图 4 - 1 - 5　1936 年中国机场分布图(5)(闽赣地区)
资料来源：「挿図第 1　中支那飛行場一覧図」、「JACAR〈アジア歴史資料センター〉Ref. C16120265800、中支那航空兵要地誌　昭 11.3.31(防衛省防衛研究所)」。

　　从上述日军情报可见，以武汉为分界点，长江自此直至入海口一线沿岸地区及东部沿海地区的机场密度明显超过其他区域，这也证明至全面抗战前南京国民政府已经将长江中下游地区打造成了空军力量的核心地带。从这种布局可以判断，国民政府希望依靠这些航空基地层层阻击以攻占武汉为目的沿长江而上的日军部队，证明其已经为武汉会战等大型战役做了有针对性的航空战略部署。遗憾的是，从上图机场位置之详细准确可以看出，中国军队的这种战略部署在全面抗战前就已经为日军所掌握，这意味着日本航空部队在其侵华航空布局中将会采取针对性措施。

第二节　日军强化对中国的空中钳制

一、日军在东北的航空规划与航空基地的增设

1. 关东军的航空规划

以侵略中国内地及打击远东苏联空军为目的,1934年开始关东军在东北地区规划了4条南北向的航空战线:第1线为朝鲜北部沿海—平壤—安州;第2线为佳木斯—牡丹江—延吉—通化—丹东—新义州—大连;第3线为哈尔滨—长春—四平街—奉天—大石桥;第4线为齐齐哈尔—海拉尔—洮南—锦州。[①] 在战线任务的分配上,日军指出第1线内主要配置战斗机以形成掩护线,并成为协助地面部队作战的基地;第2线内配置战斗机及轻轰炸机并打造成协助地面作战的基地,同时将第2线作为第1线的机动支援战线,如果在丹东以西地区作战的话,则应将第1线和第2线合而为一,第2线同时也是关东军飞行队与苏联滨海边疆区航空兵进行作战时的机动支援战线;第3线内配置重轰炸机并建设为战略轰炸基地,大部分补给、修理、贮藏设施都分布于此线内,防卫东北地区要地的战斗机部队也应配置于此地,位于此线的战略轰炸机部队应以大规模机动作战的形式对滨海边疆州及中国关内地区展开战略轰炸;第4线主要为休养及兵力补充线,同时也可作为第3线的后方机动区。[②]

---

①「第1款　戦略的観察」、「JACAR(アジア歴史資料センター)Ref. C13010249700、満洲に関する用兵的観察　第3節　航空作戦　昭和9～20年」。

②「第1款　戦略的観察」、「JACAR(アジア歴史資料センター)Ref. C13010249700、満洲に関する用兵的観察　第3節　航空作戦　昭和9～20年」。

　　由此可见，日军打造这种纵向战线的目的并不是为了构筑被
动防线，除了第 4 线之外，其余 3 条战线的作战任务都是对苏联及
中国展开主动进攻。日军为何如此重视进攻作战？从其与苏军航
空兵力的对比上可以略知一二。

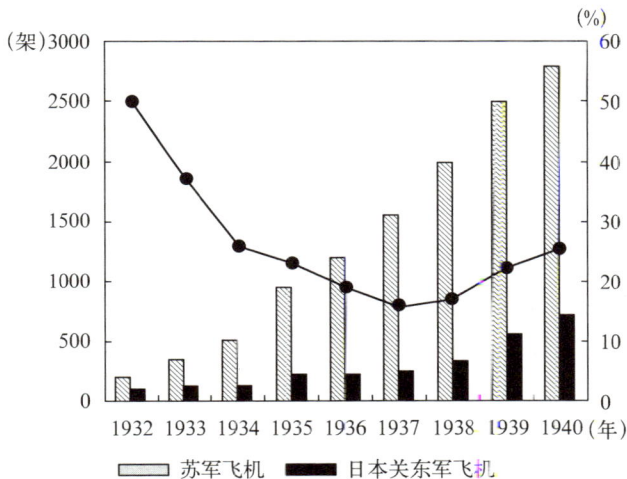

图 4-2　关东军飞行队与远东地区苏联空军实力对比
资料来源：防衛省防衛研修所戦史室『関東軍〈1〉—対ソ戦
備・ノモンハン事件』、朝雲新聞社、1969 年、194 頁。

　　上图证明，在 1932 年扩军之后，关东军飞行队的飞机数量达
到了远东苏军的五成左右，但是在此后这种占比却一直呈下降趋
势，至 1937 年最低时占比不足两成。日苏之间巨大的工业实力差
距使日军在飞机数量上不可能达到苏军在远东地区的水平，如果
以被动防御的形式和苏军打航空消耗战则将会丧失作战主动权。
因此日军只能采用先发制人、偷袭等进攻手段来尽量消灭苏联和
伪满边境地区的苏军飞机，以弥补数量上的差距。除了对苏作战
之外，关东军飞行队也必须为日军全面侵华战争服务并对中国关
内各要地展开进攻。综上所述，日军在东北地区一切航空布局都

是为了更高效地展开进攻作战。

　　在具体的航空兵力配置方面，日军将重轰炸机部队的主力安置在了第3线的哈尔滨、长春、奉天3处核心城市，以此满足其对于东、北、西3个方向的作战需求。此外，日军还选取了京津地区和外蒙古的战略要地、滨海边疆州主要航空设施、西伯利亚地区铁路和工业设施、黑龙江及乌苏里江流域的水运设施等作为其战略轰炸的关键目标。在具体的作战计划方面，日军认为应当在地面部队展开全面进攻之前由第3线的战略轰炸机部队对上述目标中的航空基地、补给修理设施和作战物资进行彻底破坏，以此压制滨海边疆州的苏联空军及华北中国空军的活动。此后，重轰炸机部队的任务转为对地面部队的渡河、登陆和山地作战进行协助。为完成上述各项任务，配置于第1线、第2线的战斗机和轰炸机部队应当在作战期间与重轰炸机部队保持密切、完善的协作。在完成这一阶段的作战之后，重轰炸机部队应抓住时机进驻长春、大连一线以西地区，对北京、天津、库伦、伊尔库茨克及滨海边疆州的航空基地等进行攻击，以此切断苏联的欧亚联络通道，动摇中国在华北的政治中心，消灭中苏在当地的工业核心区及其战略轰炸能力，由此取得政治上和战略上的优势地位。[1]

　　综上所述，关东军的航空用兵思想中重轰炸机居于核心地位，未来对苏、对华的航空作战中重轰炸机部队都需要担任主攻力量，其余的一切航空作战都要以协助重轰炸机为中心展开，战略轰炸也成了进攻作战的主要形式，这一方面证明关东军飞行队开始彻底转变为一支攻势空军，另一方面也证明东北地区正被日军打造

①「第1款　戦略的観察」、「JACAR（アジア歴史資料センター）Ref. C13010249700、満洲に関する用兵的観察　第3節　航空作戦　昭和9～20年」。

成对苏、对华进行航空闪电战的大本营。

从关东军对于东北地区的航空规划来看,为了达成其作战目标必须在东北地区构建分布广泛的航空基地,担负主攻任务且作为战略航空队基地的第 3 战线城市,如哈尔滨、长春、奉天,以及日本在中国本土的首个航空基地周水子机场都是日本陆军重点建设的目标。

2. 关东军进一步建设周水子机场

周水子机场于 1926 年投入使用之后,曾于 1928 年"济南惨案"期间完成了作为侵华日军飞机中转基地的任务,并证明了其在日本航空部队侵华布局中的价值。在此之后,关东军也为其披上了"民用机场"的外衣以维持其正常运转,因此该机场得以在九一八事变中再次发挥作用。

1931 年 12 月,随着辽河结冰,驻锦州东北军抗日政权开始主动向辽河以东地区出击,对"南满"铁道沿线地区的日军构成了直接威胁。对于这种局面,关东军在 12 月 9 日就对发动锦州战役的必要性进行了确认,其认为"对锦州展开攻击将会尽快使'满洲'的局面归于平静,有助于推进对'满洲'的经营工作进入具体实施阶段,因此有必要尽快击溃锦州的中国军队",为此,关东军认为除了要增加一个混成旅团的兵力之外,还应"尽快充实飞行部队(补充、修理飞机,对备用机体进行整顿等)"。[1] 这一事实证明关东军已经将飞机部队视为攻占锦州行动中不可或缺的力量。此时,飞行第 6大队第 1 中队(中队长藤井兵四郎少佐,下辖重型轰炸机 4 架)正在

---

[1]「39. 錦州ヲ攻擊スルノ必要ト所要兵力ニ関スル意見 12 月 9 日」、「JACAR(アジア歴史資料センター)Ref. C12120036000、満洲事変作戦指導関係綴 別冊其の2 昭和 6 年 9 月 15 日~6 年 」。

进行从日本滨松至大连周水子的长距离耐寒实验,该中队于 12 月下旬到达周水子机场。① 这一部队的到达迅速补充了关东军的战略轰炸力量,在关东军于 12 月 25 日制定的飞行部队作战计划中规定,这支重型轰炸机部队应当以周水子机场为基地,在关东军进军及准备攻击行动期间,对中国军队的后方设施进行轰炸,如果关内的中国军队赶来支援的话,则该部队应抓住时机对山海关以东的铁道线进行破坏,在日军进行会战及对中国军队展开追击期间,该部队应对中国军队撤退必经之路上的交通机关进行破坏。② 可见,在日军的作战计划中,驻周水子机场的轰炸机部队并不直接参与对锦州的轰炸行动,而是在更广阔的辽西乃至华北战场上执行战略层面的作战任务。1925 年关东军提议建设周水子机场时,其目的就是以此为根据地掌控辽西和华北的航空作战,这也证明在九一八事变期间,周水子机场承担了其作为战略航空基地的作战任务。

12 月 26 日,关东军参谋长发往陆军参谋次长的电报中指出:"驻扎于周水子的重型轰炸机中队可以在我军攻打锦州的作战中发挥最大效用,因此请将该部队归于我军麾下,并且将驻扎于奉天的轻轰炸机中队与该部队进行合并,组成轰炸机大队。"③12 月 28 日,陆军省同意了关东军的请求并将该部队并入关东军麾下。锦州战役期间,关东军飞行队于 12 月 23 日开始作战,由于敌我实力差距悬殊,驻锦州的中国军队在 12 月 31 日即被迫撤退。至 1 月 3 日日军中止航空作战为止,周水子轰炸机部队并未参与实质性攻

① 参謀本部『満洲事変ニ於ケル飛行隊ノ行動(上)』、3 頁。

② 参謀本部『満洲事変ニ於ケル飛行隊ノ行動(上)』、25 頁。

③「飛行大隊編成の件」、「JACAR(アジア歴史資料センター)Ref. C01002754600、昭和 7 年『満密大日記 14 冊の内 其 1』」。

击作战,但是其于 12 月 30 日及 1 月 1 日这两天执行了对营口和锦州中国军队的威吓飞行,并于 12 月 31 日在周水子机场对飞机进行了维修整备。① 这证明周水子机场具备起降并维护大型轰炸机的能力,也进一步凸显了其作为战略航空基地的价值。

为了使周水子机场可以随时满足日军执行军事行动的需要,在东北地区的大规模地面作战结束之后,日本政府也为该机场披上了"民用"的伪装以保证其继续高效运转。1932 年 9 月 23 日,为了独占东北地区的航空权益,日本成立了"满洲航空株式会社"并准备将由日本空输运营的大连、长春、哈尔滨、奉天、新义州之间的军用航线转为"满航"所经营的民用航线。"满航"在成立声明中也表示,对该公司进行监督指导以及在"有事"之时对其进行指挥管理的乃是日本在伪满的最高权力机关,②这实际上就表明该公司受关东军的直接指挥,其相关经营活动自然也与关东军的军事行动密切相关。

"满航"成立之后至全面侵华前,不断依托周水子机场开辟遍布东北地区的航线,从 1932 年开始,周水子机场作为东京至大连航线的终端机场其民航业务也迎来了稳定期,具体数据可见下表:

表 4 - 3　1932 年至 1937 年周水子机场客货运数据

时间＼项目	飞机降落次数(回)	航空距离(km)	旅客人数(人)	货物吞吐量(kg)	邮件数量(kg)
1932 年	597	143 280	1 786	2 236.7	7 526.25
1933 年	608	145 920	1 874	1 494.12	11 707.2

① 参谋本部『満洲事変ニ於ケル飛行隊ノ行動(上)』、30—31 頁。

② 南満洲鉄道株式会社計画部業務課『満洲主要新設会社企業目論見書集』、南満洲鉄道、1935 年、24 頁。

时间＼项目	飞机降落次数（回）	航空距离（km）	旅客人数（人）	货物吞吐量（kg）	邮件数量（kg）
1934 年	602	164 346	1 583	3 189	14 707
1935 年	582	158 886	1 019	3 652.11	15 769.71
1936 年	662	180 999	1 297	3 775.9	18 477.5
1937 年	643	175 539	1 589	4 946	16 912

资料来源：逓信省航空局『航空統計年報．昭和 7 年度（第 3 回）』、逓信省航空局、1935 年、61 頁；逓信省航空局『航空統計年報．昭和 8 年度（第 4 回）』、逓信省航空局、1935 年、69 頁；逓信省航空局『航空統計年報．昭和 9 年度（第 5 回）』、逓信省航空局、1940 年、76 頁；逓信省航空局『航空統計年報．昭和 10 年度（第 6 回）』、逓信省航空局、1940 年、86 頁；逓信省航空局『航空統計年報．昭和 11 年度（第 7 回）』、逓信省航空局、1940 年、34 頁；逓信省航空局『航空統計年報．昭和 12 年度（第 8 回）』、逓信省航空局、1940 年、38 頁。

　　总体来看，从 1932 年至 1937 年周水子机场的运营数据保持比较平稳的态势，各项主要指标没有较大波动，虽然 1936 年物资吞吐量达到了顶峰，但是具体数字也不过 24 吨左右，平均每天的运载量只有 65 千克，对于一座机场来说很难构成运营负担。可见，周水子机场的民用航空虽然维持了常态化的运营，但是其规模受到了严格的控制。这种状态与关东军对机场的管控密不可分。

　　作为日本航空部队安插在中国大陆的航空据点，关东军必须避免周水子机场因缺少日常运转陷入荒废而无法投入使用，另一方面，为了保证周水子机场可以随时转为军用，关东军又必须避免该机场过度民用化以致影响其军事职能。在 1935 年至 1937 年，关东军曾连续 3 年颁布《周水子陆军机场内私设建筑物相关事项》，对"满航"在机场内的经营活动严加控制。1937 年的档案显示，随着"满航"业务的扩展以及华北地区日伪合办"惠通航空公司"的成立，周水子机场的现有规模已经难以满足其业务需求，因此"满航"向关东军经理部提出在周水子机场增设机库的请求，对此关东军提出了 5 条要求:(1)"满航"对于周水机场的使用不应影响该机场的军事功能,在使用期间一旦接到关东军的命令要立即停运相关航线;(2)如果军事上有需要的话,"满航"应立即无偿、无条件地拆除周水子机场的建筑物并保证恢复原貌;(3)不得擅自在机场内施工并加盖设施;(4)如果军方需要使用"满航"所拥有的周水子机场设施,"满航"应无条件满足军方需求;(5)机场内的建筑物不得转交他人使用。①

这表明关东军对于周水子机场具有绝对的控制力,"满航"在该机场内的活动必须维持在不影响军事功能的最低限度为。在关东军看来,"满航"出于经济目的而扩大经营的行为远不如周水子机场的军事价值重大,作为依附于关东军的傀儡机构,"满航"在该机场的民用航空业务本质上是关东军航空侵华布局工作的组成部分,其日常经营工作在一定程度上也分担了关东军对于周水子机场的维护成本。

3. 关东军在东北其他地区的航空建设

对于整备机场问题,关东军参谋平田胜治曾指出:"机场整备工作在作战准备方面占据重要地位。关东军航空队飞机数量较少,为充分发挥其威力,必须最大限度利用飞机的机动性,因此,在东北地区构建大量机场是绝对必要的。"②除了战略、战术上的需求,日本陆军飞机在性能方面的短板也必须依靠密集的地面航空基地来弥补。从 1938 年以前日本陆军航空队主力飞机的性能可以看出其存在航程严重不足的问题:

①「周水子陸軍飛行場内私設建物建設の件」、「JACAR(アジア歴史資料センター)Ref. C04012531000、昭和 12 年『満受大日記(普)其 5 1/2』。
②「第 4 巻・第 4 篇・第 1 章/第 4 節　施設」、「JACAR(アジア歴史資料センター)Ref. C13010004900、満洲に関する用兵的観察　第 4 巻　昭和 27 年 6 月」。

表 4 - 4　1938 年日本陆军主力飞机航程表

型号	服役年份	航程（km）
95 式战斗机	1935 年	1 100
97 式战斗机	1937 年	1 200
88 式侦察机	1928 年	900
92 式侦察机	1932 年	680
94 式侦察机	1934 年	1 100
97 式侦察机	1937 年	2 000（附加油箱）
93 式轻轰炸机	1933 年	900
97 式轻轰炸机	1937 年	1 300—1 900
97 式重轰炸机	1937 年	2 750
98 式轻轰炸机	1938 年	1 300—1 900

资料来源：防衛庁防衛研究所戦史室『中国方面陸軍航空作戦』、朝雲新聞社、1974年、付表第二。

上表数据为日本陆军主力飞机的在测试中所能达到的极限航程，从实际作战情况考虑，以 97 式战斗机为例，其最大飞行半径仅为 600 公里，如果算上武器重量、滞空作战时间、气流天气影响、敌方拦截等因素，这一作战半径还会大大缩水。亦即日军主力机型的实际作战半径普遍都远低于 1 000 公里，在西伯利亚地区或中国华北这种面积广阔的区域进行作战时，如果机场不足，日军飞机航程上的短板将会导致地空协同作战不畅局面的出现。因此，不论是从将东北地区打造为关东军航空力量对苏、对华航空作战前线的角度出发，还是从弥补日军飞机性能不足的角度出发，日军都有必要在东北地区构筑大量航空基地。

在九一八事变期间，关东军为满足自身需求而随着作战推进不断建设永久性或临时性机场，至 1932 年 9 月关东军在一年之内修建的机场数量达到了 50 余处①,其机场的密集程度及修建机场能力之强可见一斑。

1933 年之后,随着东北地区大规模作战的结束,关东军飞行队的作战目标也转为对苏、对华备战。至 1934 年,关东军已经在东北中部一带的哈尔滨、长春、公主岭、奉天等城市构建了永久性大规模航空基地,这些基地同时也是关东军航空作战规划中第 3 线地区的关键节点,证明关东军正在东北地区按部就班地推进其既定的航空布局计划。至 1934 年末,关东军在伪满的东部边境地区修建了佳木斯、伯力、牡丹江、东宁、延吉等 10 余处航空基地,以此形成了对苏联滨海边疆州地区的航空威慑。此外,在伪满北部地区,日军修建了齐齐哈尔、北安、嫩江、龙镇、黑河等基地,在西北地区修建了海拉尔、扎兰屯、博克图、满洲里等基地,为了对华北地区展开进攻,日军还修建了锦州、赤峰、绥中、承德、多伦等机场。②

除了依靠军事力量修建航空基地,关东军也通过其所控制的"民间"航空机构来进一步拓展东北航空设施。1932 年 5 月关东军司令部内设置了"特务部",并由儿玉常雄大佐负责管理东北的民航事务。1932 年 9 月 26 日"满航"成立之后,儿玉常雄担任该社的副社长并成为最高实权人物③,这也意味着"满航"的一切经营活动都将接受关东军的指挥并为关东军服务。在与军方的合作方面,除了为关东军飞机提供维修并利用民航飞机提供航空情报之外,"满航"也积极开拓东北地区的民用航线,并以此协助关东军强化

---

① 防衛庁防衛研修所戦史室『満洲方面陸軍航空作戦』、91 頁。

② 防衛庁防衛研修所戦史室『満洲方面陸軍航空作戦』、92 頁。

③「航空会社役員に関する件」、「JACAR(アジア歴史資料センター)Ref. C01002996400、昭和 9 年『陸満密綴 第 10 号』自昭和 9 年 6 月 7 日 至昭和 9 年 6 月 8 日」。

与其各个航空据点之间的联络。至 1936 年末,关东军在东北地区
已经建立了密集的航空据点及遍布东北的航线。在基地设施方
面,除了四平街、大石桥、洮南等少数城市,1934 年航空布局计划中
的佳木斯、牡丹江、延吉、通化、丹东、新义州、大连、哈尔滨、长春、
奉天、齐齐哈尔、海拉尔、锦州等城市均已建成机场①,显示至 1936
年末关东军在东北地区的航空基地布局已经基本实现了 4 条战线
的规划,这也证明关东军飞行队此时在基地设施方面已经可以满
足既定作战计划中对华、对苏作战的需求。

二、日军在华北增设航空基地

九一八事变后,关东军的航空势力在东北地区的基地建设不
断推进。但是在广大华北地区,日军仍无法拥有一座永久性航空
基地,这一现状也影响到了其在华北的战略布局。早在"济南惨
案"期间,日本陆军积极建设海光寺机场并强占东局子机场的行动
均体现出其急于在天津地区获得一处航空基地。"济南惨案"之
后,日军也指出:"考虑到将来在此方面(即华北)的作战及警备任
务,在天津永久性设置一批飞行队乃是当务之急。"②

天津作为日本华北驻屯军司令部及日租界所在地,日军在此
地经营多年,建设机场具备一定的天然优势。但是此地为中国领
土,日军在此建设军用机场势必会招致中国方面的强烈反对。基
于上述原因,日军自"济南惨案"之后一直未能如愿在天津展开航
空建设。九一八事变爆发后,关东军飞行队在作战中所发挥的作

---

① 防衛庁防衛研修所戦史室『満洲方面陸軍航空作戦』,93 頁。
② 「飛行隊に関する状況の件」,「JACAR(アジア歴史資料センター)Ref.
　C04021735900、陸支密大日記　第 5 冊　昭和 3 年　」。

用以及陆军飞机在航程上的短板都使日军意识到必须加快航空基地布局以满足未来航空作战的需求。至 1932 年 11 月,华北驻屯军向陆军的大臣请求从九一八事变经费中划拨 25 万日元供其在天津南开大学西侧地区购得 15 万平方米土地以建设机场。华北驻屯军给出的理由是"如今我军在华北地区没有任何飞机着陆场,考虑到当地的土质问题,一旦有事难以立即建立飞行基地,出于对将来作战的需要,我军请求在今明两年拨出相关经费以从事机场建设",对此陆军大臣在同月即回复表示许可。① 这证明,随着日本陆军航空势力从关外逐渐向华北扩张,加之日本帝国主义的战略重点从东北地区转移到推动华北分裂,从作战的角度考量,日军极有必要在其侵略华北的大本营天津坐拥一处航空基地。

在 1932 年的意见提出后不久,1933 年 5 月中日签订的《塘沽停战协定》使华北驻屯军修建机场的行动步入到了实施阶段。《塘沽停战协定》的第 1 条中规定中国军队撤退至延庆、昌平、高丽营、顺义、通州、香河、宝坻、林亭口、宁河、芦台一线的以东、以南地区且不准越界,这迫使中国军队退到了长城以南的华北地区,第 2 条则规定"日本军为确认第一项之实施情形,随时用飞机及其他方法,以行视察,中国方面对之应加保护及与以各种便利。"②这条规定使得日本陆军航空部队可以名正言顺地进入华北并在此地长期驻扎,"与以各种便利"的规定则使得中国政府不得不认可日军在华北的各种航空建设行动,由此,日军获得了在天津构建机场的条约依据。在《塘沽协定》签订之前,1933 年 3 月 30 日日本陆军大臣

---

① 「天津飛行場敷地獲得に要する経費其他の件」,「JACAR(アジア歴史資料センター)Ref. C01002874900、昭和 8 年『満密大日記 24 冊の内其 11』」。

② 王铁崖:《中外旧约章汇编(第三册)》,北京:三联书店,1957 年,第 940 页。

发给华北驻屯军司令官的机密电报显示，日军高层已经同意拨出 5 万日元供其在天津购买土地并建设机场①，这也从侧面证明《塘沽协定》中有关日本航空势力进驻华北的规定是其长期谋划所导致的结果。

在《塘沽协定》签订之后，1933 年 6 月 22 日黄郛指派雷寿荣至长春与小矶国昭等关东军将领进行进一步谈判，中日针对日军飞机在平津地区肆意飞行招致人心不安的问题达成了协议，日方同意禁止无意义之飞行，但是这也意味着只要日军认为有意义，还是会在平津地区自由飞行②，同时也表明国民党当局对于日本航空部队在华北的存在问题采取了进一步妥协退让的方针。

南京国民政府的软弱态度也助长了日军在津构建航空基地的野心。1933 年 6、7 月间，日本买通汉奸徐寿林将海光寺与八里台之间广仁堂名下稻田 1 000 余亩转租张少卿，此人又将这片土地转租给日本商行"大仓组"，日军由此获得了机场的建设用地，随后雇佣大批华工平整土地，为了避免夏季降雨导致机场浸水，日军还从周边挖土以垫高机场用地，同时在机场四周挖掘河道以进行排水。③ 从用地规模、施工规模和工程复杂程度来看，日军在建设机场的过程中投入了大量财力，甚至有中国评论家从机场建筑规模推测该机场可能被日军应用于太平洋战争④，这些事实都证实了日军对于建设机场的重视，也证明其目的在于将天津打造为对华北

---

① 「天津飛行場道路敷地買収経費の件」、「JACAR（アジア歴史資料センター）Ref. C01002911000、昭和 8 年『満密大日記 24 冊の内其 18』」。

② 沈云龙：《黄膺白先生年谱长编》，台北：联经出版事业公司，1976 年，第 581 页。

③ 《一周大事汇述：日军在津建筑飞机场》，《中央周报》1933 年第 279 期，第 9 页。

④ 《华事外论 日本统治华北 开始在天津建筑大飞机场为应付将到之太平洋战争 已实现获得军事根据地矣》，《外论通信稿》1933 年第 585 期，第 2 页。

进行空中侵略的大本营。

对于日军擅自在天津构筑机场的行动，天津地方政府和广善堂都表示了强烈不满。日军平整和垫高机场土地的工作一直持续到 1934 年 5 月，同月 5 日，日租界警察带工人至机场用地进行施工，天津市公安局局长李俊襄以日方在中国拥有主权的领土上进行施工，必须获得中国政府的许可为依据加以阻止，但是日方对中方的劝阻置若罔闻。5 月 8 日，天津市政府再次向日本领事馆发出抗议，日方依旧不予回应。在此后虽然交涉继续进行，但是至 5 月 11 日，日方在机场用地上的施工人员已达 130 余人，同时已完成上百亩土地的平整工作。① 由此可见，天津地方政府的抗议未能收到预期成果。

值得注意的是，日军修筑机场的行为是对于中国领土主权的侵犯，本应由中国外交部出面对其加以制止，但是负责交涉的中方机构却只是天津地方政府，在交涉过程中，日方领事田中曾透露日军的施工获得了于学忠、何应钦等国民党高层的默许。② 中方为何会采取这种息事宁人的态度？原因在于 1933 年 9 月 6 日，蒋介石、汪精卫、孙科等人在庐山召开谈话会，认为目前形势下"对外对内皆应委曲求全"，此外会议确定的对日方针为："除割让东省、热河，承认伪国，为绝对不可能外，对其他次要问题如税则等仍应与之作相当之周旋，谋适宜之处置，并极力避免一切刺激日方情感之行动及言论。对华北当局，并赋以相当自由之权限，以期应付圆滑。"③上述言论证明，国民党高层认为只要在拒绝割让国土及承认伪满

---

①②《一周大事汇述：驻津日军擅筑机场》，《中央周报》1934 年总第 311 期，第 13 页。

③《9 月 6 日谈话会商定之结果》，1933 年月 6 日，黄郛档，美国哥伦比亚大学珍本和手稿图书馆藏。

洲园等原则性问题上决不让步,其余问题都可以视为"次要问题"并可以对日方做一定的妥协退让,对于国民政府来说有关这些问题的交涉过程中应当尽力避免"刺激日方情感"。此外,庐山谈话的结果也证明,国民政府为"应付圆滑"而将对这些次要问题交涉权限下放给了华北地方当局。国民政府息事宁人的态度表明,为了避免日军再生事端,中方只能对其构筑机场的行为抱默许态度,这也可以解释为何在日军修筑机场的过程中南京国民政府的外交部门一直没有出面制止。

1934 年 7 月 17 日,日军在天津的首座机场(中国方面称其为"八里台机场")的外围工事基本完工,日军以木桩铁丝网围住机场用地以防工程机密泄露。为阻止日军施工,广仁堂曾多次向天津地方法院起诉但均未能如愿,只得请天津市政府以外交手段加以劝阻。[①] 但是在缺乏南京中央政府支持的情况下,天津政府从 5 月 8 日至 7 月 17 日的多次交涉均未影响到日军的施工进度。至 1934 年 12 月 11 日,天津八里台机场正式完工,据《申报》记载,该机场内部建有宽阔的木制铁皮机库并设有油库,推测可容纳飞机 24—36 架,从规模来看,该机场已经可以满足日本陆军 2—3 个战斗机中队的起降作战,为了保证物资运输的通畅,日方又擅自修筑数公里马路以连接南开大道。[②] 此时,天津市政府仍在派员与日方进行交涉,但是在机场竣工之后这种交涉已经没有任何意义。

随着八里台机场的落成,日军在华北地区拥有了一座成规模的航空基地,但这仅仅是全面侵华前日军在华北强占航空基地的开始。1935 年 4 月,关东军和华北驻屯军经多次商议后决定将华

---

① 《津八里台 日飞机场竣工》,《申报》,1934 年 7 月 17 日,第 3 版。
② 《津八里台 日飞机场竣工》,《申报》,1934 年 12 月 11 日,第 8 版。

北五省(晋、冀、鲁、察、绥)"建设成统一的自治地带",其最终目的
在于使华北五省脱离南京国民政府,成为与伪满洲国之间有密切
关系的特殊区域。① 1935 年 10 月,日本政府通过了《鼓励华北自
主案》,10 月上旬关东军司令部派遣土肥原贤二至天津的华北驻屯
军司令部并积极开展鼓动汉奸建立"亲日亲满"政权的活动。在土
肥原的运作下,1935 年 11 月 25 日,殷汝耕宣布成立"冀东防共自
治政府",并发表了实施反蒋亲日政策的宣言。② 殷汝耕的分裂宣
言一出,立即在华北引起了巨大骚动,11 月 25 日夜,殷汝耕手下保
安队一部开进芦台、宁河等地,准备以武力接收上述地区,其亦于
当日宣布有能力将手下武装扩充至 10 万人以对抗南京国民政
府。③ 11 月 26 日,南京国民政府行政院命令河北省政府将殷汝耕
撤职拿办。④ 日军这将种混乱的局面视为扩大其在华北军事存在,
特别是充实航空势力的绝好机会。11 月 26 日,驻榆关日军 500 余
人增援天津,同日华北驻屯军派遣官兵及测量人员 60 余人前往天
津东局子万国赛马场进行地形测量并圈占 2 100 余亩土地以建设
机场。由于地形平坦,加之日军投入了大批施工人员,至 11 月 28
日机场用地的平整工作已经基本完工。在此期间,河北省政府曾
与华北驻屯军司令进行过交涉。日军诈称仅借用该地 3 个月,绝不

---

① 土肥原贤二刊行会编,天津市政协编译组译:《中华民国史料丛稿 译稿 土肥原秘录》,
　 北京:中华书局,1980 年,第 102 页。

② 土肥原贤二刊行会编,天津市政协编译组译:《中华民国史料丛稿 译稿 土肥原秘录》,
　 第 43 页。

③《冀东廿二县组　伪自治委会　殷汝耕任伪自治会委长》,《申报》,1935 年 11 月 26
　 日,第 3 版。

④《行政院决议撤销北平军分会》,《申报》,1935 年 11 月 27 日,第 3 版。

长期占用。① 而在交涉过程中,南京国民政府外交部传达给河北省
政府的指示仅有"妥为监视该建筑情形"②,并未直接协助地方政府
与日军进行交涉,南京方面在机场问题上的妥协退让态度可见一
斑。值得注意的是,在 1928 年独立飞行第 7 中队对天津附近的机
场用地进行侦查时,其选定的区域中就有东局子机场及东局子北
侧用地③,证明东局子地区在建设机场方面的便捷性早已引起了日
军的重视,"济南惨案"期间日军所获得的情报也使其在 1935 年得
以迅速完成机场选址工作。11 月 29 日,日军进一步将东局子机场
的用地面积扩大到 3 000 亩。有军事专家推测,该机场至少可以同
时容纳 50 架飞机,加上先前修筑的八里台机场,日军在天津的两
座机场可以保证"70 架左右飞机来津,均可停降绰裕"。④ 东局子
机场的庞大规模体现了日军对华北的军事野心。

　　进入 1936 年,随着日军侵略华北活动的进一步发展,其对天
津航空基地的规模也提出了更高要求。1936 年 2 月 9 日,华北驻
屯军司令多田骏宣布将扩充华北日军,2 月 25 日,多田骏发给日本
陆军大臣的电报中指出,考虑华北驻屯军未来的发展以及对华政
策的实施,有必要在东局子机场建设机库,机库建成之后在平时可
以交付给航空公司使用,在战时可以立即改为军用机库。为了保
证施工规模,华北驻屯军申请了 12 万日元的建设经费,同时还指

①《日军在津筑机场交涉尚无结果 日兵游行华界河北一带》,《申报》,1935 年 11 月 29
　日,第 3 版。

②《平津日军渐退》,《申报》,1935 年 12 月 29 日,第 7 版。

③「北支那航空事項調査報告送付の件(5)」,「JACAR(アジア歴史資料センター)Ref.
　C04021739500、陸支密大日記　第 5 冊　昭和 3 年」。

④《日军陆续入关 在津筑广大飞机场 可容七十架机停降》,《申报》,1935 年 12 月 3 日,
　第 8 版。

出日军在土地征用问题上已经"获得了冀察方面的谅解"。① 上述史料一方面证明日军在天津航空建设的意义已经超越了战术层面,成为在战略层面上对中国政府施加压力以及推进其侵华政策的重要手段,另一方面也证明日军在天津构筑机场等活动已经获得了华北实权人物的默许,在这两种因素的作用下,仅凭天津市政府的交涉根本无法阻止日军的航空建设。至 1936 年 6 月,日军在东局子机场的建设及扩建工程已经彻底完工,6 月 13 日驻沈阳的18 架日军飞机陆续飞抵天津东局子机场,②这标志着东局子机场已经成为可以支撑战时需要的航空设施。

在全面侵华前,天津机场群的作用主要是彰显日本航空部队在华北的军事存在,并通过飞机威吓国民政府及中国群众,以此推进其在华北制造的分裂行动。如 1935 年 11 月 25 日,殷汝耕的"冀东防共自治政府"成立之后,伪政府不断策动所谓"民众运动",驻天津日机每日都由早至晚在城市上空盘旋以声援伪政府。为了应对华北变局,日军积极在华北地区展开增兵活动,1935 年 12 月 2日,山海关方面上千名日军向密云怀柔方面移动,同日晨,驻八里台机场的日军出动 5 架次飞机在天津及河北城区上空进行示威飞行。③ 12 月 6 日,日军又继续向天津地区增兵,海光寺华北驻屯军司令部日军增至 2 200 余人,增援部队均来自关东军所属,同日,八里台机场共起降 14 架次飞机对天津、河北进行示威飞行,并对平津、平汉路地区进行侦察,驻扎于该机场的日军飞机也在 12 月 6 日

---

① 「支那駐屯軍飛行機格納庫工事ノ件」、「JACAR（アジア歴史資料センター）Ref. C01004188000、密大日記 第5冊 共8冊 昭和11年」。

② 《日增兵华北后 第二步将强化空军》,《申报》,1936 年 6 月 15 日,第 3 版。

③ 《榆关日军 沿长城线移动 飞机不停绕秦榆侦察 津中航机场未被占用》,《申报》,1935年 12 月 3 日,第 5 版。

增加至 12 架。① 12 月 8 日,日军在古北口地区增兵千余人,同日,驻八里台日军飞机也围绕天津飞行数圈以威吓官民。②

　　日本航空部队利用天津航空基地所展开的活动与其在华北地区的增兵行动是相辅相成的,日机在华北的示威飞行使中国官民产生了极大的心理压力,如"日机不断在市内上空飞翔……其紧张情形,颇使津市民不安也"③,正是看中了中国方面对飞机的畏惧心理,在 1935 年 12 月 29 日"当华北风云紧时,津日军部,曾宣传将有六大编队飞机共六十余架来津,参加平津塘沽间空陆军呼应大演习"④,日军的这种言行明显带有恐吓色彩,这也证明在全面侵华前,其以在津航空基地为依托不断以军事航空活动对中国官民施加压力。

　　另一方面,八里台机场及东局子机场也发挥着联络枢纽的功能,如 1935 年 12 月 1 日,关东军副总参谋长板垣征四郎乘机降落于八里台机场并与华北驻屯军司令多田骏进行会晤。⑤ 1936 年 2 月 12 日,关东军参谋部的专田少佐、花谷少佐等军官乘机降落于东局子机场,并与多田骏商讨强化华北驻屯军的问题。同日,日军驻太原特务机关长官和知鹰二少佐和驻绥远特务机关长官羽山喜郎少佐乘机降落于东局子机场,与多田骏讨论绥蒙相关事宜。⑥ 这些事实证明天津日军航空基地的存在加强了华北驻屯军与关东军

①《日机多架 飞绕平津上空》,《申报》,1935 年 12 月 7 日,第 4 版。
②《日军 开抵通县暂驻 古北口人心不安已戒严》,《申报》,1935 年 12 月 8 日,第 3 版。
③《日军陆续入关 在津筑广大飞机场 可容七十架机停降》,《申报》,1935 年 12 月 3 日,第 8 版。
④《平津日军渐退》,《申报》,1935 年 12 月 29 日,第 7 版。
⑤《津日军筑机场 占用民田甚多 日机飞长城一带侦察》,《申报》,1935 年 12 月 1 日,第 3 版。
⑥《关东军参谋到津 接洽强化驻军》,《申报》,1935 年 2 月 13 日,第 3 版。

及日军特务机关的联系,使其可以更直接地讨论与制定侵华政策,进一步强化了天津作为日军侵略华北策源地的地位。

自 1933 年至 1936 年,仅 3 年时间内日军在天津地区已经拥有了八里台和东局子两大军用机场,其构建过程之顺利,机场规模之庞大,俨然已将天津打造成为日军在华北地区的战略航空中心,这是多方面因素共同作用的结果。首先,日军较早就在天津进行了战略布局,在 1928 年的"济南惨案"时期,日军独立飞行第 7 中队在天津的海光寺机场及东局子机场活动了 5 个月的时间并搜集了大量天津及周边地区的航空情报,这两处机场的所在地区也成为日后八里台、东局子两机场的选址地,证明"济南惨案"期间日军的航空活动与全面侵华前在津航空建设之间存在密切关联;其次,热河事变之后,伪满的存在已是既成事实,日本陆军的侵略重心从关外转向关内。为了保证华北驻屯军可以获得航空部队的支援,日军借签订《塘沽协定》的机会,使其航空部队进驻华北地区的行为合理化,并由此取得了在天津构建机场的权力。此外,日军的言论中提及不论是 1935 年构建八里台机场还是 1936 年构建东局子机场,其行为都获得了何应钦或华北实权派的默许,证明 1933 年国民党高层在庐山谈话中确立的对日妥协退让交涉方针在日军修建天津机场群的行动中得到了体现。

综上所述,在东北地区大规模作战结束之后,关东军迅速按预定计划推进航空基地建设,至全面侵华战争爆发前,日军在东北构筑了 4 条以偷袭苏军及入侵中国关内地区为目的、以基地为串联节点的航空战线,标志着关东军侵华航空布局的初步完成。与此同时,借助《塘沽协定》这一不平等条约提供的便利以及中国政府对日妥协退让外交政策,日本华北驻屯军也在 1933 年至 1936 年期间顺利于天津构筑了八里台及东局子两大侵华备用基地,周水子、锦州、承德、天津等重要航空基地也将在日本航空部队对整个华北地区的空袭作战中发挥巨大作用。

三、在朝鲜及台湾地区增设航空基地

虽然日军始终没能在长江流域及中国东部沿海获得一处航空基地，但这一区域作为中国空军的战略集中地与中国的政治经济中心，日军有必要在开战之初就集中其空袭部队对中国空军基地及南京、上海、广州等重要城市进行战略轰炸。从日本海军装备发展进度来看，至全面侵华战争爆发时日本虽然已经拥有了 4 艘航空母舰，但是参战的一线舰载航空部队飞机数量仅有 84 架[1]，这也从侧面证明作为一支机动作战力量，日本海军舰载航空兵的装备数量在全面侵华前一直处于较为不足的状态。为弥补这种不足，日军寄希望于以具备长航程能力且依托地面基地的飞行装备来执行海军航空作战。

早在 1930 年 2 月 11 日，"赤城号"航母副舰长松永寿雄就在《海防与航空》一书中指出："海防上最重要的兵器乃是大型攻击机……去年意大利制造的卡普罗尼轰炸机可以搭载 15 吨炸弹飞行两千海里，如果在我国沿海各要点岛屿配置大量类似的轰炸机，并以两三艘航母来填补防御间隙，那么这种大型攻击机的攻击范围便可包含以我国沿岸地区为中心覆盖数百海里的范围。"[2]这证明此时日军已经意识到了陆基战略轰炸机在远距离航空作战上的作用。在此之前，日本海军一直通过研制飞艇来弥补飞机在航程

[1] 日本海軍航空史編纂委員会『日本海軍航空史(4)戦史編』、175 頁。
[2] 日本海軍航空史編纂委員会『日本海軍航空史(1)用兵編』、時事通信社、1969 年、113 頁。

上的不足,但是其研制的各型飞艇的性能均未能达到军方要求。随着航空技术的进步,1933 年海军省命令三菱公司研制以提高最大航程为重点、依托地面基地起降的"特殊侦察机",至 1936 年该型飞机研制成功,服役并定名为"96 式陆上攻击机"(简称"96 陆攻"),"96 陆攻"的作战半径达到了 1 200—2 250 公里①,其性能在当时世界列强的航空器中也属于先进水平。从地理距离上考虑,如果日军将"96 陆攻"安置于济州岛和台北的航空基地,则国民政府在长江中下游布置的各航空基地,远至华中腹地的武汉,近至东部沿海的上海、杭州及首都南京,南方内陆重要航空基地南昌等城市均处于该型飞机的最小作战半径之内,作为日本距离长江流域及中国东部沿海最近且具备建设大规模机场条件的殖民地,在台湾岛与朝鲜济州岛进行航空基地建设也是日军侵华航空布局的重要任务。

"96 陆攻"服役之后,其具备的优秀性能受到了日本海军的高度重视。日军指出,"海军军备发展的重点,比起战舰更应当转移到飞机方面,特别是应当加强基地航空兵的建设。"②这意味着构建满足"96 陆攻"使用需要的航空基地也是 1936 年后日本海军航空兵发展的重点之一。

在济州岛的航空建设方面,1933 年日本海军就希望在济州岛大静面地区购置一块 6 万平方米的土地用作飞机迫降场,日军特意强调此举在"国防"上属于保密举动,可见其背后意图,绝非建设一处迫降场那么简单。③ 1936 年 11 月至 1937 年 2 月,日本海军再

---

① 防衛庁防衛研究所戦史室『中国方面陸軍航空作戦』、付表第二。
② 日本海軍航空史編纂委員会『日本海軍航空史(1)用兵編』、215 頁。
③「第 3537 号 8.8.1 済州島飛行」、「JACAR(アジア歴史資料センター)Ref. C05023170400、公文備考 昭和 8 年 K 土木建築 巻 11」。

次在济州岛购得将近 15 万平方米的土地,至此海军获得的航空建
设用地面积将近 21 万平方米。在 1937 年 6 月,日本海军又以建设
"济州岛避难场"的名义在该地构建了总面积达 486 800 平方米的
飞机着陆场,[①]这也为即将到来的全面侵华战争中日军在该地营建
大规模的战略轰炸机基地创造了条件。1937 年 7 月 11 日,为应对
华中华南地区可能出现的战况,日本海军命令第 1 联合航空队(包
括木更津航空队和鹿屋航空队,主力机型为 38 架"96 陆攻")于九
州岛鹿屋待机,并视情况入驻济州岛基地和台北基地。[②] 此后,济
州岛基地展开了大规模的航空设施扩建工程并于 1937 年 8 月 7 日
基本完工,这也意味着日本海军航空部队在淞沪会战爆发之前获
得了一处可以进攻中国长江流域及东部沿海要地的战略航空
基地。

日军在台湾地区的航空建设开始于 1918 年。1925 年 2 月日,
军成立了陆军飞行第 8 联队并于 1927 年 5 月将该部队转移至台湾
岛南端的屏东,1928 年 1 月该部队正式完成编制并形成战斗力。[③]
1933 年日本海军曾在《对华航空意见》中指出,一旦中日间"有事"
之时,从本土向台湾岛转移航空兵力的问题是至关重要的,因此在
平时应当保证台湾地区航空设施的完备,考虑到将来需要在台湾
方面使用大量航空兵力,有必要保证台北及其附近的机场可以供

---

① 「第 2373 号 12.7.1 土地買入の件 朝鮮全羅南道済州島大静面」、「JACAR(アジア歴
   史資料センター)Ref. C05111121000,公文備考 昭和 12 年 K 土地建築 巻 9」。
② 「第 1 章 支那事変勃発時の状況/第 1 節 日支空軍の兵力比較」、「JACAR(アジア
   歴史資料センター)Ref. C14120663600、支那事変初期の航空作戦史」。
③ 防衛庁防衛研修所戦史室『陸軍航空の軍備と運用〈1〉昭和十三年初期まで』、
   264 頁。

各种类型的飞机不分昼夜地使用。[1] 这也证明日本海军早已重视台湾岛在侵华航空作战中的重要作用。不论是从控制华南及东南亚的民用航空线的角度考虑，还是从大规模航空侵华的角度考虑，日本都有必要在台湾岛构筑一处大型机场。至 1935 年 9 月 25 日，台湾总督府在台北松山设立一处大规模新机场，该机场总面积近47 万平方米，跑道东西最大长度约 900 米，南北最大宽度约 700 米。[2] 松山机场作为全面侵华时期针对整个长江流域及华南地区进行轰炸的战略航空基地，其使用者不仅有鹿屋航空队，1937 年 8 月 28 日，驻济州岛的木更津航空队也派出半数的攻击机协助鹿屋航空队轰炸华南中国战略设施，松山机场的广大面积和完善的地勤系统为庞大的战略轰炸机部队展开作战提供了物质保障。

除建设航空基地之外，为保障飞机部队从日本本土飞往台湾岛的过程中不至于出现非战斗减员，日军也需要积极探索出一条安全的航线。在 1921 年 4 月，海军佐世保航空队就谋划从日本九州地区至台湾岛的长距离飞行演习，根据日军规划的飞行线路，海军飞机从佐世保基地出发，经九州鹿儿岛和琉球中城湾，最后到达台湾基隆。[3] 至 1930 年 5 月，日本海军再次对鹿屋至台北的航空线路进行了飞行试验。此次飞行演习中，海军指出在战时需要尽快入驻台湾岛的情况下，为保证部队可以迅速出动，同时也为了飞行员在执行作战任务之前可以充分了解航线的飞行条件，鹿屋航

---

① 「対支航空所見の件」、「JACAR(アジア歴史資料センター)Ref. C01003999200、密大日記 第 4 冊 昭和 8 年」。

② 「告示／臺灣總督府／第 131 号／臺北飛行場設置」、「官報　1935 年 10 月 26 日」。

③ 「佐世保，台湾連絡飛行（2）」、「JACAR（アジア歴史資料センター）Ref. C08050216600、大正 10 年　公文備考　巻 46　航空 3」。

空队的大部分成员应至少在这条航线上飞行一次。① 这也证明在全面侵华前,日本海军航空兵已经在本土至台湾岛航线上积累了大量的飞行经验,这为战时日军战略轰炸机部队迅速、安全地入驻台湾岛基地并展开作战创造了前提条件。

1937 年 5 月,鹿屋航空队、大村航空队、佐世保航空队投入了总计 36 架飞机的庞大机群,演练了以大部队从日本本土飞往台湾岛的移动方法以及在局部地区的防空和空袭方法等课题,与此同时,日军也将大批地勤人员运往台北机场以进行航空装备整备演习。② 这是日军全面侵华前海军航空队的一次以实战为背景,以入驻台湾并投入作战为目的的大型航空演习,这次演习的顺利结束也证明日军已经完全掌握了以大规模轰炸机部队进行长距离跨海飞行的航空技术,台湾岛也被打造成了可以满足日军执行战略轰炸的航空基地。

四、图谋在上海设立军机前进基地

1932 年的"一·二八"事变期间,第 1 遣外舰队司令部认为有必要利用此次作战机会探查上海地区可以为日军所用的地面航空基地,其原因在于地面基地可以更方便地进行飞机整备及物资补给工作,而且舰载飞机驻扎于地面基地可以避免日军宝贵的航空母舰因过于靠近战场而遭受中国空军威胁。因此于 2 月初,舰队司令部派遣"安宅"号舰长木桥中佐及舰队参谋石川少佐侦查基地

---

① 「台湾往復飛行演習報告(1)」、「JACAR(アジア歴史資料センター)Ref. C05021236800、公文備考 G 巻 1 航空 昭和 5」。

② 「佐鎮機密第 27 号の73の2　12.3.19　飛行基地員輸送に関する件」、「JACAR(アジア歴史資料センター)Ref. C06092482400、公文備考昭和 12 年 Q 通信、交通、気象 時巻 6」。

备选用地。最终,二人认为公共租界东端日本人经营的公大纱厂地势平坦,可以用作航空基地(事变期间日军机场用地的归属较为复杂,既包括公大纱厂所有地,也包括与其接壤的丰田纱厂和日资中华企业土地,下文按日军习惯将其构建的基地称为"公大基地")。① 随后第1航空战队于2月7日将其舰载战斗机及攻击机主力移驻于公大基地,在此之后日军飞机完全依托该基地进行航空作战。② 事变期间,驻扎于该基地的人员及作战飞机数量如下所示:

地勤人员:"加贺"号70人;"凤翔"号50人

驾驶员:"加贺"号63人;"凤翔"号24人

机场陆战队:250人

13式舰载攻击机:15架

3式舰载战斗机:9架

人员合计:437人

飞机合计:24架③

由此可见公大机场用地具备较大的承载能力,可以满足日军大规模航空部队的作战需求。除了规模上的优势,公大基地还具

---

① 「26.公大紡所有地関係 自昭和九年四月」、「JACAR(アジア歴史資料センター)Ref. B04121147400、本邦人ノ中国ニ於ケル土地買収及譲渡関係雑件附建物譲渡ノ件 (G—3—1—0—4)」。

② 「上海に於ける能登呂及飛行基地視察報告/第5　上海、海軍飛行基地」、「JACAR (アジア歴史資料センター)Ref. C14120136800、昭和12年　支那事変軍事調査関係 (委員会.上海方面出張報告　河村少将外)」。

③ 「上海に於ける能登呂及飛行基地視察報告/第5　上海、海軍飛行基地」、「JACAR (アジア歴史資料センター)Ref. C14120136800、昭和12年　支那事変軍事調査関係 (委員会.上海方面出張報告　河村少将外)」。

备基建上的先天优势,如公大纱厂建有坚固宽阔的厂房,不仅可以用作日军飞行员的宿营设施,也可以用作日军弹药及飞机部件的仓库,此外,该基地东侧即是黄浦江,驻扎于此的日军舰艇可以担负机场的防卫工作,这也大大降低了该机场受中国军队攻击的风险。① 事变结束后,日军也对公大基地的各项设施给予了高度评价:"本次事变中我军充分利用公大纱厂内部的工业设备,因此在飞机的维修工作中并未感到任何困难。"②证明从硬件、规模、安保等角度考虑,公大机场都是上海地区难得的优秀航空基地。

据日军总结,在事变期间驻扎于公大基地的日军飞机"作战之活跃令人印象深刻,其对于闸北、吴淞镇、吴淞炮台、狮子林炮台的轰炸及侦察,以及 2 月 20 日陆军登陆时对于江湾镇、大场镇方面的侦察轰炸都效果明显。对于敌飞机场的破坏、于空战中击落数架敌机等战果,在我海军航空战史上也值得大书特书"。③ 可见公大基地在"一·二八"事变中对日军的作战起到了重要作用,日军对于这一基地也表现得颇为"不舍"。

中日双方于 1932 年 5 月 3 日签订停火协定,要求日军退回到事变之前的驻地并于协定生效后 1 周内开始撤离,4 周内撤离完毕。④ 这说明日军需要在 6 月 1 日之前将侵略上海各地的军队全

---

① 「上海に於ける能登呂及飛行基地視察報告/第5　上海、海軍飛行基地」、「JACAR（アジア歴史資料センター）Ref. C14120136800、昭和 7 年　支那事変軍事調査関係（委員会.上海方面出張報告　河村少将外）」。

② 「上海事変に於ける整備関係事項に対する所見　軍艦鳳翔整備科」、「JACAR（アジア歴史資料センター）Ref. C14120103800、昭和 7 年　上海事変関係綴」。

③ 「上海に於ける能登呂及飛行基地視察報告/第5　上海、海軍飛行基地」、「JACAR（アジア歴史資料センター）Ref. C14120136800、昭和 7 年　支那事変軍事調査関係（委員会.上海方面出張報告　河村少将外）」。

④ 王铁崖:《中外旧约章汇编(第三册)》,第 884—886 页。

部撤回,但是驻扎于公大基地的日军士兵至1932年7月19日仍未撤退。在中日双方于7月20日的交涉中,中方表示日军驻扎于公大、丰田纱厂内的士兵虽然数量较少,但是其存在违反了中日停战协定并要求日方尽快撤军。日方表示"准备撤退,并不因该两纱厂于"一·二八"事前已有驻军而不允撤退违反停战协定"。① 在中方屡次以公大纱厂位于华界,应由中方警力保护,而日军驻扎于此违背停火协定等为由进行交涉之后,日军才于7月29日将驻公大纱厂的30余名海军陆战队士兵撤出。② 虽然日军继续维持其在公大基地军事存在的图谋落空,但是经历了"一·二八"事变的实战检验,公大基地在日军于上海地区作战中的地位已经得到了充分体现,如何保住这片区域的土地并为日军下次侵华行动服务,这也是日军侵华航空布局中不得不解决的问题。

1935年2月,上海日资中华企业因与伪满洲国大同殖产会社合并而出售其在上海的不动产,其中包括"一·二八"事变中被日军用作建设公大基地的128亩土地。对此,美国通用汽车公司有意收购土地且与中华企业进行商谈,日企表示相关土地受到了日本海军的高度重视,如果没有得到海军方面的谅解,其不敢私自出售土地。③ 可见,即便"一·二八"事变已经结束了3年,日本海军依旧高度重视机场用地的归属问题。在收到中华企业的售地请求后,海军表示"该土地在上海事变的时候曾被用作陆军与海军的机场,在作战上具备极为有效的作用。将来如果再有于上海地区建

---

① 《公大丰田两纱厂日军准备撤退》,《申报》,1932年7月21日,第13版。

② 《公大纱厂日军昨晨撤防》,《申报》,1932年7月30日,第13版。

③ 「30.上海中華企業土地売却問題 自昭和十年一〜十一月」,「JACAR(アジア歴史資料センター)Ref. B04121147800、本邦人ノ中国ニ於ケル土地買収及譲渡関係雑件附建物譲渡ノ件(G—3—1—0—4)」。

设机场的需求之时,除了该土地之外难以获得合适的用地……一旦中日之间'有事',在此地建设机场对海军来说是极为必要的。因此海军方面迫切希望可以将这片土地保留在日本人手中,并最好以空地的形式加以保管",海军在指示中尤其强调要将公大基地用地再保留至少五六年。① 可见,日本海军早已将公大基地规划为未来中日战争中在上海地区的主要航空用地,这块土地的存续问题也直接影响到了日军未来在上海乃至整个长三角地区航空作战的进展。

为避免公大土地落入外国人手中,1935 年 2 月 15 日,日本驻上海领事石射猪太郎与上海中华企业负责人相内重太郎进行了商谈,相内表示为了企业资金周转,中华企业的土地出售问题不能无限期处于搁置状态,因此乞求海军方面可以尽快制定购买土地的方案。但是迫于日本政府,特别是海军省的压力,在此后中华企业在与通用汽车公司的交涉中一再表示出于日本国家利益考虑绝不会将土地出售,由此通用汽车也放弃了收购土地的打算。

虽然相关土地暂时没有落入他国人手中的风险,但是为彻底解决土地悬案,也为了避免中华企业因土地无法出售而遭受经济损失,1935 年 7 月 24 日,由外务省东亚局局长桑岛主计牵头,在海军军令部第 6 科科长本田大佐与会的情况下,日本政府召集正金、朝鲜、台湾、三井、三菱、住友六大银行的高层管理人员商议中华企业的购地问题。经过银行部门的协商,其认为当前银圆市场动荡且利息较高,如果银行向第三方贷出银圆的话将会面临巨大的风

---

① 「30. 上海中華企業土地壳却問題 自昭和十年一～十一月」、「JACAR(アジア歴史資料センター)Ref. B04121147800、本邦人ノ中国ニ於ケル土地買収及譲渡関係雑件附建物譲渡ノ件(G—3—1—0—4)」。

险,因此应尽量以日元贷款来购买土地,并最终决定向名古屋的丰田纺织厂和东洋棉花会社提供日元贷款,由这两家公司收购中华企业土地,这一决定也得到了海军方面的同意。①

　　但是银行方面的贷款方案却令丰田、东洋两家公司难以接受。1935 年 8 月 5 日,两家公司的高管表示:"我方购置了本不需要的土地,在经济上已经承担了损失,银行方面也应当在贷款上付出一些牺牲,这样才能体现公平性……如果银行方面执意提供日元而不提供银圆的话,那我们也没必要请求银行的援助了。"对此,外务省表示必须考虑如何平衡纺织公司和银行方面所付出的代价,不应使贷款购地工作令任何一方承担过大的亏损。② 可见,即便收购公大机场土地一事由日本外务省和海军军令部等军政机构主导,但是其具体过程绝非简单粗暴地依靠公权力强买强卖,日本政府也在仔细平衡各方利益。

　　1935 年 8 月 6 日,为保障购地工作公平解决,日本海军派出了军令部第 3 部部长高须、第 6 科科长本田和军务局第 2 科科长太田等高级军官,外务省也派出东亚局局长桑岛主计,由双方再次主持召集正金等六大银行及丰田、东洋两公司商议购地贷款事宜。经协商,银行方面同意提供 60 万银圆的贷款,这一方案也得到了公司方面的同意。1935 年 9 月 3 日在海军军令部监见证下,中华企业以 57 万 5 千银圆(日方称为"中华民国国币银")的价格将全部

---

① 「30. 上海中華企業土地売却問題 自昭和十年一～十一月」、「JACAR(アジア歴史資料センター)Ref. B04121147800、本邦人ノ中国ニ於ケル土地買収及譲渡関係雑件附建物譲渡ノ件(G—3—1—0—4)」。

② 「30. 上海中華企業土地売却問題 自昭和十年一～十一月」、「JACAR(アジア歴史資料センター)Ref. B04121147800、本邦人ノ中国ニ於ケル土地買収及譲渡関係雑件附建物譲渡ノ件(G—3—1—0—4)」。

128 亩土地卖给丰田纺织厂。9 月 25 日合同的正式生效,标志着公大土地买卖问题得到彻底解决①,这片侵华机场备选用地最终牢牢掌握在了日军手中,这也为全面侵华战争中日本海军航空队再次入驻公大基地并展开空袭行动埋下了伏笔。

综上所述,至七七事变爆发前,日本航空部队已经为全面航空侵华做了充足准备。日军以刺探航空情报为主要目的,动用军事、外交等各种手段展开了长期的谍报工作,从而实现了掌握战区机场备选用地情况、把握中国空军战斗力变化及中国军事航空发展状况、确定中国空军主要航空基地位置等目的。在基地建设方面,东北地区 4 条航空战线的形成,华北地区八里台、东局子两大机场的完工,上海公大机场用地的确保以及日军在朝鲜半岛、台湾岛建设的一批航空基地,以南北向布局实现了对中国领空的全面钳制。

---

① 「30.上海中華企業土地売却問題 自昭和十年一～十一月」、「JACAR(アジア歴史資料センター)Ref. B04121147800、本邦人ノ中国ニ於ケル土地買収及譲渡関係雑件附建物譲渡ノ件(G-3-1-0-4)」。

第五章　日军在全面侵华战争中的航空侵略

　　根据毛泽东在《论持久战》中的论断,全面抗战分为三个阶段,分别为:"第一个阶段,是敌之战略进攻我之战略防御的时期;第二个阶段,是敌之战略保守我之准备反攻的时期;第三个阶段,是我之战略反攻敌之战略退却的时期。"[①]由此可见,相较于其他两个阶段,日军在其战略进攻阶段采取的方式是投入重兵集团在各大侵华战场主动出击。这一时期,日本军机作为侵华日军陆海空立体作战体系的一部分,以大量兵力执行了多种航空进攻战术。日机通过空战及战略轰炸等手段迅速夺取了战场制空权,并通过广泛展开空袭、地空协同等作战手段影响了淞沪会战、徐州会战、武汉会战等几大战役的走向。在进入战略相持阶段之后,日军以摧毁中国军民的抗战意志为目的,开始利用轰炸机部队对国民政府的陪都重庆展开了战略轰炸[②],重庆大轰炸前后持续约 5 年半,造成大量中国无辜平民伤亡,无差别战略轰炸也成为这一阶段日军航

---

① 毛泽东:《论持久战》,中国共产党晋察冀中央局编印,1938 年,第 29 页。
② 「指　卷 3　第 301 号～357 号」、「JACAR(アジア歴史資料センター)Ref. C14060926800、大陸指綴(支那事変)卷 03　昭 13. 10. 07～13. 10. 25　(第 0301～0395 号)」。

空作战的一大特征。1941 年太平洋战争爆发之后，在华日本海军
航空队全部兵力及陆军飞行团主力均投入到太平洋战场与反法西
斯盟军作战，这一阶段中随着中美航空合作的加深以及中国空军
实力的增强，1943 年鄂西会战结束之后，中国空军开始由防御转为
进攻，夺得中国战场上丧失近 6 年的制空权。①

　　综合来看，日军战略进攻阶段为中日空军全面交锋与日本航空
部队全面运用地空协同、战略轰炸等航空战术的阶段，其余两个阶段
或为中国空军全面防守，或为日军转攻为守，相较而言，战略进攻阶段
中的航空作战比较典型地表现了日本航空部队作为一支现代化军事力
量的破坏性。通过从具体战例出发着重对这一阶段日军的航空战略部
署、战术特点、杀伤力等问题进行研究，可以更直观地分析日本航空部
队杀伤力的形成与近代以来一系列航空侵华行动之间的联系。

第一节　日本陆军飞行团的侵华作战

一、七七事变爆发后的陆海军航空作战计划

　　七七事变爆发后，7 月 11 日在日军决定向华北派兵的同时，海
军军令部与陆军参谋本部也制定了《有关华北作战的海陆军航空
协议》，其主要内容如下：(1) 消灭华北方面中国空军的任务由陆军
航空部队负责，海军航空部队协助陆军作战；(2) 除上述任务之外，
如果陆军方面情况紧急，附近的海军航空兵力应给予协助；(3) 华
中华南方面的中国空军主要由海军进行攻击，陆军仅执行自卫性
质的航空作战；(4) 海军飞机负责陆军运输船队在海上航行时及登

---

① 高晓星：《民国空军的航迹》，1992 年，第 354 页。

陆前的护卫任务；(5) 在陆军部队登陆时及陆军航空部队完成准备之前，由海军航空兵负责陆军所需的空中护卫任务；(6) 同一作战方向海陆军的任务分担由当地部队详细协商；(7) 使用兵力：陆军平津方面侦察机 8 个中队（66 架）、战斗机 7 个中队（74 架）、轻轰炸机 4 个中队（36 架）、重轰炸机 5 个中队（24 架）。陆军青岛方面侦察机 2 个中队（18 架）、战斗机 2 个中队（24 架）。海军华北方面兵力：第 2 联合航空队（战斗机 24 架，轰炸机 30 架，攻击机 12 架）、第 21 航空队（水上侦察机 6 架），视作战情况推移，第 2 联合航空队应转战至上海方面。中国南方海军航空兵力主要为：第 2 航空战队（战斗机 21 架，轰炸机 12 架，攻击机 9 架）、第 2 航空战队（战斗机 12 架，轰炸机 12 架，攻击机 18 架）、第 1 联合航空队（陆上攻击机 38 架，战斗机 12 架）、第 22 航空队（水上侦察机 6 架）、第 12 战队（水上侦察机 9 架）。第 1 联合航空队的部分兵力配置于济州岛，并视情况进入上海基地，如情况允许，第 1、第 2 航空战队应进入上海方面基地；(8) 有关使用机场的划分：华北方面，海军第 2 联合航空队在作战之初使用大连周水子机场，视情况变化部分飞机可以转移至青岛沧口机场。陆军使用山海关、绥中及天津机场，重轰炸机使用大连周水子机场。在华中方面，开战之初陆海军共同使用上海的公大机场；(9) 在燃料补给方面，海军航空部队从日本飞抵战场的过程中，如果需要于朝鲜半岛的新义州、平壤、京城及大邱进行中继补给，陆军应提供相应的帮助。陆军飞往战场的过程中如果需要在济州岛进行补给，则海军应提供相应的帮助。①

----

① 「第 1 章　支那事変勃発時の状況/第 2 節　北支作戦に関する海陸軍間の航空協定」、「JACAR（アジア歴史資料センター）Ref. C14120663700、支那事変初期の航空作戦史」。

　　从上述协议中可以看出，在全面侵华战争爆发时日军已经形成了一套完整的航空侵华体系，其内容可以分为两大方面：(1) 陆海军作战区域有着明显划分，即陆军主要在华北地区展开航空作战，海军航空作战的主战场在长江流域等中国南方地区，陆海军航空部队在对方的作战区域内一般担负辅助作战任务，这一事实也说明 1904 至 1937 年日本陆海军航空部队在各自任务区内的航空布局及作战行动直接影响到了全面侵华战争时航空作战的战区和任务划分；(2) 日本军机在全面侵华初期即拥有一大批以配合侵华为目标并可以在日军作战时立即投入使用的航空基地。东北地区的周水子机场、华北地区的天津机场、上海地区的公大机场、朝鲜殖民地的济州岛、平壤等机场都出现了日军的作战计划中，说明早在全面侵华前，日军已经完成了在中国周边乃至中国本土的航空基地建设，位于战略要地的各个机场只需进行短时间的整备就可以满足日军航空大部队的使用需求，再次证明全面侵华前日军航空基地布局的目的从一开始就是为其在华全面执行空袭作战提供基地保障。

　　以上述作战协议为行动依据，全面侵华战争爆发后，日本航空部队投入其主力部队在华北、华东、长江流域等广大作战区域内同时展开了大规模空袭等作战行动。

二、陆军进犯中的空袭

1. 陆军空袭与日军地面进攻的配合

　　1937 年 7 月 15 日，日军陆军对本土的航空部队下达了动员令（动员兵力 18 个中队，此时日本本土和台湾地区共拥有陆军飞行中队 29 个[①]，即日军出动了超过六成的本土陆军航空兵力至中国

[①] 防衛庁防衛研修所戦史室『満洲方面陸軍航空作戦』、119 頁。

大陆作战），日军大本营于 7 月 15 日命令侵华飞机部队进入到山海关、锦州、大连等地，日军的作战计划中明确指出这批部队需要于朝鲜进行中转。① 同日，日本陆军参谋总长下令在八日市、广岛、太刀洗、大邱、京城、平壤、新义州等陆军飞机入华途经各城市的机场中配置地勤人员，其中人数最多的为平壤机场，配属人员达到了 78 人（军官 1 人，士官 31 人，士兵 46 人）。② 本土的作战飞机在朝鲜半岛进行中转之后，于 1937 年 7 月 22 日至 24 日抵达锦州、周水子、山海关等地。③ 在此之后，海军第 2 联合航空团的 67 架作战飞机（战斗机 24 架，攻击机 24 架，轰炸机 18 架，运输机 1 架）也于 8 月 11 日入驻周水子机场。④ 这些事实再次证明，朝鲜半岛被打造成了日本军机的侵华中转站，周水子等航空基地也在日军发动全面侵华战争时表现出了强大的承载能力，日军在朝鲜、东北等地以侵华为目的按计划进行的航空基地建设在全面侵华战争中发挥着巨大作用。

　　1937 年 7 月 26 日，日军进入北京城的企图被中国军队挫败，华北驻屯军司令香月清司遂决定对宋哲元部发动主动攻击，于同日向日本陆军中央部门提交的作战计划中请求将已经集结于"南满"等地的陆军航空兵团全部转属于华北驻屯军以密切协助日军

---

① 「第 1 章　支那事変勃発当時の兵力並びに作戦計画等/第 2 節　北支作戦に関する海陸軍間の航空協定」，「JACAR（アジア歴史資料センター）Ref. C14120518900、支那事変初期の航空作戦史　昭和 12.7～12.11」。

② 防衛庁防衛研修所戦史室『中国方面陸軍航空作戦』，21 頁。

③ 「第 1 章　支那事変勃発時の状況/第 4 節　作戦兵力の展開」，「JACAR（アジア歴史資料センター）Ref. C14120663900、支那事変初期の航空作戦史」。

④ 「第 1 章　支那事変勃発時の状況/第 5 節　海軍航空兵力の進出」，「JACAR（アジア歴史資料センター）Ref. C14120664000、支那事変初期の航空作戦史」。

的地面作战,这一请求也得到了陆军中央的同意。① 26 日,驻扎于
锦州的航空兵团司令德川好敏发布作战命令,要求兵团全体转入
香月清司麾下,同时命令除飞行第 9 大队及独立飞行第 9 中队驻扎
于承德之外,其余兵团主力于 27 日做好准备并全体开赴天津,兵
团司令部也于 26 日从锦州迁往天津。② 这一系列决定表明在全面
侵华初期,天津已经成了日本陆军飞行团在华北的大本营和总指
挥部。这一局面的形成固然与华北驻屯军司令部位于天津这一事
实有密切关系,但更重要的是全面侵华前日军在天津进行的大规
模航空建设为日军飞机部队主力的入驻提供了物质基础。根据日
本陆军的航空作战计划,其在平津地区投入的飞机达到了 200 架,
大中型轰炸机达 60 架。③ 陆军航空兵团在 7 月 27 日就完成了将
主力集结在天津两大机场(日军将其在天津修筑的机场称为新机
场、旧机场,考虑到其档案中有新机场因为下雨导致浸水,旧机场
则未受到影响的记载,④而八里台机场在施工过程中进行过完善的
加高防水处理,且从修筑的先后顺序上推断,新机场当为东局子机
场,旧机场当为八里台机场)的任务并计划于 7 月 28 日对天津北部
要地发动攻击。⑤ 这证明全面侵华前日军在天津建设的机场规模

---

① 防衛庁防衛研究所戦史室『中国方面陸軍航空作戦』、25 頁。
②「綏中滞在間行動詳報(第 1 号)　独立飛行第 4 中隊　自 7 月 23 日　至 7 月 26 日」、
　「JACAR(アジア歴史資料センター)Ref. C16120443000、独立飛行第 4 中隊　戦闘
　詳報　其 1　昭 12.7.19～12.8.28」。
③「第 1 章　支那事変勃発時の状況/第 2 節　北支作戦に関する海陸軍間の航空協
　定」、「JACAR(アジア歴史資料センター)Ref. C14120663700、支那事変初期の航空
　作戦史」。
④ 防衛庁防衛研究所戦史室『中国方面陸軍航空作戦』、26 頁。
⑤「支那駐屯軍、航空兵団司令部及留守航空兵団司令部臨時動員要領、同細則の件」、
　「JACAR(アジア歴史資料センター)Ref. C01005685700、陸支機密大日記　第 2 冊
　2/3　共 7 冊　第 5 号　昭和 13 年」。

较为庞大,可以在战时立即投入使用并满足航空大兵团的作战需
求,日军长期以来以构建华北航空大本营为目的对天津地区进行
的航空建设作用巨大,并达到了预期目的。

　　在具体作战方面,自 7 月 28 日至 8 月 1 日,驻天津机场的日军
航空兵团主力开始协助地面部队对平津地区展开"镇压"作战。在
此期间,航空兵团主要以对地轰炸、侦察敌情、办助联络等方式支
援地面进攻,如日军飞行第 6 大队对坚守在南苑、西苑等兵营顽强
抵抗的中国军队进行轰炸并造成了很大杀伤。此外,还对通州、丰
台等地被包围的日军部队进行空中支援并空投武器弹药,日军史
料中曾评价航空兵团的支援行动及时且准确。① 天津机场的存在
也保障了日军飞机部队以较高的频率支援地面作战。以驻扎于天
津的独立飞行第 4 中队为例,该队于 7 月 27 日入驻天津基地,其
在 7 月 29 日至 8 月 1 日期间在天津地区共执行轰炸任务 7 次,侦
察任务 9 次,共出动飞机 21 架次。② 虽然目前尚无资料能完整揭
示这一阶段驻天津日军航空兵团的兵力使用情况,但是根据日军
统计,仅在 7 月 27 日至 7 月 31 日间,其在平津及周边地区共执行
了 15 次大规模轰炸,累计投下 15 千克炸弹 961 枚、50 千克炸弹
820 枚,100 千克炸弹 84 枚,合计投弹近 64 吨③,再次证明日军航
空兵团以天津基地为依托对平津地区执行了高强度、大规模、破坏
性大的空袭行动,显示日军在天津所构建的机场为其航空作战提

① 防衛庁防衛研究所戦史室『中国方面陸軍航空作戦』,27 頁。
②「戦闘詳報　第 1 号　附表第 2　航空記録」、「JACAR(アジア歴史資料センター)
　Ref. C16120443400、独立飛行第 4 中隊　戦闘詳報　其 1　昭 12.7.19～12.8.28」。
③「主要爆撃実施一覧表　航空兵団司令部　自 7 月下旬　至 3 月末」、「JACAR(アジ
　ア歴史資料センター)Ref. C16120307300、支那事変航空兵団爆撃実施一覧表　昭
　12.8～13.3」。

供了有力保障。在航空兵团主力入驻天津机场两天后,7 月 29 日北平即告沦陷,天津也于 7 月 30 日沦陷。日军评价称航空兵团对南苑、西苑中国军队的轰炸是其可以占领平津地区的主要因素①,这也证明天津机场在日军攻占平津这两处华北战略要地的作战中发挥了不可替代的作用。

　　除直接参与作战外,天津机场群还以其完善的地勤设施成为日军新式装备的试验场。1937 年 7 月,陆军中央部门决定将最新型的 97 式侦察机投入华北战场以进行实战检验,该机型的最大作战半径达到了 1 000 公里,是日本陆军当时航程最远的侦察机。7 月 27 日,日军下志津飞行学校教官青木武夫和大室孟驾驶该型飞机降落于天津机场,并以此为根据地对济南及黄河以北地区的中国空军机场进行了搜索侦察,随后于 8 月初编制了以 97 式侦察机为主体的"青木部队",专门从事搜索中国空军机场的任务。② 这证明天津机场群不仅以其完善的设施为日军最新型飞机的实战检测提供了支持,更在全面抗战初期成了华北日军的侦察机基地及航空情报工作大本营。

　　在平津地区的作战结束之后,1937 年 8 月 9 日,日本陆军参谋本部发布了进行察哈尔作战的命令,随后航空兵团以天津为根据地,同时将部分兵力移驻至关东军在战前修建的承德机场和锦州机场并展开作战。③ 战役期间,天津基地由于洪水影响而未能完全发挥效用,但是驻扎于承德机场的日军飞机对第 5 师团等地面部

① 「第 6 篇/第 5 章　陸軍航空作戦の概要」、「JACAR(アジア歴史資料センター)Ref. C11110470300、支那事変概史　昭和 12 年」。

② 防衛庁防衛研究所戦史室『中国方面陸軍航空作戦』、33 頁。

③ 「第 6 篇/第 5 章　陸軍航空作戦の概要」、「JACAR(アジア歴史資料センター)Ref. C11110470300、支那事変概史　昭和 12 年」。

队进行了搜索侦察、指挥联络、轰炸支援等多种形式的地空协同作战。对怀来、张家口等地的中国军队、交通线、车站等设施也进行了轰炸,并对陷入包围的日军部队进行空投物资等支援行动。除上述作战之外,8 月 16 日关东军第 2 飞行集团司令安藤三郎少将率领驻扎于锦州和承德基地的 11 个中队航空兵力对地面部队展开了长达 10 天的地空协同作战,在其支援下,日军第 5 师团于 8 月 27 日突破长城一线并占领怀来地区①,同日,察哈尔沦陷。8 月下旬,随着天津地区洪水泛滥,形势愈发严峻,日军航空兵团司令部及主力部队开始从天津基地群撤往北京南苑机场。虽然关东军及华北驻屯军在战前修筑的机场只在全面侵华最初的一个月内发挥了作用,但是其在战略上的意义仍不容小视。首先,天津机场群的存在为日本陆军航空兵团在华北地区的空袭行动提供了最早的立足点,正是依靠其强大的承载能力才能保证日军航空兵团主力展开高效的对地协同与空袭行动。如果没有这处基地,七七事变爆发后缺乏空中支援的华北驻屯军将难以弥补其与 29 军等中国军队兵力上的差距,平津地区也不会迅速沦陷于日军之手。其次,依托承德、锦州等战前基地,关东军飞行队协助日军地面部队仅用半个月左右就攻占察哈尔全省,确保了被日军占领的平津地区后方的稳定,并将其与伪满洲国连成一片,从而将整个东北地区作为日军侵略华北的战略大后方。上述事实证明日军战前的航空基地布局在战略、战术层面对全面侵华初期其在华北地区的整体作战产生了重大影响。

在主力转移至北京南苑之后,陆军航空兵团继续在华北地区执行支援地面作战的任务。如 9 月上旬协助牛岛支队对千军台附

---

① 防衛庁防衛研修所戦史室『中国方面陆军航空作戦』、34—35 頁。

近占有兵力优势的中国军队展开轰炸,将其阵地彻底破坏,由此推动了该支队作战的进展。9月中旬至下旬的涿州、保定会战期间,航空兵团对作为中国军队驻扎地的石家庄(驻有中国军队29个师共23万人)等战略要地展开了频繁的轰炸,在物质和精神层面都对中国军队的作战造成了很大打击。[①] 10月下旬的太原会战中,日军动用重型轰炸机部队摧毁了忻口等地中国军队的阵地,使中国军队依托复杂地形和坚固工事阻挡日军进犯的计划无法奏效。11月1日,日军以战斗机、轻轰炸机、重轰炸机各一个大队对集结于太原东面的中国大部队进行轰炸并于5日炸毁太原城门,8日,日军以两个飞行大队的兵力协助第5师团展开总攻并于9日攻陷太原。[②]

通过对1937年日本陆军在华北地区的作战行动进行总结可以发现,对地面部队展开直接支援是陆军飞行团的主要作战形式,其目的在于通过优势航空部队的大规模、高强度轰炸及地空协同作战摧毁中国军队的阵地和工事,减轻日本陆军的攻坚压力并抵消其在兵力上的劣势,这种作战思想在徐州会战期间也得到了集中体现。

1938年4月30日,日军对参与徐州会战的陆军航空兵团下达了如下作战命令:

(1)东部陇海线方面的敌军正将兵力集中至徐州、归德、兰封方面并意图阻止我军进攻。

(2)航空兵团主力应密切协助第1军、第2军,推动陇海线沿线作战进展,同时寻找机会歼灭中国空军作战力量,地空协同作战初期应主要协助第2军,随情况进展转而协助第1军作战,作战周

---

① 「第6篇/第5章 陸軍航空作戦の概要」、「JACAR(アジア歴史資料センター)Ref. C11110470300、支那事変概史 昭和12年」。
② 防衛庁防衛研修所戦史室『中国方面陸軍航空作戦』、41頁。

期为一个半月。

（3）寺仓飞行团（第3飞行团）在协助第2军作战的同时，与藤田飞行团（第4飞行团）协力对进入兰封以东陇海线方面的中国空军力量进行歼灭。

（4）藤田飞行团对大致沿颍州、驻马店、南阳一线及附近各方面的中国空军兵力进行打击，同时协助第1军（主要为第14师团），视情况以轰炸机部队对第2军进行援助。①

上述作战任务可见，日本驻军飞行团将对地支援摆在了作战任务的首位，虽然其作战任务中也包括有航空歼灭战的内容，但是在实际空战中，陆军飞行团的表现要远逊于海军航空队。

徐州会战期间的中日空战开始于1938年3月，当月初，中国空军第3大队进驻河南商丘机场并协助徐州会战的地面作战。会战开始之后，中国空军主动出击，在3月18日对日军后方交通线的轰炸过程中，中国空军10架伊—152战斗机与日本陆军3架作战飞机遭遇，在中国空军的围攻之下，日机全军覆没，这场胜利极大地鼓舞了中国军队的士气。4月4日，第3大队再次飞临台儿庄战场上空，地面日军误以为是日机前来支援，遂放松警惕，结果在中国空军的空袭之下死伤累累。日军面对中国空军的频繁打击恼羞成怒，为彻底掌握战场制空权，日军航空兵团于4月4日、4月10日、5月20日、7月5日对西安、归德、兰丰、信阳等地的机场展开了狂轰滥炸，摧毁了中国空军38架作战飞机并破坏了机场设施，寺仓飞行团也于4月30日至5月20日在蚌埠、芜湖、亳县、蒙城等地的

---

① 防衛庁防衛研修所戦史室「中国方面陸軍航空作戦」，79頁。

空战中击落 11 架中国空军飞机。① 在 5 月 20 日的空战中,中国空军 10 架伊—152 战斗机遭遇日军 24 架战机突袭,被击落 6 架,击伤 4 架,丘戈、唐威廉、张尚仁、冯汝和、赵茂生、朱均球 6 名飞行员不幸牺牲。在日军优势航空兵力的打击下,承受了巨大损失的中国空军不得不于 5 月底撤出中原战场并退守兰州、汉口、南昌等地。② 可见,在徐州会战开始前及进行期间,日本陆军飞行团并未能彻底掌握华北地区制空权,日军在战后总结中也承认:"陆军航空兵器主要为旧式装备,虽然在对地协同作战中可以取得良好成绩,但这也是拜海军事先掌握制空权所赐。陆军航空兵虽然在协助地面作战期间也执行了战斗机与轰炸机配合使用的航空歼灭战,但是战果主要还是由战斗机所取得,造成这种局面的原因在于飞机性能的落后以及长期以来对于夺取战场制空权训练的不足。"③证明日本陆军清晰地认识到自身在航空兵运用水平方面的短板,这一状况的出现与全面侵华前日本陆军航空兵缺乏高强度空战实战练兵的事实密不可分。

在对地支援方面,日本陆军飞行团主要采取了轰炸、空投物资、侦察等战术手段。5 月 12 日至 14 日,陆军飞机对开封、兰封、徐州等地展开了集中轰炸,如 5 月 14 日,日军动用 70 余架飞机的大编队对徐州北站投弹数百枚,炸毁车厢 150 余节并摧毁车站军火库,导致站内发生大火并烧毁中国军队大量后勤物资。同日,日机再次对徐州城投掷燃烧弹等各型炸弹 30 余枚,造成大量平民伤

---

① 「第 6 章　陆军航空作戦経過の概要」、「JACAR(アジア歴史資料センター)Ref. C13071348800、昭和 13 年度　支那事変陸戦概史」。

② 陈应明:《浴血长空——中国空军抗日战史》,第 103 页。

③ 防衛庁防衛研修所戦史室『中国方面陸軍航空作戦』、85 頁。

亡并炸毁 10 余间民房。① 至 5 月中旬之后，日本陆军每日出动的
飞机更是高达 150 架次以上，日机对中国军队撤退路上的铁路线、
开封及郑州的铁路交通设施和集结于此的中国军队以及陇海线以
南地区展开了广泛轰炸，使中国军队的有生力量承受了巨大牺牲。
在空地支援方面，5 月 26 日至 29 日，日军第 14 师团在中国军队优
势兵力的包围下陷入困境，航空兵团遂以全部兵力对其展开支援，
日机通过高强度空袭等手段使中国军队的作战物资、军事装备及
作战人员蒙受了巨大损失，其空投的大批粮草也保证了第 14 师团
的后勤供给。在花园口决堤事件之后，日本陆军军机通过连日展
开空中侦察，为日军地面部队谋划行军路线提供了重要参考，为陷
入洪水围困的第 14、16 师团所空投的物资给养一有效缓解了日军
地面部队物资紧缺的局面。②

　　日军在战后总结中称："徐州会战期间，陆军经常与数倍于己
的中国军队作战，但是却能形成压倒性优势，虽然这种局面的形成
离不开地面装备性能及单兵作战能力占优等因素，但是陆军飞行
团的航空侦察、指挥联络、战场轰炸等战术战法也是推动战局进展
的重大原因。"③可见，对地支援作为陆军飞行团空袭行动的主线，
在徐州会战中发挥了举足轻重的作用。

　　2. 陆军空袭的救援作用

　　航空部队的空袭行动除了在日军进攻作战中为其弥补兵力劣
势之外，在日军陷入困境的情况下也可以发挥救援作用。早在
1933 年热河事变的兴隆县战役中，关东军飞行第 10 大队就曾对陷

---

① 《敌机七十余架　大举轰炸徐州》，《申报》，1938 年 5 月 15 日，第 2 版。
② 「航空兵団戦闘要報送付の件」，「JACAR（アジア歴史資料センター）Ref.
　　C04120468400、支受大日記（密）其 39　昭和 13 年自 8 月 5 日至 3 月 9 日」。
③ 防衛庁防衛研修所戦史室「中国方面陸軍航空作戦」，85 頁。

入包围的岛村大队进行空投物资等救援行动,证明航空部队在救援地面部队的工作中具有不可替代的地位。1938年武汉会战的万家岭战役中,陆军飞行团对于第106师团的救援则避免了日军师团成建制地被中国军队歼灭,在战略、战术层面都产生了重要影响。

　　1938年9月20日,侵华日军第11军司令冈村宁次发布作战命令,要求第106师团在适当时机突破五台岭并进入德安西南方地区,命第101师团击破正面之敌并进入德安附近,由两师团合力牵制该地的中国军队①,这也拉开了万家岭战役的序幕。9月28日至10月1日,行军中的第106师团遭遇连续降雨,飞机无法升空支援,加之地图有误,导致该部队变成无头苍蝇,由此也使中国军队有充分的时间布置口袋阵。至10月4日,中国军队"对敌之大包围网业已形成"。② 为救援第106师团,日军在10月8日及10月10日先后组织了佐枝支队和铃木支队两支地面救援队。这两支部队在10月13日才到达中国军队包围圈外围,第106师团至10月17日才与地面援军汇合。③ 日军陷入包围长达13天,其出发时仅携带了一周的补给,本应早已弹尽粮绝的日军为何可以负隅顽抗近半月之久? 其又是如何逃脱灭顶之灾的? 这些问题需要通过分析日军航空部队的对地支援行动来解决。

---

① 「呂集作命第1号(昭和13年7月15日)~第84号(昭和13年9月30日)〔5〕」、「JACAR(アジア歴史資料センター)Ref. C11112049300、呂集団11軍作命綴　昭和13年7月15~昭和13年9月30日」。
② 敖文蔚:《兵火奇观——武汉保卫战》,桂林:广西师范大学出版社,1995年,第217页。
③ 「呂集団情報綴　自昭和13年10月1日至昭和13年10月31日　作戦課長〔6〕」、「JACAR(アジア歴史資料センター)Ref. C11112038400、呂集団(11A)情報綴　昭和13年10月1日~13年10月31日」。

万家岭战役中,最能体现日军空中力量发挥救援效用的便是其大规模空投物资的行动。10月2日以后,第106师团被压缩到王家山、万家岭、何家山一带的深谷之间,其退路已经被中国军队完全阻断,"其赖以苟延挣扎者,全由飞机输送少数之补给。"①中方的记录中虽然认识到了日军飞机空投的物资是维持第106师团生存的关键,但是物资的数量却不是"少数",而是数量可观的各类物资。下表可见日机在万家岭战役期间空投行动规模之大:

表5-1　日本陆军飞行团对第106师团空投物资量

种类	数量
粮食	55 吨
卫生材料	470 千克
无线电器材	250 千克
其他事务用品	700 千克
步枪弹	94 050 发
机枪弹	23 760 发
手榴弹	1 170 枚
山炮弹	342 发
特殊发烟筒	210 个
合计吨数	65.37 吨
备考	为向第106师团空投物资,共出动飞机226架次(其中运输机176架次,轻轰炸机47架次)。②

资料来源:「吕集团情报綴　自昭和13年11月1日至昭和13年11月30日　作战课长〔1〕」、「JACAR(アジア歴史資料センター)Ref. C11112039100、吕集团(11A)情报綴　昭和13年11月1日～13年11月30日(防衛省防衛研究所)」。

---

① 吴逸志:《薛伯陵将军指挥之德安万家岭大捷回忆》,中兴书店,1940年,第30—31页。
②「吕集团情报綴　自昭和13年10月1日至昭和13年10月31日　作战课长〔7〕」、「JACAR(アジア歴史資料センター)Ref. C11112038500、吕集团(11A)情报綴　昭和13年10月1日～13年10月31日」。

在万家岭战役期间,陆军飞机对第 106 师团仅空投的粮食就
达 55 吨,足见日军空中力量支援力度之大。至 10 月 10 日,万家
岭战场上的第 106 师团及配属部队还有兵员约 12 948 人①,日机
空投的 50 多吨粮草分摊到每个士兵身上约为 4 公斤,即 10 月 9
日彻底断粮至 17 日获救的这段时间内,日军每人每日仍可获得
约 570 克空投粮草,根据日军在 1938 年颁布的《陆军战时给予规
则细则》,特殊情况下日军每日的主食配给约为 810 克②,从这个
标准来看,日方的《中国事变陆军作战》一书中称"师团粮草极端
不足"③是基本属实的,但是飞机空投毕竟解决了日军粮草有无
的问题,同时还保证了其可以获得定额一半以上的粮草,这批物
资也维持了日军的基本作战能力。特别是在 10 月 12 日以后,由
于进攻失利,中国军队对第 106 师团的战术从攻击转为围困,第
106 师团在 14 日至 16 日战报都是"正与杨家山附近的敌军对
峙"。④ 随着第 106 师团的战线趋于平静,日军可以用更多飞机
来投放物资。12 日至 17 日,第 15 航空队共空投了 3 700 份面
包、近 500 公斤大米、3 箱甜品和 17 500 根香烟。⑤ 陆军飞机仅

① 「人馬現員表提出の件」、「JACAR(アジア歴史資料センター)Ref. C04120750500、
　　昭和 14 年『陸支受大日記 第 8 号 2/2』」。
② 「陸軍戦時給与規則細則中改正の件」、「JACAR(アジア歴史資料センター)Ref.
　　C01001586000、永存書類甲輯　第 3 類　昭和 13 年」。
③ 防衛庁防衛研修所戦史室『支那事変陸軍作戦〈2〉—昭和十四年九月まで』、朝雲新
　　聞社、1976 年、173 頁。
④ 「呂集団情報綴　自昭和 13 年 10 月 1 日至昭和 13 年 10 月 31 日　作戦課長〔5〕」、
　　「JACAR(アジア歴史資料センター)Ref. C11112038300、呂集団(11A)情報綴　昭
　　和 13 年 10 月 1 日~13 年 10 月 31 日」。
⑤ 「自 10 月 7 日至 10 月 17 日　第 106 師団正面作戦協力海軍航空部隊の情況」、
　　「JACAR(アジア歴史資料センター)Ref. C14120373000、漢口攻略作戦　第 15 航
　　空隊戦斗概報　等　昭和 13」。

在 14 日和 15 日两天就空投了共计 0.6 个师团的分量，多达
3 000 捆的粮草。① 在日军如此强大的后勤与空投能力的支持下，
中国军队想要通过包围困死第 106 师团的作战计划也难以实
现了。

　　除了空投物资，日军飞机于关键节点配合地面作战采取的空
袭也在很大程度上改变了战场形势。为救援第 106 师团，日本陆
军共出动飞机 930 架次，其中运输机 176 架次，侦察机 224 架次，战
斗机 18 架次，轻轰炸机 327 架次，重轰炸机 185 架次，空投各类炸
弹 15 208 枚，合计 264.305 吨。② 万家岭战役期间日军飞机的空袭
行动令中国军队遭受了巨大牺牲，如"(6 日)我守兵冒死抗拒，以受
敌机之更番轰炸，全部殉国"③，"(7 日)日机 20 余架对我袭击，阵
地化为焦土，守兵全数牺牲，制高点失守"④。日本军机在 10 月 12
日的地空协同作战更是在救援第 106 师团的行动中起到了关键作
用。10 月 10 日夜，中国军队对盘踞在箭炉苏、哔叽街、张古山一带
的日军展开包围并将其歼灭，日军四散溃逃，但是仍有日军盘踞在
哔叽街及张古山北方高地。11 日 15 时，薛岳发布聚歼日军的命
令⑤，中国军队各部准备于 12 日夜间对日军残部发动总攻。10 月

①「呂集団情報綴　自昭和 13 年 10 月 1 日至昭和 13 年 10 月 31 日　作戦課長〔5〕」、
　「JACAR(アジア歴史資料センター)Ref. C11112038500、呂集団(11A)情報綴　昭
　和 13 年 10 月 1 日〜13 年 10 月 31 日」。
②「呂集団情報綴　自昭和 13 年 10 月 1 日至昭和 13 年 10 月 31 日　作戦課長〔7〕」、
　「JACAR(アジア歴史資料センター)Ref. C11112038500 呂集団(11A)情報綴　昭和
　13 年 10 月 1 日〜13 年 10 月 31 日」。
③ 吴逸志:《薛伯陵将军指挥之德安万家岭大捷回忆》,第 43 页。
④ 敖文蔚:《兵火奇观——武汉保卫战》,第 218 页。
⑤ 费晓峰、冉薇:《1938 年万家岭战役战斗详报选辑》,《民国档案》2017 年第 3 期,第
　14 页。

10 日早,中国军队占领老虎尖制高点,第 106 师团预备队正面阵地逐渐崩溃。11 日第 106 师团已经被压缩到东西 1 千米,南北 2 千米的区域内,四周高地均被中国军队占领。① 11 日夜,第 106 师团东正面的田步苏西方高地被中国军队占领,夺得高地后的中国军队可以居高临下冲击日军司令部。

面对第 106 师团即将被全歼的局面,12 日下午,日军出动 44架次各型飞机协助该师团作战。② 在飞机进入战场后,日军以空地协同的形式展开反扑,日机在 4 个小时内向中国军队投弹达 8.4吨。③ 据中方记载,"敌机数十架,整日轮流轰炸,我工事多被毁","至师旅团部均被炸毁",最终"功亏一篑,未能彻底肃清,殊堪叹息"。④ 由于 13 日日军地面援军才到达包围圈外围,此时在万家岭战场上作战的只有第 106 师团和日军飞机部队,可见飞机的空袭是该师团得免灭顶之灾的关键因素。

日军在战场周边营设的机场也为其在万家岭战役期间的航空作战提供了有力的硬件保障。根据 1938 年 8 月 21 日由陆军航空兵团和海军第 2 联合航空队制定的《关于实施汉口攻略作战的协定备忘录》,陆军航空兵团司令位于九江二套口,在万家岭战役中

---

① 「武漢作戦第 11 軍作戦経過　其の2　昭和 15 年 12 月 27 日　陸軍大佐 宮崎周一述〔2〕」,「JACAR(アジア歴史資料センター)Ref. C11112064100、武漢攻略戦第 11 軍作戦　指導概要　昭和 13 年 9 月中〜13 年 11 月 9 日」。

② 「自 10 月 7 日至 10 月 17 日　第 106 師団正面作戦協力海軍航空部隊の情況」,「JACAR(アジア歴史資料センター)Ref. C14120373000、漢口攻略作戦　第 15 航空隊戦斗概報　等　昭和 13」。

③ 「第 15 航空隊戦闘概報　自昭和 13 年 7 月 10 日至昭和 13 年 11 月 15 日　昭和 13 年 11 月(2)」,「JACAR(アジア歴史資料センター)Ref. C14120373400、漢口攻略作戦　第 15 航空隊戦斗概報　等　昭和 13」。

④ 费晓峰、冉薇:《1938 年万家岭战役战斗详报选辑》,《民国档案》2017 年第 3 期,第24 页。

担负主要航空作战任务的藤田飞行团和菅原飞行团先前位于南京、杭州、庐州、彭泽、六安等地，此后逐渐集中于安庆和二套口。①取得二套口基地对日本军机在万家岭战役中的支援作战产生了重要影响，二套口基地距离万家岭战场的直线距离不过 50 余公里，足以保证日军飞机在一日之内多次往返于战场与航空基地之间进行支援作战并补充弹药。在万家岭战役中，中日双方都记录了日军飞机终日起飞支援第 106 师团的情况，如"自七日上午九时至下午五时，敌机……轰炸我阵地"②，10 月 6 日菅原飞行团"终日以主力协助第 106 师团战斗"③等，日军正是由于获寻了距离战场极近的航空基地，才得以在万家岭战役中以高密度的作战行动发挥其巨大的空中优势。这些资料显示，日军对长江流域可以为其所用的机场位置了如指掌，并且对这些机场在此后作战中所能发挥的作用也早有预判，这种了解程度并非随日军作战的进展而逐渐加深，日军对于相关情报的收集工作早在全面侵华战争爆发前就已经完成。日军在 1936 年制作的《华中航空兵要地志》显示，在全面侵华前其已经掌握了上述的安庆、九江、庐州等地的机场情报，具体如下表所示：

---

① 「漢口攻略作戦実施に関する協定覚書　航空兵団司令官男爵　徳川好敏　第 2 聯合航空隊司令官　塚原二四三　昭和十三年 8 月 21 日」、「ACAR(アジア歴史資料センター)Ref. C16120489900、支那事変　イ号(漢口)作戦関係書類」。

② 吴逸志：《薛伯陵将军指挥之德安万家岭大捷回忆》，第 41 页。

③ 「呂集団情報綴　自昭和 13 年 10 月 1 日至昭和 13 年 10 月 31 日　作戦課長〔2〕」、「JACAR(アジア歴史資料センター)Ref. C11112038000、呂集団(11A)情報綴　昭和 13 年 10 月 1 日～13 年 10 月 31 日」。

表 5-2　1936 年日军搜集的中国部分机场情报

名称	机场负责人	位置	面积	备注
安庆机场	钱廼斌	市郊区李家庄处	800 米×800 米	同时也是中国航空公司的水上飞机场
庐州机场			800 米×800 米	
九江机场	汪先伦	城西郊外	2500 英尺×705 英尺	同时也是中国航空公司的水上飞机场

　　资料来源:「第 2 篇　飛行場及航空路/第 1 章　飛行場及着陸場」、「JACAR(アジア歴史資料センター)Ref. C16120261300、中支那航空兵要地誌　昭 11.3.31(防衛省防衛研究所)」。

　　除此之外,日军对于机场备选用地的探查也极为细致,如下图所示:

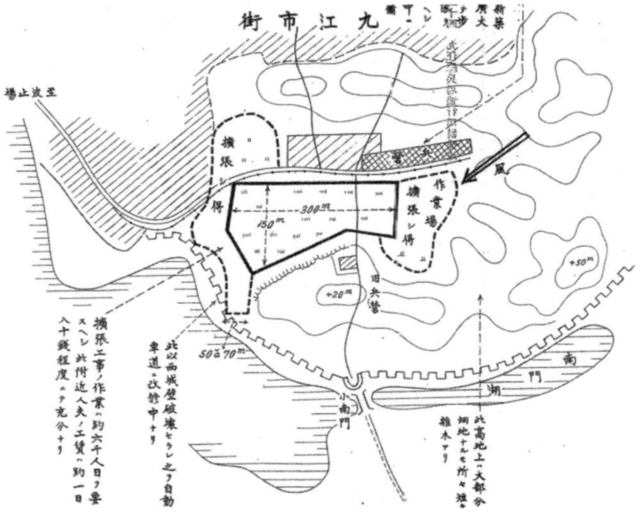

图 5-1　日军九江练兵场、机场备选用地评估图
　　资料来源:「挿図第 24　九江練兵場飛行場候補地」、「JACAR(アジア歴史資料センター)Ref. C16120268100、中支那航空兵要地誌　昭 11.3.31(防衛省防衛研究所)」。

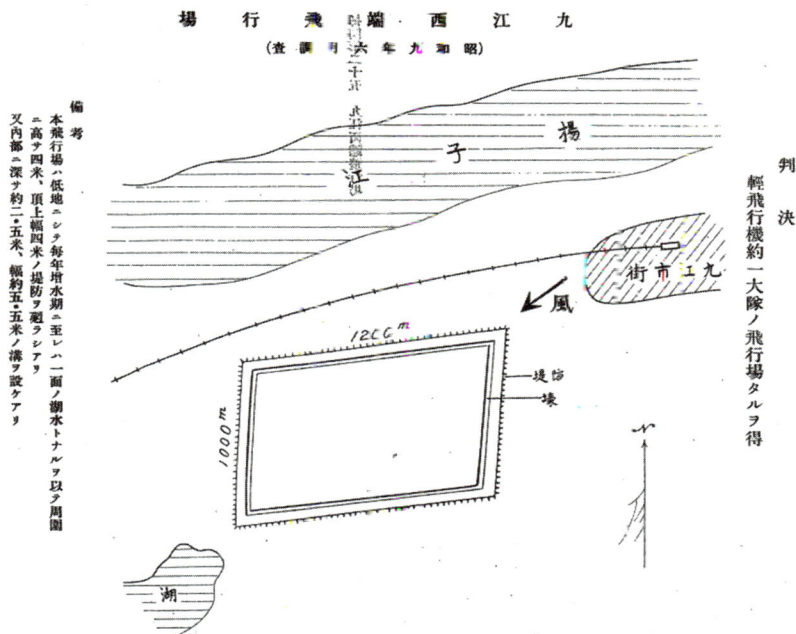

图 5-2　日军九江西端机场备选用地评估图

资料来源：「挿図第25　九江西端飛行場」、「JACAR（アジア歴史資料センター）Ref.C16120261300、中支那航空兵要地誌　昭11.3.31（防衛省方衛研究所）」。

上两图分别制作于1931年4月和1934年6月，再次证明早在全面侵华战争爆发之前，日军就已经展开了对中国有关机场的情报的搜集，这一工作甚至深入到了江西九江等内陆地区。其内容之详细，不仅涉及机场面积、具体位置，甚至还包括建设所需的人工和资金投入等，这也为日军在侵华战争中迅速确定机场备选用地并利用各个机场服务于其侵华作战提供了情报支撑。

三、陆军航空侵华的特点

七七事变前日本陆军的航空作战思想中已经包括了夺取制空权、地空协同、战略轰炸等内容，但是全面侵华期间，陆军飞行团绝大多数时候只是在协助地面部队作战方面发挥作用，这也成为日本陆军空袭行动的一大特点。

　　这一特点的形成是有多方面原因的。日军在战前搜集的情报显示,中国空军主力集中在长江流域等南方地区,华北方面仅有西安这1处成规模的航空据点及36架作战飞机①,而在《陆海军航空协议》中,日本陆军在平津方面投入的作战飞机达到了200架,数量上的巨大优势使日军极易掌握华北地区的制空权,因此陆军缺乏执行高强度空战的机会。此外,长江流域是南京国民政府统治的核心地带,华北地区具有重要政治经济意义的城市相对较少,其中北平和天津两大重要城市在1937年7月即被日军占领,因此至1937年底华北大部分地区沦陷之前,日本陆军在该区域也缺乏展开大规模战略轰炸的机会。

　　随着华北日本陆军战线逐渐南移以及淞沪会战的爆发,日本陆海军航空作战区域开始发生重叠,为协调2支航空部队的关系,日军在这期间也对陆海军航空协议进行了多次修改,如1937年10月20日的航空协定修订版中规定:

　　(1)消灭长江流域中国空军的任务由海军航空队负责,陆军飞行团主要负责对陆军地面部队的直接支援。

　　(2)对陆军船团的空中掩护由海军航空队负责。

　　(3)陆军部队登陆时及作战初期的空中支援主要由海军航空队负责,陆军飞行团仅负责部分作战。②

　　1938年2月徐州会战期间改订的航空协定中也有航空歼灭战及对重要地点的战略轰炸由海军负责,陆军飞行团主要支援地面

---

① 防衛庁防衛研修所戦史室『中国方面陸軍航空作戦』,8頁。

② 「陸海軍航空協定　中支方面の作戦に関する事項(改定)　昭和12年10月20日　参謀本部　軍令部」,「JACAR(アジア歴史資料センター)Ref. C11111740900,第10軍作戦指導に関する参考資料　其1　昭和12年10月12日～12年10月30日」。

部队的内容。① 武汉会战期间，陆军飞行团除了对地支援之外，也增添了对中国战略要地进行轰炸的任务，但是其作战范围被限定在老河口—宜昌—常德—宝庆一线，海军的战略轰炸则没有地域限制。②

　　上述修改都基本遵循1937年7月11日航空协定的精神，即维持海军在中国南方及长江流域进行航空作战的主导地位，因此日本陆军飞行团的主要任务通常为支援地面部人。但是这一任务也经常被海军分担，如1938年10月的广州战役中，由于陆军不具备远程作战飞机，且无法在广州附近获得大型航空基地，战役期间仅投入了1个中队的航空兵力，而海军航空队则出动了由舰载航空兵及航母组成的第1航空战队对侵略广州的日本陆军展开空中支援。③ 可见，在全面侵华战争，特别是日军战略进攻阶段的空袭行动中，日本陆军飞行团是处于次要位置的，其在战略层面所能发挥的作用也难以达到海军航空队的水平。这一现象形成的深层原因根植于1904年至1937年期间日本陆海军在一系列航空侵华活动中形成的航空作战区域划分以及备战重点的不同。

---

① 防衛庁防衛研修所戦史室『中国方面陸軍航空作戦』76頁。
②「漢口攻略作戦の為陸海軍協定別冊　昭和13年8月13日　㆑支那派遣軍司令部　支那方面艦隊司令部」、「JACAR（アジア歴史資料センター）Ref. C16120489800、支那事変　イ号（漢口）作戦関係書類」。
③「機密1航戦訓示第4号　南支作戦行動終了に際し訓示　昭和13年12月12日」、「JACAR（アジア歴史資料センター）Ref. C14120553900、空母加賀支那事変関係記録　昭和12～13」。

第二节　日本海军航空队的侵华作战

七七事变后,依托战前航空布局的成果,以日本海军航空队为主力的航空部队为夺取制空权,在作为中国战略核心区的长江流域等南方地区,展开了大规模且长期性的航空歼灭战;同时,也通过远程战略轰炸力量对中国的铁路交通运输和重要城市展开战略轰炸,并以陆海空协同作战等手段在各个战场推动日军侵华作战的进展。

一、海军航空队为夺取制空权而展开的作战

"一·二八"事变期间的实战经验证明日本海军极为重视对于制空权的争夺,特别是通过摧毁航空基地来将敌空军聚歼于地面的作战手段,更是海军航空部队战术战法的核心内容之一。七七事变爆发后,在侵华日军第3舰队于7月29日制定的作战计划中,对海军航空队的作战任务有如下要求:

(1)消灭长江流域中国空军。

(2)轰炸破坏长江流域重要地点及关键设施。

(3)摧毁中国海军舰艇。

(4)协助地面作战。①

可见,日本海军将消灭中国空军放在了航空作战任务的首位。日本海军如此重视制空权,一方面是因为制空权在现代战争中重

---

① 「第1章　支那事変勃発当時の兵力並びに作戦計画等/第3節　第3艦隊司令長官の作戦計画」,「JACAR(アジア歴史資料センター)Ref. C14120519000、支那事変初期の航空作戦史　昭和12.7～12.11」。

要性，即在掌握制空权的前提下，日军可以发挥陆海空立体协同作战的综合战斗力，以空中优势弥补其在地面兵力上的劣势。另一方面，中国空军的战斗力也甚为日军所忌惮，这一点在前文日军对于中国空军的情报分析中已经有所体现，而且长江中下游地区作为中国空军的战略核心区，集中了200余架新锐战机[1]，与之相比，日本海军在全面侵华初期投入的作战飞机为221架[2]，并不足以对中国空军主力形成压倒性的数量优势，这也意味着如果日本海军航空队不以先发制人之势摧毁中国空军的航空基地并消灭其有生力量，一旦中国空军完成调动集结，则日军将难以夺取长江流域的制空权。丧失制空权以及兵力上的劣势不仅会导致日军的地面作战陷入被动，而且将使整个战局陷入僵局，难以达成速战速决的战略要求。

在具体行动方针上，日军强调："应在展开航空作战首日就集中全部兵力突袭中国空军基地并将其扼杀于地面。"为此，长三角地区的杭州笕桥、广德、句容、南京大校场等重要基地都被日军列入了首批打击目标。[3]日军的谍报文件显示，包括上述基地在内，南昌、汉口、九江等中国南方众多机场的详细情报早在全面侵华战争前的1936年就已经被日军掌握：

---

① 防衛庁防衛研究所戦史室「中国方面陸軍航空作戦」、8頁。

② 「第1章　支那事変勃発時の状況/第2節　北支作戦に関する海陸軍間の航空協定」、「JACAR（アジア歴史資料センター）Ref. C14120663100）、支那事変初期の航空作戦史」。

③ 「第1章　支那事変勃発当時の兵力並びに作戦計画等/第3節　第3艦隊司令長官の作戦計画」、「JACAR（アジア歴史資料センター）Ref. C14120519000、支那事変初期の航空作戦史　昭和12.7～12.11」。

表 5 - 3　1936 年日军谍报资料内中国部分机场情报

名称	机场长	位置	面积	设施			备注
				仓库及机库	工厂	防御设施	
上海虹桥机场	秦宗武	上海西方郊外	1 000 米×1 000 米	设有机库及油弹仓库		短波无线电台	有夜间飞行设备
上海龙华机场	王荩周	上海黄浦江上游沿岸	东西 3 000 英尺，南北 2 400 英尺	设有机库			可以兼做水上飞机场
南京大校场机场	石邦藩	南京通济门外	1 200 米×1 200 米	设有机库、油库	南京第一飞机修理厂	航空掩护大队、短波无线电	有夜间飞行设施
句容机场	甄中和		76 万平方米		准备开设初级航空学校		
安徽广德机场	黄英		800 米×800 米				
杭州笕桥机场		杭州城外北方	1 000 米×1 200 米	机库 6 座、油弹库 4 座	航空学校、防空学校、中央飞机制造厂	空军第 6 队、高射炮 12 门	有夜间飞行设施

续表

名称	机场长	位置	面积	设施			备注
				仓库及机库	工厂	防御设施	
安庆机场	钱祖斌	市外3公里蒙作处	800米×800米	有油弹仓库		短波无线电	由中国航空公司水上飞机场
南昌机场	陈鹰兆	南昌以东	950米×500米	弹药库3座，机库17座	航空委员会南昌第二修理厂	空军第15队、教导队、短波无线电	有夜间飞行设施，南方青云谱正在兴建1 000米×1 000米的大型机场
九江机场	汪先伦	九江西方郊外	2 500英尺×750英尺				设有中国航空公司的水上飞机场
汉口机场	金家骊	汉口西北郊外王家墩	2 554英尺×2 005英尺	汉口航空材料分库		空军第3队、短波无线电	该机场为欧亚航空公司使用，还设有中国航空公司水上飞机场

资料来源：「第2篇　飛行場及航空路/第1章　飛行場及着陸場」，「JACAR(アジア歴史資料センター)Ref. C16120261300，中支那航空兵要地誌　昭 11.3.31 (防衛省防衛研究所)」。

　　除了上述各主要机场外,日军还对安徽、江苏、浙江、河南、湖北、湖南、江西等各省的近百座大小机场数据、地理位置都进行了详细侦察分析。以此为依据,在未开辟航线以及缺乏前线基地的情况下,日军战略轰炸机也可以凭借航空地图对中国内陆机场展开准确轰炸。

　　1. 日军以空袭手段夺取长三角地区制空权

　　"八一三"淞沪抗战爆发后,日本海军立即对长三角地区展开侵略行动,其飞机部队也按照预定计划对中国空军展开航空绞杀战。1937年8月15日,日本航母"加贺"号派遣29架舰载攻击机和16架舰载轰炸机空袭笕桥机场,使这一处中国空军在华东地区的重要航空基地在开战之初就遭到了严重损失。此后,驻扎于台北的鹿屋航空队于8月17日轰炸了诸暨、建德、吴兴、长兴等地的机场[①],笕桥周边浙江地区的航空基地均遭受日军空袭蹂躏。8月17日的轰炸行动结束后"中国空军的大部队已经撤往内地,部分兵力零星分布于上海周边基地,大型轰炸机也开始集中退避到汉口机场"。[②] 可见,仅通过15日至17日的空袭行动,日本海军已经基本实现了削弱中国空军有生力量,并初步掌握长三角地区制空权的目的。在此之后,8月18日至30日,日本海军鹿屋、木更津等航空队又对长三角及周边地区的诸暨、长兴、蚌埠、扬州、滁州、安庆、宁波等地机场进行频繁空袭,以进一步摧毁中国空军作战基地,巩

[①]「第2章　作戦の状況/第1節　全面作戦開始時の状況」、「JACAR(アジア歴史資料センター)Ref. C14120664100、支那事変初期の航空作戦史」。

[②] 日本海軍航空史編纂委員会『日本海軍航空史(4)戦史編』、219頁。

固日军制空权。① 8 月 28 日,中国空军前敌总指挥周至柔发给军政部办公厅的电报显示:"以我仅有之飞机长此以拼,日日消耗,将成无机之势……此飞机数量之少,为我最大之隐忧。现拟每日乘良机出动,以助军威,主要企图,仍于夜间行之。"②可见,中国空军的有生力量在日本军机的针对性打击之下已经急剧减少,为减少兵力损耗,只能抓住机会为地面部队提供士气鼓舞,实质性的空袭行动则只能选择夜间执行,但是夜间作战存在难以发现目标、飞行安全无法得到保障等缺点,所能取得的战果也乏善可陈,证明中国空军至 8 月底已经元气大伤,难以对日军形成有效的空中打击。

1937 年 9 月上旬,中国空军通过进口苏联及美国飞机,航空力量逐渐得到恢复,根据日军情报,中国空军在南京大校场机场集中了数十架作战飞机,意图对上海方面日军展开空袭。日本海军对于其制空权的动摇极为惶恐,立即命令海军航空队以消灭中国空军为目的对南京展开空袭行动,日军在战前费尽心机并付出金钱代价之后才得以保存的公大基地也在此次行动中发挥了决定性作用。

淞沪会战爆发之初,公大机场用地处于中国控制之下,为夺取这一基地,日军第 3 师团于 9 月 6 日派遣部分兵力(饭田支队、步兵 1 大队、战车 1 小队、山炮 1 中队)于杨树浦登陆,并在海军陆战队的协助下击退了驻扎于此地的中国军队。9 月 8 日公大机场开始投入使用,9 月 9 日海军第 2 联合航空队进驻公大基地并于 9 月 10

① 「第 2 章　作戦の状况/第 2 節　昭和 12 年 8 月 28 日より 8 月末までの状况」、「JACAR(アジア歴史資料センター)Ref. C14120594C0、支那事変初期の航空作戦史　昭和 12.7～12.11」。
② 中国第二历史档案馆:《抗日战争正面战场(上)》,第 421 页。

日对浦东地区的中国军队阵地展开了反复轰炸。① 日军可以迅速在此地完成部署并展开航空作战的事实证明在 1935 年 9 月公大机场土地问题解决之后，该地也按照海军的要求一直处于闲置状态。

1937 年 9 月 14 日，第 3 舰队司令长谷川清发布作战命令："空袭部队应采取如下战术一举消灭敌残存之航空兵力：第 2、第 4、第 5 空袭部队编组为南京空袭部队，于 9 月 16 日之后对南京展开反复攻击，打击集结于此地的中国空军航空兵力、设施及主要官署。"②为执行这一作战，日军调动了大批飞机入驻公大，其所使用的兵力如下：

　　　　第 2 空袭部队：96 式舰载战斗机（以下简称 96 舰战）9 架，96 式舰载攻击机（以下简称 96 舰攻）12 架

　　　　第 4 空袭部队：95 式水上侦察机（以下简称 95 水侦）12 架

　　　　第 5 空袭部队：96 式舰载战斗机 12 架，94 式攻击机及 96 式舰载轰炸机（以下简称 96 舰爆）30 架③

可见，除了 12 架水上飞机之外，公大基地集中了 63 架日军各型舰载机。在全面侵华初期，日军投入作战的舰载机部队总数仅有 84 架④，公大基地容纳了其中 60％的兵力，足见该基地在日军航

---

① 第二復員局残務整理部『支那事変初期（自一九三七年七月至一九三七年十一月）の航空作戦史』、86 頁、122 頁。

② 第二復員局残務整理部『支那事変初期（自一九三七年七月至一九三七年十一月）の航空作戦史』、124 頁。

③「第 2 章　作戦の状況／第 3 節　昭和 12 年 9 月の状況（2）」、「JACAR（アジア歴史資料センター）Ref. C14120664400、支那事変初期の航空作戦史」。

④「第 1 章　支那事変勃発時の状況／第 2 節　北支作戦に関する海陸軍間の航空協定」、「JACAR（アジア歴史資料センター）Ref. C14120663700、支那事変初期の航空作戦史」。

空作战中地位之重要。

在收到上述命令之后，位于公大基地的南京空袭部队指挥官三并贞三于同日发布了具体作战命令："一、经过友军航空部队的作战，敌人已经失去了大部分航空兵力，作战意志也显著下降。但是南京方面尚有 50 架敌机，其正努力进行南京防空工作，此外，南京还有强力的防空炮台；二、空袭部队在第一波次攻击中以 18 架 96 式舰载战斗机为主体组成制空部队并于南京上空与敌航空部队决战（如敌不应战则以舰载轰炸机摧毁之）。在摧毁敌战斗机部队并掌握制空权之后，由轰炸机部队对南京各军事、政治、经济目标进行轰炸；三、空袭部队编制如下所示：（1）制空部队（第 1 波次）96 舰战 18 架、96 舰爆 18 架、95 水侦 12 架，（2）轰炸机部队（第 2 波次以后）第 1 轰炸部队 96 舰爆 18 架、96 舰战 6 或 12 架，第 2 轰炸部队 94 舰爆 12 架、96 舰战 6 架，第 3 轰炸部队 96 舰攻 12 架、96 舰攻 6 架。"①综上所述，日军空袭南京的目的主要在于彻底消灭有可能对其造成威胁的中国空军残余部队，同时借此摧毁南京防空力量，为其对南京展开全面战略轰炸与摧毁中国军政机关创造条件。

日军的第 1 波次空袭行动开始于 9 月 19 日，至 9 月 25 日共执行了 11 次空袭，其具体作战经过如下：

表 5－4　日军公大基地航空队 9 月 10 日至 9 月 25 日作战情况表

时间	兵力（架）	任务	效果
9 月 19 日早 7 时	96 舰爆 17 96 舰战 12 95 水侦 16	轰炸地面敌机并诱敌升空作战，于空战中歼灭敌机	击落 33 架中国战机，日军损失 4 架飞机；对大校场机场及南京兵工厂投弹 2 吨，造成较大破坏

---

① 第二复员局残务整理部：《支那事变初期（自一九三七年七月至一九三七年十一月）の航空作战史》，126—127 页。

时间	兵力（架）	任务	效果
9 月 19 日下午 3 时	舰爆 11 舰战 10 水侦 11	消灭残余中国军机	投弹 22 枚轰炸宪兵司令部及警备司令部
9 月 20 日上午 10 时	舰爆 12 舰战 4	轰炸南京军政设施	有 3 枚 250 千克炸弹命中国民政府参谋本部及中央电台并造成建筑物严重受损,日机损失 1 架
9 月 20 日午 11 时	舰攻 11 舰爆 15 舰战 2 水侦 13	轰炸雨花台、富贵山炮台及大校场机场	引起炮台火灾,摧毁大校场机场大批地面设施,击落 4 架中国军机
9 月 22 日上午 10 时	舰爆 12 舰战 4 水侦 7	空袭航空署及防空委员会	投弹 1.5 吨,大部分命中目标并引起火灾
9 月 22 日午 12 时	舰爆 14 舰战 4	空袭中央党部及市政府	投弹 1.68 吨,多数命中目标,其余命中市区;击落中国军机 4 架,日机损失 1 架
9 月 22 日下午 15 时	舰爆 4 舰攻 6 水侦 7	轰炸南京车站及仓库	共投弹 3.2 吨,炸毁北车站及江边车站仓库并引起火灾
9 月 25 日午 11 时	舰爆 23 舰战 8	空袭南京下关首都电灯厂、南京市政府、市党部	投弹近 5 吨,引起电灯厂爆发大火,造成南京大面积停电,造成市政府、市党部建筑严重损毁;日机损失 2 架
9 月 25 日 14 时	舰攻 10 舰爆 9 舰战 4 水侦 6	轰炸中央广播电台、财政部、军医司、船政厂	共投弹 7.7 吨,基本摧毁中央广播电台并造成火灾
9 月 25 日 13 时	水侦 6	轰炸南京兵工厂	投弹 12 枚,命中 6 枚

时间	兵力（架）	任务	效果
9 月 25 日 17 时	舰爆 20	北京阁防空指挥所、交通兵团、江北车站及仓库、军政部。	投弹 4 吨，造成仓库起火、车站损毁严重
参加作战的飞机架次	291 架		
击落中国飞机架数	48 架（第 1、2 波次即击落 40 架）		
日军损失	被击落舰爆 8 架、侦 3 架，死亡、失踪 13 人		

资料来源：第二復員局残務整理部『支那事変初期（自一九三七年七月至一九三七年十一月）の航空作戦史』、1951 年、131—133 頁。

上表可见，日军依托公大基地较大的规模和相对完备的机场设施，通过 11 次大规模空袭，以较小的损失消灭了华东战场上最后一批成规模的中国空军力量，随着 9 月 25 日日军对南京大校场等航空基地轰炸行动的结束，其已经掌握了整个长三角地区的制空权。日本海军在对空袭南京作战进行评价时曾声称："本次行动最大的成果就是获得了制空权，首次空袭的时候南京上空至少还有 40 余架中国空军战斗机勇敢地与我军飞机进行空战，但是第二次空袭之后当地中国空军飞机数量急剧减少，第七次空袭时南京上空已经完全没有中国空军的身影……至作战结束时，南京及周边的制空权已经完全处于日本的控制之下。"[1]中国学者的研究也显示，至 9 月底，南京至淞沪战场的制空权完全落入敌手，中国空军只能避其锋芒而无力袭击、干扰日本陆军在淞沪战场的作战。[2] 这也导致在淞沪会

① 「第 2 章　作戦の状況/第 3 節　昭和 12 年 9 月の状況（2）」、「JACAR（アジア歴史資料センター）Ref. C14120519600、支那事変初期の航空作戦史　昭和 12.7～12.11」。

② 陈应明：《浴血长空——中国空军抗战史》，第 59 页。

战开始仅一个多月后,中国空军已经无法对地面部队展开支援,面对掌握制海权且具备地面火力优势的日军,中国军队又进一步丧失了制空权,这也使得淞沪战场上中国军队的形势雪上加霜。

2. 日军以空袭手段夺取中国南方地区制空权

全面侵华战争中,日本海军航空队不仅重视对地面战场周边制空权的争夺,更依托其战略航空部队对中国南方地区的航空基地展开了广泛空袭,其目的在于打击中国空军的有生力量,抵消进口飞机对于中国空军战斗力的补充,以此巩固日军的制空权。

日本海军对中国南方航空基地的空袭与其对于长三角地区制空权的争夺几乎同时展开。在7月29日的作战计划中海军要求第1联合航空队(以下简称"一联空")在开战之后立即对南方内陆的航空基地展开破坏。① "一联空"由鹿屋与木更津两支航空队组成,其主力机型为日军于1936年服役的远程轰炸机"96陆攻",上述两支航空队在接到命令后,分别于8月8日和8月15日入驻日军在战前修筑的台北松山和济州岛基地。日军第3舰队司令于8月19日对"一联空"下达了新的作战命令:"一联空"部队除了接到特殊命令之外,其作战任务主要是根据航空队司令官所划定的区域对中国内地的空军要地、飞机工厂、主要兵工厂、南京主要官署及重要水面舰艇和海军设施进行轰炸。② 可见该部队的主要作战任务在于通过摧毁中国空军的基础设施来将其绞杀于地面,除此之外,

---

① 「第1章　支那事変勃発当時の兵力並びに作戦計画等/第3節　第3艦隊司令長官の作戦計画」、「JACAR(アジア歴史資料センター)Ref. C14120519000、支那事変初期の航空作戦史　昭和12.7～12.11」。

② 「第2章　作戦の状況/第2節　昭和12年8月18日より8月末までの状況」、「JACAR(アジア歴史資料センター)Ref. C14120519400、支那事変初期の航空作戦史　昭和12.7～12.11」。

中国政府各军政设施也是其攻击的主要目标,证明这两支航空部队作为战略轰炸力量的特性非常明显,这一特性也可以从其具体作战行动中得以证实:

表 5 - 5　日军第 1 联合航空队 1937 年 8 月至 10 月对中国航空基地空袭情况表

时间	攻击目标	破坏效果	兵力	受损情况
8 月 15 日	南昌机场	在机场内引起火灾	鹿屋队 14 架	无
8 月 17 日	蚌埠机场、淮阴机场	炸毁飞机 3 架、机库 1 座、兵营 1 座	木更津航空队 11 架	无
8 月 20 日	九江机场	机场大型建筑被损毁	鹿屋队 9 架	无
8 月 21 日	扬州机场	击落 1 架,炸毁 3 架	木更津队 6 架	被击落 4 架
	滁州机场	炸毁 10 架飞机及机库	木更津队 9 架	无
	九江机场	无战果	鹿屋队 3 架	无
	孝感机场	炸毁 6 架飞机	鹿屋队 9 架	无
	汉口机场	因气候原因未能成功	鹿屋队 3 架	无
8 月 22 日	南京大校场机场	有 3 枚炸弹命中机场	木更津队 6 架	无
	南昌机场	无战果	鹿屋队(数量不明)	无
	安庆机场	地面无飞机	鹿屋队 5 架	无
8 月 24 日	南京大校场机场	造成多架飞机着火 机场化为火海	木更津队 6 架	无
8 月 26 日	南昌新机场	效果不明确	鹿屋队 6 架	无
8 月 31 日	白云机场 天河机场	击落 3 架,炸毁 3 架	鹿屋队 22 架	被击落 1 架

续表

时间	攻击目标	破坏效果	兵力	受损情况
9月16日	天河机场 揭阳机场 潮州机场	炸毁12架,击落11架	鹿屋队9架	无
9月22日	白云机场 天河机场 从化机场 虎门机场	炸毁5架	"一联空"18架	无
9月23日	南昌机场	夜间轰炸效果不明	"一联空"15架	无
9月24日	南昌机场	破坏5座机库,炸毁5架飞机	鹿屋队15架	无
9月24日	汉口机场	因气候原因作罢	木更津队14架	无
10月1日	虎门、天河机场	无效果	水上侦察机	无
10月2日	广州机场	击落1架	水上侦察机2架	无
10月3日	天河机场	无效果	水上侦察机4架	无
10月7日	韶关机场	击落4架	二联空32架	无
10月8日	白云机场	效果不明	二联空23架	无
10月9日	韶关机场	炸毁2架	二联空34架	无
10月10日	从化、天河机场	未见中国空军战机	二联空15架	无
10月14日	韶关机场	未见中国空军战机	二联空8架	无
10月23日	韶关机场	未见中国空军战机	二联空30架	无

　　　资料来源:「第2章　作戦の状況/第2節　昭和12年8月18日より8月末までの状況」,「JACAR(アジア歴史資料センター)Ref. C14120664200、支那事変初期の航空作戦史(防衛省防衛研究所)」;「第2章　作戦の状況/第3節　昭和12年9月の状況(1)」,「JACAR(アジア歴史資料センター)Ref. C14120664300、支那事変初期の航空作戦史(防衛省防衛研究所)」;「第2章　作戦の状況/第3節　昭和12年9月の状況(2)」,「JACAR(アジア歴史資料センター)Ref. C14120664400、支那事変初期の航空作戦史(防衛省防衛研究所)」;日本海軍航空史編纂委員会「日本海軍航空史(4)戦史編」,時事通信社,1969年,402—403頁。

上表证明,仅在 8 月中下旬至 10 月的作战周期内,木更津与鹿屋 2 支航空队的作战范围就遍布苏、皖、赣、鄂、粤等各个省份,最远甚至攻击到了湖北腹地的孝感机场。特别是在 9 月份,由于中国空军依托广州地区的航空基地对封锁广东沿海的日军第 29 驱逐舰队进行轰炸,导致日军海上封锁线出现漏洞,但是日本海军航空队在 9 月中旬至 10 月的一系列空袭行动基本摧毁了广东中国空军的基础设施和航空兵力,从而掌握了该区域的制空权,解除了日军水面舰艇的空中威胁。① 中国方面的记载也显示:"(十月)九日……敌方……进袭韶关……因众寡悬殊,遂暂避战。敌共投弹四五十枚,毁我工厂之一部及飞机棚厂二间……机场着弹十一枚……因机场着弹过多,我机不能下降,乃北飞安全着陆南雄。"② 可见韶关机场在日军的轰炸下遭到了严重破坏,驻扎于广东的中国空军在经历多次消耗后面对日机来袭也不得不采取避战的方法以保存实力,而 10 月日军对于广东最后的 3 次空袭中已经没有中国空军战机的踪影,证明广东地区的制空权已经彻底落于敌手。

日军以"96 陆攻"为主战兵器,仅依托济州岛与台北两处机场就将整个长江中下游地区及东南沿海的航空要地纳入其打击范围之内,不仅对中国空军的机场硬件设施造成了破坏,更在一个多月内击落炸毁了大量中国空军飞机。海军航空队的轰炸行动作为日军在侵华初期破坏中国地面航空基地、绞杀中国空军作战计划的重要组成部分,在日军夺取制空权、打乱中国空军战略部署等方面都发挥了较大作用。"一联空"对于汉口、南昌两大航空基地的持

① 防衛庁防衛研修所戦史室『中国方面海軍作戦〈1〉昭和十三年三月まで』、410—413 頁。
② 中国第二历史档案馆:《抗日战争正面战场(下)》,南京:凤凰出版社,2005 年,第 2066 页

续性空袭,更是构成了武汉会战结束前日本海军夺取长江流域制空权作战行动的主线。

南昌和汉口两大基地对于中国抗战的重要性早在 1936 年《国防作战计划(甲案)》中就有所体现,如"第一集团以南京—广德—杭州等地为根据,协同海军轰炸芜湖以东(芜湖在内)长江下游之敌舰,及上海敌之根据地而破灭之","第二集团以南昌—孝感—武昌等地为根据,轰炸芜湖以西以迄武汉长江江面之敌舰。"①综上所述,中方的作战计划以芜湖为界将航空战场分为了两部分,长江中下游地区就是贯穿这一战场的中轴线,南京、南昌、杭州、武汉等城市均为串联这两个战场中的重要航空据点。在日本海军航空队的空袭下,至 9 月底,南京和杭州已经丧失了在航空作战上的地位。汉口机场和南昌机场由于深居内陆,加之此时日本海军战略航空兵数量较少,因此只能对两大基地展开有限地轰炸。从表 5-5 可见,8 月、9 月间"一联空"在对这两大机场的空袭中,使用飞机在 10 架以上的仅有 3 次,作战效果也并不明显。1937 年 10 月及 11 月,"一联空"的作战重点转移到对中国交通设施的轰炸及支援淞沪会战日军地面作战方面,对南昌、汉口两大基地共计空袭 6 次,仅摧毁飞机 20 余架。② 这也说明在作战任务多样、兵力有限且缺乏前线基地的前提下,单凭远在台北及济州岛的"一联空"并不足以彻底破坏汉口、南昌这两处大型基地。

至 1937 年底,随着淞沪会战的结束以及南京沦陷,上海、南京地区的江湾、大校场等大型基地也落于日军之手。1938 年 1 月初,鹿屋航空队和木更津航空队主力进驻上述基地。1938 年 1 月 5

---

① 唐学锋:《中国空军抗战史》,第 81—82 页。
② 日本海軍航空史編纂委員会『日本海軍航空史(4)戦史編』、370 頁。

日，侵华日军海军司令长谷川清命令海军第一空袭部队与"一联空"组成联合空袭部队，以彻底摧毁汉口、南昌基地，消灭中国空军残余有生力量，彻底掌握长江流域的制空权，该部队的兵力配置如下：

大校场基地：96 陆攻 24 架；舰载战斗机 30 架；舰载攻击机 18 架；舰载轰炸机 6 架

江湾基地：96 陆攻 15 架；舰载战斗机 6 架；舰载轰炸机 11 架；舰载攻击机 11 架

合计：121 架①

相较而言，在 1937 年的作战阶段中，"一联空"仅有 38 架"96 陆攻"，而且基地远离中国大陆，其渡海轰炸行动极易受海上复杂气象干扰。随着联合空袭部队的成立，强大的航空兵力及位于中国本土的航空基地，这也意味着日军针对汉口和南昌的空袭行动将会变得更加高效。

1938 年 1 月 6 日，日本海军重启了对南昌与汉口的轰炸，在 1 月至 3 月的作战阶段中，其空袭行动的具体过程如下表所示：

表 5-6　日军联合空袭部队 1938 年 1 月至 3 月对中国空军基地空袭情况表

时间	地点	使用兵力	结果	备注
1 月 6 日	汉口	39 架	摧毁 14 架	
1 月 7 日	南昌	22 架	击落 3 架，炸伤 10 架	
1 月 9 日	南昌	49 架	摧毁 6 架	
1 月 11 日	汉口	40 架	摧毁 7 架，炸伤 3 架	
1 月 11 日	南昌	46 架	炸毁 3 架	

① 防衛庁防衛研修所戦史室『中国方面海軍作戦（1）昭和十三年三月まで』，528 頁。

续表

时间	地点	使用兵力	结果	备注
1 月 15 日	南昌 孝感	33 架	无	
1 月 22 日	衢州	9 架	无	
1 月 24 日	宜昌	8 架	摧毁 16 架	
1 月 27 日	汉口	22 架	摧毁 3 架,炸伤 2 架	
1 月 27 日	南昌	9 架	摧毁 9 架	
2 月 8 日	宜昌	9 架	摧毁 5 架	
2 月 8 日	汉口	22 架	摧毁 2 架	
2 月 9 日	襄阳	9 架	摧毁 6 架	
2 月 9 日	长沙	9 架	炸伤 2 架	
2 月 17 日	宜昌	9 架	摧毁 7 架,炸伤 4 架	
2 月 18 日	汉口	27 架	摧毁 22 架	
2 月 18 日	衡阳	8 架	摧毁 2 架	
2 月 21 日	宜昌	9 架	摧毁 2 架	
2 月 21 日	衡阳	12 架	摧毁 13 架	
2 月 25 日	南昌	53 架	摧毁 29—39 架	
2 月 28 日	宜昌	9 架	摧毁 2 架	
2 月 28 日	襄阳	9 架	摧毁 1 架	
3 月 14 日	汉口 南昌	6 架	无	
3 月 15 日	南昌	9 架	无	
3 月 15 日	汉口	6 架	无	
3 月 16 日	南昌	—	炸毁 2 架,炸伤 3 架	
3 月 17 日	南昌	58 架	摧毁 6 架,炸伤 1 架	
3 月 27 日	汉口	45 架	无	地面无完好飞机
合计		摧毁 167—177 架,炸伤 23 架		

　　资料来源:日本海軍航空史編纂委員会『日本海軍航空史(4)戦史編』、時事通信社、1969 年、383—385 頁。

　　上述资料显示,在3个月的作战周期内,日军对汉口、南昌及其周边的航空基地进行了30余次空袭,导致中国空军损失了200余架作战飞机。一方面证明日军空袭行动具有极大的杀伤力,另一方面也证明南方内陆地区的中国空军此时尚拥有极大的战争潜力。日军情报显示,依托西北及香港的补给线,自七七事变爆发至1938年3月上旬,中国共进口各型飞机317架,4月时中国空军仍拥有430余架作战飞机。[①] 在1938年4月至5月,由于日本海军航空队的作战重点转移至对徐州会战日军地面部队的支援上,因此放松了对于南昌、汉口等基地的空袭,2个月内仅摧毁炸伤中国军机13架[②],证明中国空军仍保有充足战力,长江流域制空权的归属仍不明朗。随着1938年5月15日日本御前会议决定发动"汉口攻略战"以及日军舰艇部队开始沿长江而上展开进攻,在未能完全掌握制空权的情况下,其海军舰艇及地面部队面对的中国空军威胁也越来越大,因此,自1938年6月26日开始,日本海军再度展开对南昌、汉口等地的大规模空袭:

表5-7　日本海军1938年6月至10月对中国空军基地空袭情况表

地点	空袭次数(次)	空袭架次	中国空军损失
南昌	17	300架次以上	138架
汉口	10	190架次以上	102架
衡阳	6	99架次	60架以上
梁山	2	31架次	20架
合计	中国空军损失作战飞机320架以上		

　　资料来源:日本海軍航空史編纂委員会『日本海軍航空史(4)戦史編』時事通信社、1969年、394—397頁。

[①] 日本海軍航空史編纂委員会『日本海軍航空史(4)戦史編』、386—387頁。
[②] 日本海軍航空史編纂委員会『日本海軍航空史(4)戦史編』、302頁。

可见，经过日军 4 个月的高强度空袭，至武汉沦陷时，中国空军的作战飞机相较于 1938 年 4 月的数据损失了 3/4 左右。自 8 月 18 日的衡阳空袭之后至 10 月 23 日，日本海军对南昌、汉口等地展开的 20 余次空袭仅破坏中国空军 36 架作战飞机，[1]这也从侧面证明中国空军主力在 8 月 18 日以前就已经被日军基本摧毁。随着空军战力的急剧衰减以及汉口和南昌两大基地遭到严重破坏，中国方面不得不将剩余的空中力量进行转移。在 8 月 10 日，中国空军的作战指挥部已经从汉口转移到了衡阳，残余的空军力量也从汉口转移到别处。[2]此时的中国空军"由于作战中的损耗……实力锐减……中苏空军部队在敌机大群来袭时，采取了避警疏散的办法……这也是保存实力，减少损失的无奈之举"。[3]可见，中国空军已经无法组织起有效的进攻作战，这也意味着中国战场的制空权彻底为日军所掌握，日本航空部队发动的一系列空袭行动已经达成了预期目标，在 1943 年中国空军重夺制空权之前，日本军机得以长期肆虐于中国的天空。

值得称道的是，在武汉会战期间，中国空军并非单纯被动防御日军空袭，而是勇敢地对日军地面、水面部队展开主动进攻。据日军情报显示，中国空军在 1938 年 6 月、7 月两个月共对日军展开了大小 50 余回，总数达 200 架次的空袭。[4]尤其是在 7 月 18 日的南

① 日本海軍航空史編纂委員会『日本海軍航空史（4）戦史編』、397 頁。

② 「第 2 課　高級参謀口演要目　航空兵団司令部　昭和 13 年 8 月 24 日」、「JACAR（アジア歴史資料センター）Ref. C16120490300、支那事変　イ号（漢口）作戦関係書類」。

③ 陈应明：《浴血长空——中国空军抗日战史》，第 86 页。

④ 「主要作戦研究 20　九江攻略作戦　自昭和 13 年 6 月 14 日至昭和 13 年 7 月 28 日」、「JACAR（アジア歴史資料センター）Ref. C14120597700、支那事変主要作戦研究　其の2　昭和 13.1～13.11」。

昌机场保卫战中，中国空军击毙了作为日军王牌飞行员的第 15 航空队南乡茂章大尉，[1]沉重打击了日本海军航空队的嚣张气焰，也证明了中国空军在装备、数量居于劣势的情况下乃然勇敢地对来犯之敌予以还击。

二、海军航空队的战略轰炸

战略轰炸是日本陆海军航空部队空袭行动的重要组成部分，海军特别在其作战思想中指出："对于战略要地攻击的要点在于随着战况的推移，从战略要求出发，对敌政治、经济、军事等中枢机构进行攻击并使其丧失机能，或是破坏其重要资源，导致其难以继续作战，或是打击敌国百姓的作战意志，使敌军作战出现破绽，或是对敌交通线进行攻击，以阻断其兵力调动及军需品的运输。"[2]可见，中国的交通线、政治经济中心城市乃至无辜平民都是日本海军航空队进行战略轰炸的对象。

1. 海军航空队对于中国交通线的空袭

日本海军于淞沪会战之初就展开了对于战区附近交通设施的空袭，铁路线是其轰炸的重点。铁路交通作为中国军队运送兵员和作战物资的重要手段，在抗日战争中的重要作用不言而喻。对日军而言，轰炸铁路线是阻断中国军队调动，进一步抵消前线日军兵力劣势的必要行动。

日军于 1937 年 8 月 15 日截获的情报显示，蒋介石准备派遣 6

① 「15 空機密第 32 号の 4　7 月 18 日南昌空襲戦闘詳報　第 15 航空隊」JACAR（アジア歴史資料センター）Ref. C14203745(0)、第 15 航空隊戦斗詳報（南昌空襲）　昭和 13.7」。

② 「第 6 章　要地攻撃」、「JACAR（アジア歴史資料センター）Ref. C14120976(00)、海戦要務令統篇　（航空戦の部）草案　昭和 15.3.20」。

个师的兵力前往上海,以在日本陆军登陆之前歼灭虹口地区的日军。对此,第 3 舰队司令长谷川清于 8 月 18 日命令海军第 1 空袭部队对太仓、闸北的交通设施展开轰炸,命令第 2 空袭部队对闵行、淞沪铁路以东特别是公大地区展开空袭,命令"一联空"对昆山铁桥、沪杭甬线大运河铁桥进行轰炸。接到命令后,"一联空"动用了 23 架次飞机对上述铁桥进行了 4 次轰炸,炸毁了桥梁并切断交通线路。① 此后,日本海军也多次通过轰炸上海及周边交通设施以对地面作战进行支援,如 8 月下旬至 9 月初,海军动用了 100 架次以上的轰炸机对昆山火车站、昆山东部铁路线、南翔车站、松江铁桥、上海南北车站、京沪线、沪杭线等交通设施进行了密集轰炸,其中仅对松江铁桥的轰炸就达到了 3 次以上。② 特别是 8 月 28 日,日军第 1 空袭部队对上海南站的轰炸造成中国平民及车站职工数百人伤亡,车站设施及周边民居均遭到严重破坏,上海南站也由此被废弃。③《申报》曾记载:"因铁路线时为敌机所轰炸,致路线发生障碍,火车无法行驶,故仅赖汽车及轮船输送。"④ 可见,日军对交通线的轰炸不仅造成了大量无辜平民牺牲,也导致上海地区铁路运输陷入瘫痪。

在对战场附近铁路交通设施进行轰炸的同时,日本海军也开始将中国内地铁路干线列入轰炸目标。1937 年 9 月 27 日,侵华日

---

① 「第 2 章　作戦の状況/第 2 節　昭和 12 年 8 月 18 日より 8 月末までの状況」,「JACAR(アジア歴史資料センター)Ref. C14120519400、支那事変初期の航空作戦史　昭和 12.7～12.11」。

② 防衛庁防衛研修所戦史室『中国方面海軍作戦〈1〉昭和十三年三月まで』,368—371 頁。

③《南站被轰炸后视察》,《申报》,1937 年 8 月 29 日,第 7 版。

④《市救济委员会办理救济难民情形》,《申报》,1937 年 9 月 20 日,第 5 版。

军第 3 舰队司令长谷川清向"一联空"发布了新的作战命令,命其对粤汉铁路展开空袭。在日军的作战部署中,粤汉铁道(株洲、衡阳车站及车库,宜章—坪石—乐昌之间的铁路线及车库)、浙赣铁道(杭州、贵溪、南昌车站及樟树铁桥)、蚌埠车站、淮南线(合肥车站等)、平汉线(信阳、孝感车站)等铁路要点都是空袭目标①,其具体作战行动如下表所示:

表 5 - 8　日军第 1 联合航空队对中国交通枢纽部分空袭情况表

时间	兵力	对象
9 月 30 日	木更津队 3 架	杭州车库、货车群
10 月 1 日	鹿屋队 6 架,木更津队 6 架	贵溪站、广信站车库、蚌埠站
10 月 3 日	鹿屋队 4 架	樟树铁桥
10 月 7 日	鹿屋队 8 架	粤汉线铁坪石铁桥、乐昌—宜章间铁路线
10 月 8 日	木更津队 4 架	株洲铁桥、绿口铁桥
10 月 11 日	鹿屋队 14 架,木更津队 6 架	浙赣铁路玉山铁桥、金华站、南昌站
10 月 12 日	鹿屋队 6 架	乐昌站、琶江铁桥
10 月 13 日	鹿屋队 6 架	衡阳车库
10 月 14 日	木更津队 12 架	蚌埠站、蚌埠—浦口铁道
10 月 15 日	木更津队 6 架	杭州闸口站
10 月 16 日	木更津队 5 架	合肥站
10 月 19 日	鹿屋队 8 架	浦口站
10 月 20 日	鹿屋队 5 架	衡阳站
10 月 21 日	鹿屋队、木更津队各 12 架	浦口站

①「第2章　作戦の状況/第3節　昭和12年9月の状況(1)」、「JACAR(アジア歴史資料センター)Ref.C14120519500、支那事変初期の航空作戦史　昭和12.7～12.11」。

时间	兵力	对象
10 月 23 日	鹿屋队 6 架,木更津队 6 架	常州站、无锡站、南昌站
11 月 3 日	鹿屋队 9 架	衡阳南方军用列车

资料来源:防衛庁防衛研修所戦史室『中国方面海軍作戦〈1〉昭和十三年三月まで』、朝雲新聞社、1974 年、514—517 頁。

　　上表证明,仅在 1 个月的时间内"一联空"就动用 100 架次以上的飞机对遍布粤、浙、赣、苏、皖、沪等省份的铁路线和交通枢纽进行了密集轰炸并对中方的交通设施造成了巨大破坏。如 9 月 26 日,日机轰炸金华车站造成路轨受损并炸死 70 余人[1];10 月 22 日的《申报》记载 21 日日军对浦口车站的轰炸将津浦路轮渡码头炸毁且"一时不易修复"[2];1937 年淞沪会战期间,沪杭铁路承担了大量的军事运输任务,为中国军队的兵力调动和后勤补给提供了重要帮助,沪杭铁路的终点站即杭州的闸口火车站,10 月 15 日木更津航空队对闸口火车的空袭造成"机厂龙头及货栈存货均被毁,路轨亦被毁数节……损失巨大"[3]。可见,"一联空"对中国交通枢纽的轰炸造成了较为严重的财产损失和人员伤亡。不论是这种破坏本身,还是中方为修复交通设施而耗费的时间与物力,都会对铁路线的运力造成影响。这也从侧面证明日军的轰炸行动在战略和战术层面上对淞沪会战等战役的进展都产生了一定影响。

　　在淞沪会战后期,日本海军也通过轰炸交通线等手段阻止中国军

---

① 《敌机轰炸浙赣铁路》,《申报》,1937 年 9 月 28 日,第 7 版。

② 《敌机四出轰炸昨又两袭首都两路沿线遭敌机投弹敌袭广九路损失微细》,《申报》, 1937 年 10 月 22 日,第 4 版。

③ 《敌机昨又轰炸广九路炸毁路轨多处 粤港交通被阻 杭市闸口亦遭空袭 城站全毁 桂林梧州蚌埠等地均被轰炸》,《申报》,1937 年 10 月 16 日,第 3 版。

队后撤,协助日军地面部队杀伤中国军队有生力量。如 11 月 11 日,
"加贺"号航母舰载机对苏州至常州及苏州至常熟间的铁路线进行轰
炸,11 月 16 日,日本海军以 26 架次飞机空袭常州车站及无锡铁桥,炸
毁了望亭站东方铁路及无锡至常熟间的车辆和桥梁,切断了上述区域
内中国军队的退路①,为日军地面部队展开追击战创造了条件。

1938 年徐州会战期间,根据陆海军航空协定的作战任务划分,
进行战略轰炸的任务再次交由海军负责。② 在具体作战方面,1938
年 5 月 13 日,日本海军棚町少左率领由 70 架飞机组成庞大编队对
徐州火车北站内的 100 余节军车车厢、大量军需品、车站建筑及铁
路线进行了密集轰炸,在车站内引发大火并导致相关设施遭到毁
灭性破坏。5 月 21 日,海军又以 30 架飞机的编队对驻马店火车站
进行空袭,炸毁车厢 40 余节并摧毁了中国军队囤积于此的大量汽
油等补给物资。日军在战后总结称,海军对中国军队运输作战物
资的列车、货车、船舶、各地堆积的军需品、仓库及交通机关进行了
密集空袭,彻底破坏了中国军队的兵站机关,推动了日军地面作战
的进展。日本天皇裕仁在嘉奖令也指出,徐州会战的结果离不开
海军航空队对地面部队的支援。③

综上所述,以对交通线进行战略轰炸等作战思想为指导,日本
海军的空袭干扰甚至瘫痪了战场及周边中国军队各种交通设施的

---

① 防衛庁防衛研修所戦史室『中国方面海軍作戦〈1〉昭和十三年三月まで』、505—
　507 頁。
② 防衛庁防衛研修所戦史室『中国方面陸軍航空作戦』、76 頁。
③「支那事変に於ける帝国海軍の行動(其の2)(南京攻略後より漢口攻略まで) 続
　(漢口攻略後より海南上陸まで)4. 海軍航空部隊の活躍」、「JACAR(アジア歴史資
　料センター)Ref. C14120630400、支那事変に於ける帝国海軍の行動 其の1.
　其の2」。

正常运行,破坏了中国军队的后勤供给及兵力调动计划,很大程度
上缓解了日军地面部队因兵力不足而面对的作战压力,对淞沪会
战、徐州会战的战役走向也产生了重要影响,充分体现了海军航空
队的空袭行动在战略层面所发挥的作用。

　　2. 海军航空队对于中国城市的战略轰炸

　　抗战时期,长三角地区作为中国政治经济核心地带,南京、上
海、杭州等重要城市皆分布于此,特别是作为国民政府首都的南
京,在政治上的重要性显而易见。日军第3舰队司令于8月19日
对"一联空"下达的作战命令中就包括对南京主要政府机关进行战
略空袭。① 在接到命令后,"一联空"于8月中下旬对南京进行了5
次战略轰炸,其具体经过如下所示:

表5-9　1937年8月日军第1联合航空队对南京的轰炸行动

时间	目标	破坏效果
8月19日	军官学校 南京国民政府	在南京市内引发火灾
8月22日	南京中央党部(原计划) 南京大校场机场	有3枚炸弹命中机场
8月23日	南京警备司令部	效果不明
8月24日	南京大校场机场	造成多架飞机着火,机场化为火海
8月27日	南京兵工厂 宪兵司令部	效果巨大

　　资料来源:「第2章　作戦の状況/第2節　昭和12年8月18日より8月末までの
状況」、「JACAR(アジア歴史資料センター)Ref. C14120519400、支那事変初期の航空
作戦史　昭和12.7～12.11」。

---

① 「第2章　作戦の状況/第2節　昭和12年8月18日より8月末までの状況」、
　「JACAR(アジア歴史資料センター)Ref. C14120519400、支那事変初期の航空作戦
　史　昭和12.7～12.11」。

上表可见,"一联空"的轰炸目标主要为南京的党政军事机关和大校场机场,其任务兼具夺取制空权和战略轰炸两个方面,但是在取得的效果上却是相当有限的。南京作为中国首都,城内设有大批外国使领馆,日军对于南京的空袭引起了外国人士的不安。1937 年 8 月 23 日,美、英、法、意四国驻日大使要求日军划定南京城禁止轰炸区域以保护各国外交人员安全。① 由于南京防空力量较强,加之日军轰炸机部队为保存实力多采取夜间超高空轰炸的作战形式,在设置禁止轰炸区之后,日军战略轰炸所能取得的效果进一步减弱。因此在 8 月 27 日的空袭结束后,日本海军军令部指示"一联空":"对于防守严密的南京城的空袭,应当在整备好地面基地之后,以轰炸机和战斗机相互配合进行。除特殊情况之外,不应再动用'一联空'轰炸南京。"② 上述命令也标志着日军对南京的战略轰炸告一段落。至公大机场投入使用之后,日军又于 9 月 19 日至 25 重启对南京的空袭。日机的狂轰滥炸给中国民众造成了巨大伤亡,如:"倭寇……派多数飞机至我各重要都市恣意轰炸,南京、杭州、南昌、汉口等处 及京沪杭浙赣各铁路沿线,亦曾迭次有敌机投弹,而被炸者多为我后方文化机关团体,我各地平民住宅被炸毁者颇多,我民众被炸死伤者亦众。"③"昨晚日机袭来而未果,故已度过一极安静之良夜,北方大雨连绵,视线极不准,故首都一时似不至再受轰击,一般人之意见,觉日本企图击破华军抵抗之决

---

① 日本海軍航空史編纂委員会『日本海軍航空史(4)戦史編』、241 頁。

②「第 2 章　作戦の状況/第 2 節　昭和 12 年 8 月 18 日より 8 月末までの状況」、「JACAR(アジア歴史資料センター)Ref. C14120519400、支那事変初期の航空作戦史　昭和 12.7〜12.11」。

③《敌机掷弹毁灭我文化机关　赣农院及京中大等炸毁　无辜民众遭难者愈千人》,《申报》,1937 年 8 月 29 日,第 2 版。

心,将再来南京从事轰击,昨日死伤人数,现尚未能加以估计,因死
伤之人在轰炸尚未停止之时,已经随时移去也,惟下关收容所之难
民百余人,则遭不测,惨不胜言。"①虽然日军对南京的无差别战略
轰炸给中国民众造成了巨大灾难,而且通过这一阶段的作战行动,
日军牢固掌握了长三角地区的制空权,但是在战略层面却未能发
挥日军所预期的效果。在9月25日日军对南京进行第4次大轰炸
的当天,蒋介石就日军暴行发表讲话称:"中国首都之被轰炸于中
国之军事局面并不发生影响,但将使中国之民众以及全世界之人
民更充分了解日本之野蛮,日本之侵略一日不止中国之抵抗亦一
日不停……论此次战争将延长至何限度,中国已有无限制抵抗之
能力,因中国实一威力无穷财力无尽之国家也。"②可见,日军的野
蛮轰炸不仅没有使中国政府屈服,反倒进一步增强了其对日抵抗
到底的决心,南京国民政府也没有因为空袭而被迫迁都。日军承
认,对于南京的大轰炸,"在第3舰队、第1联合航空队司令部所期
待的政治影响方面并未取得任何具体的效果,直至地面作战取得
巨大进展之后,南京政府才在11月20日发表了迁都宣言。"③海军
航空队对南京的空袭虽然在战术层面以及局部作战上发挥了重要
作用,但是日军妄图利用战略轰炸来使国民政府屈服的图谋却并
未得逞。

　　南京国民政府迁都之后,日本海军航空队也将其战略空袭的
重点转移到重庆。1938年2月8日,侵华日军海军司令长谷川清
命令木更津航空队对重庆展开轰炸,2月18日,该部队以3架"九

①《日机轰炸南京　英美再提强硬抗议》,《申报》,1937年9月24日,第2版。
②《蒋委员长对外报记者谈中国抵抗能力无限》,《申报》,1937年9月25日,第1版。
③ 日本海軍航空史編纂委員会『日本海軍航空史(4)戦史編』、242頁。

六陆攻"对重庆城区进行了空袭，[1] 本次轰炸虽未造成严重破坏，但是揭开了长达 5 年半的"重庆大轰炸"序幕。

武汉会战结束后，日军在中国大陆的战线已经被拉到了其国力与后勤所能支撑的极限，难以进一步对中国内陆地区展开侵略。为了使国民政府对日屈服，日军制定了 2 条战略："首先是分化瓦解国民政府，巩固日军占领地的治安，并对上述区域周边的中国军队发动有限度的进攻，以此打击中国军队的有生力量；其次是对重庆、成都、兰州等中国内陆地区的政治、军事战略要点进行轰炸，并以海上封锁等形式切断中国的对外联络与获取国际支援的途径。"[2]这也是战略相持阶段日军的重要作战思想。其中，对于中国重要地点的战略轰炸则是日军航空作战的主要任务。

日军于 1938 年 12 月制定的《有关航空作战的陆海军中央协定》中指出下一阶段日本航空部队作战重点为："在中国全境以陆海军航空部队协同作战的形式展开战略轰炸，借以摧毁中国政府的抵抗意志。"[3]在具体行动方面，日本陆海军航空部队制定了以下方针：

（1）陆军以航空兵团为主力，对华北及长江流域地区展开战略轰炸。

（2）海军主要对长江流域及中国南方的重要地点展开战略轰炸。

（3）地域划分：华北为山东、河南、陕西、甘肃及以北地区；华南为：福建、广东、广西、云南；长江流域为四川、贵州、湖北、湖南、江

① 日本海軍航空史編纂委員会『日本海軍航空史（4）戦史編』，384 頁。

② 防衛庁防衛研修所戦史室『中国方面陸軍航空作戦』，123 頁。

③「指　巻 3　第 301 号～357 号」、「JACAR（アジア歴史資料センター）Ref. C14060926800、大陸指級（支那事変　巻 03　昭 13.10.07～14.10.25　（第 01～0595 号）」。

西、安徽、江苏、浙江等省。

（4）使用兵力：长江流域陆军 173 架，海军 164 架；华北地区陆军 55 架，海军 89 架；华南地区陆军 45 架，海军 81 架。①

从兵力安排上来看，日本陆海军航空兵的主要作战目标为长江流域各省份，随着 1938 年 10 月武汉会战的结束，湖北以西地区，特别是国民政府的陪都重庆必然会成为日军航空兵主力的重点轰炸对象。

1938 年 12 月中旬，日本陆军航空兵团命令第 1 飞行团自 12 月 24 日之后开始对重庆展开战略轰炸。第 1 飞行团的兵力由 3 个重轰炸机战队和 2 个战斗机战队组成②，其主要作战任务即是对中国要地展开轰炸以在战略层面推动日军作战进度，选择该部队轰炸重庆也可以看出日军的行动带有明显的战略意图。

12 月 25 日，陆军航空兵团对第 1 飞行团下达了具体作战命令，要求该部队于 12 月 26 日出动对重庆展开轰炸，其命令中明确指出"飞行团应以主力对重庆市区进行轰炸，以此震撼国民政府上下各层人士"，"轰炸目标为中央公园、督军公署、公安局、县政府以及上述目标一线内的重庆市区"。③ 日军明确将重庆市区及无辜市民列为其轰炸目标，妄图以无差别轰炸造成的惨烈结果来打击国民政府和中国人民的抗日意志。1938 年 12 月 26 日至 1939 年 1 月 31 日，陆军航空兵团对重庆共展开了 4 次轰炸，由于陆军装备与

---

① 「指 巻 3 第 301 号〜357 号」，「JACAR（アジア歴史資料センター）Ref. C14060926800、大陸指綴（支那事変）巻 03 昭 13.10.07〜14.10.25 （第 0301〜0595 号）」。

② 防衛庁防衛研修所戦史室『中国方面陸軍航空作戦』、127 頁。

③ 「第 1 次航空進攻作戦実施の体験に基く研究会記事送付の件（2）」、「JACAR（アジア歴史資料センター）Ref. C04121131700、陸支受大日記（密）第 40 号 1/3 昭和 14 年（防衛省防衛研究所）」。

训练水平相对落后,其轰炸并未对重庆市区造成严重破坏,如1939年1月10日日机"在某某地郊外投弹多枚,午十二时始离川境,据事后调查,所投各弹,均落荒野,华方并无损失"。① 可见陆军航空兵技战术水平低下,其轰炸效果难以达到日军的战略目标。

由于陆军轰炸效果不佳,加之2月之后重庆方面又连续出现大雾天气,日本航空部队遂暂时中止了对重庆的战略轰炸。这段时间,日本海军开始陆续将国内及华南地区的轰炸机部队调往长江流域。至5月中旬,日军在汉口机场集结了多达90架"96陆攻"。以此为基础,日军重新编组了"联合空袭部队"并以第1联合航空队司令山口多闻担任该部队长官,山口在训示时表示:"海军要集结在华航空部队的全部兵力轰炸中国陪都重庆并彻底瓦解蒋介石政权。"②这也证明,对重庆展开战略轰炸的任务开始由海军航空队负责。

日军的重庆大轰炸作为二战期间少有的直接以平民为对象的持续性无差别轰炸,尤以日本海军航空队的空袭最为惨无人道。1939年5月至7月间,日本海军出动了391架次飞机对重庆展开空袭③,仅5月份海军航空队的轰炸就造成中国民众4 755人死亡,5 721人受伤,特别是当月的"五三""五四"大轰炸对重庆市区的破坏以及对无辜市民的杀伤最为骇人听闻。《申报》曾记载:"(5月4日)日机连日轰炸商业平民区,并投烧夷弹多枚,致商店平民住宅多被焚毁,平民妇孺惨死多人,此种残酷行为,亘古罕有。'④"日机二十七架,昨晚(5月5日)恣意轰炸重庆,受灾区域计达一里半之

① 《大批日机昨晨空袭重庆　在郊外投弹多枚　邕宁亦发现日机》,《申报》,1939年1月11日,第4版。
② 日本海軍航空史編纂委員会『日本海軍航空史(4)戦史編』,553頁。
③ 日本海軍航空史編纂委員会『日本海軍航空史(4)戦史編』,495—497頁。
④ 《大批日机昨再袭渝》,《申报》,1939年5月5日,第4版。

长……目下官方虽尚未发表此决死伤之确数,惟据观察家估计,死伤之数,当达三千人之多"。①　5月3日及4日2次大轰炸之惨状令人触目惊心,在轰炸过程中,日本海军轰炸机故技重施,大量使用了曾在"一·二八"事变及淞沪会战中对上海市区造成巨大破坏的燃烧弹,由于重庆市区多是木质房屋,加之排列杂乱无章,彼此之间距离较近,导致日军投掷的燃烧弹造成大火并在市区迅速蔓延:"(5月5日)傍晚时,日机又来空袭,据非官方统计,死伤在一千五百人至三千人之间……中国城邑遭轰炸之惨祸者,殆莫过于重庆……昨晚起火后,至今日下午尚未熄灭,火势蔓延……昨晚由江中瞭望重庆之火光,其惨状正不亚于前年十一月间闸北之大火。"②可见,日军以燃烧弹造成大火并借以对中国军民形成威慑的战术在重庆大轰炸中得到了重演。

大轰炸期间,日军除了以无差别空袭直接杀伤民众外,其所引发的间接性事故也造成了大批无辜平民的伤亡。1941年6月5日,日本海军派遣24架"96陆攻"对重庆展开夜间轰炸,日军的轰炸自晚6时开始至11时30分左右结束,持续时间长达5个半小时。日机来袭时,大批民众由于来不及疏散而集中涌入大隧道防空洞,防空洞内避难民众数量达到了额定人数的两倍。由于人数众多加之隧道内通风设施不完善,日军的轰炸又迟迟不能结束,防空洞内的氧气逐渐耗尽,避难民众开始向洞口集中,窒息与拥挤踩踏造成了大量人员死亡,而国民政府应急处置手段的低效又使得伤亡数字进一步增加。事后统计显示,大隧道惨案的死亡人数少

---

①《领馆区域　亦难幸免》,《申报》,1939年5月6日,第3版。
②《炸后惨像不堪寓目》,《申报》,1939年5月6日,第3版。

则近 900 人,多则达到 7 200 余人。① 造成这一惨案的原因虽然与国民政府管理上的漏洞密不可分,但是日军长时间的无差别轰炸才是惨案发生的根本原因。

至 1941 年底,重庆大轰炸共造成平民死亡近 20 000 人,受伤22 000 余人。② 太平洋战争爆发前的 1941 年 9 月 11 日,日本陆军第 3 飞行集团(前身即侵华日军陆军航空兵团,1939 年 2 月改编为第 3 飞行集团)命令该部队于 9 月 12 日起中止对重庆的轰炸行动,将主力转移至东南亚地区准备对英美展开作战,仅在中国大陆保留第 1、第 3 两支飞行团。③ 1941 年 9 月 2 日之后,日本海军航空兵的主力也基本全部调回国内准备太平洋战争,在华又存留少数作战飞机,至此,日军对于重庆地区的轰炸频率才逐渐减少。

通过对全面侵华前日本航空部队的作战行动进行考察可以发现,1914 年的日德战争中日本军机就已经肆无忌惮地展开了对中国平民的无差别轰炸,九一八、"一·二八"等事变期间,日本陆海军的无差别轰炸更是进入了规模化运用的阶段。诸如通过轰炸平民以打击敌国抗战意志,以及使用飞机释放毒气等不人道战术,更是早已堂而皇之地写入了日本陆海军的航空作战思想中。空袭南京以及重庆大轰炸等无差别轰炸作战思想的形成,离不开日本航空部队在 1904 年至 1937 年间一系列侵华活动的影响。

虽然全面侵华期间日军妄图以对中国政治中心进行战略轰炸的形式摧毁中国人民的抗战意志,但不论是在南京还是在重庆,日军的战略企图一次次被挫败,抗日战争的最终胜利也宣告日军战

---

① 张守广:《重庆大隧道惨案始末》,《历史教学问题》2006 年第 4 期,第 49 页。

② 潘洵:《抗战时期重庆大轰炸人口伤亡数量再研究》,《四川大学学报(社会科学版)》2015 年第 5 期,第 17—19 页。

③ 防卫厅防卫研修所战史室『中国方面陆军航空作战』、237 页。

略轰炸战术的彻底破产。

三、海军航空队的协同作战

　　除了通过轰炸交通线及中国重要城市以在战略层面发挥作用，进行协同作战也是海军航空队的重要任务之一。早在"一·二八"事变期间，日本海军航空队就与水面舰艇及地面部队展开过密切协同，全面侵华战争的爆发为日军大规模运用协同战术提供了机会。

　　淞沪会战期间，随着 9 月 25 日对南京大规模空袭的结束，日军已经切实掌握了淞沪战场上的制空权，日本海军航空队开始将作战重点转移至对地协同作战。9 月 30 日，海军第 2 联合航空队司令三并贞三下达命令，要求下辖航空队对第 3、第 9 师团等地面部队展开空中支援。[①] 此后日军飞机部队在整个 10 月执行了高强度的对地协同进攻，其具体数据如下表所示：

表 5‑10　1937 年 10 月日本海军航空队地空协同情况表

单位:架次

任务 部队	协助第 3 师团	协助第 9 师团	协助第 101 师团	轰炸中国 军队后方	合计
第 12 航空队	587	213	15	384	1 199
第 13 航空队	0	97	15	357	469
合计	587	310	30	741	1 668
投弹 5 267 枚,合计 360 吨					

资料来源:「第 2 章　作戦の状況/第 4 節　昭和 12 年 10 月の状況(2)」、「JACAR(アジア歴史資料センター)Ref. C14120519800,支那事変初期の航空作戦史　昭和 12.7～12.11(防衛省防衛研究所)」。

---

① 「第 2 章　作戦の状況/第 4 節　昭和 12 年 10 月の状況(1)」、「JACAR(アジア歴史資料センター)Ref. C14120519700、支那事変初期の航空作戦史　昭和 12.7～12.11」。

　　10 月份第 2 联合航空队的实际作战天数为 25 天,从上表数据分析,这意味着其保持了平均每天出动近 68 架次飞机,投弹 14.4 吨的作战强度。仅在 10 月 1 日这一天出动的飞机就达 95 架次,投弹近 20 吨①,日本海军航空队对地支援的效率不可谓不高。根据中国战俘提供的情报,日军在 10 月 16 日对马桥宅的轰炸中至少造成中国军队 2 000 余人死伤,日军每次打扫战场时也会收殓数百具因日机轰炸而牺牲的中国军人遗体②,可见,日本军机给中方造成了巨大伤亡。这种杀伤力对于日军地面作战也产生了重大影响。在 10 月 1 日第 3、第 9 师团的战线还处于胶着状态,但是随着地空协同作战的展开,中国守军的战线也开始发生动摇,日军陆军借此机会于 10 月 4 日、6 日接连将战线向前推进。但是 10 月 7 日以后,因为连续降雨导致日军飞机无法升空支援,其地面部队面对中国军队的顽强抵抗,战线再次陷入胶着。直至 11 日天气好转之后,空中部队再次对中国军队展开狂轰滥炸,日军地面战局才得以取得进展,这也可以证明日军在攻坚战中极端依赖来自空中的支援。日军也承认:"从两军的装备、兵力上来比较,淞沪会战期间,我陆军并不占据显著优势,但之所以能突破复杂地形及致坚固阵地的阻挠,重要原因之一就是在完全掌握制空权的前提下,我军航空攻击战所发挥的杀伤力。"③证明日本海军航空队的地空协同作

---

① 「第 2 章　作戦の状況/第 4 節　昭和 12 年 10 月の状況(1)」、「JACAR(アジア歴史資料センター)Ref. C14120519700、支那事変初期の航空作戦史　昭和 12.7〜12.11」。

② 「第 2 章　作戦の状況/第 4 節　昭和 12 年 10 月の状況(2)」、「JACAR(アジア歴史資料センター)Ref. C14120519800、支那事変初期の航空作戦史　昭和 12.7〜12.11」。

③ 第二復員局残務整理部「支那事変初期(自一九三七年七月至一九三七年十一月)の航空作戦史」、221 頁。

战对改变淞沪战局起到了不可替代的作用。

　　作为一支拥有立体化作战能力的现代军队,日军在全面侵华期间,特别是在太平洋战争之前,实施了当时世界上少有的陆海空协同作战,为其地面、水面作战的顺利推进创造了有利条件。1937年11月的杭州湾登陆战是淞沪会战期间日军执行的具有代表性的陆海空协同作战。1937年7月11日的《航空协议》显示,陆军船团执行登陆战时应由海军对其提供空中掩护,因此杭州湾登陆战期间航空作战的主力为海军航空队。日本陆海军在10月底制定的《杭州湾登陆作战计划》中有如下规定:

　　　　主力舰队支援全局并与登陆部队保持联络;第1护卫舰队对登陆兵团进行掩护,并对杭州湾东方之敌进行压制;第2护卫舰队对登陆兵团进行掩护,并对金山卫、乍浦及以西之敌进行压制。

　　　　海军第1航空部队负责阻止敌军调动兵力并对舰艇上空进行哨戒;第2航空部队掩护登陆并直接协助陆战;第3航空部队对东西方向之敌进行搜索攻击。①

　　上述规定证明日军的计划中陆海空作战力量分工明确,彼此之间相互配合,形成了有机联动的作战体系。杭州湾登陆战期间,海军舰艇执行了运送陆军作战部队登陆、运输作战物资、架设浮桥、清扫登陆艇航线以及在登陆过程中提供炮击掩护等任务。② 值得注意的是,在日军展开大规模登陆行动之前,通过海军航空队的

---

① 防衛庁防衛研修所戦史室『中国方面海軍作戦〈1〉昭和十三年三月まで』、433—434頁。
② 防衛庁防衛研修所戦史室『中国方面海軍作戦〈1〉昭和十三年三月まで』、442—443頁。

轰炸行动,上海周边的制海权早被日军牢牢掌握。

　　自淞沪会战开始以来,中国海军将主力舰队集结于江阴要塞,不仅对日军的航空作战造成妨碍,中国海军的"平海"号、"宁海"号巡洋舰等相对先进的舰艇还会对长江下游的日军小型舰艇造成威胁,从而影响日军制海权的稳固。长谷川清于 9 月 20 日对驻扎于公大基地的日军航空部队下达新的作战命令,要求其于 21 日午后对江阴要塞方面的中国舰艇,特别是"平海""宁海"两舰进行攻击。① 接到命令之后,第 2 联合航空队抽调 12 架舰攻机和 6 架舰战机组成江阴要塞空袭部队。9 月 22 日至 25 日,空袭部队对江阴要塞的炮台及舰艇展开了三波次轰炸,经过空袭之后,中国海军 4 艘吨位较大的舰艇受损情况如下:

　　　　平海:被 60 公斤炸弹命中 6 枚,被水下炸弹命中 10 枚,舰体发生爆炸并搁浅。

　　　　宁海:被 60 公斤炸弹命中 4 枚,被水下炸弹命中 5 枚,舰体发生大火并搁浅。

　　　　应瑞:被 2 枚 250 公斤炸弹直接命中,受损严重并无法使用。

　　　　逸仙:被 60 公斤炸弹命中 1 枚,被水下炸弹命中 5 枚,丧失战斗力并搁浅。②

　　除上述主力舰艇外,江阴方面的中国海军舰艇在日军数次打击之后基本都陷入了搁浅或丧失战斗力的状态,残存的舰炮被搬

──────────

① 「第 2 章　作戦の状況/第 3 節　昭和 12 年 9 月の状況(2)」、「JACAR(アジア歴史資料センター)Ref. C14120519600,支那事変初期の航空作戦史　昭和 12.7～12.11」。

② 「第 2 章　作戦の状況/第 3 節　昭和 12 年 9 月の状況(2)」、「JACAR(アジア歴史資料センター)Ref. C14120519600,支那事変初期の航空作戦史　昭和 12.7～12.11」。

到陆地上用作了固定炮台,中国海军作为一支水面作战力量已经丧失了其存在的意义。① 由此可见,海军航空队不仅依托公大基地夺取了淞沪战场上的制空权,更通过空袭战术击沉了中国海军主力舰艇,从而达到了掌控中国东部沿海制海权的作战目的,这一举动也避免了日军参与杭州湾登陆战的舰艇被中国海军袭扰,为日军陆海空协同作战的顺利开展创造了前提条件。日本海军航空队通过轰炸中国舰艇以协助海军在展开大规模行动前夺取制海权的行为,也可以视为海空协同作战的一种形式。

杭州湾登陆战期间,海军航空队通过直接轰炸中国地面部队、对登陆部队展开空中支援并为登陆舰艇提供掩护等作战行动,使日军第 18、第 6 师团等部队得以顺利登陆。11 月 4 日,日军第 10 军登陆部队乘坐 100 余艘各型舰艇冲进杭州湾。5 日拂晓,在空中轰炸及舰炮的掩护下,日军第 18 师团于东金山嘴、漕泾一带登陆,第 6 师团在金丝娘桥、全公亭一带登陆,至 11 月 7 日,日军主力部队在海空兵力的掩护下完成了登陆任务。② 此后,日本海军航空队继续以协同作战的形式对日军地面部队的进攻提供援助,使中国军队"各部队虽遵令移动,时以天雨泥泞及敌机轰炸,行动甚为迟缓,而敌之后续部队源源登陆,其 6D(即日军第 6 师团,笔者注)主力沿沪杭路前进,一部直扑松江,企图攻击我苏州南岸守军之背后,松江、枫泾于 11 月 9 日同时失于敌手"。③ 此外,日机还通过轰炸交通设施等手段干扰中国军队后撤并阻止中国军队调动兵力围攻日军登陆部队。如 11 月 8 日,海军出动 42 架次飞机对嘉兴、嘉

---

① 第二復員局残務整理部『支那事変初期(自一九三七年七月至一九三七年十一月)の航空作戦史』,153 頁。
② 郭汝瑰:《中国抗日战争正面战场作战记》,南京:江苏人民出版社,2002 年,第 573 页。
③ 中国第二历史档案馆:《抗日战争正面战场(上)》,第 454 页。

善、平湖等车站及停靠列车进行轰炸,中国方面记载:我军"于十一月八日夜开始向嘉兴、苏州一带撤退……部队单位即多,沿途拥塞,加以飞机轰炸扫射,无伤不少,秩序混乱,部队大都失去掌握"。① 11 月 9 日"我中央军……因退却部署之不适当,与敌机之轰炸,部队混乱情形较前尤甚"。② 11 月 10 日,第 1 航空队对苏州、杭州等地的铁路、列车进行轰炸,阻止了中国军队的行动并解除了第 10 军西侧的威胁。③ 在海军舰艇与航空部队的协同配合下,至 11 月 14 日,日军上海派遣军主力前进至太仓、昆山一线,第 10 军主力占领了嘉善平望镇一带,日军登陆部队已经在淞沪战场站稳了脚跟。

尝到了陆海空协同作战甜头的日军将其下一阶段协同作战的重点放到了打通长江口至南京航线的作战任务上。作为日本海军攻打南京的必经之路,江阴要塞在长江江防中的地位无须赘言。为侵占江阴要塞,11 月 26 日,日军第 13 师团前进至幸圩、云亭、后塍一线以南地区,并在段家港以东江面集结 60 余艘各型舰艇以掩护地面部队,日本海军第 1 联合航空队的轰炸机部队也参与了此次作战。自 11 月 27 日开始,日军舰艇及飞机部队以炮击、轰炸等形式掩护其地面部队对江阴要塞发起进攻,至 12 月 1 日,要塞多门守备炮被炸毁,通信网被切断,步兵阵地亦被日军突破,守军被迫撤出要塞。④ 至当日下午,"一联空"轰炸机开始对江阴市区进行狂轰滥炸,在其掩护下,日军第 13 师团从南部冲入江阴市区,中国军

---

① 郭汝瑰:《中国抗日战争正面战场作战记》,第 6 页。
② 中国第二历史档案馆:《抗日战争正面战场(上)》,第 454 页。
③ 「第 2 章　作战の状况/第 5 節　昭和 12 年 11 月の状况」、「JACAR(アジア歴史資料センター)Ref.C14120519900、支那事変初期の航空作战史　昭和 12.7～12.11」。
④ 郭汝瑰:《中国抗日战争正面战场作战记》,第 585 页。

队被迫突围,12月2日江阴要塞即告沦陷。①

　　杭州湾登陆战的结束和江阴要塞的沦陷标志着华东战场上中日两军实力对比以及华东战场局势发生根本性变化,国民政府的首都南京直接面临日军重兵集团的直接威胁。从这层意义看,日军的陆海空协同作战在战略、战术层面都发挥了巨大作用。

　　此后的溯江作战中,陆海空协同作战的战法也得以贯彻。1938年6月,日军水面舰艇开始沿长江而上对武汉发动进攻,这也为武汉会战期间日军展开陆海空协同作战创造了前提条件。1938年9月15日,日军第6师团为攻占田家镇要塞而抽调部分兵力组成今村支队。② 田家镇要塞为武汉之门户,其扼制长江北岸,是日本海军舰艇部队前往武汉水路上的一大阻碍,一旦日军攻占田家镇,其舰艇即可溯江直达武汉。中国方面也将田家镇要塞视为保卫武汉的关键所在,蒋介石在8月6日致李延年的密电中表示:"查田(家镇)……亦武汉最后之屏障,其地位重要,勿待多言。"③中国军队在此布置了重兵以保卫要塞,仅第9师、第57师和要塞司令部的兵力就达到22 584人④,加上中国军队守卫要塞,凭险而战,比起兵力较少的今村支队更具作战优势。

　　为弥补日军在兵力上的劣势,日本陆军的飞行团和海军的第12、第15航空队都参与了支援今村支队的任务,此外,日本海军的水面舰艇也参与了此次战役,田家镇战役可以视为武汉会战中日

① 防衛庁防衛研修所戦史室『中国方面海軍作戦〈1〉昭和十三年三月まで』、510頁。
② 「呂集団情報綴　自昭和13年9月1日至昭和13年9月30日　作戦課長〔4〕」、
　 「JACAR(アジア歴史資料センター)Ref. C11112037200、呂集団(11A)情報綴　昭和13
　 年9月1日〜13年9月30日」。
③ 中国第二历史档案馆:《抗日战争正面战场(上)》,第759页。
④《第11军团田家镇要塞战斗详报》,中国第二历史档案馆藏,全宗号787/案卷号8187,第
　 24页。

本陆海空协同作战的典型战例之一。自 9 月 15 日以来,陆军飞行团主力为支援今村支队共出动侦察机 26 架次,轻轰炸机 118 架次,重轰炸机 75 架次,战斗机 167 架次,空投炸弹合计 2 047 枚,共90.024 5吨①,海军也出动了 200 余架次飞机轰炸田家镇要塞。②中国守军的阵地则是日军轰炸的重点目标。中国方面记载,9 月23 日,日机不断狂轰滥炸,阵地工事几乎无一完整③,23 日早,日机更是炸毁数门要塞守备炮和弹药库。④ 日军以工事为重点的轰炸行动使要塞的守备力大幅下降,特别是 28 日的空袭为今村支队攻占田家镇要塞创造了极为有利的条件。战役中日军水面力量主要承担了对今村支队的运输任务。9 月 16 日,随着海军陆战队占领武穴,海军也开始了对周边江面的扫雷工作,至 9 月 20 日,蕲州以北江面的扫雷已基本完成,确保了武穴一带水路的安全⑤,为舰艇部队直接支援今村支队创造了条件。由于今村支队伤亡惨重且物资供应不足,在 9 月 22 日海军完成了武穴周边的扫雷工作后,当天日军北尾碇泊场司令部派出工兵对从武穴东侧地区经武山湖和黄

①「呂集団情報綴　自昭和 13 年 9 月 1 日至昭和 13 年 9 月 30 日　作戦課長〔8〕」、「JACAR(アジア歴史資料センター)Ref. C11112037600、呂集団(11A)情報綴　昭和13 年 9 月 1 日～13 年 9 月 30 日」。

②「主要作戦研究 23A　漢口攻略作戦(田家鎮攻略迄)　自昭和 13 年 9 月 22 日至昭和 13 年 9 月 29 日」、「JACAR(アジア歴史資料センター)Ref. C14120598000、支那事変主要作戦研究　其の2　昭和 13.1～13.11」。

③《第 11 军团田家镇要塞战斗详报》,中国第二历史档案馆藏,全宗号 787/案卷号8187,第 27 页。

④《第 11 军团田家镇要塞战斗详报》,中国第二历史档案馆藏,全宗号 787/案卷号8187,第 31 页。

⑤「主要作戦研究 23A　漢口攻略作戦(田家鎮攻略迄)　自昭和 13 年 9 月 22 日至昭和 13 年 9 月 29 日」、「JACAR(アジア歴史資料センター)Ref. C14120598000、支那事変主要作戦研究　其の2　昭和 13.1～13.11」。

泥湖水路补给今村支队的路线进行了侦察①,选定武穴—武山湖—黄泥湖—平山一线作为水上补给线。随后,日军水面力量立即对今村支队展开运输补给工作,共计为今村支队提供了补给了 30 000 发步枪弹、150 枚手榴弹、100 个重掷弹筒和约 130 枚山炮弹②。中国方面记载也显示:9 月 23 日,日军"利用黄泥湖与黄泥湖北岸之敌取得联络,黄泥湖内汽艇往返频繁,似为积极增援"。③ 如此一来,田家镇战场形成了日本陆海军航空部队狂轰滥炸、今村支队主动进攻、水面舰艇为其提供物资与炮击支援的协同作战局面。据 9 月 29 日李品仙发给蒋介石的电报显示,日军"以海陆空合击田镇,对东阵地遂为敌冲破,以致迫近要塞核心,田镇核心守军不战溃走"。④ 可见日军的陆海空协同作战是今村支队得以攻陷田家镇要塞的关键因素。

根据战后统计,在今村支队攻打田家镇要塞的最后一周内,中国守军伤亡达 3 万人,而日军伤亡仅为 1 150 人(死 284 人)。⑤ 敌我伤亡对比如此悬殊,其原因正是日本海军舰艇、航空队与地面部队密切配合,协同作战,大大抵消了中国军队兵力和地形上的优势。田家镇战役的结果体现了在中国军队丧失制空、制海权的情况下,日本陆海空协同作战体系所发挥的巨大杀伤力。

---

① 「呂集団情報綴　自昭和 13 年 9 月 1 日至昭和 13 年 9 月 30 日　作戦課長〔6〕」、「JACAR(アジア歴史資料センター)Ref. C11112037400、呂集団(11A)情報綴　昭和 13 年 9 月 1 日～13 年 9 月 30 日」。

② 「呂集団情報綴　自昭和 13 年 9 月 1 日至昭和 13 年 9 月 30 日　作戦課長〔8〕」、「JACAR(アジア歴史資料センター)Ref. C11112037600、呂集団(11A)情報綴　昭和 13 年 9 月 1 日～13 年 9 月 30 日」。

③ 《第 11 军团田家镇要塞战斗详报》,中国第二历史档案馆藏,全宗号 787/案卷号 8187,第 27 页。

④ 中国第二历史档案馆:《抗日战争正面战场(上)》,第 807 页。

⑤ 敖文蔚:《兵火奇观——武汉保卫战》,桂林:广西师范大学出版社,1995 年,第203 页。

第六章　太平洋战争爆发后日军逐渐丧失制空权

　　武汉会战结束后,侵华日军与中国军队形成战略相持的态势,为打破侵华战争僵局,日本陆军于 1939 年 5 月挑起了"诺门罕事件",意图对苏发动进攻并占领物产丰富的西伯利亚,但是由于远东地区日苏实力过于悬殊(1938 年及 1939 年间,关东军与远东苏军的航空兵力对比为 1∶1 左右,足见两国在整体军事实力上的差距)①,这场战役在日军遭受巨大伤亡后草草收场,日本陆军主导的北进论也遭受重挫。随着美、英等国对日进行经济制裁与物资禁运,日本法西斯的战争机器运作越来越难以为继。为掠夺东南亚的石油、橡胶等战略资源,日本国内的"南进论"及对英、美开战的言论甚嚣尘上,其在 1941 年 9 月 6 日的《帝国国策执行要领》中甚至提出"为了帝国'自存自卫'不惜与英、美一战"②。在这种历史背景下,日军最终于 1941 年 12 月 7 日发动了偷袭珍珠港的行动并全面挑起了太平洋战争。

---

① 见图 4-2。
② 「17、帝国国策遂行要領　昭和 16 三 9 月 6 日」、「JACAR(アジア歴史資料センター)Ref. C12120208100、重要国策決定級　其 1　昭和 15 年 7 月 27 日～16 年 12 月 6 日」。

　　如前文所述,1941 年 9 月之后,侵华日军陆军飞行团和海军航空队主力开始投入到对英美及东南亚的备战工作中,自此至 1945 年日本投降为止,中国大陆的航空作战任务主要由日本陆军飞行团负责。1941 年 9 月的第二次长沙会战是空中主力调离中国之后,侵华日军航空部队参与的大规模地面进攻,从本战役的地空制协同作战经过及结果也可以窥见中国战场上日本空中优势衰落的一个侧面。

第一节　第二次长沙会战期间日本航空部队的地空协同

　　1941 年 9 月,为摧毁中国军队第 9 战区主力,日军第 11 军(司令部位于武汉)开始发动第二次长沙会战。9 月 15 日,第 11 军司令部转移至岳阳,次日,陆军第 1 飞行团从山西运城转移至白螺矶并于 9 月 18 日开始对第 11 军的地面作战进行援助。同样是以第 11 军为主要支援对象,武汉会战期间日军使用的作战飞机为陆军 5 个侦察机中队,5 个轻轰炸机中队,7 个战斗机中队和 7 个重轰炸机中队,海军方面也投入了 69 架战斗机,75 架攻击机和 18 架轰炸机[1];而第二次长沙会战期间,第 1 飞行团可以投入使用的各型飞机仅为 50 架[2],这一数字甚至少于 1933 年热河事变期间关东军飞行队投入的兵力。可见,日军可以对其地面部队进行协助的作战飞机数量大幅缩水,这也导致实际作战中日军难以全面发挥地空协同作战的杀伤力。

---

[1] 防衛庁防衛研修所戦史室『中国方面陸軍航空作戦』、91 頁。

[2]「第 3 飛行集団戦闘要報第 241 号」、「JACAR(アジア歴史資料センター)Ref. C04123216000、陸支密大日記　第 48 号　1/3　昭和 16 年」。

会战期间第 1 飞行团的作战情况如下表所示：

表 6-1　第二次长沙会战期间日军第 1 飞行团作战表

日期	作战情况
9 月 18 日	协助一线地面部队作战,对汨罗江附近战场进行全面搜索侦察,对中国军队第 4 军司令部进行轰炸并对长乐街附近桥梁及长乐街、新墙河附近舟艇部队进行轰炸
9 月 19 日	对长乐街及王家巷附近 5 000 至 7 000 人的中国军队进行轰炸,空袭长沙兵营及通信团,对汨罗江南方地区进行侦察
9 月 20 日	对长沙、衡阳、袁州一带进行搜索侦察,对洪源洞、黄岸市附近的中国军队进行轰炸攻击
9 月 21 日	对洪源洞、黄岸市附近的中国军队进行轰炸,对长沙及通城方面的敌情进行侦察。本日大部分航空作战行动因天气影响而未能发挥效果
9 月 22 日	对第 9 战区后方战线进行搜索侦察,对长沙至金井附近的中国军队约 5 000 人进行轰炸,对关王桥附近的中国军队展开全天候轰炸
9 月 23 日	对长沙至衡阳间的铁路及河运状况进行侦察,对长沙会战战场全局进行侦察,对约 6 000 人的中国军队进行反复轰炸
9 月 24 日	对衡阳、秀山、蓝田、芷江、宁乡及中国军队后方进行搜索侦察,对浏阳河、永安附近的桥梁及舟艇部队进行轰炸,并协助日军地面部队
9 月 25 日	对常德附近进行侦察,对长沙督军公署、行政署、火药局及兵营进行空袭,在城内引发 20 余处大火。对浏阳、永安附近的中国军队展开反复轰炸并炸毁水渡寺附近桥梁
9 月 26 日	对秀山、衡阳、芷江、吉安等地及中国军队后方补给线进行侦察。对浏阳市区进行轰炸并引发大火,对浏阳河附近中国军队进行轰炸
9 月 27 日	对中国军队后方进行侦察。对早渊支队正面长沙东北方的中国军队进行反复轰炸

续表

日 期	作战情况
9月28日	对长沙、衡阳、芷江、宝庆一带进行侦察
9月29日	对战场进行搜索侦察，对社港及盘山一带中国军队进行轰炸。本日中国军队9架轰炸机对长沙地区日军展开轰炸
9月30日	对宝庆、衡阳、梁山、零陵、恩施一带进行侦察。对地面部队展开直接支援
作战数据	累计出动作战飞机1 532架次，作战时间2 692小时，累计投弹150吨，发射子弹124 267发，平均每日出动协助地面作战的飞机80架次

　　资料来源：「第3飛行集団戦闘要報第239号」、「JACAR（アジア歴史資料センター）Ref. C04123215800、陸支密大日記　第48号　1/3　昭和16年」；「第3飛行集団戦闘要報第240号」、「JACAR（アジア歴史資料センター）Ref. C04123215900、陸支密大日記　第48号　1/3　昭和16年」；「第3飛行集団戦闘要報第241号」、「JACAR（アジア歴史資料センター）Ref. C04123216000、陸支密大日記　第48号　1/3　昭和16年」；「第3飛行集団戦闘要報第242号」、「JACAR（アジア歴史資料センター）Ref. C04123216100、陸支密大日記　第48号　1/3　昭和16年」；「第3飛行集団戦闘要報第243号」、「JACAR（アジア歴史資料センター）Ref. C04123216200、陸支密大日記　第48号　1/3　昭和16年」；「第3飛行集団戦闘要報第244号」、「JACAR（アジア歴史資料センター）Ref. C04123216300、陸支密大日記　第48号　1/3　昭和16年」；「第3飛行集団戦闘要報第245号」、「JACAR（アジア歴史資料センター）Ref. C04123216400、陸支密大日記　第48号　1/3　昭和16年」；「第3飛行集団戦闘要報第246号」、「JACAR（アジア歴史資料センター）Ref. C04123216500、陸支密大日記　第48号　1/3　昭和16年」；「第3飛行集団戦闘要報第247号」、「JACAR（アジア歴史資料センター）Ref. C04123216600、陸支密大日記　第48号　1/3　昭和16年」；「第3飛行集団戦闘要報第248号」、「JACAR（アジア歴史資料センター）Ref. C04123422500、陸支密大日記　第48号　3/3　昭和16年」；「第3飛行集団戦闘要報第249号」、「JACAR（アジア歴史資料センター）Ref. C04123422400、陸支密大日記　第48号　3/3　昭和16年」；「第3飛行集団戦闘要報第250号」、「JACAR（アジア歴史資料センター）Ref. C04123491200、陸支密大日記　第52号　1/3　昭和16年」；防衛庁防衛研修所戦史室『中国方面陸軍航空作戦』、朝雲新聞社、1974年、243頁。

　　上表可见，第1飞行团的50架作战飞机在10天的作战周期内出动次数达到1 532架次，平均每架飞机每日需执行3架次的作战任务，日均作战时间长达5个小时，对于日军飞行员和飞机设备来说这种作战压力无疑是十分巨大的。第二次长沙会战结束后双方战线退回到战前状态，日军未能达成其彻底摧毁中国军队第9战区主力的战略目标，这种结果的出现与中国战场日军航空兵力捉襟见肘，难以充分对其地面部队展开高效率协同作战的事实密不可分。兵力上的严重不足也导致日军的航空作战范围被限定在了长沙及周边部分城市，日军难以像淞沪会战、武汉会战时期在遍布华南及长江流域的广阔区域对中国空军展开航空歼灭战以巩固制空权。此外，日本航空部队已经没有能力对中国军队的后勤补给线进行广泛且有效的战略轰炸。航空兵力缩水对日军造成的更为致命的问题是其曾经牢牢掌握的制空权开始出现动摇。如面对第1飞行团在长沙战场焦头烂额的局面，9月29日，中国空军9架CB型轰炸机主动出击，对日军地面部队展开轰炸，一改重庆大轰炸期间避战保机的局面。面对中国空军的挑战，9月30日的日军战报则显示"以独立飞行第10中队的部分兵力对白螺矶及岳阳一带展开空中警戒"①，而没有如战略进攻时期对中国军队的航空基地展开长距离空中突袭，这也正明日军在争夺制空权的战斗中开始陷于被动境地。

第二节　中美航空合作的深入与中国空军掌握制空权

随着抗日战争的深入发展，日军的侵华行径触犯了美国在华利益，使得美国政府开始考虑对中国军民的抗日战争提供实际物质支援，中美航空合作便是两国各种军事合作中卓有成效的一个方面。1940年11月，航空委员会副主任毛邦初与宋子文、陈纳德

---

① 「第3飛行集団戦闘要報第250号」、「JACAR（アジア歴史資料センター）Ref. C04123491200、陸支密大日記　第52号　1/3　昭和16年」。

等访美,与美方洽谈空军合作与贷款购机事项。① 1941 年 4 月,美国总统罗斯福签署命令成立援华志愿航空队,陈纳德随即在美招募了 200 余名飞行员与地勤人员,中国政府则出资 230 万美元购买了 100 架美制 P‐40 战斗机以供援华航空队使用。1941 年 5 月 9 日,美国政府确定将交付中国作战飞机 400 架以支援中国抗日②,这也标志着中美航空合作取得实质性进展。

1941 年 8 月 1 日,美国志愿航空队在缅甸同古成立并展开训练,随后于 12 月转移至云南昆明巫家坝机场备战。③ 随着志愿航空队的到来以及中美航空合作的各项内容逐渐付诸实施,中国战场上的空战形势也开始悄然发生变化。

1941 年 12 月 20 日,驻越南河内嘉林基地的 10 架日本陆军轰炸机起飞轰炸昆明,志愿航空队接获情报后立即升空迎战。上午 10 时许,美军 P‐40 战机对日机展开截击,在中国战场骄横日久的日军飞机未曾想到中方会主动对其发动攻击,慌乱之中编队被打散,在美军飞行员的打击下,日机接连坠毁。当日的空战中,日军被击落轰炸机 9 架,被击毙飞行员 14 人,仅有 1 架飞机仓皇逃回河内。④ 志愿飞行队首战即取得了 9∶0 的战绩,创造了抗日战争以来中日空战的最好纪录,沉重打击了日本航空部队的嚣张气焰,也大大鼓舞了中国军民的抗日信心。

自昆明空战结束后,1941 年底至 1942 年 5 月,志愿航空队多次主动出击并与侵华日军飞机部队展开空战,共击落日机 193 架,

① 《毛邦初在美调整购机事宜》,《申报》,1940 年 11 月 28 日,第 2 版。
② 《美将以飞机助华》,《申报》,1941 年 5 月 9 日,第 3 版。
③ 高晓星:《民国空军的航迹》,北京:海潮出版社 1992 年版,第 338—339 页。
④ 陈应明:《浴血长空——中国空军抗日战史》,第 244 页。

击毁 75 架,击伤 40 架。① 美国援华飞行员的奋战使曾经肆虐于中国战场的日军飞机部队遭受沉重打击,空中作战形势的日渐恶化令日军深感焦虑,在 1942 年 4 月 20 日日本陆军中央部门发往侵华日军的命令中提及:"中、美、英空军为空袭日本本土而在中国大陆谋求可以为其所用的机场,其利用中国大陆对本土展开空袭的可能性在未来会变得越来越大。"②上述言论也证明,日军已经意识到随着其手中制空权优势在逐渐流失,日本本土将会面对来自盟军空军的直接打击。至 1942 年 5 月的浙赣会战期间,日军航空兵力捉襟见肘的局面更加明显。

为摧毁浙江地区的中国空军机场,避免中美空军对日本本土展开轰炸,日本陆军策划并发动了浙赣会战。会战期间仍然由第 1 飞行团执行对地面部队的支援任务,其作战指导思想如下所示:

(1)飞行第 44 战队司令将独立飞行第 83 中队及第 8 直协飞行队一并纳入麾下指挥,对进攻杭州机场的第 13 军展开直接协助。

(2)独立第 87 飞行中队进驻南昌,协助第 11 军。

(3)飞行第 65、第 90 战队进驻上海机场,对第 13 军的地面作战进行协助。③

从兵力上看,浙赣会战期间日军支援地面部队的第 44 战队、第 83 中队、第 87 中队、第 90 战队均参与过 1941 年 9 月的长沙会战,根据当时的记录,4 支部队的作战飞机合计 42 架,第 90 战队的

---

① 高晓星:《民国空军的航迹》,345 页。

② 防衛庁防衛研修所戦史室『中国方面陆軍航空作戦』、283 頁。

③ 防衛庁防衛研修所戦史室『中国方面陆軍航空作戦』、289 頁。

作战飞机为 20 架①,第 65 战队及第 8 直协飞行队的具体兵力目前未有资料记录,但是根据日军航空队编制推测,投入浙赣会战日军作战飞机数量应当在 100 架左右。虽然这一数字多于第二次长沙会战期间日军使用的航空兵力,但是考虑到浙赣会战的时间为 1942 年 5 月至 9 月,在 4 个月的作战周期内对日军 10 余万人的地面部队进行支援,这些航空兵力无疑是严重不足的。如日军小薗江支队 5 000 余人于 6 月 15 日开始对浙江丽水展开进攻,其间,日军派出飞行第 44 战队和第 65 战队(2 支战队合计兵力约 50 架)对其展开支援,第 44 战队主要负责侦察和联络指挥,真正对小薗江支队展开直接空中火力支援的只有第 65 战队。② 与之相对,1938 年的武汉会战田家镇战役期间,日本陆海军出动了第 3、第 4 飞行团和第 15 航空队对侵占田家镇要塞的今村支队(兵力 6 000 余人)展开空中支援,3 支航空部队的兵力为战斗机 54 架至 68 架,轰炸机 84 架至 96 架,侦察机 27 架至 36 架③,远超丽水战役期间对地支援的飞机数量,侵华日军航空兵力严重不足的事实由此可见一斑。另一方面,浙赣会战期间美国志愿航空队主战场位于中国西南及华南部分地区,中国空军亦集中于重庆、成都一带进行休整,浙赣战场的中方空军力量处于真空状态,这也是日军数量不多的航空兵力得以肆虐于战场的重要原因之一。随着日本航空部队在太平洋及中国战场兵力的逐渐枯竭,以及中国空军实力的恢复与增强,中国战场制空权的归属必然会发生根本性变化。

至 1942 年底,美国已经向中国空军交付了 19 架轻型轰炸机和

---

① 「第 3 飛行集団戦闘要報第 239 号」、「JACAR(アジア歴史資料センター)Ref. C04123215800、陸支密大日記　第 48 号　1/3　昭和 16 年」。

② 防衛庁防衛研修所戦史室『中国方面陸軍航空作戦』、296 頁。

③ 日本海軍航空史編纂委員会『日本海軍航空史(4)戦史編』、338—339 頁。

150 架较为先进的战斗机,其中的 P-40 等型号战斗机的性能已经不逊于日本陆军使用的三力战斗机,其数据对比可见下表:

表 6-2　194□ 年后中日主力作战飞机性能对比

型号	发动机马力	最大速度	武装
1 式战斗机 1 型(日)	970 马力	495 千米/时	12.7 毫米机枪×2
1 式战斗机 2 型(日)	1130 马力	515 千米/时	12.7 毫米机枪×2
97 式战斗机(日)	685 马力	470 千米/时	7.7 毫米机枪×2
99 式轻轰炸机(日)	970 马力×2	470 千米/时	7.7 毫米机枪×3
P-40E 战斗机(中/美)	1150 马力	550 千米/时	12.7 毫米机枪×4
B-25 轻轰炸机(中/美)	1□00 马力×2	480 千米/时	7.7 毫米机枪×14 炸弹 3.6 吨
B-24 重轰炸机(中/美)	1□00 马力×4	590 千米/时	12.7 毫米机枪×10 炸弹 8 吨

　　资料来源:防衛庁防衛研修所戦史室『中国方面陸軍航空作戦』、朝雲新聞社、1974 年、付表第二、第三。

　　上表可见,日军战斗机在马力、速度、火力等主要作战性能指标上相对于中国空军已经不具优势,其 99 式轻轰炸机的性能相比美制轰炸机更是远远落后,证明此时中国空军已经初步具备了对日展开空中反击的物质基础。在更新装备的同时,1942 年下半年开始,中国空军派遣大批飞员赴印度及美国进行飞行技术培训,至 1943 年初在美受训的中国空军飞行员学成毕业归国,[①]不仅给空军注入了新鲜血液,也将美国际军航空队丰富的对日作战经验和先进的作战技术带回航空作战的抗日前线。此外,1943 年 3 月,在蒋介石和陈纳德的一再要求下,美国陆军将驻华第 23 战斗机大队(前身即美国志愿航空队,1942 年 7 月 4 日改编为美国第 10 航空

———————————

①《在美受训中国空军毕业》,《联合画报》1943 年第 21 期,第 2 页。

队第 23 战斗机大队)升格为第 14 航空队,成为具有在华独立作战
能力的航空部队①,以此为契机,驻华美军航空部队获得了更多装
备、人员支持和物资保障。至 1943 年初,中国空军的软硬件水平
相较于全面抗战初期已经实现了质的飞跃,1943 年 5 月至 6 月的
鄂西会战期间,沉寂已久的中国空军在战前制订了周密的作战计
划,正式吹响了对日军展开航空反击战的号角。

　　会战期间,中国空军的作战计划涉及夺取制空权、空战、地空
协同等各个方面,其具体内容如下所示:

作战方针

　　我空军以夺取战场制空权,减轻我陆军空中之威胁,并得
直接攻击敌海陆军之目的,以中国境内中美两国空军之全部,
采取积极的空中攻势,以支援陆军,进而歼敌于洞庭湖之
西岸。

作战指导要领

第一款　侦察

　　以美空军侦察部队侦察长江敌船舶、汉宜间敌机场及枝
江、渔洋关、石门之线以东敌野战军之行动,嗣后不断监视敌
后方陆海军之兵力,搜索轰炸目标,特别监视枝江、宜都、宜昌
各渡河点。其第一次之侦察目标如左:

　　甲:土门垭、当阳、荆门、江陵、汉口、武昌、孝感各机场敌
空军兵力状态。

　　乙:长江内宜昌、汉口间敌船舶行动及状态。

　　丙:弥陀寺、公安、藕池口、枝江、洋溪各地区之敌集结部
队及行动。

---

① 高晓星:《民国空军的航迹》、第 350 页。

丁：聂家河、渔洋关、子良坪、刘家场、西斋各敌后方部队之状态行动，侦察手段及无线电通信依美军之所定。

第二款　战场制空

空军活动之主要目的为获得战场上之制空权，本会战获得制空权之手段有三：

一、彻底击灭汉口及荆宜间之敌航空部队。

二、确保战场上我陆军上空之安全及我空军活动之自由。

三、截断敌军长江之水运。

基于上述之目的，空军之活动区分为三部分如左：

一、对空作战。

二、直接协同。

三、基地之防空。

为对空作战，以主衡阳、零陵、桂林、新津之美军驱逐轰炸部队积极破坏敌武汉、荆宜等空军基地之一切重要设施，及消灭敌空军于地面，制止敌空军之活动，并轰炸长江之敌船。

驻梁山、芷江之我驱逐部队，经常在战场上空巡逻，以捕捉击灭敌之侦察及轰炸机，并掩护我空军之活动。

为直接协同，以我轰炸部队直接协同地面部队之作战，攻击敌地面陆军及其运输之船舶车辆等，以断绝敌之增援与补给。

获得战场上制空权后，以中美空军主力协同我陆军之作战，攻击敌地面部队，遮断敌之退却路及渡河点，期于洞庭湖西岸一举而歼灭之。

第三款　对空军战

以中美各空军部队，同于五月二十五日到达指定之基地，预定于翌（二十六）日（依天气而定）以零陵美驱逐部队掩护B-25机，以梁山我驱逐部队掩护B-24机，全力强行轰炸武汉敌机场,并迫其决战。

芷江之驱逐部队则活动于我陆军第一线上空,捕捉攻击敌之轻轰炸机。

无论敌空军由广州、新乡各地向汉口之增援力量如何,美空军应连续寻求敌空军主力,强迫其决战而击破之。

设敌空军经我之攻击而萎靡时,我仍搜索左之目标攻击之:

一、长江宜汉间敌运输船舶及渡河部队。

二、汉荆宜各机场之残余敌机。

第四款　直接协同

自第一次向武汉之敌空军攻击后,梁山、芷江之驱逐部队及我第一第二两大队,以直接协同我陆军及攻击敌陆军为主。

第一第二两大队之轰炸目标,根据侦察结果,以破坏敌后方机关为主。确实之轰炸目标得依侦察及第六战区之要求定之。

梁山、芷江之驱逐队则分区分时巡逻于第一线上空,以保我陆军上空及直协轰炸机之安全。

设制空权确实掌握时,梁山 P－40E 部队亦努力俯冲轰炸前线敌之小目标。①

可见,此时中国空军的战术、战法中将制空权的争夺摆在了航空作战任务的首位,其已经意识到摧毁日军航空基地才是夺取制空权的关键,因此破坏武汉等地日军机场被作为空军的第 1 波次空袭任务。此外,打击日军后勤补给线及交通工具也成为航空作战的重要任务,证明中国空军希望在战略层面发挥更大作用。另一方面,经过长时间的装备补充与人员培训,加之中美航空合作的深入,中国空军的对日作战计划中不断强调应主动出击,寻找机会

---

① 中国第二历史档案馆:《抗日战争正面战场(下)》,第 2474—2476 页。

与侵华日军航空兵主力进行决战并歼灭日军。这也从侧面证明中国空军在鄂西会战中的战略目标不仅在于通过地空协同引导战役走向胜利,更在于通过歼灭日军航空部队夺取中国战场制空权。

　　为达成上述作战目的,中国空军投入了大量的航空兵力,鄂西会战期间中日航空部队兵力对比可以通过下表进行直观分析。

表6-3　鄂西会战期间中美空军兵力

番号		类型	机种	兵力	基地
空军第4大队		驱逐队	P-40E、P-66、P-43	42架	梁山
空军第11大队				—	白市驿
空军第1大队		轰炸队	CB-3	9架	温江
空军第2大队			A-29	7架	
美国陆军第14航空队	第23大队	驱逐队	P-40E	79架	衡阳芷江昆明云南驿
	第11中队	中轰炸队	B-25	10架	零陵
	第308大队	重轰炸队	B-24	18架	新津
合计		165架			

资料来源:中国第二历史档案馆:《抗日战争正面战场(下)》,南京:凤凰出版社,2005年,第2476页。

　　第326页表6-4及其下一段做如下修改:

表6-4　武汉及荆门日军航空队兵力(1943年5月25日)

番号	兵种	机型	兵力	驻地
飞行第90战队	轻轰炸队	99式轰炸机	27	武汉
飞行第45战队	侦察队	97式侦察机	36	武汉

番号	兵种	机型	兵力	驻地
编号"甲E"部队	轻轰炸队	不明	27	武汉
编号"甲G"部队	轻轰炸队	不明	72	武汉
编号"甲H"部队	驱逐队	97式战斗机	50	武汉
飞行第18中队	侦察队	100式侦察机	18	武汉
编号"甲I"部队	侦察队	98式侦察机	18	荆
合计	248架			

资料来源:中国第二历史档案馆:《抗日战争正面战场(下)》,南京:凤凰出版社,2005年,第2470—2471页。

　　上表可见,鄂西会战爆发时,日军在战场附近所能动用的作战飞机虽然相比中美空军具备数量优势,但是存在大量侦察机等非战斗机型,而且其战斗机、轰炸机等主力作战飞机的性能均远远落后于中美空军,这种实力对比也大大鼓舞了中美空军在会战期间主动出击的信心。如5月31日,中国空军驱逐机队掩护美军B-24重轰炸机大编队对宜昌日军机场投弹10余吨,对机场设施及日军停靠飞机造成了巨大破坏,空袭期间中美航空编队还与日军战斗机部队发生激战,击落日机20余架。[1] 6月1日、2日,中美空军多次对洞庭湖战线的日军后勤保障基地进行轰炸,使日军后勤供应陷入混乱,前线地面部队战斗力大幅下降。6月2日,日军第3、第39等师团渡江逃往宜昌的过程中遭美军战机扫射,大批士兵葬身鱼腹。鄂西会战期间,中美空军共作战53次,出动驱逐机336架次,轰炸机88架次,击落日机31架,炸毁日机6架,炸沉、炸伤日军大小船只23艘[2],不仅有力削弱了日军在华航空部队实力,更有效

①《鄂西我军获得大捷》,《田家时事特刊》1943年第22期,第2页。
② 郭汝瑰:《中国抗日战争正面战场作战记》,第1210页。

破坏了日军后勤补给线及交通运输线,在整体上推动了中国军队取得鄂西会战的胜利。会战结束后,中方媒体曾评价:"连日我英勇空军会同美国空军,同时以大编队群实施崭新阵容,协助进击,收效极大……(鄂西会战的胜利)不仅为巩固我陪都之门户,实为我军开辟最后胜利光明之大道,其意义尤为重大也。"①从数据上看,至 6 月 6 日会战结束时,驻武汉日军第 90 战队的飞机从 27 架下降至 18 架,"甲 H"部队从 50 架下降至 20 架,第 45 战队从 36 架下降至 27 架,第 18 中队从 18 架下降至 10 架,武汉及荆门的日军飞机总数下降至 132 架②,说明除了被击落之外,大批日军战机为避战保机而撤出战场。日军也哀叹:"论及中国战区里彼我两军的航空优势,在 1942 年时我方还处于上风,但是通过分析 1943 年两军之间的空中交锋经过可以发现,随着时间的流逝,加之我军在整体战局上呈现败象,中国空军也开始逐渐掌握战场航空优势。"③上述言论证明,在中美空军与地面部队密切协同以及充分发挥装备优势的空中打击下,中国军队粉碎了日军攻占石牌要塞进而威胁陪都重庆的战略企图,取得了鄂西会战的最终胜利。

鄂西会战结束后,对于在中国、太平洋战场连连溃败的日军来说,其航空兵力的衰减已经是不可避免的趋势,这也导致日军在中国战场的航空作战进一步陷入被动,逐渐掌握战场制空权的中美空军开始对日大规模主动出击。如 1943 年的常德会战期间,中国空军累计出动作战飞机 1 400 余架次,作战次数达 200 余次,10 月 30 日,中国空军 12 架 P-40 轰炸机及 6 架 B-25 轰炸机空袭沙洋

---

① 《鄂西我军获得大捷》,《田家时事特刊》1943 年第 22 期,第 2 页。

② 中国第二历史档案馆:《抗日战争正面战场(下)》,南京:凤凰出版社,2005 年,第 2471—2472 页。

③ 防衛庁防衛研修所戦史室『中国方面陸軍航空作戦』、235 页。

日军汽车存放点及营房,共空投 100 磅炸弹 72 枚,对日军设施造成了极大破坏且作战过程中并未遭遇日军拦截。11 月 12 日中国空军出动 20 架次以上的各型作战飞机对日军在王家厂、十里铺等地的仓库、阵地、营房进行空袭轰炸,并对松滋、公安、河口涧、子良坪等地日军地面部队进行扫射,取得了较大战果。11 月 22 日空军第 2 大队 9 架 A - 29 轰炸机对津市日军后勤场站进行轰炸,并引发大火。11 月 30 日,中国空军的 P - 40、P - 43 战机为常德城内的地面部队空投大批弹药及药品,并与 4 批次共 21 架日机进行空战,击落其轰炸机、战斗机各 1 架(可能击落轰炸机 3 架,战斗机 2 架)。①在中国空军地空协同作战的打击下,日军地面部队伤亡惨重,其第 6 联队司令中畑护一(死后追赠少将)亦被中国空军 P - 40 战机击毙。常德会战期间,中国空军多次在未遭日机袭扰的情况下对日军地面部队展开空袭,日军在面对中国空军大编队来袭的情况时被迫避战以减轻其飞机损耗,在航空进攻方面,日军也开始由大编队集群式进攻改为小编队的分散游击与袭扰。可见,中日两国空军所采取的战术与全面抗战战略防御阶段极为相似,不同的是进攻方变成了中国,而防守方变成了日军,日军地面部队亦需在侵华作战中更频繁地直面来自中美战机的空中打击。经过鄂西会战、常德会战等一系列战役,中国战场空中作战的主动权逐渐为中美空军所掌握,中国军机的前进基地也从西南地区推进到江西赣州、遂川及湖南衡阳等中南地区,中日航空战线由此向东推进了 500 公里,中国长江流域、南海及台湾海峡的日军船舶都处于中美空军的直接打击之下,据日军统计,仅 1943 年秋至年底,中美空军在南海共击沉日本船舶

---

① 中国第二历史档案馆:《抗日战争正面战场(下)》,第 2494—2506 页。

3.5万吨,在长江流域击沉船舶 8 500 吨[1],证明中美空军的航空反击战不仅沉重打击了中国战场的侵华日军,也在全局上推动了太平洋战争走向胜利。

第三节　日本航空部队的垂死挣扎

1944 年,日本本土遭受美军轰炸机大规模空袭的可能性越来越大,加之日军在太平洋及东南亚战场的战况愈发窘迫,为避免中国大陆被美军用作对日展开战略轰炸的基地,也为了打通侵华日军与东南亚日军的地面联系,日军决定在中国大陆发动一场纵贯南北的大规模会战。1944 年 1 月 24 日,日本陆军参谋总长杉山元向裕仁进言称:"(发动该会战可以)摧毁中国西南要地的敌各飞机场,以保本土及中国东海的防护安全为其第一目的。打通大陆后,即使在海上与南方的交通被切断,也可经过大陆运输南方的物资,以加强战斗力,为其第 2 目的。"杉山的意见当日即获得了裕仁的同意,同日,日军大本营发布"大陆命第九百二十一号",确立了会战的基本方针,其具体内容如下[2]:

(1) 大本营的作战意图在于摧毁中国西南地区的敌主要空军基地。

(2) 中国派遣军司令官需要攻占湘桂内陆地区及京汉线南部沿线战略要地。

---

[1] 陈应明:《浴血长空——中国空军抗日战史》,第 268 页。

[2] 「命　巻 12　3 部の内 1 号(3)」、「JACAR(アジア歴史資料センター)Ref. C14060909500、大陸命綴(大東亜戦争)巻 12　昭 18.11.29~19.02.2□　(第 0901~0950 号)」。

（3）南方军司令官需要对中国派遣军的上述作战进行援助。

（4）具体作战内容听从参谋总长指示。①

可见，日军发动豫湘桂战役的首要目的即是摧毁中国空军基地，避免美军 B-29 轰炸机对其本土展开战略轰炸。此时中国大陆的制空权已经基本为中美空军所掌握，豫湘桂战役在战略上意义重大且作战范围极为广阔，但是日军却仅仅为地面部队提供了156 架作战飞机以进行空中支援，与之相对，战场正面中美空军的航空兵力也是 156 架。② 虽然数字上中日两方空军旗鼓相当，但是中国空军在内陆地区还有大量有生力量，亦可借助美军 B-29 轰炸机对日军展开战略轰炸，日军所使用的作战飞机基本是其可以投入的极限兵力，因此中国空军的空中优势依旧十分明显。

除了兵力上的严重不足，日本航空部队的后勤及飞机维护状态也面临巨大压力。在中美空军的频繁轰炸下，日军的后勤补给线时常陷入瘫痪，如 1944 年 10 月 2 日，侵华日军后勤部门在商议后指出想要在中美空军的空袭之下将大量军需用品转运到衡阳以西地区是极为困难的，即便将水面运输能力最大化，每月也只能运输 3 000 吨左右的物资。后勤单位运输能力的不足对于日本航空部队的影响更为致命，据日军记载，进入 1944 年 10 月，各前线机场的航空燃油储量均陷入严重不足的境地。为保障燃油供应，10 月31 日，日军从东南亚运送了 1 600 余万升航空燃油至上海，随后分散转运至汉口、南京等地并供给前线日军飞机，日军刚完成上述工作，上海的埠头地区即于 11 月 11 日遭到了 B-29 轰炸机的空袭，

---

① 郭汝瑰：《中国抗日战争正面战场作战记》，第 1315 页。
② 中国第二历史档案馆：《抗日战争正面战场（下）》，第 2529 页。

可见其后勤补给线在中美空军的打击下已经处于朝不保夕的状态,日军也承认"航空军的后勤补给工作未能如愿展于"。①

比燃料供给不足更为致命的是,此时侵华日军作战飞机的维护整备状态极为不佳。1944 年 9 月 19 日,为牵制西安机场的中美空军战机,日本陆军第 8 飞行团团长青木武夫命令飞行第 22 战队于 21 日拂晓对西安机场进行轰炸。该战队原计划由队长率领 5 架重轰炸机执行作战,但是其中 1 架在出发前出现发动机故障,1 架在滑行过程中起落架发生故障,还有 1 架飞机在飞行途中因发动机故障而不得不返航,最后真正执行作战任务的飞机仅剩 2 架,在作战过程中第 22 战队队长也因飞机故障坠机身亡,仅有 1 架飞机狼狈逃回基地。② 日军飞机保养状况之恶劣可见一斑。

兵力不足、后勤物资不足、飞机状况恶化,这些事实都证明此时中国战场上的日本航空部队已经成为强弩之末,在中美空军优势兵力及新锐战机压制下,日军飞机所能发挥的作用十分有限,这也迫使日军采取更为保守的作战手段。1944 年 9 月 12 日,第 5 航空军参谋长桥本中将与第 6 方面军参谋长宫崎周一就地空协同作战的方针进行了协商,其结果如下:"第 5 航空军的主要作战任务依旧是'航空歼灭战',但是在中美空军战机性能卓越且掌握制空权的情况下,飞行第 44 战队的侦察机和飞行第 6 战队的轰炸机无法展开作战行动⋯⋯在目前无法获得兵力补充的情况下,应极力防止兵力消耗,轰炸机只允许在夜间执行作战⋯⋯机场的整备工作必须万无一失,否则极易受敌军奇袭而出现重大损失。"③证明日

---

① 防衛庁防衛研修所戦史室『中国方面陸軍航空作戦』、535 頁。

② 防衛庁防衛研修所戦史室『中国方面陸軍航空作戦』、526 頁。

③ 防衛庁防衛研修所戦史室『中国方面陸軍航空作戦』、518 頁。

军为保留作战兵力，其飞机只能通过夜袭等手段对中国军队造成有限的袭扰。而且在实际作战中，日军因为运输能力薄弱、器材不足及中美空军空袭频繁等因素影响，其机场的整备工作及推进工作难以跟上地面部队的作战进度，加之战场制空权依旧牢牢掌握在中美空军手中，其夜袭行动也时常无法顺利展开，如日军使用的衡阳机场每日只能在拂晓及黄昏前后的几十分钟内起降飞机作战，[①]这也导致日军的航空作战效率大幅下降。

上述信息可见，豫湘桂战役期间的航空作战条件对日军极为不利，日本航空部队在实际作战中也遭遇了惨重伤亡，如1944年9月17日日军空袭芷江机场的行动中，其飞行第25战队队长、王牌飞行员别府竞少佐被中国军队击毙；10月27日的荆门空战中，日军第25战队被击落3架战斗机和3架轻轰炸机，1架战斗机和2架轻轰炸机严重受损。[②] 根据中国方面统计，1944年5月27日至9月6日，中美空军混合飞行团共出动飞机667批，其中战斗机3 416架次，轰炸机248架次，累计击落日机66架，摧毁地面日机58架，炸伤日机10架，此外还击毁各种车辆521辆，船只1 360只。[③]日军在中美空军打击下伤亡之惨重可见一斑，其在战后也承认："第5航空军自豫湘桂战役以来，连续作战时间超过半年，战力消耗极为严重，从其他非重点作战区域所能获得的兵力补充也极为有限，下辖各战队只能依靠目前兵力勉强维持战局。"在战役开始前，中国战场上的中日空中力量对比约为2∶1（中方520架，日方230架），而战役结束后这一数量对比却变成了约5∶1（中方800

---

① 防衛庁防衛研修所戦史室『中国方面陸軍航空作戦』、515页。

② 防衛庁防衛研修所戦史室『中国方面陸軍航空作戦』、520、530页。

③ 郭汝瑰：《中国抗日战争正面战场作战记》，第1350页。

架,日方150架)①,敌我空中力量的此消彼长可见一斑。

豫湘桂战役期间,中美空军一直牢牢掌握制空权,甚至在国民党地面部队溃败的情况下仍然积极对日军展开打击。如长衡会战期间,中美空军的空袭行动迫使日军航空兵及地面部队只能将大规模作战行动的时间选在拂晓或黄昏时分,桂柳会战期间国民党军队一触即溃,导致日军在20余日内推进700多公里,但是中美空军在这期间仍然没有停止对日军的打击。②可见,纵然掌握制空权且空军部队奋勇展开地空协同,豫湘桂战役仍然以中国方面的失败而告终,这一结果再次证明国民党高层腐败无能、消极抗战,各部队作战意志消沉、各自为战等历史事实。

1945年4月至6月,日军为侵占芷江机场而发动了湘西会战,这次会战是日本帝国主义投降之前抗日战争正面战场的最后一次会战。会战期间,日军投入的作战飞机仅为106架,数量相较于豫湘桂战役进一步缩水。此时中日空中力量对比之差距更为明显,中国军队档案称:"惟因我空军以优势兵力,控制前方各战场及敌后方重要基地之上空,几使敌军无活动余地。故全战役期间,敌机向前方活动或对我空袭者极少,制空权殆属于我。凡敌机之被我击毁或击伤者均在地面,偶有在空中遭遇之敌机,无不设法逃避,不敢与我抵抗。"③日军也承认:"在敌军掌控制空权的情况下,我军机活动遭到了极大限制","敌机的出击次数越来越多,我军支援地面部队的飞机只能利用黄昏前后的极短时间展开活动","被包围的地面部队请求进行弹药的空中补给,但是因为敌机活动频繁,我

---

① 防衛庁防衛研修所戦史室『中国方面陸軍航空作戦』、545頁。

② 郭汝瑰:《中国抗日战争正面战场作战记》,第1371页。

③ 中国第二历史档案馆:《抗日战争正面战场(下)》,第2677页。

军机未能充分满足地面部队要求"。① 足以证明湘西会战期间日本
航空部队的活动遭到了中国空军的全面压制,能在战场上发挥的
效用微乎其微,日本航空部队已经从全面侵华战争初期可以左右
整体局势的战略力量变为了一支对战役走向几乎无法造成影响的
小型作战力量。湘西会战结束后,侵华日军航空部队的任务全面
转变为战略防守及对美、对苏备战,在这期间,日军第 13 飞行团等
主力航空队迎来了日本帝国主义无条件投降的结局。

　　通过对全面侵华战争中日本航空部队的运用进行总结可以发
现,日本陆海军航空兵在作战行动中有着明确的任务划分,陆军飞
行团通过密切配合地面部队推动了日军在华北地区地面作战的推
进,海军航空队则通过轰炸中国空军航空基地等手段在 1938 年武
汉会战结束之前掌握了中国战场的制空权,其对于交通线的战略
空袭以及陆海空立体协同等作战手段则推动了淞沪会战、徐州会
战、武汉会战等几大战役向有利于日军的方向发展。

　　日本航空部队在各个战场航空作战得以顺利展开,离不开
1904 年至 1937 年期间航空侵华活动所奠定的基础,如日军在战前
所修建的大批航空基地,有力地支持了早期侵华航空作战的进展,驻
扎于济州岛和台北的海军战略航空兵更是将其作战区域延伸至中国
南方沿海及内地的多个省份。日军的情报工作指明了中国空军基地
的具体位置,为军机展开空袭行动提供了参考。战前日军一系列在
华航空实战中所获得的经验,以及基于实战经验总结所发展起来的
日军航空用兵思想,更是直接影响到了日本航空部队无差别轰炸、夺
取制空权等作战行动在全面侵华中的具体运用。尤其是日本陆海军
按照不同的区域划分对中国展开了长期空中侵略及其战略布局,不

---

① 防衛庁防衛研修所戦史室『中国方面陸軍航空作戦』、577 頁。

仅处心积虑地谋求对中国的空中优势，也形成了陆军飞行团和海军航空队在作战区域、战术特点、战略作用等方面差异明显的状况。

中国空军虽然在兵力与装备方面落后于日军，但是在淞沪会战、南京制空权保卫战以及武汉会战期间仍然勇敢升空作战，抗击来犯之日机。全面抗战期间中国空军丧失制空权的原因，并不是战斗意志不如日军，除了制度和用兵思想上的差距，另一个重要因素是两军在装备性能方面的巨大差距。据日军记载："第13航空队虎熊军曹所驾驶的96式战斗机遭受敌人的奇袭，机身被命中20余发子弹，但是敌人的子弹基本都未能贯穿机身，大部分都被装甲弹开，飞行员也未受任何伤害并于随后击落了敌机。"①可见，随着日军装备水平的提升，中国战机的"矛"已经难以贯穿日军飞机的"盾"，中国空军勇敢顽强的战斗意志并不能弥补装备乃至整个航空体系上的差距。珍珠港事件后，在侵华战争中积累了大量实战经验的日本陆海军航空兵主力被投入太平洋战场，凭借兵力、战术、技术优势，日本航空部队在战争初期曾带给反法西斯盟军巨大牺牲。但是中国战场上日本航空兵力的急剧减少也为中国空军休养生息恢复实力提供了窗口期，随着中美航空合作的深入，加之新式战机的入列，鄂西会战期间中国空军开始大规模主动出击，积极夺取制空权。在中国空军的凌厉攻势下，日本航空部队开始转攻为守，战场制空权也最终为中国空军所掌握，随着抗日战争的胜利，日军长期以来以侵华为目的所展开的一系列航空布局，以及着力经营起来的侵华航空作战力量，最终都归于解体。

①「第2章　作戦の状況/第3節　昭和12年9月の状況(2)」，「JACAR(アジア歴史資料センター)Ref.C14120519600、支那事変初期の航空作戦史　昭和12.7～12.11」。

结　语

　　近代日本航空部队的侵华是日军一系列侵华活动的重要组成部分,同时也是日军整体侵华准备工作的重要内容。自从 1904 年日俄战争中日军热气球部队首次出现于侵华战场上,在此后的日德青岛战役、"济南惨案"、九一八事变、"一·二八"事变直至全面侵华战争爆发,日本航空部队没有缺席任何一次日本的军事侵华活动,这也证明了日军对于军机在侵华作战中必要性的重视。

　　在 1904 年至 1937 年间,日本航空部队频繁地展开航空侵华作战并进行了目的明确的侵华航空布局,为其在全面侵华战争中的作战行动提供了完备支持。对这期间日本航空部队的侵华活动进行归纳,可以发现其大致可分为 3 个阶段,第 3 个阶段中又存在 2 大重点。

　　1904 年至 1914 年可视为日本航空部队的"形成期"。这不仅是其战斗力、组织机构、用兵思想的形成期,更是其航空侵华思想的形成期和侵华航空布局的萌芽期。在战斗力方面,这一阶段中日军的主力航空装备实现了从热气球到飞机的转变,消除了与欧美列强的航空装备代差。除了大量引进法国等欧洲航空强国的成熟装备,日军也在积极推进航空装备的国产化,意图走出一条适合日军作战特点的飞机发展道路。在用兵思想方面,1904 年的日俄战争使日军初步产生了以中国为其航空新兵器、新战法试验场的思想。在 1914 年的日德青岛战役期间,日军为了弥补与欧美列强在实战经验上的差距,开始成规模地将其陆海军飞机部队投入实战。在实战过程中,日本陆海军演练了轰炸、侦察、空战等多种作战科目。通过总结实战经验,海军初步形成了重视突袭进攻、对地对海轰炸以及发展舰载航空兵的作战理念,陆军则形成了重视侦察、以空战夺取制空权以及地空协同的作战思想。

　　除了上述内容之外,日军也意识到了侵华航空布局的重要性。由于缺乏航空地理、气象情报及准备不充分,日军在这一阶段的侵华航空作战中遭遇了多种不便,这种不便也迫使其从青岛战役开始展开侵华航空布局工作。1904 年至 1914 年作为在日本航空部队的形成期,其在这一阶段已经表现出了极为强烈的侵略扩张属性,通过对本阶段航空发展工程的考察可以发现,军用飞机已经成了日本侵华行动中不可或缺的作战力量。为了在将要爆发的全面侵华战争中发挥更大作用,日军必须尽快展开侵华航空布局并利用一切机会进行侵华作战,借此提高自身的实战能力。

　　为了满足上述目标,日军展开了第二阶段的航空侵华行动。这一阶段为 1915 年至 1931 年九一八事变爆发前,可视为日军的初步航空侵华布局期。这期间日本陆海军通过投入大量资金以及引进英法等国航空技术,实现了航空装备数量和质量的跨越式发展。在发展装备的同时,其航空作战理论中也加入了诸如重视夺取制空权、打击敌人航空基地以及地空协同等内容,凸显了日军航空用兵思想的进步,这种软件及硬件上的发展也推动日军寻求实战机会对其发展的阶段性成果进行检验。

　　本阶段中,日本陆海军在航空装备、航空作战思想等各个层面

开始彻底走向分化,并借 1921 年的协定实现了陆海军侵华布局以
及航空作战的区域分工,这一分工确定了陆军和海军分别以东北、
华北与长江流域、沿海为重点进行航空布局和侵略活动的划分,通
过 1937 年日本陆海军制作的《航空协议》①可以发现,这一划分也
奠定了全面侵华期间日本陆海军的航空作战区域和作战任务。在
具体的航空布局方面,日军在这一阶段中开始从硬件和软件两个
方面展开相关工作。硬件方面,日军利用其在殖民地和租借地的
政治优势,开始在朝鲜半岛、台湾岛和大连关东州等地展开航空基
地建设。至 1928 年朝鲜半岛已经基本可以承担日本军机从本土
入侵中国大陆的航空中转站任务,1921 年飞行第 6 大队的入驻则
使日本陆军飞行队可以从朝鲜半岛直接威胁中国东北地区。在台
湾岛方面,日军早在 1918 年即在此地展开了军事航空建设,随着
1928 年 1 月驻扎于屏东的飞行第 8 联队整体完成编制②,标志着日
军在台湾地区也拥有了成规模的航空部队和机场设施。在大连方
面,关东军为应对奉军日渐增强的空军实力而修建了周水子机场,
该机场在建成之后也为日军一系列航空侵华提供了重要的保障支
持。综合起来看,这一阶段的航空硬件布局主要体现在机场建设
方面,特别是朝鲜航空设施的逐渐完备和周水子机场的成立,在日
本军机从本土进攻中国大陆的航线上提供了完整的航空设施支
持,这也标志着日军未来在东北、华北地区的航空作战基地设施条
件已经初具规模。

　　软件方面,日军的布局主要体现在开辟航线与情报搜集两方

---

① 第二復員局残務処理部『支那事変初期(自一九三七年七月至一九三七年十一月)の
　 航空作戦史』,3 頁。
② 防衛庁防衛研修所戦史室『陸軍航空の軍備と運用〈1〉昭和十三年初期まで』、
　 264 頁。

面。日军飞机在这一阶段中往往借助"飞行演习""学术研究"等名义进行从日本本土至中国大陆的试验性飞行以开辟侵华航线,为了避免日军飞机以各种借口肆无忌惮地进入中国领空,北洋政府也曾就日机入华问题与日方进行激烈交涉,最终迫使日方遵守中方制定的飞机入华规约,从而在一定程度上维护了国家的领空主权。但是,从实际上的结果来看,日军在 1928 年之前依然开辟了数条侵华航线,如 1921 年由陆军开辟的所泽—朝鲜—大连—长春航线,1925 年由海陆军分别开辟的九州岛—朝鲜—北京航线和平壤—新义州—奉天—长春航线,以及 1926 年由海军开辟的九州岛佐世保—木浦—青岛—上海航线,这也标志着早在 1928 年以前,日军就已经掌握了数条由日本经朝鲜进攻中国东北、华北、东部沿海地区的航线。

情报工作方面,日军于 1925 年的北京谍报会议之后,开始以专业的航空军官来进行中国航空地理、航空气象及航空战力的情报搜集工作。"济南惨案"前,日军以"应聘顾问"等名义派遣多批航空谍报军官进入奉系空军及张宗昌部空军内部进行情报搜集工作。这批谍报人员同时也利用职务之便,对华北地区的航空地理、气象情报进行深入调查,并于 1927 年形成了较为完善的《华北航空调查报告》,该报告对华北地区的机场备选用地、气象特征、军阀空军技战术水平都有详细记录,这些情报也直接影响到了 1928 年"济南惨案"期间日本陆军飞行队在华北地区的作战。

"济南惨案"爆发前日本航空部队已经取得了阶段性发展,其急切需要实战来检验其发展成果,这是事变期间日军决定派遣航空兵入侵中国的内在原因。此外,日军的航空布局保证了其在华北和东北地区初步具备了航空侵华的硬件条件,其情报也显示中国军阀空军实力孱弱,无法对日军飞机造成威胁,这些因素也是日军敢于派遣飞机部队入华作战的重要外在原因。"济南惨案"期间,日本军机执行了以侦察为主要形式的作战,不仅为其地面部队的行动提供了重要参考,也确保日军通过实地侦察更深入地掌握华北地区的航空地理、战略目标等重要情报。日军的实战表现证明其航空技战术水平已经可以满足地面部队的作战需求,事变期间的实战经验也证明日军在建设基地、收集情报、开辟航线等方面的航空布局可以有效满足其侵华作战需求,这又推动日军在事变结束后进一步加深侵华航空布局工作。因此,"济南惨案"期间日军的航空作战在陆军航空发展以及侵华航空布局工作中都占有承上启下的地位。

第三阶段为九一八事变后至全面抗战爆发,可视为日本航空部队侵华活动和侵华航空布局的深入期。同时在这一阶段中又存在两大重点,即九一八事变期间日本关东军飞行队在东北地区的作战和事变前后日军在东北、华北地区的航空布局,以及"一·二八"事变前后海军航空队在长三角地区的作战及事变后针对中国南方地区所展开的航空布局,这一阶段也是全面侵华前日本航空部队侵华布局的最终完成期。

九一八事变既是对于日本陆军长期以来以侵略东北为目的进行航空建设成果的一次综合检验,也是其在东北地区进行大规模航空布局,并将这种行为扩大至华北地区的开端。事变之前,日本陆军已经将朝鲜半岛打造成了从本土至中国大陆的空中侵略中转站,同时还在此地驻扎了一支兵力足以与东北空军相匹敌的航空部队。即便驻朝鲜的日军飞行队无法战胜东北空军,日军也可以利用其早已设计好并随时可使用的航空线路,迅速将本土的航空部队投入东北战场。这也是自身不具备航空部队的关东军面对拥有空中优势的东北军敢于挑起九一八事变的空中力量后盾。

事变爆发之后,日本驻朝鲜飞机部队也迅速进入东北地区作战,关东军飞行队在九一八事变期间执行了水平较高且规模较大的战略轰炸、地空协同、航空侦察、空中救援等多种科目的航空作战,较为全面地检验了陆军航空兵的技战术水平和航空作战理论,证明了陆军航空发展道路的正确性。在实战中,日军通过对锦州的轰炸达成了关东军将事变扩大化的战略目标,并在各个层面造成了广泛影响。在热河事变期间,关东军飞行队倾巢出动,利用与中国正规军作战的机会演练航空作战科目,其相关经验的积累也对全面侵华战争中日本航空部队的作战行动产生了深远影响。

随着东北地区大规模作战的结束,关东军开始在此迅速推进对苏、对华航空战略布局。除了在九一八事变期间构建起了大批军用机场,日军更是在 1934 年提出了在朝鲜北部及东北地区构建 4 条战线的航空布局规划。这 4 条战线以同时满足对苏、对华作战为目标,将日本的航空势力遍布东北地区各战略要地,日军修建的周水子、承德、锦州等机场在全面侵华初期其飞机部队进入中国本土以及华北地区的航空作战中都发挥了重要作用。在对东北地区进行航空布局的同时,日军也开始谋划在华北地区建设侵华航空基地。1933 年《塘沽停战协定》的签订以及此后南京国民政府在对日交涉中采取的妥协退让的态度,都为日军在天津地区建设航空基地创造了有利条件。至全面侵华前,日军已经在天津地区拥有了两大机场,这批机场成为全面侵华初期来自本土的日军飞机在华北地区航空作战的指挥中枢和主力基地,驻扎于此地的日本陆军飞行团在战略、战术层面都推动了华北战局向有利于日军的方向发展。

这一阶段日本航空部队侵华实战和航空布局的另一个重点是日军借"一·二八"事变在长三角地区展开的航空作战,以及事变结束后为空袭中国南方地区以各种形式展开的航空布局。"一·二八"事变爆发前日本海军已经建立起了一支成规模的舰载航空兵部队。事变期间,日本海军航空队与中国空军首次进行了空战,并通过对笕桥航空基地的轰炸将其作战理论中通过破坏敌人基地以夺取制空权的手段运用于实战,在日本陆军的七丫口登陆战中,海军航空队的协同作战也保证了战事的顺利进行,这些事实都证明日本海军航空作战理论的发展方向的正确性,"一·二八"事变期间的作战实践也为此后日本海军航空的发展提供了经验参考。事变结束后,日军从分析中国空军战斗力、搜集中国航空地理情报及基地建设等方面入手,进一步加快了针对长江流域的航空布局工作。在情报工作方面,日军准确把握了中国空军战斗力的变动,并通过对中国空军既设基地和机场备选用地进行侦查分析,掌握了中国空军战略要地的分布情况,为其在战时集中打击中国空军基地提供了情报参考。在基地建设方面,日本海军开始将朝鲜济州岛及台湾台北打造成大型战略轰炸机基地。驻扎于两地的日军轰炸机部队在全面侵华初期常常深入中国腹地进行战略轰炸,并以此对中国航空基地、铁路枢纽等设施造成了巨大破坏,其轰炸行为也为日军掌握全面侵华战争初期的战场制空权提供了重要支撑。在中国本土的基地布局方面,日本海军与外务省利用其政治军事影响力,保障了在"一·二八"事变中发挥巨大效用的公大基地可以在全面侵华战争中继续为日军所用。

经过第三阶段的对华航空作战与航空布局,日军总结了大量实战经验,并将其航空用兵理论及技战术水平发展到了新的层次。日军在东北地区 4 条航空战线的形成、天津机场群的完工、上海公大基地用地的保障以及台北、济州岛战略轰炸机基地的完工,都标志着经过第三阶段的航空基地构建,日军获得了对中国展开广泛空袭的基地依托,在战略、战术层面都保证了日军在侵华战争初期就可以迅速消灭中国空军的有生力量,并通过破坏中国沿海及内地的重要航空基地来彻底掌握战场制空权。全面抗战中的实战经验也证明,不论是日军所展开的战略轰炸还是其执行的陆海空协同作战,都对地面战局的发展产生了至关重要的影响。这种影响正是日军长期以来侵华航空作战和航空布局活动的直接"成果"。

1904年至1937年既是日军航空侵华的活动期、布局期,也是日军整体作战力量走向立体化的建设期。全面侵华战争中日军航空作战的经过也表明,侵华日军此时已经是一支具备陆海空立体作战能力的现代化军队。这支军队不仅倚仗其强大的空中部队在中国战场横行无忌,在太平洋战争爆发后,日本军机更是长期笼罩在东南亚至西太平洋地区广袤天空上的阴影,给各国民众带来了巨大灾难,也给反法西斯盟军造成了巨大牺牲。日本航空部队这种杀伤力的形成,与日本法西斯坚持以航空部队推动其侵华作战,又以作战经验推动航空技术发展的手段密不可分。作为日本军事空中侵略活动的主要受害者,中国虽然早在清末就已经意识到了发展航空的重要性,但是受政局动荡、军阀混战等因素的影响,中国空军长期以来处于分散发展的状态。直至1928年南京国民政府成立之后,才开始走向建设统一空军的道路。军阀混战期间各地空军的分散发展给中国空军带来了不可估量的损害。军阀只是将空军视作政治筹码和威慑手段,单纯满足于飞机数量的增加而不重视飞行员技战术水平的提升,其不断从列强手中购买飞机的举动,更是从一开始就抹杀了中国飞机国产化的希望。这种对外国装备的高度依赖也导致全面抗战期间中国飞机在遭受巨大损失后难以快速恢复,甚至在日机来袭时不得不"避战保机"。虽然中国空军飞行员在与装备和技术都占有巨大优势的日本航空部队交战时表现出了中华民族英勇抗争的斗志,但是这并不能弥补两国空军体系上的差距。全面抗战时期中国空军的悲剧既是日本航空部队长期以来航空侵华实战与航空布局造成的必然结果,更反映了旧中国作为半殖民地半封建国家军阀混战、国力衰弱的一个侧面。

参考文献

一、中文史料

1. 国民政府文官处印铸局:《国民政府法规汇编·第一编》,南京:国民政府文官处印铸局公报发行所,1933年。

2. 郭汝瑰、黄玉章:《中国抗日战争正面战场作战记》,南京:江苏人民出版社,2002年。

3. 刘世龙:《重庆大轰炸(含成都、乐山、自贡、松潘)受害只实鉴定书》,北京:社会科学文献出版社,2017年。

4. 土肥原贤二刊行会编,天津市政协编译组译:《中华民国史料丛稿 译稿 土肥原秘录》,北京:中华书局,1980年。

5. 唐润明:《重庆大轰炸档案文献 财产损失》,重庆:重庆出版社,2011年。

6. 唐润明:《重庆大轰炸档案文献 轰炸经过与人员伤亡 区县部分》,重庆:重庆出版社,2015年。

7. 王铁崖:《中外旧约章汇编》,北京:三联书店,1957年。

8. 中国第二历史档案馆:《抗日战争正面战场》,南京:凤凰出版社,2005年。

二、中文著作

1. 达节庵、程志政：《运输须知》，上海：商务印书馆，1933年。

2. 敖文蔚：《兵火奇观——武汉保卫战》，桂林：广西师范大学出版社，1995年。

3. 包刚：《日本的陆海空军》，上海：上海杂志公司，1937年。

4. 谌国钧：《空军与国防》，上海：军事编译社，1933年。

5. 陈应明、廖新华：《浴血长空：中国空军抗日战史》，北京：航空工业出版社，2006年。

6. 戴峰：《从零到零：旧日本海军航空兵战斗机装备发展史》，汕头：汕头大学出版社，2011年。

7. 邓孤魂：《商业航空建设》，上海：商务印书馆，1933年。

8. 戴逵贤：《中日空战记》，北京：解放军出版社，2015年。

9. 费哲民：《国际航空公私法研究》，上海：华通书局，1931年。

10. 高深：《夜轰淞沪漫忆》，成都：中国空军出版社，1940年。

11. 高晓星、时平：《民国空军的航迹》，北京：海潮出版社，1992年。

12. 龚业悌：《抗战飞行日记：1937—1938》，武汉：长江文艺出版社，2011年。

13. 李树山：《世界空军史》，北京：军事科学出版社，1998年。

14. 黄壁：《航空论》，上海：商务印书馆，1935年。

15. 航空委员会政治部：《空军抗战三周年纪念专册》，成都：西南印书局，1940年。

16. 交通铁道部交通史编纂委员会：《交通史航空编》，上海：民智书局，1930年。

17. 蒋中正：《国民与航空》，上海：现代书局，1934年。

18. 枚诘：《中国空军光荣史》，成都：启文印刷局，1938年。

19. 马振犊：《八一三淞沪会战》，北京：航空工业出版社，2016年。

20. 牛臣：《锦州暨辽西沦陷史》，沈阳：白山出版社，2015年。

21. 潘洵：《抗日战争时期重庆大轰炸研究》，北京：商务印书馆，2013年。

22. 孙师毅：《中国现代交通史》，上海：良友图书印刷公司，1931年。

23. 孙桐岗：《空中英雄》，武汉：自强出版社，1938年。

24. 史培德著，黄国英译：《英国空军》，重庆：中国编译出版社，1941年。

25. ［英］亚历山大·斯旺斯通著，于军、云奔腾、董强译：《百年制空权：从第一次世界大战到阿富汗战争》，北京：中国市场出版社，2018年。

26. 陶叔渊：《中国之航空》，上海：建国印务公司，1930年。

27. 陶叔渊：《航空概要》，上海：中华书局，1935年。

28. 唐学锋：《中国空军抗战史》，成都：四川大学出版社，2000年。

29. 吴一鸣：《国防与交通事业》，上海：汗血书店，1937年。

30. 徐砥平：《国际航空公法》，上海：会文堂新记书局，1937年。

31. 行政院新闻局：《中国空军》，南京：行政新闻局，1947年。

32. 杨凌雷：《空军战斗实录》，广州：群力书店，1938年。

33. 姚士宣：《航空与航空路》，上海：商务印书馆，1936年。

34. 周斌、邹新奇：《中国的天空：中国空中抗日实录》，南京：凤凰出版社，2009年。

35. 张孤山：《日本陆海空军国防观》，南京：正中书局，1937年。

36. ［意］朱里奥·杜黑著，曹毅风、华人杰译：《制空权》，北京：解放军出版社，1986年。

37. 张鹏斗：《碧血长空舞忠魂：抗日航空英烈传》，南京：南京出版社，2016年。

38. 周至柔：《国防与航空》，南京：正中书局，1936年。

三、中文论文

1. 爱澜：《世界实战对地轰炸第一舰——"若宫"号水上飞机母舰小史》，《国际展望》2005年第9期。

2. 柴俊青、张春生：《略伦抗日战争时期的中国空军》，《殷都学刊》1992年第3期。

3. 曹艺:《防御作战中的歼灭战——中国军队万家岭大捷原因探析》,《党史文苑》2010 年第 24 期。

4. 陈致远:《侵华日军在中国南方实施的细菌战》,《军事历史研究》2015 年第 1 期。

5. 陈致远:《从中、俄、美、日史料看"常德细菌战"》,《湖南社会科学》2016 年第 1 期。

6. 付海辉:《略论中国航空史的分期》,《航空史研究》1999 年第 1 期。

7. 封汉章:《试论日本"华北分治"策略的形成》,《抗日战争研究》1993 年第 3 期。

8. 费晓峰、冉薇:《1938 年万家岭战役战斗详报选辑》,《民国档案》2017 年第 3 期。

9. 古琳晖:《抗面抗战时期中国空军建设述评》,《军事历史研究》2009 年第 2 期。

10. 罗宝轩:《宋美龄与抗日战争时期的中国空军》,《历史教学》2005 年第 10 期。

11. 陆军、杜连庆:《东北军空军始末》,《社会科学战线》1988 年第 1 期。

12. 李强、李利:《武汉会战中的中国空军》,《军事历史》2012 年第 4 期。

13. 李少军:《国民革命前日本海军在长江流域的扩张》,《历史研究》2014 年第 1 期。

14. 李雪:《大连机场早期通航纪略(1924—1929)——以日本商业航空发展为中心的讨论》,《大连近代史研究》2015 年第 00 期。

15. 李湘敏:《略论抗日战争时期的中日空战》,《福建师范大学学报(哲学社会科学版)》2001 年第 4 期。

16. 李云龙:《现代化的低水平战争——两伊战争的特点与启示》,《军事历史》1990 年第 1 期。

17. 李洋:《菊花与鹰:1914 年青岛战役中的德日海军作战》,《近代国际关系史研究》2014 年第 2 期。

18. 刘晔:《航空气象技术在空中交通管理中的应用》,《指挥信息系统与技术》2010 年第 2 期。

19. 乃毅:《领空权》,《飞报》1932 年。

20. 倪智:《中国空军在抗日战争中的经验教训及启示》,《航空史研究》1997 年第 4 期。

21. 潘洵:《抗战时期重庆大轰炸人口伤亡数量再研究》,《四川大学学报(社会科学版)》2015 年第 5 期。

22. 王姣娥:《航空运输地理学研究进展与展望》,《地理科学进展》2011 年第 6 期。

23. 吴亮:《航空救国思想的产生与历史沿革》,《西安航空学院学报》2017 年第 2 期。

24. 王立诚、吴金彪:《一二八事变与英国对中日冲突的立场转变》,《安徽史学》2003 年第 6 期。

25. 吴文浩:《应付的外交——日本出兵山东与中国南北政府的应对》,《近代国际关系史研究》2015 年第 1 期。

26. 王学斌:《抗战初期中国空军述论(1937—1938)》,《西安航空学院学报》2018 年第 4 期。

27. 吴信忠、宋兆山:《论抗日战争中的中国空军》,《军事历史研究》1986 年 00 期。

28. 姚春海:《从气球到飞机的蜕变:近代日本军事航空力量诞生的历史轨迹》,《史学集刊》2019 年第 3 期。

29. 袁成毅:《日本陆海军对华航空初战及其影响(1931—1932)》,《历史研究》2014 年第 3 期。

30. 杨沫红:《1944 年龙(泉)衢(县)、丽(水)温(州)战役期间日军对浙江实施细菌战探析》,《军事史林》2020 年第 12 期。

31. 杨天石:《黄郛与塘沽协定善后交涉》,《历史研究》1993 年第 3 期。

32. 周东华:《1940 年宁波鼠疫"敌机撒毒"考》,《史林》2020 年第 6 期。

33. 钟浩生:《杂俎:欧洲战争与领空权之问题》,《浙江兵事杂志》1916 年第 29 期。

四、学位论文

1. 东哲也:《从日本战史丛书和部队史看武汉会战》,硕士学位论文,华中师范大学,2012 年。

2. 刘俊平:《抗战前国民政府空军建设研究(1931—1937)》,博士学位论文,南京大学,2014 年。

3. 王建明:《留学生与近代中国军事航空研究》,博士学位论文,南开大学,2012 年。

4. 赵爽:《抗日战争时期中日杭州空战研究》,硕士学位论文,杭州师范大学,2018 年。

5. 赵宇:《全面抗战初期中国空军作用研究(1937.7—1937.11)》,硕士学位论文,东华大学,2013 年。

五、民国报刊资料

1.《晨报》,1922—1925 年。

2.《大公报》,1927 年。

3.《飞报》,1934 年。

4.《民报》,1933 年。

5.《民国日报》,1922—1927 年。

6.《申报》,1914—1941 年。

7.《社会日报(北平版)》,1922 年。

8.《益世报(天津版)》,1927 年。

六、日文档案

1.「1919 年巴里講和会議ノ経過ニ関スル調書 其 7」、「JACAR(アジア歴史資料センター)Ref. B02130273100」。

2.「阿吾地陸軍飛行場芝植工事設計書　昭和 12 年 6 月」、「JACAR(ア

ジア歴史資料センター)Ref. C_3020876200」。

　　3.「北支那航空兵要地誌　昭 4.5」、「JACAR(アジア歴史資料センタ
ー)Ref. C16120253200」。

　　4.「北支派遣海軍航空隊　昭和 7 年 8 月 6 日〜10 月 12 日」、「JACAR
(アジア歴史資料センター)Ref. C11083213500」。

　　5.「本邦、各国間航空運輸関係雑件/福州、台湾間航空連絡関係」、
「JACAR(アジア歴史資料センター)Ref. B10074870400」。

　　6.「本邦、各国間航空運輸関係雑件」、「JACAR(アジア歴史資料セン
ー)Ref. B10074864600」。

　　7.「本邦人航空関係雑件　第一巻」、「JACAR(アジア歴史資料セン
ー)Ref. B10074772400」。

　　8.「本邦人航空関係雑件　第三巻」、「JACAR(アジア歴史資料セン
ー)Ref. B10074772400」。

　　9.「本邦人航空関係雑件　第四巻」、「JACAR(アジア歴史資料セン
ー)Ref. B10074776500」。

　　10.「本邦人ノ中国ニ於ケル土地買収及譲渡関係雑件㪍建物譲渡ノ
件」、「JACAR(アジア歴史資料センター)Ref. B0412114470C」。

　　11.「参謀本部歴史　昭和 1〜8　22/29　(宮崎史料)」、「JACAR(アジ
ア歴史資料センター)Ref. C13_20064600」。

　　12.「長嶺亀助資料　北満作戦余録　在満飛行隊の建設に就て　昭
7.5〜7.6」、「JACAR(アジア歴史資料センター)Ref. C16120572200」。

　　13.「対支中央機関設置問題一件(興亜院)/興亜院功績概要書 第一
巻」、「JACAR(アジア歴史資料センター)Ref. B0203070250C」。

　　14.「大本営将校同相当官高等文官勲績明細書綴」、「JACAR(アジア歴
史資料センター)Ref. C060411_0400」。

　　15.「大正 5 年　公文備考　巻 20　学事 1」、「JACAR(アジア歴史資料
センター)Ref. C08020754700」。

　　16.「大正 10 年　公文備考　巻 44　航空 1」、「JACAR(アジア歴史資料

センター)Ref. C08050212700」。

　　17.「大正 10 年　公文備考　巻 46　航空 3」、「JACAR(アジア歴史資料センター)Ref. C08050215700」。

　　18.「大正 12 年　公文備考　巻 65　航空」、「JACAR(アジア歴史資料センター)Ref. C08050804500」。

　　19.「大正 13 年 3 月　制度調査に関する書類　共 5. 其 2. 制調資料」、「JACAR(アジア歴史資料センター)Ref. C10073304000」。

　　20.「大正 13 年　公文備考　巻 52　航空」、「JACAR(アジア歴史資料センター)Ref. C08051161800」。

　　21.「第四十八議会説明参考資料」、「JACAR(アジア歴史資料センター)Ref. B13081389800」。

　　22.「第四十九議会説明参考資料」、「JACAR(アジア歴史資料センター)Ref. B13081391700」。

　　23.「地図東部支那(其の1)」、「JACAR(アジア歴史資料センター)Ref. C16120493300」。

　　24.「帝国議会関係雑件/質問答弁関係 第一巻」、「JACAR(アジア歴史資料センター)Ref. B02031407500」。

　　25.「帝国議会関係雑纂/説明資料/亜細亜局 第三巻」、「JACAR(アジア歴史資料センター)Ref. B03041492400」。

　　26.「帝国ノ対支外交政策関係一件 第六巻」、「JACAR(アジア歴史資料センター)Ref. B02030153700」。

　　27.「帝国ノ対支外交政策関係一件 第七巻」、「JACAR(アジア歴史資料センター)Ref. B02030158500」。

　　28.「帝国陸海軍航空関係雑件」、「JACAR(アジア歴史資料センター)Ref. B07090045900」。

　　29.「第 1 連合航空隊戦斗詳報　昭和 12.8～12.10」、「JACAR(アジア歴史資料センター)Ref. C14120252800」。

　　30.「独立飛行第 4 中隊　戦闘詳報　其 1　昭 12.7.19～12.8.28」、

「JACAR(アジア歴史資料センター)Ref. C16120442600」。

31.「独立飛行第 8 中隊　泰来分派飛行隊戦闘詳報　昭 6. 11. 3〜6. 11. 13」、「JACAR(アジア歴史資料センター)Ref. C16120522500」。

32.「飛行第 7 大隊第 1 中隊　戦闘詳報　昭 12. 9. 30〜12. 10. 13」、「JACAR(アジア歴史資料センター)Ref. C16120460200」。

33.「飛行第 10 連隊　演習関係資料　昭 12」、「JACAR(アジア歴史資料センター)Ref. C16120583500」。

34.「国際航空関係会議雑件」、「JACAR(アジア歴史資料センター)Ref. B07080450500」。

35.「国際航空条約説明書/1921 年」、「JACAR(アジア歴史資料センター)Ref. B10070135900」。

36.「閣議決定書輯録 第一巻」、「JACAR(アジア歴史資料センター)Ref. B04120011600」。

37.「各国間航空運輸関係雑件　第一巻」、「JACAR(アジア歴史資料センター)Ref. B10074845000」。

38.「各国航空業関係報告雑件　第二巻」、「JACAR(アジア歴史資料センター)Ref. B12081134100」。

39.「各国航空運輸関係雑件/仏国ノ部」、「JACAR(アジア歴史資料センター)Ref. B10074806100」。

40.「各国航空運輸関係雑件/満洲国ノ部」、「JACAR(アジア歴史資料センター)Ref. B10074822500」。

41.「各国航空運輸関係雑件/支那ノ部　第 1 巻」、「JACAR(アジア歴史資料センター)Ref. B10074813200」。

42.「各国航空運輸関係雑件/支那ノ部　第 2 巻」「JACAR(アジア歴史資料センター)Ref. B10074814100」。

43.「各国航空運輸関係雑件/支那ノ部　第 3 巻」、「JACAR(アジア歴史資料センター)Ref. B10074815200」。

44.「各国航空運輸関係雑件/支那ノ部/「フォッカー」社ノ東北ヘ飛行機

売込並飛行機工場設立関係」、「JACAR(アジア歴史資料センター)Ref.
B10074817200」。

45.「各国航空運輸関係雑件/支那ノ部/米支航空契約関係　第一巻」、
「JACAR(アジア歴史資料センター)Ref. B10074816400」。

46.「各国航空運輸関係雑件/支那ノ部/米支航空契約関係　第二巻」、
「JACAR(アジア歴史資料センター)Ref. B10074816800」。

47.「各国間航空運輸関係雑件/独、支合弁会社ノ欧亜連絡関係」、
「JACAR(アジア歴史資料センター)Ref. B10074863800」。

48.「各国航空規則類雑件」、「JACAR(アジア歴史資料センター)Ref.
B12081121400」。

49.「各国航空法規関係雑件　第一巻」、「JACAR(アジア歴史資料セン
ター)Ref. B10074833300」。

50.「各国ニ於ケル航空機製作助長制度及航空ニ関スル情勢関係雑
件」、「JACAR(アジア歴史資料センター)Ref. B10074838700」。

51.「公文雑纂・大正十三年・第十巻・内務省～陳情請願」、「JACAR
(アジア歴史資料センター)Ref. A04018248000」。

52.「公文備考 艦船7巻32」、「JACAR(アジア歴史資料センター)Ref.
C04015135100」。

53.「公文備考 昭和5年D外事 巻8」、「JACAR(アジア歴史資料センタ
ー)Ref. C05021119700」。

54.「公文備考 昭和5年G航空 巻1」、「JACAR(アジア歴史資料センタ
ー)Ref. C05021235400」。

55.「公文備考 昭和5年F艦船 巻3役務行動2」、「JACAR(アジア歴史
資料センター)Ref. C05021178100」。

56.「公文備考 昭和6年D外事 巻4」、「JACAR(アジア歴史資料センタ
ー)Ref. C05021537900」。

57.「公文備考 昭和6年F艦船 巻3」、「JACAR(アジア歴史資料センタ
ー)Ref. C05021620600」。

58.「公文備考 昭和 6 年 G 航空 巻 1」、「JACAR(アジア歴史資料センター)Ref. C05021648400」。

59.「公文備考 昭和 7 年 G 航空」、「JACAR(アジア歴史資料センター)Ref. C05022153000」。

60.「公文備考 昭和 8 年 X 土木建築 巻 11」、「JACAR(アジア歴史資料センター)Ref. C05023169100 」。

61.「公文備考 昭和 11 年 G 航空 巻 7」、「JACAR(アジア歴史資料センター)Ref. C05035046700」。

62.「公文備考 昭和 11 年 T 事件 巻 4」、「JACAR(アジア歴史資料センター)Ref. C05035386100」。

63.「公文備考 昭和 12 年 D 外事 巻 5」、「JACAR(アジア歴史資料センター)Ref. C05110686800」。

64.「公文備考 昭和 12 年 D 外事 巻 7」、「JACAR(アジア歴史資料センター)Ref. C05110692400」。

65.「公文備考 昭和 12 年 K 土地建築 巻 9」、「JACAR(アジア歴史資料センター)Ref. C05111120000 」。

66.「公文備考昭和 12 年 Q 通信、交通、気象時巻 6」、「JACAR(アジア歴史資料センター)Ref. C06092480900」。

67.「公文類聚・第四十編・大正五年・第十三巻・財政四・会計四・臨時補給二」、「JACAR(アジア歴史資料センター)Ref. A01200392200」。

68.「公文類聚・第四十三編・大正八年・第十二巻・官職十・官制十・官等俸給及給与二(外務省〜旅費)」、「JACAR(アジア歴史資料センター)Ref. A01200435400」。

69.「公文類聚・第五十四編・昭和五年・第二十八巻・交通二・通信二(郵便二)・運輸(鉄道・船舶〜河川港湾)」、「JACAR(アジア歴史資料センター)Ref. A01200615700」。

70.「公文類聚・第六十編・昭和十一年・第十五巻・官職十三・官制十三(朝鮮総督府三)」、「JACAR(アジア歴史資料センター)Ref.

A01200708700」。

　　71.「関東軍の航空作戦計画　昭10年前後」、「JACAR(アジア歴史資料センター)Ref. C16120594500」。

　　72.「関東軍飛行隊関係資料　昭6.12」、「JACAR(アジア歴史資料センター)Ref. C16120501500」。

　　73.「航空本部書類綴　昭8」、「JACAR(アジア歴史資料センター)Ref. C16120505800」。

　　74.「混成第14旅団　河北作戦戦闘詳報　昭8.5～8.6」、「JACAR(アジア歴史資料センター)Ref. C14030232900」。

　　75.「極秘綴　昭和11年9月27日　昭和11年11月20日」、「JACAR(アジア歴史資料センター)Ref. C14120650500」。

　　76.「機秘密書類保管簿　昭和8.4」、「JACAR(アジア歴史資料センター)Ref. C15120243000」。

　　77.「済南事件/陸海軍情報関係」、「JACAR(アジア歴史資料センター)Ref. B02030100100」。

　　78.「空中飛行機及飛行船関係雑纂」、「JACAR(アジア歴史資料センター)Ref. B12081115200」。

　　79.「陸支密大日記　第1冊　昭和3年」、「JACAR(アジア歴史資料センター)Ref. C04021680900」。

　　80.「陸支密大日記　第7冊　昭和3年」、「JACAR(アジア歴史資料センター)Ref. C04021742900」。

　　81.「陸支機密大日記　第1冊　2/2　4冊の内　第2号　昭和12年」、「JACAR(アジア歴史資料センター)Ref. C01005620000」。

　　82.「陸支密大日記　第5冊　昭和3年」、「JACAR(アジア歴史資料センター)Ref. C04021735000」。

　　83.「陸支普大日記　第5冊の2/4　第5号の2　昭和3年」、「JACAR(アジア歴史資料センター)Ref. C07090552800」。

　　84.「陸支密大日記　第6冊　昭和3年」、「JACAR(アジア歴史資料セ

ンター)Ref. C04021740300」、

85.「陸支密大日記　第7冊　昭和3年」、「JACAR(アジア歴史資料センター)Ref. C04021742900」、

86.「臨参命　(第0001〜0051号)　臨命　(第0014〜0350号)　昭和06.09〜11.05　初」、「JACAR(アジア歴史資料センター)Ref. C14060917100」。

87.「明治33年　清国事変　常備艦隊報告」、「JACAR(アジア歴史資料センター)Ref. C08040924100」。

88.「明治42年乾『貮大日記8月』」、「JACAR(アジア歴史資料センター)Ref. C06084761000

89.「明治42年乾『貮大日記11月』」、「JACAR(アジア歴史資料センター)Ref. C06084794300

90.「満支情報」、「JACAR(アジア歴史資料センター)Ref. A09050872100」。

91.「満蒙及北支那ニ於ケル本邦航空事業関係一件」、「JACAR(アジア歴史資料センター)Ref. B10074828000」。

92.「満蒙政況関係雑纂/内蒙古関係 第三巻」、「JACAR(アジア歴史資料センター)Ref. B02031782100」。

93.「満洲経済建設の概要　住谷悌史資料」、「JACAR(アジア歴史資料センター)Ref. C13010332900」。

94.「満洲事変作戦指導関係綴 其の1 昭和6年9月19日〜6年10月31日」、「JACAR(アジア歴史資料センター)Ref. C12120002800」。

95.「満洲事変作戦指導関係綴 其の3 昭和7年1月1日〜7年3月31日」、「JACAR(アジア歴史資料センター)Ref. C12120011200」。

96.「満洲国其他に関するパンフレット綴　満洲国大系各輯等　住谷悌史資料」、「JACAR(アジア歴史資料センター)Ref. C13010354200」。

97.「満洲に関する用兵的観察　航空資料　昭和9〜20年」、「JACAR(アジア歴史資料センター)Ref. C13010216000」。

98.「満洲に関する用兵的観察　第4篇　満洲に於ける各種作戦の史的観察　第1章　航空　昭和9〜20年」、「JACAR(アジア歴史資料センター)Ref. C13010187400」。

99.「満洲事変情報綴　第1〜20号　昭6.9.19〜6.10.5」、「JACAR(アジア歴史資料センター)Ref. C14030000100」。

100.「満洲事変情報綴　第21〜40号　昭6.10.6〜6.10.25」、「JACAR(アジア歴史資料センター)Ref. C14030002500」。

101.「満洲事変情報綴　第41〜51号　昭6.10.26〜6.11.5」、「JACAR(アジア歴史資料センター)Ref. C14030004900」。

102.「満洲事変情報綴　第52〜56.64〜71号　昭6.11.6〜6.11.25」、「JACAR(アジア歴史資料センター)Ref. C14030006300」。

103.「満洲事変情報綴　第57〜78号　昭6.11.11〜6.12.2」、「JACAR(アジア歴史資料センター)Ref. C14030008100」。

104.「満洲事変情報綴　第77〜89号　昭6.12.1〜6.12.13」、「JACAR(アジア歴史資料センター)Ref. C14030010000」。

105.「満洲事変情報綴　第90〜97号　昭6.12.14〜6.12.21」、「JACAR(アジア歴史資料センター)Ref. C14030011600」。

106.「満洲事変当初における関東軍飛行隊関係書類」、「JACAR(アジア歴史資料センター)Ref. C16120567100」。

107.「満洲国関係重要書類 昭和7年〜昭和10年」、「JACAR(アジア歴史資料センター)Ref. C12120050700」。

108.「密大日記4冊の内2 大正7年」、「JACAR(アジア歴史資料センター)Ref. C03022434755」。

109.「密大日記 其16冊の内 第1冊 大正10年」、「JACAR(アジア歴史資料センター)Ref. C03022529300」。

110.「密大日記 其16冊の内 第6冊 大正12年」、「JACAR(アジア歴史資料センター)Ref. C03022637700」。

111.「密大日記 其55冊の内 第5冊 大正13年」、「JACAR(アジア歴史資料センター)Ref. C03022677500」。

　　112.「密大日記 其26冊の内 第2冊 大正15年」、「JACAR(アジア歴史資料センター)Ref. C03022744100」。

　　113.「密大日記 大正14 6冊の内第2冊」、「JACAR(アジア歴史資料センター)Ref. C03022693700」。

　　114.「密大日記 大正14 6冊の内 第4冊」、「JACAR(アジア歴史資料センター)Ref. C03022707100」。

　　115.「密大日記 大正14 6冊の内 第5冊」、「JACAR(アジア歴史資料センター)Ref. C03022726000」。

　　116.「密大日記 大正14年 6冊の内 第6冊」、「JACAR(アジア歴史資料センター)Ref. C03022732100」。

　　117.「密大日記 其66冊の内 第6冊 大正15年」、「JACAR(アジア歴史資料センター)Ref. C03022774800」。

　　118.「密大日記 6冊の内 第4冊 昭和2年」、「JACAR(アジア歴史資料センター)Ref. C01003744100」。

　　119.「密大日記 6冊の内 第6冊 昭和2年」、「JACAR(アジア歴史資料センター)Ref. C01003769100」。

　　120.「密大日記 第4冊 昭和3年」、「JACAR(アジア歴史資料センター)Ref. C01003815400」。

　　121.「密大日記 第5冊 昭和3年」、「JACAR(アジア歴史資料センター)Ref. C01007465000」。

　　122.「密大日記 第1冊 昭和4年」、「JACAR(アジア歴史資料センター)Ref. C01003836800」。

　　123.「密大日記 第5冊 昭和4年」、「JACAR(アジア歴史資料センター)Ref. C01003888100」。

　　124.「密大日記 第4冊 昭和6年」、「JACAR(アジア歴史資料センター)Ref. C01003946200」。

　　125.「密大日記 第4冊 昭和8年」、「JACAR(アジア歴史資料センター)

Ref. C01003974600」。

　　126.「密大日記 第 5 冊 昭和 8 年」、「JACAR(アジア歴史資料センター)
Ref. C01004000400」。

　　127.「密大日記 第 6 冊 昭和 8 年」、「JACAR(アジア歴史資料センター)
Ref. C01004005000」。

　　128.「密大日記 第 3 冊 昭和 9 年」、「JACAR(アジア歴史資料センター)
Ref. C01007494400」。

　　129.「密大日記 第 1 冊 共 8 冊 昭和 11 年」、「JACAR(アジア歴史資料
センター)Ref. C01004147400」。

　　130.「密大日記 第 2 冊 共 8 冊 昭和 11 年」、「JACAR(アジア歴史資料
センター)Ref. C01004149700」。

　　131.「密大日記 第 5 冊 共 8 冊 昭和 11 年」、「JACAR(アジア歴史資料
センター)Ref. C01004175600」。

　　132.「密大日記 第 6 冊 共 8 冊 昭和 11 年」、「JACAR(アジア歴史資料
センター)Ref. C01004208900」。

　　133.「密大日記 第 3 冊 昭和 12 年」、「JACAR(アジア歴史資料センタ
ー)Ref. C01004260700」。

　　134.「密大日記 第 5 冊 昭和 12 年」、「JACAR(アジア歴史資料センタ
ー)Ref. C01004297200」。

　　135.「密大日記 第 6 冊 昭和 12 年」、「JACAR(アジア歴史資料センタ
ー)Ref. C01004309800」。

　　136.「密大日記 第 11 冊 昭和 12 年」、「JACAR(アジア歴史資料センタ
ー)Ref. C01004368600」。

　　137.「密大日記 第 12 冊 昭和 12 年」、「JACAR(アジア歴史資料センタ
ー)Ref. C01004386400」。

　　138.「密受大日記 第 4 号 7 冊の内 昭和 10 年」、「JACAR(アジア歴史資
料センター)Ref. C01004100600」。

　　139.「木更津海軍航空隊事変日誌　昭和 12.7〜12.9」、「JACAR(アジ

ア歴史資料センター)Ref. C14120392500」。

140.「木更津海軍航空隊戦斗概(詳)報　昭和 12.8〜12.10」、「JACAR (アジア歴史資料センター)Ref. C14120379000」。

141.「南満洲鉄道関係一件/総合情報　第 1 巻」、「JACAR(アジア歴史資料センター)Ref. B10074563400」。

142.「軽気球隊編制書類　明治 34 年 9 月〜35 年 9 月」、「JACAR(アジア歴史資料センター)Ref. C13121414400」。

143.「青島戦に於ける航空隊参加概史　大 3.8.18〜4.1.5」、「JACAR (アジア歴史資料センター)Ref. C16120473100」。

144.「日露戦役に於ける　旅順要塞一般攻撃戦闘経過」、「JACAR(アジア歴史資料センター)Ref. C13110465600」。

145.「日、支航空条約締結交渉一件」、「JACAR(アジア歴史資料センター)Ref. B04013739400」。

146.「山東出兵崎局意見集　昭 3.7」、「JACAR(アジア歴史資料センター)Ref. C16120485400」。

147.「条約ノ調印、批准、実施其他ノ先例雑件 第六巻」、「JACAR(アジア歴史資料センター)Ref. B04013455000」。

148.「条約局調書(第 54 回帝国議会参考資料)」、「JACAR(アジア歴史資料センター)Ref. B13081402300」。

149.「条約局調書(第 56 回帝国議会参考資料)」、「JACAR(アジア歴史資料センター)Ref. B13081404700」。

150.「条約局調書(第 59 回帝国議会参考資料)」、「JACAR(アジア歴史資料センター)Ref. B13081414200」。

151.「特設航空隊戦斗概報　昭和 12.7〜12.11」、「JACAR(アジア歴史資料センター)Ref. C14120509000」。

152.「叙勲裁可書・大正十五年・叙勲巻一・内国人一」、「JACAR(アジア歴史資料センター)Ref. A10113023300」。

153.「永存書類甲輯第四類　大正 6 年」、「JACAR(アジア歴史資料センター)Ref. C03010053200」。

154.「永存書類乙輯第 2 類第 2 冊　大正 9 年」、「JACAR(アジア歴史資料センター)Ref. C03011276000」。

155.「永存書類乙輯第 3 類　大正 9 年」、「JACAR(アジア歴史資料センター)Ref. C03011411600」。

156.「永存書類乙集第 2 類第 1 冊　大正 10 年」、「JACAR(アジア歴史資料センター)Ref. C03011428000」。

157.「永存書類乙集第 2 類第 7 冊　大正 10 年」、「JACAR(アジア歴史資料センター)Ref. C03011590600」。

158.「永存書類乙集第 3 類　大正 10 年」、「JACAR(アジア歴史資料センター)Ref. C03011605500」。

159.「永存書類乙集第 2 類第 1 冊　大正 11 年」、「JACAR(アジア歴史資料センター)Ref. C03011635700」。

160.「永存書類乙集第 2 類第 2 冊　大正 11 年」、「JACAR(アジア歴史資料センター)Ref. C03011655700」。

161.「永存書類乙集第 2 類第 3 冊　大正 11 年」、「JACAR(アジア歴史資料センター)Ref. C03011680600」。

162.「永存書類乙集第 2 類第 1 冊　大正 12 年」、「JACAR(アジア歴史資料センター)Ref. C03011780700」。

163.「永存書類乙集第 2 類第 2 冊　大正 12 年」、「JACAR(アジア歴史資料センター)Ref. C03011797300」。

164.「永存書類甲輯第 5 類　大正 13 年」、「JACAR(アジア歴史資料センター)Ref. C02031172000」。

165.「永存書類乙集第 2 類第 2 冊　大正 13 年」、「JACAR(アジア歴史資料センター)Ref. C03011924400」。

166.「永存書類乙集第 2 類第 1 冊　大正 14 年」、「JACAR(アジア歴史資料センター)Ref. C03012048700」。

167.「永存書類乙集第 3 類第 1 冊　大正 14 年」、「JACAR(アジア歴史資料センター)Ref. C03012138900」。

　　168.「永存書類乙集第2類第2冊　昭和3年」、「JACAR(アジア歴史資料センター)Ref. C01006123300」。

　　169.「永存書類乙集第2類第1冊　昭和4年」、「JACAR(アジア歴史資料センター)Ref. C01006212700」。

　　170.「永存書類乙集第2類第2冊　昭和4年」、「JACAR(アジア歴史資料センター)Ref. C01006229800」。

　　171.「永存書類乙集第2類第1冊　昭和5年」、「JACAR(アジア歴史資料センター)Ref. C01006323700」。

　　172.「永存書類乙集第2類第2冊　昭和5年」、「JACAR(アジア歴史資料センター)Ref. C01006337800」。

　　173.「永存書類乙集第2類第1冊　昭和9年」、「JACAR(アジア歴史資料センター)Ref. C01006529500」。

　　174.「永存書類乙集　第2類　第1冊　昭和10年」、「JACAR(アジア歴史資料センター)Ref. C01006609100」。

　　175.「永存書類甲輯　第1類　昭和11年」、「JACAR(アジア歴史資料センター)Ref. C01005959400」。

　　176.「永存書類乙集　第2類　第1冊　昭和11年」、「JACAR(アジア歴史資料センター)Ref. C01002094600」。

　　177.「永存書類乙集　第2類　第1冊　昭和11年」、「JACAR(アジア歴史資料センター)Ref. C01002094600」。

　　178.「永存書類乙集　第3類　行事　第2冊　昭和11年」、「JACAR(アジア歴史資料センター)Ref. C01006838500」。

　　179.「永存書類乙集　第2類　第1冊　昭和12年」、「JACAR(アジア歴史資料センター)Ref. C01002180200」。

　　180.「議院回付建議書類原議(八)」、「JACAR(アジア歴史資料センター)Ref. A14080322700」。

　　181.「郵便飛行ニ関スル雑件」、「JACAR(アジア歴史資料センター)

Ref. B10074840300」。

　　182.「昭和財政史資料第 3 号第 74 冊」、「JACAR(アジア歴史資料セン
ター)Ref. A08072199900」。

　　183.「昭和財政史資料第 6 号第 62 冊」、「JACAR(アジア歴史資料セン
ター)Ref. A09050535300」。

　　184.「昭和財政史資料第 6 号第 68 冊」、「JACAR(アジア歴史資料セン
ター)Ref. A09050546100」。

　　185.「昭和 2 年『軍事機密大日記 6/8』」、「JACAR(アジア歴史資料セン
ター)Ref. C01002531100」。

　　186.「昭和 5 年 10 月　霧社事件関係書類綴」、「JACAR(アジア歴史資
料センター)Ref. C10050152200」。

　　187.「昭和 7.5.19〜7.5.20『満受大日記(普) 其 11 2/2』」、「JACAR(ア
ジア歴史資料センター)Ref. C04011266400」。

　　188.「昭和 7.7.11〜7.7.13『満受大日記(普) 其 16 2/2』」、「JACAR(ア
ジア歴史資料センター)Ref. C04011337200」。

　　189.「昭和 7.8.1〜7.8.4『満受大日記(普) 其 17』」、「JACAR(アジア歴
史資料センター)Ref. C04011343800」。

　　190.「昭和 7.8.8〜7.8.25『満受大日記(普) 其 18 1/2』」、「JACAR(ア
ジア歴史資料センター)Ref. C04011358400」。

　　191.「昭和 7.9.1〜7.9.14『満受大日記(普) 其 19 1/2』」、「JACAR(ア
ジア歴史資料センター)Ref. C04011375100」。

　　192.「昭和 7 年　上海事変関係綴」、「JACAR(アジア歴史資料センタ
ー)Ref. C14120098800」。

　　193.「昭和 7 年『満密大日記 14 冊の内 其 1』」、「JACAR(アジア歴史資
料センター)Ref. C01002750800」。

　　194.「昭和 7 年『満密大日記 14 冊の内 其 11』」、「JACAR(アジア歴史
資料センター)Ref. C01002815800」。

　　195.「昭和 7 年『満密大日記 14 冊の内 其 12』」、「JACAR(アジア歴史

資料センター)Ref. C01002821700」。

196.「昭和7年　航空研究会関係綴　其の1」、「JACAR(アジア歴史資料センター)Ref. C14120124600」。

197.「昭和7年　航空研究会関係綴　其の2」、「JACAR(アジア歴史資料センター)Ref. C14120127500」。

198.「昭和8.2.1～8.2.28『満受大日記(普) 其3』」、「JACAR(アジア歴史資料センター)Ref. C04011502200」。

199.「昭和8年『満密大日記 24 冊の内其5』」、「JACAR(アジア歴史資料センター)Ref. C01002840100」。

200.「昭和8年『満密大日記 24 冊の内其8』」、「JACAR(アジア歴史資料センター)Ref. C01002849900」。

201.「昭和8年『満密大日記 24 冊の内其9』」、「JACAR(アジア歴史資料センター)Ref. C01002855600」。

202.「昭和8年『満密大日記 24 冊の内其11』」、「JACAR(アジア歴史資料センター)Ref. C01002869200」。

203.「昭和8年『満密大日記 24 冊の内其13』」、「JACAR(アジア歴史資料センター)Ref. C01002855600」。

204.「昭和8年『満密大日記 24 冊の内其18』」、「JACAR(アジア歴史資料センター)Ref. C01002904700」。

205.「昭和9年『陸満密綴 第7号』自 昭和9年4月20 日 至 昭和9年5月3日」、「JACAR(アジア歴史資料センター)Ref. C01002970300」。

206.「昭和9年『陸満密綴 第14号』自昭和9年8月8 日 至昭和9年8月11日」、「JACAR(アジア歴史資料センター)Ref. C01003010200」。

207.「昭和9年『陸満密綴 第15号』自昭和9年8月17 日 至昭和9年9月3日」、「JACAR(アジア歴史資料センター)Ref. C01003014700」。

208.「昭和9年『陸満密綴 第21、22号 合冊』自昭和9年12月21日 至昭和9年12月27日」、「JACAR(アジア歴史資料センター)Ref. C01003034700」。

209.「昭和9.3.6〜9.3.31『満受大日記（普）其3 2/2』」、「JACAR（アジア歴史資料センター）Ref. C04011813200」。

210.「昭和10年『満受大日記 別冊 其1』」、「JACAR（アジア歴史資料センター）Ref. C01003084800」。

211.「昭和10年『満受大日記11冊の内其3 陸満密終了目録 自3.14〜3.16』」、「JACAR（アジア歴史資料センター）Ref. C01003043500」。

212.「昭和10年『満受大日記11冊の内其8 陸満密終了目録 自8.8〜8.24』」、「JACAR（アジア歴史資料センター）Ref. C01003076400」。

213.「昭和11年『満受大日記（普）其8 1/2』」、「JACAR（アジア歴史資料センター）Ref. C04012372100」。

214.「昭和11年『満受大日記（普）其9 2/2』」、「JACAR（アジア歴史資料センター）Ref. C04012403300」。

215.「昭和11年『陸満密綴4.12〜4.22』」、「JACAR（アジア歴史資料センター）Ref. C01003106400」。

216.「昭和11年『陸満密綴5.4〜5.18』」、「JACAR（アジア歴史資料センター）Ref. C01003116000」。

217.「昭和11年『陸満密綴7.21〜8.21』」、「JACAR（アジア歴史資料センター）Ref. C01003161000」。

218.「昭和11年『陸満密綴9.16〜11.13』」、「JACAR（アジア歴史資料センター）Ref. C01003184700」。

219.「昭和12年『陸受大日記』」、「JACAR（アジア歴史資料センター）Ref. C01003218800」。

220.「昭和12年『満受大日記（普）其5 1/2』」、「JACAR（アジア歴史資料センター）Ref. C04012530500」。

221.「支那飛行場全図　昭12.8.25」、「JACAR（アジア歴史資料センター）Ref. C16120303600」。

222.「支那軍事要覧　第5編（航空）」、「JACAR（アジア歴史資料センター）Ref. C16120284900」。

223.「支那軍事要覧　第 5 編(航空)続」、「JACAR(アジア歴史資料センター)Ref. C16120286100」。

224.「支那事変関係一件 第三十巻」、「JACAR(アジア歴史資料センター)Ref. B02030572400」。

225.「支那航空の現況　昭和 8. 7. 22」、「JACAR(アジア歴史資料センター)Ref. C16120491400」。

226.「支那軍事関係雑件 第一巻」、「JACAR(アジア歴史資料センター)Ref. B04010606100」。

227.「支那軍事関係雑件 第二巻」、「JACAR(アジア歴史資料センター)Ref. B04010606800」。

228.「支那軍事関係雑件 第三巻」、「JACAR(アジア歴史資料センター)Ref. B04010607500」。

229.「支那軍事関係雑件 第四巻」、「JACAR(アジア歴史資料センター)Ref. B04010608400」。

230.「支那軍事関係雑件 第五巻」、「JACAR(アジア歴史資料センター)Ref. B04010609200」。

231.「支那軍事関係雑件 第六巻」、「JACAR(アジア歴史資料センター)Ref. B04010610000」。

232.「支那軍事関係雑件 第七巻」、「JACAR(アジア歴史資料センター)Ref. B04010610700」。

233.「支那軍事関係雑件 第八巻」、「JACAR(アジア歴史資料センター)Ref. B04010611500」。

234.「支受大日記(密)其 9　15 冊の内　昭和 12 年自 11 月 2 日至 11 月 6 日」、「JACAR(アジア歴史資料センター)Ref. C04120066600」。

235.「中支那航空兵要地誌　昭 11. 3. 31」、「JACAR(アジア歴史資料センター)Ref. C16120260500」。

236.「中澤三夫大佐関係資料　第 1 地図(1)　昭和 12 年 8 月～昭和 13 年 7 月」、「JACAR(アジア歴史資料センター)Ref. C11111529700」。

237.「中国関係情報綴　参本第 1 部保管　昭 6.7.7～6.8.25」、「JACAR(アジア歴史資料センター)Ref. C14061038200」。

238.「最近支那関係諸問題摘要 第 2 巻ノ2(第 56 議会用)(山東、武器、其他諸問題)」、「JACAR(アジア歴史資料センター)Ref. B13081165200」。

239.「最近支那関係諸問題摘要 第 2 巻(第 57 議会用)(対国民政府関係、交渉案件、東三省関係其他)」、「JACAR(アジア歴史資料センター)Ref. B13081179900」。

240.「戦例集全昭 14 改訂」、「JACAR(アジア歴史資料センター)Ref. C19010182600」。

241.「諸工事設計書　昭和 12～19 年」、「JACAR(アジア歴史資料センター)Ref. C13070180000」。

242.「自大正 9 年至同 11 年　間島事件関係書類共 2 冊其 1　陸軍省」、「JACAR(アジア歴史資料センター)Ref. C06031218000」。

243.「自大正 9 年至同 11 年　間島事件関係書類共 2 冊其 2　陸軍省」、「JACAR(アジア歴史資料センター)Ref. C06031227400」。

七、日文著作

1. 歩兵第三十六聯隊編纂部『江南乃戦：上海事変』、鈴木竹香堂、1932 年。

2. 参謀本部『大正三年日独戦史』、偕行社、1916 年。

3. 参謀本部『満洲事変に於ける飛行隊の行動』、偕行社、1934 年。

4. 柴田真三朗『航空部隊二十年』、三光社、1943 年。

5. 逓信省『逓信省五十年略史』、逓信省、1936 年。

6. 第二復員局残務処理部『支那事変初期(自一九三七年七月至一九三七年十一月)の航空作戦史』、1951 年。

7. 徳川好敏『日本航空事始』、出版協同社、1964 年。

8. 徳川好敏、和田秀穂、木村秀政『日本の航空 50 年：1910 年—1960 年』、酣灯社、1960 年。

9. 防衛庁防衛研究所戦史室『陸軍航空の軍備と運用〈1〉昭和十三年三月まで』、朝雲新聞社、1971 年。

10. 防衛庁防衛研究所戦史室『満洲方面陸軍航空作戦』、朝雲新聞社、1972 年。

11. 防衛庁防衛研究所戦史室『中国方面陸軍航空作戦』、朝雲新聞社、1974 年。

12. 防衛庁防衛研究所戦史室『中国方面海軍作戦〈1〉昭和十三年三月まで』、朝雲新聞社、1974 年。

13. 防衛庁防衛研究所戦史室『中国方面海軍作戦〈2〉昭和十三年四月以後』、朝雲新聞社、1975 年。

14. 防衛庁防衛研究所戦史室『海軍航空概史』、朝雲新聞社、1976 年。

15. 関東局『関東局施政三十年史』、関東局、1936 年。

16. 国際経済研究所『空軍支那の秘密』、国際経済研究所、1934 年。

17. 海軍省『上海事変と帝国海軍の行動』、海軍省、1932 年。

18. 海軍省『上海事変と我海軍』、海軍省、1932 年。

19. 海軍有終会『海軍要覧. 昭和 8 年版』、有終会、1933 年。

20. 海軍省海軍軍事普及部『海軍航空概要』、1935 年。

21. 和田秀穂『海軍航空史話』、明治書院、1944 年。

22. 井上四郎『翔けよ大空　航空日本の建設』、帝国飛行協会、1935 年。

23. 立川京一『旧日本海軍における航空戦力の役割』、『戦史研究年報』第七号、2004 年。

24. 柳沢潤『日本におけるエア・パワーの誕生と発展 1900～ 1945 年』、『戦争史研究国際フォーラム報告書. 第 4 回』、2006 年。

25. 満洲事情案内所『満洲国策会社綜合要覧』、満洲事情案内所、1939 年。

26. 南満洲鉄道株式会社経済調査会『満洲交通統計集成』、南満洲鉄道、1935 年。

27. 秋山紋次郎、三田村啓『陸軍航空史』、原書房、1981 年。

28. 日本海軍航空史編纂委員会『日本海軍航空史(1)用兵編』、時事通信社、1969年。

29. 日本海軍航空史編纂委員会『日本海軍航空史(2)軍備編』、時事通信社、1969年。

30. 日本海軍航空史編纂委員会『日本海軍航空史(3)制度・技術編』、時事通信社、1969年

31. 日本海軍航空史編纂委員会『日本海軍航空史(4)戦史編』、時事通信社、1969年。

32. 仁村俊『航空五十年史』、鱒書房、1943年。

33. 四王天延孝『時局と航空』、横浜貿易協会、1937年。

34. 勝田貞次『大倉・根津コンツェルン読本』、春秋社、1938年。

35. 松井清市『支那経済の解剖』、東亜経済問題研究会、1938年。

36. 台湾総督府熱帯産業調査会『南支南洋の交通』、交通局逓信部，出版時間不詳。

37. 樋口秀実『日本海軍から見た日中関係史研究』、芙蓉書房、2002年。

38. 櫻井子之助『満洲・上海事変大写真帖』、創造社、1932年。

39. 永松浅造『海軍航空隊』、東水社、1942年。

40. 中山雅洋『中国の天空：沈黙の航空戦史』、サンケイ出版、1981年。

索 引

B

八里台机场 232,234—237,254

巴黎航空公约 74,77,79—82,85,
　　87

白川义则 181,186

本庄繁 96,112,139

币原喜重郎 92

C

参谋本部 10,58,76,114,138,
　　142,144,167,203,250,256,280

长冈外史 21,22

长谷川清 278,287,292,293,298,
　　307

长沙会战 314—316,319,320

赤城 49,50,106,238

川田明治 70

重庆大轰炸 3,14,249,299,301—
　　303,317

D

德川好敏 7,21,24

第 1 航空战队 49,106,169,180,
　　181,243,271

第 1 联合航空队 240,251,282,
　　283,293,296,298,301 309

第 2 联合航空队 251,253,266,
　　277,304,305,307

东局子机场 104,116,128,132,
　　228,234—237,254

独立飞行第 10 中队 139,143,
　　145,317

独立飞行第 7 中队 104,114,115,
　　117—119,121,122,124,126,128,
　　132,234,237

杜黑 1,2,15,41,42,51,52,55,57,
　　177,187,202,203

多田骏 234,236

E

鄂西会战 250,322,325—328,335

二联空　284

F

飞行第 6 大队　5,65,67,70,71,
91,94—96,106,221,255,338
飞行第 6 联队　96,114,115,117,
126,127,130,132,136,146
飞行第 8 联队　69,146,240,338
凤翔　40,49,50,106,169,170,
174,179,180,243

G

公大基地　5,180,186,243—246,
248,277—279,281,307,308,342
宫崎周一　331
关东军　4,10,11,60,70—73,96,
103,106,127,128,130—132,
136—140,142—144,146—151,
153,156—158,167,170,218,
220—228,230,232,233,235—
237,256,257,261,313,338,340,
341
关东军飞行队　4,10,127,144—
149,151—157,218—220,222,
227,228,257,314,340,341
国防作战计划　203,214,286

H

海光寺机场　115—117,120,122,
128,132,228,237
海军航空队　2—4,7,8,10,16,30,
40,58,69,92,112,167,169,170,
172—176,178,180—182,186—
188,242,248,250,259,270—273,
277,282,285,286,289,291,295,
296,298,301,304—306,308,314,
334,335,340,342
海战要务令　49,50,176,185
海战要务令续篇　186—188,204
航空兵操典　155,156
航空救国　192—198,201,211,212
航空术研究委员会　23,25,30
华北航空调查报告　99,101,103,
105,115,119,128,339

J

96 陆攻　239,240,282,285,287,
301,302
96 式陆上攻击机　184,239
96 式战斗机　183,201,335
济南惨案　47,57,62,67,99,104—
107,113,117,119,122,123,125,
126,128,129,132—135,160,161,
163,221,228,234,237,336,339,
340
加贺　49,50,106,169,170,179,
180,243,276,295
笕桥航校　206,207,209—211
笕桥机场　170,174—178,187,276
今村均　144,167
金子养三　21—23,40,48
警察航空班　5,67,68
九一八事变　4,6,7,10,12,18,36,
62,96,125—127,131,132,135—
137,139,144,145,153—155,159,
162,165,167,221,222,226,228,
229,336,337,340,341
军令部　58,167,246,247,250,297

L

林铣十郎　96

临时军用气球研究会　21—23,25,
　27,44
陆军飞行团　2,16,250,254,258—
　263,269—271,311,314,334,335,
　341
鹿屋航空队　240—242,276,286

M

满航　223—225,227
满洲航空株式会社　150,223
木更津航空队　240,241,283,286,
　294,298

N

南乡茂章　291
内田康哉　88,89,193,194

O

欧亚航空公司　160,162

Q

遣支舰队　61

R

热河事变　4,10,148—151,153—
　155,158,170,185,237,261,314,
　341
日本航空株式会社　73
日本空输　127,162,223
日德青岛战役　4,11,25,28,41,
　42,54,83,92,99,106,182,336,
　337
日野熊藏　21
若宫　23,30—33,37,40,44,45,
　47,48

S

山本英辅　20,25,44
山口多闻　301
山路一善　23,30,32
上海海军特别陆战队　61
石射猪太郎　194,197,246
石原莞尔　130,131
寺仓飞行团　259
淞沪会战　2,3,240,249,270,277,
　281,286,291,294,296,302,304—
　307,317,334,335

T

塘沽协定　197,229,230,237
藤田飞行团　129,259,237
藤田朋　129,130
田中义一　57,113
统帅纲领　55,56,137

W

万家岭战役　262—267
无差别轰炸　4,14,35,36,42,121,
　136,138—141,143,153,157,173,
　188—190,300,301,303,334
武汉会战　2,3,129,154,217,249,
　262,271,286,290,299,300,310,
　313,314,317,320,334,335

X

献机祝寿　198—200,211
小幡酉吉　86,88,89
协同作战　3,4,6,10,40,47,59,
　62,146,147,149,151—153,157,
　158,164,173,178—182,186,226,

257,258,260,265,272,273,299,
304—306, 308—312, 314, 317,
328,331,342,343

须磨弥吉郎　162,205

徐州会战　2,3,249,258—261,
270,289,295,296,334

Y

"一·二八"事变　4,7,8,10,36,
62,159,162,165—173,178,182,
183, 185—189, 191—194, 202,
205,206,213,242,244,245,272,
302,304,336,340—342

一航战　169

一联空　282,284—287,292—294,
296,297,309

有吉明　162,206

宇垣一成　73,99,103

Z

战略轰炸　3,4,13,15,38,56,69,

121,137,139,147,157,184,188,
212,218,220,222,238,240—242,
249,250,269—272,276,279,283,
291,295—301,303,317,329,330,
341—343

浙赣会战　319,320

制空权　1—4,10,11,15,18,41,
42,51,52,54—57,71,72,106,
135, 137, 173, 175—178, 181,
186—188, 202—204, 249, 250,
259,260,269,270,272,273,276,
277,279,281,282,285—287,289,
290,297,298,304,305,308,313,
317, 319, 320, 322—325, 327,
330—335,337,342,343

周水子机场　11,12,70—73,117,
124—126, 133, 134, 221—225,
251—253,338

周至柔　202,203,277

后　记

　　20 世纪 90 年代至今,海湾战争、科索沃战争、伊拉克战争等一系列国际冲突的实战经验表明,能否掌握制空权是左右现代战争结局的非常重要的因素,时至今日,这一观念甚至深入到对军事理论缺乏了解的普通群众意识中。制空权在战争中的作用并非近些年来才变得日渐重要,早在一四年抗战时期,侵华日军便通过迅速掌握制空权使其作战飞机得以长期肆虐于中国天空。遗憾的是,目前不论是学界还是一般民间人士对于日军获得中国战场制空权的历史过程都缺乏深入了解,这是抗战史研究领域一处令人遗憾的空白,填补这一空白也是我创作本书的动力之一。我于 2016 年即确定了本书的选题并开始搜集相关资料,其间获得了武汉大学李少军教授、彭敦文教授、王萌副教授等各位老师的亲切关怀与悉心指导。虽然本书的写作过程一波三折,但是经过了五年多的打磨终于可以正式出版,这些年的付出总算有所回报,对学界也可以做一点微不足道的贡献,每念至此,不胜欣喜。

　　本书的写作过程中主要参考了"日本国立公文书馆亚洲历史资料中心"上公开的档案资料,这也是本书的宗旨,即"以彼之矛,攻彼之盾",用作为侵略者的日方的记录来真实客观地还原近代以来日本航空部队一系列侵华活动的全貌,并尽量以通俗的语言和图片、表格来直观地对这一历史过程进行表述。除此之外,也参考了中日学界历年来有关日本航空部队发展历程、侵华作战等问题的研究成果,在此对各位学者在该领域所做的前期工作深表感谢。

笔者作为一名刚刚迈入学术研究门槛的学界后生,研究的又是目前相对较新的题目,一方面能力有限,另一方面也缺乏可供参考的研究经验,因此本书的内容中不可避免会出现不当之处,谨请各位读者批评指正。